GUERRES D'ESPAGNE

Le Prologue

1807

EXPÉDITION du PORTUGAL

PAR

Le Colonel L. PICARD

> Notre curiosité ne se contente plus d'un aperçu sur une époque, nous voulons pénétrer dans l'intimité des hommes et des faits. Ce qu'il nous faut, c'est l'histoire écrite comme une chronique rétrospective, qui nous fasse revivre les impressions des contemporains.

PARIS

JOUVE ET Cᵢᵉ, ÉDITEURS

15, Rue Racine (VIᵉ)

1911

1807

EXPÉDITION DU PORTUGAL

GUERRES D'ESPAGNE

Le Prologue

1807
EXPÉDITION du PORTUGAL

PAR

Le Colonel L. PICARD

> Notre curiosité ne se contente plus d'un aperçu sur une époque, nous voulons pénétrer dans l'intimité des hommes et des faits. Ce qu'il nous faut, c'est l'histoire écrite comme une chronique rétrospective, qui nous fasse revivre les impressions des contemporains.

PARIS

JOUVE ET Cⁱᵉ, ÉDITEURS

15, Rue Racine (VIᵉ)

—

1911

1807

L'EXPÉDITION DE PORTUGAL

JUILLET. — Les projets de Napoléon après le traité de Tilsit — L'Angleterre était et reste l'objectif principal. — Le jeu de la diplomatie britannique — Résumé des événements qui ont précédé le traité — La situation politique et militaire — Les effectifs de l'armée française — Les corps d'occupation en Prusse, en Pologne, en Silésie, en Poméranie — Ce qu'était l'armée française à cette époque — L'abus de la conscription — La durée du service militaire, fixée à quatre ans par la loi, est de fait sans limite — Les titres compliquent la hiérarchie militaire — Les maréchaux — Le major général — Les ministères de la guerre — L'organisation administrative — La discipline — Les soldats — Les officiers — L'avancement — L'infanterie — La cavalerie — L'artillerie — Le service d'Etat-Major — Le service administratif — Le service de santé — Le prestige militaire de l'Empereur — Détails d'organisation de l'armée — Retour triomphal de Napoléon — Sa réception à Dresde et à Francfort — Visite du champ de bataille de Valmy — Rentrée à Saint-Cloud — La joie de Paris — La paix est accueillie avec enthousiasme en France et dans toute l'Europe, sauf en Angleterre et en Autriche — L'armée elle-même aspire au repos — L'Empereur reçoit les félicitations des grands corps de l'Etat — Le discours du premier président de la Cour d'Appel — L'alliance franco-russe — Le général Savary, plénipotentiaire en Russie — Les trois ambassadeurs d'Espagne — Déclaration impérative de l'Empereur — Le désarroi de l'Espagne, les souverains, le premier ministre, le prince héritier — M. de Beauharnais, ambassadeur de France en Espagne — Les projets de Napoléon.

Le mois de juillet 1807 marque une orientation nouvelle dans la politique de Napoléon. Son alliance avec la Russie lui fait concevoir des projets grandioses, mais extravagants, qui ne visent à rien moins qu'à la domination du monde, en commençant par celle de l'Europe. Car, dans tous les peuples dont il a fait des vaincus ou des alliés, il ne voit pour l'avenir que des collaborateurs soumis auxquels il imposera ses vues.

En se tournant contre le Portugal et contre l'Espagne, il ne songe pas seulement à s'emparer des couronnes de ces deux pays, mais aussi de leurs vastes colonies d'Amérique.

Les Turcs doivent être rejetés en Asie et leurs possessions en Europe partagées par lui, à titre de dons gracieux, entre ceux qui voudront le mieux le servir.

Convaincu de sa toute puissance, il caresse l'idée d'une grande invasion des Indes à la tête des armées européennes coalisées sous l'égide de son génie militaire. Rêve inspiré par les hauts faits d'Alexandre-le-Grand dont sa jeunesse a été nourrie et qui troublent son ambition.

Mais il ne faudrait pas croire ces entreprises définitivement arrêtées dans l'esprit de Napoléon à cette époque. Ce ne sont encore que de vagues projets, et, si sa pensée s'y attache, il n'a encore envisagé aucun des moyens de les réaliser. Improvisateur d'inspiration et d'impromptu par excellence, il attend tout des occasions dont il sait merveilleusement tirer parti. Ces occasions, il les fera naître s'il le faut, il s'y entêtera certainement, toutefois il ne sait rien encore de ce qu'elles pourront être et, même, à cet égard, il se montre fort indécis, fort préoccupé, sinon inquiet.

Tilsit a marqué l'apogée de la gloire acquise à la France par le génie de Napoléon, mais aussi le point de départ de ses malheurs par l'insatiable ambition du conquérant.

*
* *

Le traité de Tilsit vient de régler pour quelque temps les rapports de la France avec les puissances du continent, mais Napoléon n'a pas encore atteint son objectif principal : la réduction à merci de l'Angleterre.

Il ne faut pas oublier en effet que l'Angleterre était son objectif principal et aussi son adversaire principal. C'est l'Angleterre qu'il visait en s'attaquant aux puissances continentales, de même que c'est l'Angleterre qui était l'âme des coalitions tournées contre lui.

Il faut reconnaître que la diplomatie britannique se montra

fort habile à ce jeu de se soustraire à l'attaque directe, toujours préparée contre elle, en sachant soulever à temps les autres nations pour les offrir comme plastrons, en suscitant les complications successives qui éloignèrent les armées françaises de l'Angleterre et leur firent parcourir toute l'Europe. Les Anglais peuvent être fiers à juste titre d'avoir réduit Napoléon à tant de si longs détours pour les atteindre.

C'est encore l'Angleterre que visait Napoléon, lorsqu'à la fin de juillet 1807, il engagea la France dans cette funeste aventure des guerres d'Espagne.

Avant d'entreprendre le récit de ces malheureuses guerres, il est nécessaire de résumer les événements politiques et militaires des années précédentes, véritable genèse de l'entreprise nouvelle.

Attiré par la troisième coalition, des bords de l'Océan à ceux du Danube, Napoléon avait puni la maison d'Autriche en lui enlevant, à la suite de la campagne d'Austerlitz, les États vénitiens, le Tyrol, la Souabe, et avait ainsi complété le territoire de l'Italie, agrandi nos alliés de l'Allemagne méridionale, éloigné les frontières autrichiennes des nôtres. Jusque-là, tout était bien.

«Mais, dans l'enivrement produit par la prodigieuse campagne de 1805, changer arbitrairement la face de l'Europe, et, au lieu de se borner à modifier le passé, vouloir le détruire; au lieu de continuer à notre profit la vieille rivalité de la Prusse et de l'Autriche, par des avantages accordés à l'une sur l'autre, arracher le sceptre germanique à l'Autriche sans le donner à la Prusse; convertir leur antagonisme en une haine commune contre la France; créer sous le titre de Confédération du Rhin, une prétendue Allemagne française, composée de princes français antipathiques à leurs sujets, de princes allemands peu reconnaissants de nos bienfaits, et après avoir rendu, par cet injuste déplacement de la limite du Rhin, la guerre avec la Prusse inévitable, guerre aussi impolitique qu'elle fut glorieuse, se laisser entraîner par le torrent de la victoire, jusqu'aux bords de la Vistule, arrivé là, essayer la restauration de la Pologne, en ayant sur ses derrières la Prusse, vaincue, mais frémissante, l'Autriche secrètement implacable, tout cela admirable comme œuvre militaire, était comme œuvre politique, imprudent excessif, chimérique.» (Thiers).

Toutes les nations continentales avaient été blessées par

l'épée de Napoléon; mais aucune, à l'exception de la Prusse, n'était écrasée. Un sentiment commun d'humiliation, l'espoir de se venger, et les prompts subsides de l'Angleterre, étaient pour leurs gouvernements des liens plus forts que les traités les plus solennels; la France pouvait seulement calculer sur leurs craintes; l'Angleterre était rassurée par leur amour-propre.

« La haine pour ce qu'on appelait les principes français était alors dans toute sa force. Les classes privilégiées de tous les pays haïssaient Napoléon parce que son génie avait donné de la stabilité aux institutions nées de la Révolution, et aussi parce que ses victoires avaient déjoué leurs calculs, ébranlé ce qu'elles avaient de pouvoir. Comme chef de la France révolutionnaire, il fut contraint de suivre la carrière qu'il avait choisie, jusqu'à l'entier accomplissement des destinées de cette même France, et cette nécessité, trop méconnue par la majeure partie des hommes, fournit un vaste champ, dont on ne se servit que trop pour imputer au gouvernement français et à la nation française une insatiable ambition...

» Napoléon fut l'inventeur et le seul soutien d'un système politique qui ne pouvait être consolidé que par le temps et par la victoire. Il était le lien entre les nouveaux intérêts du genre humain et ceux des intérêts anciens qui avaient conservé leur vigueur; il les tenait fortement réunis; mais, n'étant le favori ni des uns, ni des autres, tous le mettaient en danger. Son pouvoir, que le temps n'avait pas sanctifié, reposait non moins sur l'emploi habilement modéré qu'il en ferait que sur un exercice vigoureux; il avait tout à la fois à poser les fondements d'un empire et à les défendre...

» Les usages, les préjugés, les restes d'une licence révolutionnaire, contrarièrent sa politique et la rendirent difficile et très compliquée. Il n'en était pas de même chez ses ennemis invétérés; l'illusion d'une représentation parlementaire donnait impunément au gouvernement anglais la possibilité d'exercer un pouvoir illimité sur les personnes et les propriétés; et, grâce à l'influence d'une presse active et corrompue, il exerçait presque le même pouvoir sur l'esprit public.

» Le commerce étendu de l'Angleterre, pénétrant par mille canaux ouverts en secret dans toutes les habitations répandues sur la surface du globe, fournissait des sources d'intelligence que rien ne pouvait égaler. » (Napier)

La politique de Napoléon effrayait l'Europe et la France elle-même; on la voyait de jour en jour reculer ses limites et embrasser un programme si vaste que l'avenir semblait de plus en plus incertain.

« La France et l'Europe s'alarmaient de l'extension donnée au système impérial : la France, parce qu'elle était condamnée à verser son sang pour introniser, les uns après les autres, les membres d'une famille qui ne devait

plus rester mêlée dans les rangs de la société ; l'Europe parce que l'établissement de la jeune dynastie ne pouvait être fait qu'aux 'dépens des
anciennes. » (Général Foy).

Jérôme venait d'être créé roi de Westphalie.

Murat avait manqué de peu la couronne de Pologne, car
l'Empereur avait en effet hésité un instant à lui accorder cette
dignité, pour servir ses desseins de rendre l'autonomie à ce
malheureux pays.

Murat eût été d'ailleurs acclamé par les nationaux dont il
avait gagné les sympathies. Mais il s'était trop pressé d'es-
compter les événements en adoptant le costume polonais et
en se faisant une garde polonaise. Napoléon l'avait brutale-
ment rappelé à la réalité en lui retirant sa garde et en lui
ordonnant de reprendre son habit de général.

Après Tilsit, toute illusion de royauté fut perdue pour ce
pauvre Murat, si ambitieux. Davout, nommé gouverneur de
la Pologne, avait ordre de remettre solennellement ce pays
au roi de Saxe.

« Murat n'avait pas été seul à convoiter le royaume de Pologne qu'il voyait
lui échapper avec tant de chagrin. Pendant qu'il guerroyait loin de France,
Caroline s'était livrée à toutes les intrigues possibles pour se faire couronner. Mme de Rémusat raconte que la grande duchesse de Berg ne se
contentait pas de déployer, à Fontainebleau et chez elle, un luxe inouï pour
flatter Napoléon, de dépenser couramment de 10 à 15.000 francs pour ses
toilettes, et même de les surcharger de perles fines et de diamants « qui les
rendaient sans prix », de tout faire servir à sa table en vermeil, etc., mais
encore qu'elle allait jusqu'à tâcher de tirer parti de sa liaison avec
Junot pour arriver à ses fins. Elle dit aussi qu'elle faisait des « agace-
ries » à Talleyrand et que celui-ci, objectant au désir fou qu'elle avait de
porter un diadème, l'incapacité de Murat, elle répondait qu'elle se chargeait
de mener son mari. Mme Murat flattait encore Maret, favori de l'Empereur.
M. Masson parle aussi des amours de la grande duchesse de Berg avec le
prince Metternich et en même temps avec La Vauguyon. Mme de Rémusat
l'accuse d'avoir accordé ses faveurs à Fouché. La duchesse d'Abrantès
prétend que l'ambition de Caroline était plus haute encore que celle de
Murat. Suivant elle, pendant l'expédition de Pologne, l'impératrice Joséphine, agitant la question de savoir qui pourrait remplacer l'Empereur s'il
mourait, parlait d'Eugène de Beauharnais, et la grande-duchesse de Berg
intriguait pour faire désigner Murat par ses généraux. Peine perdue, Napoléon
n'était ni disposé à mourir, ni à faire de si tôt de son prétentieux beau-
frère un souverain. » (*Murat*, par Chavanon et Saint-Yves)

Napoléon était soutenu dans ses grandes entreprises par son génie. Mais, au fond, il était pressé lui-même de mettre un terme à cette course audacieuse, et sa conduite à Tilsit avait révélé ce sentiment. Il avait compris la nécessité d'avoir, à l'autre extrémité de cette Europe conquise par lui, un contre-poids pour tenir en équilibre son influence sur le nouvel état de choses qu'il venait de créer. Quelque victorieux qu'il fût, il avait éprouvé le besoin de se faire une alliance. Il avait accepté celle de la Russie qui s'offrait dans le moment, et imaginé un nouveau système politique fondé sur un seul principe : l'entente des deux ambitions russe et française. Il espérait ainsi pouvoir tout dans le vieux monde, mais il importait à la France de ne pas tout permettre à la Russie.

Si l'on peut critiquer l'œuvre politique de Tilsit, quelque brillante qu'elle puisse paraître, on ne peut qu'admirer la conduite des opérations militaires. Napoléon s'était montré l'homme de guerre le plus éminent de son époque, et, à ce point de vue, il inspirait la plus entière confiance.

L'armée du camp de Boulogne avait été portée subitement de la Manche aux sources du Danube avec une promptitude incroyable. Elle avait enveloppé les Autrichiens à Ulm, refoulé les Russes sur Vienne, achevé d'écraser les uns et les autres à Austerlitz. Reposée ensuite quelques mois en Franconie, elle avait repris sa marche victorieuse en entrant en Saxe, surpris l'armée prussienne et, après l'avoir écrasée d'un seul coup à Iéna, l'avait poursuivie, débordée, prise jusqu'au dernier homme au bord de la Baltique. La grande armée française avait alors couru au-devant des Russes, les avait rejetés et n'avait été arrêtée que par l'hiver qui, d'ailleurs, avait aussi bien immobilisé ses adversaires. Et l'on avait eu alors ce spectacle inouï d'une armée française campée pendant plusieurs mois sur la Vistule, bravant et tenant en respect ces alliés prusso-russes impatients de prendre leur revanche.

Attaquée par eux, il lui suffit de se mettre en mouvement pour les faire reculer. Elle les poursuit, quoique mourante de froid et de faim, les atteint à Eylau et remporte sur eux une victoire sanglante qui les réduit encore à l'immobilité pour se refaire.

Campée de nouveau sur la neige, elle occupe son repos à couvrir le siège de Dantzig, la plus grande forteresse qui reste à la Prusse et où elle a mis le dernier espoir de son sort. La prise de Dantzig eut un énorme retentissement en Europe.

Au printemps, l'armée française reprend résolument sa marche en avant, repousse les Russes sur leur base d'opération, les chasse de leur camp retranché longuement préparé pour résister, et les bat à Friedland, terminant ainsi par une victoire immortelle, aux bords même du Niemen, la course la plus longue, la plus audacieuse qu'ait faite une armée conquérante. Et ce n'était pas à travers la Perse ou l'Inde sans défense, comme l'armée d'Alexandre, mais à travers l'Europe couverte de soldats aussi réputés que braves.

« Chacun se demandera, comment on pouvait déployer tant de prudence dans la guerre, si peu en politique ! Et la réponse sera facile, c'est que Napoléon fit la guerre avec son génie, la politique avec ses passions » (Thiers).

*
* *

Napoléon du moins ne s'illusionnait pas sur l'état de son armée, instrument de sa politique, et de sa gloire. Mieux que personne, il savait quels vides y avaient été creusés par cette rude campagne et il s'illusionnait encore moins sur la nécessité de maintenir, et d'augmenter même, son effectif pour assurer, par l'occupation, l'exécution des ordres qu'il avait donnés aux quatre coins de l'Europe.

Il aura à la fin de l'année 1807, 620.000 soldats à pied et à cheval, savoir : 380.000 d'infanterie et 70.000 de cavalerie, distribués dans 417 bataillons et 353 escadrons nationaux; 32.000 Suisses, Allemands, Irlandais, Hanovriens à la solde de la France; 46.000 hommes employés pour le service actif de l'artillerie et du génie et 92.000 composant sous les noms de légions de réserve, demi-brigades de vétérans, gendarmeries, compagnies de réserve, canonniers garde-côtes, une armée intérieure affectée spécialement à la police et à la protection du territoire. Il disposait en outre des forces militaires du royaume d'Italie, de Naples, de l'Espagne, de la Hollande, du grand-duché de Varsovie et des Etats de la Confédération du Rhin.

Napoléon ne voulait évacuer la Pologne que lorsque la nouvelle royauté saxonne, qu'il venait d'y établir, y serait bien assise, et la Prusse que lorsque les contributions de guerre, tant ordinaires qu'extraordinaires, seraient intégralement acquittées.

Le général Davout, avec son corps qui se composait alors de trois divisions d'infanterie, d'une division de dragons et de deux brigades de cavalerie légère, avec les troupes polonaises de nouvelle levée, eut ordre d'occuper la partie de la Pologne destinée, sous le titre de grand-duché de Varsovie, au roi de Saxe. C'était ce qu'on appelait le premier commandement.

Un jeune officier du 10ᵉ dragons écrit à ce propos à sa famille une lettre qui nous montre que les troupes ne témoignaient aucun regret de ne pas encore retourner en France.

« Je pars à l'instant, mon cher papa, je fais faire le logement de notre division qui se rend dans les environs de Posen. Vous voyez que je suis chargé d'un emploi assez fatigant, mais le général Grouchy m'a pris en affection et ne veut pas que je le quitte; aussi fais-je mon possible pour le contenter.

» Le général Grouchy vient de recevoir à l'instant le grand cordon de la Légion d'honneur et celui de Bavière, en outre un fief de Westphalie, le tout en récompense de ses bons services pendant cette campagne et de ceux de notre division,

» L'Empereur accorde à chaque régiment de la division trente croix, dont quinze pour les officiers et quinze pour les sous-officiers et soldats. Il ne pouvait nous témoigner sa satisfaction d'une manière plus agréable et nous mieux prouver le cas qu'il fait de notre division. J'ajoute que nous sommes les seuls qui jouissons de cet avantage.

» A propos, je suis entré dans la compagnie d'élite après la bataille de Friedland; j'ai des moustaches, une mouche, des favoris, un bonnet à poil. »

Il nous a semblé que rien ne pouvait mieux peindre les aspirations naïves de ces soldats qui venaient de faire une si rude campagne que la satisfaction puérile de ce jeune lieutenant d'avoir acquis le droit de porter des moustaches et un bonnet à poil.

Le maréchal Soult, avec son corps d'armée et presque toute la réserve de cavalerie eut la mission d'occuper la vieille Prusse, depuis la Prégel jusqu'à la Vistule, depuis la Vistule jusqu'à l'Oder, avec ordre de se retirer successivement, au fur et à mesure de l'acquittement des contributions. Ce fut le deuxième commandement.

Les grenadiers d'Oudinot, plus la division Verdier, qui avaient formé le corps du maréchal Lannes, devaient occuper Dantzig ainsi que le territoire qu'elle avait recouvré avec la qualité de ville libre.

Le troisième commandement, embrassant la Silésie, fut confié au général Mortier, que Napoléon plaçait volontiers dans les provinces où il se trouvait beaucoup de richesses à sauver des désordres de la guerre. Ce maréchal avait sous ses ordres les 5ᵉ et 6ᵉ corps que venaient de quitter les maréchaux Masséna et Ney. Ces deux derniers et le maréchal Lannes avaient obtenu la permission de se rendre en France pour s'y reposer des fatigues de la guerre.

Le 1ᵉʳ corps, général Victor, eut ordre d'occuper Berlin.

Les Italiens, une partie des Bavarois, les Danois, les Hessois, les deux belles divisions françaises Boudet et Molitor, furent acheminés vers la Poméranie suédoise. Le maréchal Brune reçut le commandement direct de ces troupes, s'élevant à un total de 38.000 hommes et pourvues d'un immense matériel.

Le maréchal Bernadotte eut le commandement des troupes destinées à garder les villes hanséatiques et le Hanovre.

Les Hollandais furent rapprochés de la Hollande et portés sur l'Ems ; les Espagnols occupèrent Hambourg.

Ainsi, tout était prêt, si la médiation russe ne réussissait pas, pour rejeter les Suédois de la Poméranie dans la mer, pour y précipiter les Anglais eux-mêmes, en cas d'une descente de leur part sur le continent.

*
* *

Il est nécessaire d'examiner, au moins d'une façon rapide, ce qu'était l'armée française à cette époque.

La République et la guerre avaient recruté et formé les généraux les plus capables, les officiers les plus dévoués, les soldats les plus valeureux. Ce n'était pas, comme autrefois, le trop-plein des cités que des recruteurs plongés dans la débauche enlevaient avec astuce pour le répandre dans les régiments. C'était la fleur de la population, c'était le plus pur sang de la France. Pendant les huit premières années de la Révolution, l'enrôlement, l'appel des bataillons de volontaires, les levées partielles et la grande réquisition avaient versé plus d'un million d'hommes dans les camps. En 1798, la loi de la conscription avait régularisé le recrutement, loi excellente, parce qu'elle mettait la nation dans l'armée, et l'armée dans la nation. Les jeunes hommes de l'âge de vingt à vingt-cinq ans étaient encadrés nominativement dans les corps militaires, non pas pour aller tous dans les camps et les casernes, mais pour être appelés à la défense du pays à mesure des besoins et sous la condition de ne demeurer que quatre ans hors de leurs foyers, sauf telles circonstances extraordinaires, de l'urgence desquelles la représentation nationale était seule juge. Mais la conscription, dans les mains de Napoléon, était une arme dangereuse, parce qu'elle lui fournissait des ressources inépuisables et servait ainsi son ambition.

En permettant aux conscrits de se faire remplacer, on avait repris la plupart des vieux soldats qui avaient quitté le service. C'était autant de gagné pour l'armée, et d'épargné pour l'agriculture et les arts. Les levées étaient confiées à des autorités mi-parties civiles et militaires, divisées en recrutement immédiat et en réserve. La réserve était une espèce de milice toujours prête à remplir les cadres.

L'abus de la conscription avait commencé avec le renouvellement des hostilités sur le continent. L'agression de l'Autriche avait déroulé un long avenir devant Napoléon. Il put augmenter à sa fantaisie des armées destinées à vivre aux dépens de l'étranger. La disposition législative, qui fixait à quatre années la durée du service régulier des conscrits, fut comme non avenue; on entra dans le service militaire pour n'en plus sortir vivant; les réserves n'eurent qu'un moment d'existence, et les jeunes gens furent conduits à la guerre aussitôt que désignés. Ceux mêmes à qui s'appliquaient des exemptions légales, demeuraient débiteurs de leur sang envers la patrie, non seulement jusqu'à l'âge de vingt-cinq ans, mais tant qu'ils n'étaient pas libérés par un acte formel du pouvoir. Le vote des levées annuelles passa du Corps législatif au Sénat. Un Conseiller d'État fut préposé à la direction de la conscription.

« Ce ne fut pas le moins important devoir des départements ministériels, que celui d'approvisionner l'antre du lion. Des colonnes mobiles parcoururent le territoire de la France et contraignirent, l'épée à la main, la nation à devenir conquérante. Il fallut établir une législation d'exception pour une foule de délits nés d'une tyrannie nouvelle. Cette tyrannie, rude contre les personnes, était aussi fiscale tant par la nature des peines qu'en raison des sommes énormes que coûtaient les remplacements. La limite de vingt à vingt-cinq ans, établie par la loi fondamentale, ne suffit pas longtemps.

» Tantôt des légions, dites de réserve, étaient créées pour une destination spéciale, et, à peine formées, on les transportait à une autre. Tantôt on faisait des appels de volontaires, comme si le mot seul n'eût pas été une dérision. Les citoyens mariés et livrés aux travaux utiles étaient requis et dépaysés sous le nom de gardes nationales en activité. On leurrait les jeunes soldats en les formant en régiments adjoints à la garde impériale, sans en partager les prérogatives. Les conscrits, échappés au service à prix d'argent, furent repris plus tard dans les gardes d'honneur, dans les bans et les arrière-bans. Désormais, pour un Français, la mort naturelle était celle qu'on trouvait au champ d'honneur. On en vint jusqu'à demander 1.100.000 soldats, en une seule année, à la population épuisée par trois mille combats et batailles...

» Les jeunes conscrits, transportés par un pouvoir magique du foyer paternel aux extrémités de l'Europe, mêlés tout à coup avec les hommes de toutes les contrées, et irrités à la fois par le besoin et par le danger, contractaient une ivresse morale dont nous ne cherchions pas à les guérir, car elle les empêchait de succomber à des fatigues inouïes. Nous les avons vus, dans l'âge où le corps n'a pas encore acquis son entier développement, dévorés par le soleil en été, ayant la neige pour lit en hiver, faisant des marches sans souliers à travers les marais de la Pologne ou au milieu des pointes de rochers des Alpes et des Pyrénées, réduits à arracher au laboureur la frugale nourriture de ses enfants. Plus d'une fois il a fallu, nous, leurs généraux et leurs pères, fermer les yeux sur les souffrances des habitants pour conserver la vie de ces jeunes Français qui devraient la sacrifier avec plus d'utilité pour la patrie..

» Nos soldats, toujours généreux dans leurs relations avec les guerriers. furent amenés à être inexorables envers le patriote armé pour défendre les fruits de son jardin ou l'honneur de sa fille; le fer caché sous l'habit de travail leur sembla le poignard d'un assassin déguisé. Les relations militaires ne présentèrent plus qu'une sanglante série de villages saccagés et de villes emportées d'assaut...

» L'Europe dira qu'au milieu de ce délire, les ennemis qui nous étaient opposés, et surtout les étrangers qui combattaient sous nos bannières, ont surpassé nos Français en férocité. Elle se souviendra longtemps de la rudesse sauvage des Polonais, de l'exaltation des Italiens, de la brutalité des Allemands.

» Nos officiers des régiments, et surtout ceux de l'infanterie, resplendissaient de pureté et de gloire. Vaillants comme Dunois et Lahire, sobres et durs à la fatigue, parce qu'ils étaient les fils du laboureur et de l'artisan, ils marchaient à pied à la tête des compagnies, et couraient les premiers au combat et sur la brèche. Leur existence était tissue de privations, car l'administration militaire ne pouvait pas toujours fournir à leurs besoins, et ils eussent cru s'avilir en prenant part au pillage, tant ils avaient le cœur haut placé! Etrangers aux jouissances d'amour-propre de l'officier général, exempts de l'ivresse du soldat, ces martyrs du patriotisme vivaient de cette vie morale qui se consume dans la résignation du devoir. Une mort à peu près certaine les attendait loin de la patrie, et le nom de la plupart d'entre eux devait rester ignoré. Que de beaux caractères dans une classe qu'on ne louera jamais assez ». (Général Foy)

L'augmentation des effectifs, la nécessité de plus gros groupements sous la direction d'un même chef, la difficulté de faire servir sous les ordres l'un de l'autre des généraux de même grade, avaient amené Napoléon à créer des maréchaux destinés en principe à commander les corps d'opération. Le titre de maréchal n'était donc pas seulement une dignité,

mais un grade. Cependant, les prérogatives de ce grade
s'effaçaient quand les maréchaux servaient sous les ordres
directs de l'Empereur, conjointement avec des généraux commandant d'autres troupes indépendantes des leurs. Alors, maréchaux et généraux étaient sur le même pied de subordination, sans droits les uns sur les autres.

Il fallait toute l'autorité de Napoléon pour retirer ainsi
d'une main ce qu'il avait donné de l'autre.

Il y eut plus qu'on ne pense de difficultés d'obéissance
parmi les subordonnés de l'Empereur du fait de leurs titres.
Et ce ne furent pas seulement les titres militaires, mais aussi
bien des titres nobiliaires qui servirent de prétextes à reven-
diquer le droit de commander et quelquefois de ne pas obéir.

La hiérarchie militaire se compliqua encore, quand Napoléon donna des commandements aux princes de sa famille.
Les ducs et les comtes voulurent s'en autoriser pour revendi-
quer la préséance.

Il y avait, parmi les maréchaux et les généraux de l'Empire,
des hommes de grande valeur militaire, mais il y en avait
aussi de talent assez médiocre, excellents pour exécuter des
ordres, mais peu capables de prendre une initiative. Napoléon
savait parfaitement les différencier et s'il ne les mettait pas
toujours au plan qui leur convenait, c'est que des raisons d'un
autre ordre l'avaient conseillé autrement. Il ne confondait
pas Lefebvre avec Lannes, ni Murat avec Soult ; mais souvent
il plaçait celui-ci où celui-là aurait dû être, parce qu'il escomp-
tait le caractère de chacun : l'obéissance aveugle de l'un,
l'esprit d'entreprise et de méthode de l'autre.

Sauf la conspiration des circonstances imprévues, on peut
dire que Napoléon employa ses généraux avec beaucoup de
tact au milieu de tant de difficultés. D'ailleurs, il leur prodiguait ses instructions, n'ayant jamais, en aucun cas, abdiqué
la direction militaire — ce qui fut souvent un tort — particulièrement dans les guerres d'Espagne qui réclamaient une
grande initiative pour les chefs de tout grade.

Au-dessus des maréchaux, s'élevait **un homme** que le hasard avait conduit près du général Bonaparte en Italie et qui fut longtemps son confident et son compagnon sur le champ de bataille. Intrépide à la guerre et infatigable à un âge où les autres éprouvent les premières atteintes de la vieillesse, Berthier, à cinquante ans, passait le jour à cheval et la nuit au bureau. C'est lui qui a dirigé avec tant de zèle les détails d'exécution de seize campagnes. Sa mémoire des noms, des chiffres et des lieux était immense, et l'Empereur l'appelait « un état de situation ambulant » ; la connaissance parfaite du personnage, dont il était chargé de traduire les intentions à peine indiquées, suppléait en quelques points à ce qui lui manquait de vigueur et de conception.

Le développement de notre puissance militaire ayant rendu trop lourd le fardeau du ministère de la guerre, on en avait séparé le matériel des armées pour le confier à un homme de mœurs antiques, le général Dejean. L'artillerie et le génie étaient administrés sous l'inspection des principaux officiers de ces deux armes. La conscription, les revues, l'habillement formaient des directions spéciales sous des Conseillers d'Etat. Le maréchal Berthier, en devenant prince de Neufchâtel, allait quitter le ministère, qui serait cédé au général Clarke et se renfermer dans les fonctions de Major général de l'Empereur. Il emportait avec lui la conduite des opérations militaires et l'avancement, c'est-à-dire tout ce qui avait une influence immédiate sur les événements.

La nouvelle organisation administrative avait enlevé aux gouverneurs des villes et des provinces la haute police dont ils étaient investis sous l'ancien régime. Napoléon, en rétablissant les officiers généraux dans leurs droits honorifiques, ne leur rendit pas cette attribution. Là où un préfet décidait arbitrairement des intérêts et même de la liberté des citoyens les plus marquants, le général, eût-il été surchargé de témoignages de la faveur du souverain, n'aurait pu faire arrêter un coupable obscur. Il est constant que l'autorité militaire n'avait pas d'action sur le peuple, sauf pour assurer l'exécution des lois militaires.

L'armée formait une masse homogène et indivisible. Du conscrit enrôlé depuis six mois, on arrivait au maréchal d'Empire, sans rencontrer de transition dans la manière de voir et de sentir.

Les soldats étaient traités, dans la plupart des régiments, avec une douceur extrême; on n'y employait pas les punitions corporelles, que l'opinion dé notre nation réprouve.

On convoquait rarement les conseils de guerre, et plus rarement encore ils tiraient du fourreau le glaive de la loi; la justice militaire manquait de solennité.

Cependant la discipline régnait dans notre armée, autant et plus peut-être que dans aucune autre armée de l'Europe.

Les fils de notre France ont surpassé dans les batailles l'impulsion soudaine de leurs devanciers, et on ne les a pas vus se décourager devant les obstacles. On a pu les priver de vêtements et de solde pendant une année, sinon sans entendre leurs murmures, du moins sans encourir la révolte.

Où trouverait-on ailleurs des soldats que la gloire consolait du malaise et de la faim, qu'un regard, une parole précipitaient dans le danger? Le canon se faisait entendre, l'ennemi se montrait, soudain la fatigue était oubliée, on courait pour vaincre. Les soldats étaient toujours frais et reposés.

Quant aux officiers, presque tous sortis des rangs de la troupe, ils participaient de son caractère, en y ajoutant un zèle ardent et un amour sincère de leur métier.

La précipitation forcée des remplacements avait réduit les différents modes d'avancement à un seul : la nomination de l'Empereur sur une liste triple présentée par le colonel.

Les officiers envoyés des écoles étaient en très petit nombre, relativement à ceux qui parvenaient par la filière des grades. Napoléon permettait le moins possible que le sort des hommes de guerre dépendît des gens de bureau. A Paris ou en voyage, il déléguait la nomination subalterne aux généraux en chef et aux gouverneurs de places fortes. A l'armée, il nommait lui-même, et presque toujours la veille ou le lendemain d'une bataille, en passant la revue sur le terrain. Les absents, pour quelque motif que ce fût, étaient irrémissiblement remplacés. Napoléon demandait avant tout, même pour les grades les plus élevés, la santé et la jeunesse. Sur ce dernier point, il commençait à devenir moins exigeant, et ceux qui savaient que la date du 15 août 1769, était celle de sa naissance, prophétisaient que, vers l'année 1819, un officier général de cinquante ans serait censé avoir l'âge de tout le monde.

L'infanterie était la musculature de l'armée.

Un décret impérial, rendu avant la guerre d'Espagne, réduisit les bataillons à six compagnies et mit cinq bataillons dont un dépôt dans chaque régiment. Cette coupe du bataillon en six fractions cadrait mal avec l'ordonnance des manœuvres; elle diminuait la valeur réelle des soldats d'élite à force d'en augmenter le nombre, et les compagnies du centre s'épuisaient à tenir toujours complètes les compagnies de grenadiers et de voltigeurs.

« Mais Napoléon ne faisait rien d'inutile; il lui importait d'avoir beaucoup de cadres afin d'y répartir avec plus de facilité les produits de la conscription, et d'instruire plus rapidement les soldats pour la guerre. Un bataillon défait en bataille ou par suite de la campagne, versait dans les bataillons mieux conservés les hommes qui lui restaient. Le cadre, composé seulement des officiers et des sous-officiers, allait en France se remplir de recrues que les levées avaient amassées; il y avait un jeu de navette continuel du dépôt à l'armée et de l'armée au dépôt. » (Général Foy).

Le peu d'éclat de ces mouvements partiels servit souvent à renforcer sans être aperçu tel point des lignes d'occupation, d'où la politique de l'Empereur devait bientôt faire partir l'offensive. Alors les deux premiers bataillons d'un corps servaient dans une armée avec l'aigle et le colonel, et les deux autres bataillons de campagne commandés par le major formaient ailleurs un numéro *bis*. L'Europe s'étonnait d'entendre retentir en même temps les exploits du même régiment sur des théâtres de guerre distants l'un de l'autre de plusieurs centaines de lieues.

Les colonels d'infanterie étaient presque tous des hommes d'expérience qui avaient gagné leur grade sur les champs de bataille et qui savaient ce qu'ils pouvaient demander à leur troupe, en exiger même au besoin, sans l'épuiser, et qui savaient, en la ménageant dans les marches, en tirer le maximum d'effort sur le champ de bataille.

Les généraux étaient de vieux manœuvriers, quoique jeunes d'âge. Ils savaient judicieusement modifier les formations d'après le terrain.

Quant aux commandants de corps d'armée, formés à l'école de Napoléon, ou, pour mieux dire, assouplis à l'exécution de ses ordres, s'ils agissaient différemment suivant leur tempérament, ils étaient des exécutants ponctuels de ses volontés, ne reculant devant aucune difficulté, ayant appris les moyens de les surmonter toutes.

C'étaient les Lannes, les Davout, les Soult, les Masséna, les Lefebvre et d'autres dont l'énergie et le dévouement comunicatifs faisaient des entraîneurs d'hommes et des chefs remarquables.

La cavalerie, plus délicate à recruter et à organiser que l'infanterie, avait été l'objet de tâtonnements.

Remis à cheval, les dragons ont fourni à eux seuls presque tout le service de la cavalerie dans la guerre de Portugal et d'Espagne.

L'armée de ligne avait, en 1807, 2 régiments de carabiniers, 12 de cuirassiers, 30 de dragons, 24 de chasseurs, 10 de hussards, en tout 78 régiments de cavalerie.

Les vicissitudes de la guerre contraignirent souvent à former à la hâte, avec des hommes et des chevaux neufs, des escadrons et des régiments provisoires; mais la cavalerie n'est pas aussi facile à improviser que l'infanterie, et elle s'use plus vite. D'après ces vices organiques, on devait craindre que la cavalerie n'allât en déclinant. Le contraire est arrivé, parce que les conquêtes avaient rendu les remontes plus faciles et procuré de plus belles races de chevaux. Les troupes à cheval éprouvaient moins de pertes que les troupes à pied, et les anciens cadres auxquels on ramenait toujours les organisations provisoires restaient plus riches en vieux soldats. Les jeunes gens de famille, qui ont tant de peine à se faire à la vie austère du fantassin, fournirent en peu de temps des hommes de cheval lestes, ardents et bien montés. Toutefois, ceci est insuffisant pour expliquer l'essor inespéré de notre cavalerie. La cause principale fut dans le système adopté par Napoléon pour la conduite de cette arme à la guerre.

Avant son règne, quelques régiments de cavalerie pesante servaient de réserve à chaque armée, le reste était réparti entre les divisions d'infanterie. L'Empereur avait constitué toute la cavalerie en brigades et en divisions. Bien plus, il réunit plusieurs divisions ensemble pour en composer des masses plus fortes, qui ont reçu le nom bizarre de corps d'armée de cavalerie. Cet arrangement a fait perdre des à-propos audacieux et décisifs. Il est même arrivé que trois mille chevaux réunis n'ont pas fait ce qu'on aurait obtenu avec trois cents, parce que le chef a voulu garder ses trois mille chevaux ensemble pour le moment et le terrain qui permettraient de les mettre en action tous à la fois. La rivalité des deux armes les a quelquefois empêchées de s'entr'-aider. Les bataillons dépourvus d'éclaireurs ont marché à l'aveuglette et des efforts ont été sans résultat, faute de quelques pelotons d'hommes à cheval à lancer sur l'ennemi en déroute. Mais, en compensation de ces inconvénients, dont la plupart disparaissaient devant l'application moins exclusive de ce système, se sont présentés des avantages considérables. La cavalerie a été mieux conservée, parce que dans les marches et les cantonnements, on ne l'a plus asservie au pas, aux haltes, aux habitudes de l'infanterie. Plus instruite et mieux conduite, elle a été plus terrible à nos adversaires.

On ne s'est pas contenté, comme autrefois, de l'employer à compléter la victoire. Elle est devenue l'antenne de l'armée, elle est entrée en lice contre les masses non entamées d'infanterie et de cavalerie, et son élan a quelquefois décidé le gain des batailles...

Il y avait alors à la tête des escadrons impériaux les Murat, les Lassalle, les Kellermann, les Montbrun, les Nansouty et d'autres hommes habiles dans l'art de lancer et de régulariser les vastes ouragans de la cavalerie.

« Après les qualités nécessaires au commandant en chef, le talent de guerre le plus sublime est celui du général de cavalerie. Eussiez-vous un coup d'œil plus rapide et un éclat de détermination plus soudain que le courrier emporté au galop, ce n'est rien, si vous n'y joignez la vigueur de la jeunesse, de bons yeux, une voix retentissante, l'adresse d'un athlète et l'agilité d'un centaure. Avant tout, il faudra que le ciel vous ait départi avec prodigalité cette faculté précieuse qu'aucune ne remplace, et dont il est plus avare qu'on ne le croit communément, la bravoure. » (Général Foy).

L'artillerie n'était plus disséminée, éparpillée dans les rangs de l'infanterie, comme un fusil de plus gros calibre. Napoléon, qui s'y entendait plus particulièrement, puisque c'était son arme d'origine, l'avait groupée et en avait fait le régulateur de la bataille. Il avait dressé à son maniement dans ce rôle prépondérant des chefs habiles comme les Sénarmont, les Lariboissière, qui savaient diriger et régler le feu de batries de vingt, trente, cinquante et quelquefois cent pièces et en tirer des résultats foudroyants, ce qui était fort difficile à une époque où la lenteur du chargement mettait un si grand intervalle entre les coups.

Certainement, c'était avec l'infanterie que Napoléon gagnait ses batailles, mais il l'aidait puissamment avec son artillerie qui était la terreur de l'ennemi et le grand soutien moral des autres armes. Dans les mains de Napoléon, le canon n'était plus seulement l'*ultima ratio*, les boulets de l'artillerie ouvraient le chemin à l'attaque, renversaient les obstacles et dispersaient les masses ennemies ; et souvent encore les artilleurs se portant audacieusement en avant, faute de pouvoir allonger leur tir, poursuivaient de leurs projectiles l'ennemi, après avoir contribué à le mettre en déroute.

Le service d'état-major proprement dit n'avait pas été spécialisé dans les armées de Napoléon et il n'avait ni doctrine, ni corps particuliers. On rangeait sous cette dénomination collective les officiers généraux et les aides de camp, les commandants et les adjudants de place, les adjudants commandants et les adjoints.

Les fils des hommes en place, les nobles anciens, les nobles nouveaux, tous ceux qui voulaient faire la guerre commodément et arriver de plein saut aux honneurs et au pouvoir, se jetaient dans l'emploi d'aide de camp. Napoléon essaya d'enchaîner leur fureur d'avancement ; il décida que, pour avoir droit à un grade supérieur, les aides de camp devraient servir dans les corps d'infanterie et de cavalerie, où l'on apprend à conduire les soldats en vivant avec eux. Mais l'influence des alentours du souverain contraria souvent les saines doctrines du généralissime, et la règle souffrit de fréquentes infractions.

Le travail du bureau, peu considérable dans les anciennes guerres, s'était compliqué outre mesure avec l'accroissement de nos armées et notre étalage de responsabilité. L'Empereur voulait avoir sous les yeux, partout et à toute heure, les tableaux les plus circonstanciés de la force et de l'emplacement de ses troupes, des hôpitaux, des arsenaux, des magasins ; cela fit regarder la rédaction des états de situation comme une des plus intéressantes attributions de l'état-major. Les secrets de « castramétation et d'ouverture de marche », qu'on prisait tant autrefois, avaient baissé dans l'opinion, à cause de la manière différente de faire la guerre et à cause de l'expérience commune à tous. Les régiments, familiarisés avec l'étude des terrains, faisaient mieux les reconnaissances que des adjoints promus sans examen et sans choix. Les officiers généraux ne déléguaient à personne le soin de déterminer les positions et d'y ranger les troupes. Que restait-il donc aux adjudants-commandants employés comme chefs d'état-major des divisions? Rien, que la transmission des ordres, l'obligation de seconder le général et l'envoi des rapports et des états journaliers au chef de l'état-major de l'armée. Tout le monde n'entendait pas dans le même sens l'action directe qu'ils avaient droit d'exercer sur les troupes et dans l'administration; quoique pourvus du grade de colonel, leur importance déchut encore quand l'isolement des armées et l'institution des corps d'armée eut ébranlé le système divisionnaire.

Quant aux chefs d'état major des corps d'armée et des armées, ils s'efforçaient de s'inspirer de Berthier dans sa méthode de traduction des intentions de l'Empereur, avec cette différence que Napoléon prescrivait lui-même tous les détails d'exécution et que, au contraire les généraux en laissaient la plus grande part à l'inspiration de leur chef d'état-major, ce qui d'ailleurs était plus rationnel. De sorte que le général fournissait l'idée, et le chef d'état-major la formule. Les signatures de l'un et de l'autre avaient la même valeur pour les subordonnés. Mais, pour l'Empereur, il n'y avait qu'un responsable : le général; c'était à lui que s'adressaient toutes les observations et toutes les critiques — comme l'exigeait d'ailleurs la hiérarchie. — S'il n'y avait point alors, à proprement parler, de règlements directifs, car ceux qui existaient n'étaient plus à jour, ni de corps de doctrine du commandement, il y avait pour y suppléer une autorité supérieure indiscutée d'où émanaient toutes les instructions. C'était peut-être encore plus difficile alors qu'aujourd'hui de reconnaître le chemin à suivre au milieu de toutes ces instructions si variées et si variables, transmises par la plume de Berthier. Et, par défaut d'une règle bien établie, on était obligé à un nombre considérable d'officiers d'état-major et d'ordonnance occupés sans cesse à écrire des ordres et à les porter. Les généraux étaient en outre tenus à des comptes-rendus détaillés qui leur créaient une correspondance très absorbante. On en reste effrayé quand on fouille les archives, et combien cependant de lettres manquent à ces énormes dossiers. On comprend que les chefs d'état-major se plaignent d'avoir dix, quinze et souvent vingt heures de travail.

L'initiative était une expression bien vague à cette époque. A l'exemple du maître, chaque chef voulait qu'avec ses ordres fussent prescrits les moyens d'exécution.

Quant à l'administration, pendant un quart de siècle, tous les systèmes ont été essayés, depuis celui qui organise les secours longtemps d'avance, jusqu'à la maraude régularisée. Les commissaires des guerres se sont prêtés à tout. On voyait tel ordonnateur des guerres dépenser, pour former un magasin, pour organiser un convoi, pour approvisionner une place, plus de talent administratif et de force de tête qu'il n'en eût fallu, en temps régulier, pour régir un État.

Les employés de l'administration militaire étaient pris au hasard et amovibles, au gré du premier venu. Les services qu'ils rendirent, quoique pas toujours désintéressés, furent meilleurs qu'on avait droit de l'attendre d'une classe d'hommes livrée à l'incertitude d'un état précaire.

Comme on faisait un usage continuel des ressources locales le matériel d'administration que les armées conduisaient avec elles était très restreint, et l'expérience de la guerre ne l'avait pas perfectionné. Les ambulances n'étaient pas en proportion avec les besoins. On ne se servait ni de boulangeries portatives ni de fours mobiles. Les caissons des vivres étaient lourds et grossiers. Le décret impérial du 26 mars 1807 forma les équipages en bataillons.

Les agents subalternes du service de santé reçurent aussi une organisation militaire. Il a été facile de l'établir, car les infirmiers étaient choisis parmi les vieux soldats; mais on en a retiré peu d'avantage pour l'amélioration du régime des hôpitaux.

« Les hôpitaux!... C'est ici que l'humanité en pleurs accuse les forfaits de l'ambition. Les conscrits vivaient trop vite pour durer longtemps. Les affections de poitrine dans le

Nord, et les maladies d'estomac dans le Midi, les emportaient par milliers. L'extrème mobilité des armées et l'incertitude des lignes d'opération ne permettaient pas toujours de constituer des hôpitaux réguliers, et compromettaient sans cesse les évacuations. Les blessés furent souvent abandonnés, faute de moyens de transport. Vainqueurs ou vaincus, nous avons perdu quatre fois plus de monde par le désordre inséparable de notre système de guerre que par le fer où le feu de l'ennemi ».

L'Empereur s'efforçait de réparer par des soins individuels une faible portion des maux résultant de ses combinaisons. Après la bataille, il visitait les hôpitaux en personne, ou bien il y envoyait ses principaux officiers. A son exemple, les généraux prenaient un vif intérêt au bien-être des malades et des blessés. La chirurgie était dirigée aux armées par des chefs habiles. La patrie doit une reconnaissance sans bornes aux services modestes des officiers de santé. Placée entre la cupidité des administrateurs et l'ambition des militaires, cette classe respectable de citoyens a donné l'exemple d'un dévouement dont aucun calcul n'altéra la pureté.

Au-dessus de toute cette organisation, planait un principe vivifiant : le prestige de Napoléon.

Napoléon avait à trente ans l'attitude imposante du vieux Frédéric. Il parcourait les rangs à pied et lentement. Les grands de la cour et de l'armée se tenaient derrière, à une grande distance, afin qu'il n'y eût pas d'intermédiaire entre l'Empereur et les soldats. Chacun l'approchait librement et lui racontait l'histoire de ses griefs et de ses prétentions. Il voyait tout, répondait à tout, et faisait droit sur-le-champ aux réclamations fondées, même à celles qui ne l'étaient pas. A l'air enjoué de son visage, on connaissait qu'il était en famille. Dans ces jours solennels, les grâces pleuvaient sur les braves, et les leçons de la discipline sur les généraux, quelquefois sur les colonels, jamais au-dessous. On manœuvrait, et toujours Napoléon apprenait aux plus habiles quelque secret nouveau. Après la revue, on redisait dans le camp les oracles sortis de la bouche du maître de l'art. On savait par cœur les brûlantes proclamations, où si peu de mots renfermaient de si héroïques présages. A l'approche du danger, ce qu'on sentait pour lui était plus que l'admiration ; on lui rendait un culte comme au Dieu tutélaire de l'armée...

Le récit fait par un officier d'une revue passée par l'Empereur à l'époque dont nous nous occupons, donnera le tableau de ce qu'étaient ces inspections :

« L'Empereur a vu les troupes le 10 et le 11 ; il a bourré à plusieurs reprises et quelquefois sans motifs les généraux de division ; il a toujours été bon pour les soldats ; il les a tous vus les uns après les autres ; il a reçu un grand nombre de placets et il a accordé beaucoup de grâces. L'Empereur veut que les généraux commandent les troupes et sachent les enlever, mais son grand objet, dans les revues, est de juger l'instruction des chefs de bataillon et d'apprécier les résultats que peuvent donner les régiments dans leur état actuel. Aussi ne souffre-t-il pas qu'on éloigne momentanément les conscrits de l'armée, comme on le fait quelquefois pour rendre les manœuvres plus correctes. L'Empereur n'ordonne que des manœuvres d'une application immédiate à la guerre. Il a fait former une division de trois régiments sur trois lignes ; il a ordonné à la première ligne de former le carré perpendiculairement en avant de sa droite à la seconde perpendiculairement en avant de son centre, à la troisième perpendiculairement en avant de sa gauche. Les trois carrés se trouvent en échiquier ; ils étaient sur trois rangs comme ceux d'Egypte. L'Empereur fait à chaque instant des commandements précis, exprimant clairement sa volonté, mais qui ne sont pas dans l'ordonnance. Il exige cependant que les généraux de division les répètent sans les traduire ni les commenter ; de là, des méprises continuelles de la part des chefs de bataillon qui, ne comprenant pas ces commandements, ne peuvent donner le commandement de détail nécessaire pour les faire exécuter. L'ordonnance est bien faite ; elle donne les moyens d'arriver avec le plus de célérité et de sûreté possible aux résultats qu'on se propose. S'il y manque quelque chose, il faut la compléter ; quand on s'en écartera, il n'y aura plus que du vague pour les officiers ».

*
* *

Napoléon portait partout avec lui la hantise de ses organisations militaires, aussi n'est-on pas étonné de trouver au milieu de ses plus absorbantes préoccupations politiques la large part faite aux plus menus détails concernant cette armée objet de ses soins constants.

C'est à sa Garde qu'il pense toujours en premier lieu, sa « sauvegarde » comme l'appelaient malicieusement ses enne-mis.

Un ordre du 15 juillet prescrit que les régiments stationnés en Italie et en Dalmatie fourniront ensemble 350 hommes, et ceux de l'armée de Naples 150 pour la Garde, moitié grena-diers et moitié chasseurs. Ces hommes, rassemblés à Milan, en partirent au mois d'octobre pour Paris; ils devaient être incorporés après la rentrée de la Garde dans la capitale.

Les recommandations se succèdent pour l'organisation des légions de réserve, que la France doit lui préparer comme nouvelles ressources d'hommes.

Le 17 juillet, 59 élèves de l'École de Fontainebleau et 2 élèves de l'École Polytechnique sont placés dans les cinq légions.

La circulaire ministérielle du 24 juillet défend d'exiger des conscrits à leur arrivée au corps toute somme d'argent, soit pour leur masse, soit pour l'ordinaire. Les chefs de corps sont invités à empêcher les menaces et les vexations employées par certains capitaines pour obtenir ces verse-ments.

Les défenses ministérielles, éternellement répétées, n'em-pêchaient pas qu'à la faveur du bien-être dont les troupes jouissaient parfois dans leurs cantonnements, on n'exerçât des retenues illégales sur la solde, tantôt pour entretenir des sapeurs et payer des musiciens, tantôt pour ajouter à l'habil-lement de futiles embellissements. Tel colonel changeait de son autorité privée des parties importantes de l'uniforme; l'un ordonnait les cheveux coupés; l'autre faisait reprendre la poudre. Une foule de détails, qui ailleurs sont déterminés par les règlements, étaient abandonnés en France au caprice des chefs qui se succédaient avec une rapidité égale à celles des mouvements militaires. L'arbitraire en ce genre n'était tempéré que par l'influence paternelle des capitaines, et par l'intérêt qu'avaient les colonels d'être aimés et honorés de ceux dont ils attendaient leur réputation et leur avancement.

On pourrait citer toute une série de semblables prescriptions de détail, qui montrent que même à Tilsit, lorsqu'il dicte ses volontés au roi de Prusse et à l'Empereur de Russie, tandis qu'il règle l'organisation de l'Europe, Napoléon songe toujours à l'organisation de son armée.

Plusieurs petites principautés allemandes entraient dans la Confédération du Rhin; leur contingent fut ainsi fixé :

Les maisons d'Anhalt et de Lippe fourniraient un régiment à 2 bataillons de 6 compagnies (n° 5);

Les maisons de Reuss, de Schwartzbourg et de Waldeck en fourniraient un pareil (n° 6);

Le duché de Mecklembourg-Schwerin en fournirait un pareil (n° 7);

Le duché d'Oldenbourg en fournirait un pareil.

Enfin le duché de Mecklembourg-Strelitz fournirait un bataillon de 4 compagnies.

Ayant quitté Tilsit vers le milieu de juillet, Napoléon se rendit à Varsovie et de là à Dresde, s'acheminant en triomphateur vers la France.

A Bautzen, il vit le roi de Saxe venir au devant de lui comme un vassal, et les deux Majestés entrèrent ensemble dans Dresde. Le roi Frédéric-Auguste fit la plus magnifique réception qu'il put au souverain qui, non content de lui avoir donné un sceptre, avait encore agrandi considérablement les États héréditaires de Saxe. Les habitants de Dresde, pendant huit jours, traitèrent les Français plutôt en frères et en compatriotes qu'en alliés. Premières illusions qui cachaient bien des déceptions pour l'avenir.

Napoléon approuva et signa à Dresde, le 22, le statut conslitutionnel rédigé par la Commission de gouvernement du duché de Varsovie.

Le 24, il entrait à Francfort, capitale des États du prince primat de la Confédération rhénane.

Toutes les troupes qui se trouvaient alors à Francfort, s'étaient mises sous les armes pour recevoir le souverain des Français, qui fit son entrée au bruit du canon et au son de toutes les cloches de la ville. On avait élevé à l'extrémité de la Zeill (promenade de la ville) un arc de triomphe, au sommet duquel on voyait la renommée sur un globe, embouchant ses trompettes. Sur le frontispice, cette inscription :

NAPOLEONI

IMPERATORI ET REGI, AUGUSTO, PIO, FELICÉ,

INVECTISSIMO

ORBIS TOTIUS PACIFICATORI

PRINCEPS PRIMAS NE SENATUS POPULUSQUE

FRANCFURT

plus bas :

A LA GLOIRE DE NAPOLÉON LE GRAND

EMPEREUR DES FRANÇAIS

PAIX

Au-dessus, planait l'aigle français couronné de lauriers, ayant de chaque côté deux petites renommées tenant une branche de laurier.

Sur le plan inférieur :

TILSIT   FRIEDLAND

IMMORTALITÉ   VICTOIRE

Au-dessous, la muse de l'Histoire et la déesse de la Victoire avec ses attributs.

Le revers de l'arc de triomphe offrait à peu près la même décoration, avec la même inscription latine, au-dessous de laquelle, on lisait :

AU GRAND PROTECTEUR DE LA CONFÉDÉRATION DU RHIN

PAIX

L'aigle français avec les deux renommées.

A gauche	A droite
AUSTERLITZ	PRESBURG
PRUDENCE	PIÉTÉ

Sous ces inscriptions, la déesse de la Prudence et celle de la Vertu.

Toutes ces démonstrations de flatterie auraient suffi à griser un homme moins positif que Napoléon, mais s'y prêter n'était point pour lui un calcul de vanité ; il n'y voyait qu'une affirmation de puissance ; aussi cherchait-il à regagner le plus promptement possible la France en échappant aux ovations qui lui étaient préparées, sûr de ce côté-là du prestige qu'il avait conquis.

En passant par Saint-Menehould avec Murat, il se montra curieux de visiter le théâtre de la célèbre bataille de Valmy et le camp de la Lune où l'armée prussienne avait passé la veille.

Il se fit accompagner de M. Drouet, l'ex-maître de poste qui avait fait arrêter Louis XVI et qui était maintenant sous-préfet. Tous trois allèrent parcourir ce fameux champ de bataille et en reconnaître les différentes positions. L'Empereur entra dans les plus grands détails, se faisant rendre compte des moindres circonstances. Il revint très satisfait de cette promenade stratégique et parut content de son cicerone qui, un mois après, reçut la décoration de la Légion.

« L'Empereur n'était accompagné à son retour que de S.A.I. le Grand-Duc de Berg. Sa Majesté était sans escorte et n'avait qu'un seul courrier devant sa voiture ; les postillons étaient couronnés de lauriers ». *Journal de l'Empire*, 27 juillet 1807.

» Murat s'était bien gardé de retourner dans son grand-duché. Ce n'était pas à Dusseldorf qu'il défendrait utilement ses intérêts. Il rentra à Paris en même temps que l'Empereur, s'apprêtant à faire de la cour impériale son champ de bataille.

» Il va rejoindre sa femme pour tâcher, avec son aide, d'agrandir ce domaine, ou mieux, pour conquérir la couronne royale tant désirée. (*Murat*, Chavanon et Saint-Yves).

Tout le monde d'ailleurs, dans l'armée, connaissait cette ambition de Murat qu'en bon méridional, il avait lui-même publiée, et on la flattait.

Nous en citerons pour exemple la lettre suivante du maréchal Berthier, qui rejoignit Murat pendant son retour avec l'Empereur.

Le Maréchal Berthier à Murat

Elbing, le 20 juillet 1807

« Je vous envoie, mon cher Prince, une petite lettre dont l'auteur est **dans** vos bras, n'importe, les lettres sont toujours chères. J'espère bientôt vous embrasser. Pardon ! vous voyez que j'ai encore la familiarité des camps. Après le Rhin, je reprends l'étiquette, mais jamais, soit dans ce monde ou dans l'autre, si on y est quelque chose, je ne changerai ma tendre et constante amitié pour vous.

» Rappelez-moi au souvenir de la Princesse.

Archives du Prince Murat II. 100. 80.

*   *
*

Ce fut le 27 juillet au matin que l'Empereur arriva au château de Saint-Cloud, où il avait coutume de passer l'été. Aux princesses de sa famille empressées de le revoir, s'étaient joints les grands dignitaires, les ministres et les principaux membres des Corps de l'Etat. La confiance et la joie rayonnaient sur son visage.

« Voilà la paix continentale assurée, dit-il, et quant à la paix maritime nous l'obtiendrons bientôt, par le concours volontaire ou imposé de toutes les puissances continentale. »

S'adressant particulièrement à ses ministres, Napoléon leur dit :

« J'ai assez fait le métier de général. Je vais reprendre avec vous celui de premier ministre, et recommencer mes grandes revues d'affaires, qu'il est temps de faire succéder à mes grandes revues d'armées. »

Il retint à Saint-Cloud le prince Cambacérès qu'il admit à partager son diner de famille et avec lequel il s'entretint de ses projets « car sa tête ardente, sans cesse au travail, ne terminait une œuvre que pour en commencer une autre. »

A Paris, on attendait son retour avec impatience. Le canon

des Invalides, qui annonçait son entrée dans le palais de Saint-Cloud, retentit dans tous les cœurs comme le signal du plus heureux événement, et le soir il y eut illumination, générale, qui, cette fois, attesta un sentiment de joie vrai, spontané, universel, véritable reflet de l'auréole qu'il apportait à la France.

« C'est un signe vulgaire, mais vrai, de la disposition des esprits que le taux des fonds publics dans les grands Etats modernes. La rente 5 p. 100 que Napoléon avait trouvée à 12 francs au 18 Brumaire et portée depuis à 60, s'était élevée après Austerlitz à 70, puis avait dépassé ce terme pour atteindre celui de 90, taux inconnu alors en France, et s'élevait vers la fin de juillet 1807, à 92 et 94 » (Thiers).

La paix de Tilsit avait causé en France une joie profonde. Avec Napoléon, la France ne pouvait redouter la guerre, puisqu'elle en recueillait toujours une nouvelle gloire. Cependant un instinct secret faisait sentir qu'il fallait, dans cette voie, comme dans toute autre, savoir s'arrêter à temps. Au reste, on éprouvait le besoin de la paix.

L'agriculture, l'industrie et le commerce désiraient enfin mettre à profit la vaste étendue de débouchés ouverts à la France.

La bourgeoisie voulait respirer plus à l'aise que dans cette atmosphère de poudre.

Les fonctionnaires désiraient une existence plus assurée et ceux qui étaient arrivés aux grandes situations aspiraient à en jouir.

En général, on ne souhaitait que le calme.

Seule, l'armée, sur laquelle pourtant pesait particulièrement le fardeau de la guerre, n'était pas aussi avide de la paix que le reste de la nation. Elle montrait peu de penchant pour la suppression de la guerre qui était sa raison d'être et dont elle tenait son prestige. Mais elle voyait d'un bon œil s'annoncer une accalmie.

Les grands chefs qui avaient déjà un passé glorieux conquis au milieu de tant de batailles sanglantes, qui étaient couverts d'honneurs et déjà de richesses, désiraient comme la nation elle-même, jouir de ce qu'ils avaient acquis. Bon nombre de vieux soldats qui avaient eu aussi leur part des récompenses n'étaient pas d'un autre avis. Mais les jeunes généraux, les jeunes officiers, les jeunes soldats, et c'était une une grande partie de l'armée, ne demandaient pas mieux que de voir naître de nouvelles occasions de gloire et de fortune.

Le commandant de Lauthonnye, dans ses mémoires, traduit l'impatience des élèves de l'Ecole de Fontainebleau à prendre rang dans l'armée pour faire la guerre, et, du même coup, fait un tableau saisissant de l'enthousiasme de ces jeunes gens que l'Empereur se plaisait à interroger lui-même dans leurs cours.

« Si la paix de 1807 n'avait pas eu lieu, je serais sorti au bout de trois mois, mais l'Empereur n'ayant pas besoin d'officiers, ordonna de nous faire rester dans nos cours. Ce grand homme, peu de jours après son arrivée à Paris, vint à Fontainebleau pour nous voir. Je vivrais cent ans que je me rappellerais cette visite. La générale se fit entendre. Nous étions à l'étude ; dans un clin d'œil, nous fûmes habillés et en bataille. L'Empereur se promenait dans la cour avec le général ; il nous passa en revue et nous fit manœuvrer pendant une heure. Mes yeux furent continuellement sur le grand homme pour lequel j'avais déjà une si haute vénération. Mais ce n'était pas assez de le voir d'une distance de dix ou quinze pas, j'aurais voulu pouvoir lui parler ; il me semblait que les paroles de ce héros ne devaient pas être comme celles d'un autre.

» Le hasard me servit à souhait : nous fûmes envoyés dans nos classes où le Grand Napoléon voulait nous interroger lui-même. M. Alize, notre professeur de mathématique première, m'appela au tableau. L'Empereur entra dans le moment, et, après s'être fait donner les noms des élèves qui avaient été exemptés, il se tourna vers moi et me dit : Tu as été exempté. — Oui, sire, répondis-je. — Donne-moi la surface de la sphère », ce que je fis et d'une manière bien sûre. « Je veux savoir la largeur d'une rivière, mais vite » ; je répondis par des triangles semblables.

» J'ai une ville à bombarder, un bras de mer m'empêche de m'approcher de la place et, cependant, j'ai besoin de connaître la distance de la place pour savoir si mes bombes pourront arriver. Avec le graphomètre, on peut connaître la distance à quelque chose près ». J'eus ordre de m'expliquer comment je m'y prendrais, ce que je fis. L'Empereur parut content et donna ordre de m'envoyer en fortification.

» J'ai toujours pensé que l'Empereur voulait parler de la place de Cadix, place qui l'occupait beaucoup à cette époque, se doutant bien qu'il n'en viendrait pas à bout.

» L'Empereur voulut s'assurer comment nous vivions, il était dans la cuisine quand les élèves furent chercher la gamelle. Il adressa à plusieurs des choses aimables et leur demanda comment ils se trouvaient de l'ordinaire. Un élève lui répondit que, pour ceux qui aimaient les haricots et les lentilles, nous étions très bien. Je ne sais si c'est à cet élève que nous dûmes d'avoir du rôti deux fois par semaine. L'Empereur nous quitta escorté des cris les plus enthousiastes de « Vive l'Empereur »; on criait des croisées qu'il nous tardait de verser notre sang pour le défendre ». (Commandant de Lauthonye — *Ma vie militaire*.)

Cependant, après une rude campagne, un intervalle de repos ne laissait pas de plaire à ceux qui venaient de faire la guerre et on peut dire que la paix de Tilsit était saluée par les unanimes acclamations de la nation, de l'armée de la France et de l'Europe. Les vainqueurs et les vaincus avaient accueilli avec enthousiasme cette détente.

« Napoléon seul a voulu conquérir le monde. Pas un Français n'a été son complice. Ses admirateurs les plus passionnés avaient retranché leur ambition bien en dedans du cercle de ses espérances insensées. Hormis quelques jeunes officiers sortis hier des écoles, il n'y avait pas dans l'armée un être pensant qui ne fut pénétré de douleur en voyant, après tant de guerres entreprendre encore des guerres nouvelles. Les soldats n'avaient pas à tous les moments le transport au cerveau. Dans le calme, un attrait invincible les rappelait vers la patrie. Ce n'étai pas seulement l'enfant de Paris à qui l'abstinence du bivouac faisait regretter l'abondance de la ville natale. Nous entendions sans cesse nos conscrits maudire avec imprécations les riantes vallée de la Lusitanie et cette heureuse Bétique où les anciens ont placé leurs Champs-Elysées, s'y regarder comme en exil, et, par esprit d'opposition, porter aux nues, dans leurs discours, les agréments pittoresques de la Sologne et la fertilité de la Champagne pouilleuse. Combien, en recevant le coup qui les mutilait, se sont écriés : « Tant mieux, je reverrai encore mon pays et ma mère! » Presque tous les officiers généraux avaient une femme et des enfants, car l'Empereur encourageait les mariages. Aux obsessions dont on les fatiguait pour obtenir un congé à passer en France, il répondait d'ordinaire par des refus et des bienfaits. Les refus étaient positifs, les bienfaits se sont trouvés illusoires. Même aux jours de nos prospérités, que servaient les terres et les châteaux à des hommes condamnés à passer les nuits sur la dure, sans autre abri que la voûte du ciel? Et puis ces terres, ces châteaux étaient aux confins de la Pologne, sous la portée du canon des Russes, ou dans les sables du Hanovre, prêts à être revendiqués à la première inconstance de la victoire. Cependant, le peuple, trompé par tout cet appareil de dotations, imaginait injustement que le seul but d'une guerre perpétuelle était d'enrichir ceux qui la faisaient ». (Général Foy)

Excepté l'Angleterre, qui trouvait le continent encore une fois uni contre elle, excepté l'Autriche qui avait espéré un moment la ruine de son dominateur, il n'y avait personne qui n'applaudît à cette paix, succédant tout à coup à la plus grande agitation guerrière des temps modernes.

* *

Napoléon ne se dissimulait pas la nécessité d'assurer au plus vite l'exécution des clauses du traité qu'il venait de dicter. Le lendemain même de son arrivée à Saint-Cloud, 28 juillet, il réunit le conseil des ministres au palais des Tuileries et donna des ordres qui embrassaient l'Europe de Corfou à Kœnigsberg.

A 11 heures du matin, à l'issue du conseil, l'Empereur reçut en audience solennelle. Alors se succédèrent les félicitations du Sénat, du Tribunat, du Corps Législatif, de la Cour de Cassation, de la Cour d'Appel, du Clergé de Paris, ayant à sa tête le cardinal archevêque de Belloi, de la Cour de justice criminelle, du Conseil des prises, enfin du Corps municipal, ayant à sa tête le général Junot, gouverneur de Paris, et le Conseiller d'Etat, préfet du département, Frochot.

De tous les discours prononcés en cette occasion, nous ne rapporterons que celui du premier président de la Cour d'Appel A. J. M. Séguier; il donnera une idée suffisante de l'esprit dans lequel les autres harangues étaient composées :

« Sire, il y a longtemps que votre gloire n'aspire qu'au repos. Vous avez été grand général dès vos premières campagnes. L'Égypte vous a vu conquérant. Élu chef des Français comme le plus magnanime de la nation, vous vous êtes fait connaître de l'Europe aux champs de Marengo. Ceint de la couronne impériale, vous l'avez rehaussée à Ulm, à Vienne, à Austerlitz; protecteur des peuples du Rhin, vous avez fixé les destins de la Germanie, quand Dantzig, Eylau, Friedland ont montré au plus puissant monarque de l'Orient et du Nord qu'il vous convenait d'être l'arbitre de l'Occident et du Midi.

» Faudrait-il renouveler les combats? Vos succès, d'abord inouïs, et cependant toujours croissants, annoncent assez quel serait le dernier événement. Mais, Sire, il est une chose plus extraordinaire que les prodiges guerriers de Votre Majesté, c'est que vous résistiez à la fortune qui affecte

pour vous l'empire de la terre ; que vous soyez moins ambitieux de vaincre
que de vous réconcilier ; que vous ne fassiez sentir par la force de vos
armes les dangers de votre inimitié, que pour faire comprendre par la force
de votre génie les avantages de votre alliance.

» Napoléon n'a jamais voulu que la paix du monde ; il a toujours présenté la branche d'olivier à ses provocateurs, qui l'ont forcé d'accumuler
les lauriers ; Napoléon est au-dessus de l'histoire humaine, il appartient aux
siècles héroïques ; il est au-dessus de l'admiration, il n'y a que l'amour qui
puisse s'élever jusqu'à lui.

» Cet amour, Sire, nous l'avons juré, alors que, prenant la république dans
votre main, vous avez étouffé les dissensions intestines, et sauvé la France
des invasions et des déchirements. Nous vous répétons notre serment
aujourd'hui que, étouffant les discordes extérieures, vous avez promu la
France à une suprématie que vous vous êtes créée.

» Sire, les officiers de votre Cour d'appel, agrandis dans votre sphère,
hors d'eux-mêmes devant Votre Majesté, voudraient vous offrir des félicitations ; mais vos travaux immortels parlent plus haut que notre respect et
notre fidélité ».

*
* *

La première pensée de Napoléon fut de tirer sur-le-champ
les conséquences de l'alliance russe qu'il venait de conclure
à Tilsit. Son premier soin devait être d'envoyer à Saint-
Pétersbourg un agent qui continuât auprès d'Alexandre
l'œuvre de séduction commencée à Tilsit. En attendant d'en
avoir un qui réunit les conditions désirables, Napoléon
envoya le général Savary, que sa soumission aveugle faisait
employer à tout, à la guerre, à la diplomatie à la police.
Sachant être tour à tour souple ou arrogant, il était très
capable de s'insinuer dans l'esprit du jeune monarque,
auquel il avait déjà su plaire.

« Le général Savary, envoyé en 1805 au quartier général russe, avait
trouvé Alexandre rempli d'orgueil la veille de la bataille d'Austerlitz et
consterné le lendemain. Il n'avait pas abusé de ce changement de fortune ;
il avait au contraire habilement ménagé le prince vaincu, et profitant de
l'ascendant que donnent sur autrui les faiblesses dont on a surpris le
secret, il avait acquis une sorte d'influence, suffisante pour une mission
passagère... Napoléon donna, sans aucun titre apparent, au général Savary
des pouvoirs étendus, et beaucoup d'argent pour qu'il pût vivre à Saint-
Pétersbourg sur un pied convenable ». (Thiers)

*
* *

Si, par le traité de Tilsit et par les ordres d'occupation, Napoléon s'était assuré le concours des peuples du Nord contre l'Angleterre, il restait à gagner à cette cause l'Espagne et le Portugal.

L'Espagne avait envoyé un ambassadeur extraordinaire pour féliciter l'Empereur des Français de ses victoires. Elle avait en outre à Paris son ambassadeur ordinaire, le prince Masserano.

Le prince Masserano, grand de première classe, avait en France le titre et les honneurs de l'ambassade d'Espagne, mais un autre sans caractère public était depuis un an le véritable ambassadeur d'Espagne. Investi de la confiance particulière du prince de la Paix, Don Eugenio Yzquierdo avait, à l'insu de Masserano et du ministre des affaires étrangères espagnoles, les pleins pouvoirs du roi pour discuter les plus hauts intérêts de la monarchie, et même pour signer des traités. Comme il avait vieilli dans la direction du cabinet d'Histoire naturelle de Madrid, on supposait que sa passion pour les sciences l'avait attiré dans la Métropole des connaissances humaines ; et ce n'est pas la première fois que le manteau du savant a couvert des intrigues politiques.

Lors de l'intempestive levée de boucliers de Godoï, au moment de la bataille d'Iéna, c'était Yzquierdo qui avait couru au quartier général de l'Empereur à Berlin, pour expliquer, justifier, réparer, offrir et promettre tout.

Le prince de la Paix croyait avoir été sauvé par lui de la colère de Napoléon ; au moins dut-il à son actif mandataire, un ami puissant, Murat, qu'il retrouva depuis aux jours de l'adversité. Charles IV, en envoyant à Paris cet agent secret, lui avait dit : « Manuel Godoï est ton protecteur. Fais ce qu'il te commandera ; c'est par son moyen que tu dois me servir ».

Le général Duroc, grand maréchal du palais de l'Empereur,

avait été choisi pour traiter avec Don Eugenio Yzquierdo. Duroc était marié avec une Espagnole, fille de M. d'Hervas, autrefois chargé des affaires financières de la cour de Madrid, et depuis devenu marquis d'Almerara et ambassadeur à Constantinople. Cela suffisait à expliquer cette accointance et à la couvrir. Nul autre n'était d'ailleurs dépositaire de tant et de si importants secrets de politique. La tournure de ses idées, plus justes qu'étendues, sa tenue parfaite, et plus que tout cela l'empire de l'habitude, l'avaient mis sur le pied de confident intime de Napoléon.

La négociation était conduite dans l'ombre. Duroc n'en rendait compte qu'à l'Empereur. Yzquierdo correspondait avec le prince de la Paix, et seulement avec lui.

Napoléon se laissa féliciter de ses triomphes par l'ambassadeur extraordinaire du roi d'Espagne, mais il déclara nettement :

« Qu'il fallait tirer de la paix continentale la paix maritime; qu'on ne parviendrait à ce résultat, si désirable pour l'Espagne et pour ses colonies qu'en intimidant l'ennemi commun par un concours d'efforts énergiques, par une interdiction absolue de son commerce; qu'il fallait donc seconder la France, et, dans cette vue, exiger du Portugal une adhésion immédiate et entière au système continental; que pour lui, il était résolu à vouloir, non pas une feinte exclusion des Anglais de Porto et de Lisbonne, mais une exclusion complète, suivi d'une déclaration de guerre immédiate et de la saisie de toutes les marchandises britanniques; que si le Portugal n'y consentait pas tout de suite, il fallait que l'Espagne préparât déjà les siennes, et qu'on envahît sur le champ le Portugal non pas pour huit jours ou quinze comme en 1801, mais pour tout le temps de la guerre, peut être pour toujours, suivant les circonstances ».

Les trois envoyés de l'Espagne s'inclinèrent devant cette déclaration, qu'ils durent sans délai transmettre à leur cabinet.

Napoléon avait-il déjà des vues sur l'Espagne pour lui dicter ainsi une ligne de conduite? En tout cas, ces vues étaient alors bien indécises, et il est évident que, de ce côté, son optique changea avec les événements. Mais déjà il osait parler d'autorité avec son alliée, parce qu'il connaissait sa faiblesse et qu'il la croyait impuissante à lui résister.

Charles IV était monté sur le trône à l'âge de quarante et un ans. C'était un homme simple dans ses goûts, bon pour ses serviteurs, doué d'une intelligence qui n'a paru bornée que parce qu'elle était disproportionnée à la tâche que lui ont imposée des temps difficiles. Pacifique, craintif, accoutumé à obéir, ayant passé sa jeunesse sous le joug, il fut constamment soumis à la volonté de la reine Marie-Louise, qui, née en Italie, avait apporté à la cour d'Espagne ce mouvement passionné, cette volonté propre aux femmes de son pays.

Sous son règne, l'Espagne était descendue au dernier degré de l'abaissement, bien que les belles qualités de la nation ne fussent qu'engourdies. Le roi Charles IV était peut-être bien intentionné, mais incapable et fort enchanté que le favori de sa femme se chargeât de l'embarras de régner pour lui. La reine, toujours dissolue et n'écoutant que ses passions, était plus que jamais soumise à l'ancien garde du corps Godoï, devenu prince de la Paix, toujours aussi léger, paresseux et fourbe.

Lors du procès de Louis XVI, Charles IV avait fait auprès du pouvoir qui gouvernait la France toutes les démarches publiques et secrètes pour sauver la tête du chef de sa maison. Quand cette tête royale fut tombée sous le glaive du bourreau, il se résolut à prendre les armes.

Le roi d'Espagne n'avait pas alors quarante mille soldats en Europe. La Catalogne demanda à se lever en masse. Les provinces de Biscaye et de Navarre firent des appels à la population. Les grands seigneurs accoururent à la tête de leurs vassaux. Les moines arrivèrent enrégimentés : cette cause était la leur. Des bandes de contrebandiers, oubliant leurs démêlés habituels avec le gouvernement, demandèrent à combattre les ennemis du trône et de l'autel. Tous les états, tous les rangs voulurent vaincre et mourir pour la patrie.

Si le gouvernement espagnol eût répondu à l'énergie de sa nation, si la guerre eût été conduite avec une capacité même médiocre, les armées espagnoles seraient arrivées en 1793 et 1794 sur les bords de la Garonne. Mais, quand la République française eut augmenté ses forces et aguerri ses soldats, quand elle fut délivrée d'une partie de ses maux intérieurs, elle triompha aux Pyrénées.

Le roi d'Espagne se hâta de demander la paix; il avait satisfait à ses devoirs de parent, il crut avoir rempli ses devoirs de roi. Le ministre, sous les auspices duquel l'Espagne se réconciliait avec la France, par un traité où les sacrifices n'étaient pas mesurés sur les revers, prit le nom de Prince de la Paix. Un général, âgé de trente ans, aurait pu ambitionner un autre titre.

L'Espagne se hâta de désarmer, la milice fut renvoyée dans ses foyers. Les cadres de vingt bataillons et de huit escadrons ajoutés à l'armée de ligne furent conservés; mais on ne recruta plus les troupes.

Désarmée et mal gouvernée, l'Espagne n'était pas maîtresse de choisir sa politique. Elle fut à la merci de la France.

La campagne de 1801 fut sans gloire pour les armées espagnoles; elle fit faire à la maison de Bourbon d'Espagne un grand pas dans le mépris public. Le roi et la reine d'Espagne étaient à l'armée avec le favori. Celui-ci prenant des formes de galanterie qui ne lui étaient pas naturelles, on le vit offrir pompeusement à la reine un bouquet d'oranges que quelques soldats avaient cueilli sur les glacis d'Elvas. Il parut à la tête de l'armée, conduisant en triomphe sa maîtresse, et suivi par le roi qui marchait derrière eux. Les soldats la portaient sur un palanquin tressé de feuillage. Marie-Louise avait cinquante ans, quand elle donnait ce spectacle au peuple et à l'armée.

L'Espagne fut de moitié avec la France dans ses désastres maritimes, et la France triompha seule sur terre.

La nation espagnole en était réduite à un complet effarement, lorsque, le 5 octobre 1806, parut, inattendue pour tous, inintelligible à la plupart, la proclamation du prince de la

Paix. Il appelait la nation aux armes, sans désigner le nouvel ennemi qu'elle aurait à combattre.

Napoléon lut dans le palais de Frédéric, à Berlin, ce manifeste belliqueux; il ne s'en effraya pas, et s'il y arrêta sa réflexion, ce ne fut que pour se dire que le moment n'était pas encore venu d'agir de ce côté; d'ailleurs M. Yzquierdo, l'homme de confiance de Godoï, vint presque aussitôt lui apporter des excuses à Berlin même.

Depuis, l'Espagne s'était déclarée alliée de la France en lui fournissant un contingent de ses troupes, et maintenant elle s'empressait d'envoyer à Napoléon un ambassadeur extraordinaire pour le complimenter. Elle sentait toute sa faiblesse.

Plus de finances, plus de marine, plus d'armée, plus de politique, plus d'autorité sur les colonies prêtes à se révolter.

Cependant, sous cette misère générale, il y avait une nation forte, orgueilleuse, fanatique, aussi fière du souvenir de sa grandeur passée que si cette grandeur existait encore; ayant perdu l'habitude des combats, mais capable du plus courageux dévouement; haïssant les autres nations, sachant néanmoins que de l'autre côté des Pyrénées il s'était accompli de grandes choses.

Emmanuel Godoï par un vague pressentiment de la catastrophe qui attendait son pays, accumulait chez lui des sommes d'or et d'argent que le bruit public exagérait follement, car on parlait de plusieurs centaines de millions entassés dans son palais. Ainsi, tandis qu'on se sentait misérable, on croyait toute la richesse nationale réunie chez le favori de la reine.

Dans ce désarroi, la nation espagnole ne sachant à qui donner son cœur, l'avait donné à l'héritier de la couronne, le prince des Asturies, Ferdinand, qui n'était pas beaucoup plus digne que ses parents de l'amour d'un grand peuple. Ce prince, alors âgé de 23 ans, était veuf d'une princesse de Naples, morte disait-on d'un poison administré par la haine de la reine et du favori, ce qui était faux, mais admis comme vrai par toute l'Espagne et par Ferdinand lui-même.

« Le prince était gauche, faible et faux, doué pour tout esprit d'une certaine finesse, pour tout caractère d'un certain entêtement. Mais aux yeux d'une nation passionnée, ayant besoin d'aimer l'un de ses maîtres, et d'espérer que l'avenir vaudrait mieux que le présent, sa gaucherie passait pour modestie, sa sauvage tristesse pour le chagrin d'un fils vertueux, son entêtement pour fermeté, et, sur le bruit de quelque résistance opposée à divers actes du prince de la Paix, on s'était plu à lui prêter les plus nobles et les plus fortes vertus. » (Thiers).

La reine et le favori, pour se garantir contre les dangers qu'ils prévoyaient, avaient songé à s'emparer du prince des Asturies, en lui faisant contracter un mariage qui le plaçât sous leur influence. Ils avaient jeté les yeux sur dona Maria-Thérésa de Bourbon, sœur de Maria Louisa, princesse de la Paix. Mais Ferdinand avait opposé à ce projet des refus invincibles et même outrageants, qui avaient redoublé les anxiétés de la reine et du favori.

Il y avait donc en Espagne un immense désarroi non seulement dans les finances, dans les affaires, dans la politique, dans le gouvernement, mais aussi dans la maison royale.

Napoléon était au courant de tout cela. Songeait-il déjà à en tirer parti? C'est incontestable. Mais on peut affirmer qu'il ne savait pas lui-même quel parti en tirer. Et les historiens qui ont prétendu que d'ores et déjà sa ligne de conduite était arrêtée, sont en contradiction flagrante avec les faits et les documents.

Il est même fort intéressant de suivre l'évolution des projets de Napoléon à l'égard de l'Espagne à dater de ce moment où il se borne à vouloir profiter de sa faiblesse pour s'assurer du Portugal en la mettant dans son jeu.

Pour surveiller les affaires d'Espagne, l'ambassadeur de l'Empereur était loin du rôle machiavélique que certains écrivains lui ont prêté.

M. de Beauharnais, frère du premier mari de l'impératrice Joséphine, avait remplacé en 1806 le général Beurnonville à Madrid. C'était un esprit médiocre, un ambassadeur gauche et parcimonieux, doué cependant de quelque bon sens et d'une parfaite droiture.

Sa gravité, sa probité, sa maladresse concordaient peu avec les fourberies et la légèreté du favori Godoï. Il adressait à Napoléon des rapports conformes à ce qu'il sentait.

Il ressort de la correspondance de M. de Beauharnais que l'Empereur le tenait peu au courant de ses intentions, marquait peu d'intérêt pour ses informations, le laissait dans une indécision fort gênante, en somme, ne lui accordait qu'un rôle de comparse peu averti, qu'on peut désavouer à l'occasion.

Si quelqu'un eut un rôle machiavélique, ce fut Napoléon et sa conduite dans ces affaires d'Espagne est faite tout entière de ruse, de duplicité, avec un seul mobile qui, loin de l'excuser, l'aggrave encore : user et abuser des situations.

Ce sont donc les situations successives qu'il importe d'exposer pour expliquer la variation des projets de Napoléon.

Août. — Sommation au gouvernement portugais. — Remaniement de l'armée française. — Formation de l'armée de Portugal. — Junot général en chef. — Ses antécédents. — Le général Thiébault chef d'état-major. — Les incidents de sa nomination. — L'Angleterre contre le Danemark. — Le maréchal Brune à Stralsund. — A Saint-Cloud. — Créations de hauts emplois civils et militaires. — Talleyrand vice-grand électeur. — Berthier vice-connétable. — Les nouveaux ministres des affaires étrangères et de la guerre. — La sommation est signifiée au Portugal par la légation de France. — Affolement du gouvernement portugais. — La fête du 15 août. — Discours de l'Empereur au Conseil d'Etat, au Tribunat, au Corps Législatif. — L'opinion publique. — Les interprétations. — La prospérité de la France peinte par le Ministre de l'Intérieur. — Discours du président du Corps législatif. — La suppression du Tribunat. — Mariage de Jérôme Bonaparte. — Nouveau discours du président Fontanes. — Prise de Stralsund par les Français. — Création d'une noblesse héréditaire. — Les majorats. — Les dotations et gratifications. — La maison militaire des Princes. — Appréciation des récompenses. — L'économie de l'Empereur en administration. — Renvoi des vieux soldats fatigués, appel anticipé des conscrits. — Garnisaires. — Mesures militaires.

En même temps qu'il dictait ses volontés aux représentants de l'Espagne, Napoléon avait fait appeler M. de Lima, l'ambassadeur du Portugal, et il lui avait signifié que si, dans le temps rigoureusement nécessaire pour écrire à Lisbonne et en recevoir une réponse, on ne lui promettait pas l'exclusion des Anglais, la saisie de leur commerce, personnes et choses, et une déclaration de guerre, il fallait s'attendre à voir les troupes françaises marcher sur Lisbonne.

Il ordonna d'ailleurs aussitôt la réunion à Bayonne d'une armée et il en confia le commandement au général Junot qui avait fait partie de l'expédition de 1801 et avait été ensuite ambassadeur en Portugal.

Ces mesures furent prises ostensiblement et de manière que l'Espagne et la Portugal ne pussent pas ignorer combien seraient sérieuses les conséquences d'un refus.

*
* *

Napoléon poursuivait alors la refonte de son armée en remaniant l'organisation de circonstance à laquelle il avait été obligé pendant la campagne de 1807.

Un décret du 29 juillet renvoyait dans leurs foyers le corps des gardes nationaux rassemblés à Mayence. En même temps les ordres nécessaires furent donnés pour que deux bataillons de chacune des légions de réserve se trouvassent prêts à remplacer sur les côtés les troupes qu'on allait en retirer.

Par ordre du 2 août, les 3.000 gardes nationaux du général Lamortillère furent placés, 2.000 à l'île d'Aix, 500 à l'île d'Oleron et 500 à Bordeaux.

A la même date, le Major général expédiait l'ordre au général Fauconnet pour dissoudre le dépôt de cavalerie de Breslau quand il aurait terminé toutes ses opérations et pour renvoyer chaque détachement à son corps. Cette dissolution eut lieu dans les derniers jours d'août.

Le 2 août, également, le Major général donnait l'ordre au général Boursier de dissoudre le 11ᵉ régiment provisoire.

Cependant l'armée destinée à envahir le Portugal ne fut point formée aux dépens des armées d'Allemagne, de Pologne et d'Italie. L'Empereur la composa avec des régiments d'infanterie restés à l'intérieur pour la garde des côtes de la Bretagne et de la Normandie, avec des troisièmes bataillons formés de la conscription des jeunes soldats de 1807, levés en 1806, bien encadrés et instruits, avec deux bataillons suisses et deux légions composées, l'une de Piémontais, l'autre de Hanovriens.

Un décret du 2 août 1807 ordonna que les trois camps volants de Saint-Lô, de Pontivy et de Napoléon-Vendée seraient dissous dans le courant du mois d'août, et forme-raient chacun une division pour constituer un corps qui s'ap-pellerait corps d'observation de la Gironde. Il se réunirait à Bayonne, et le général Junot, gouverneur de Paris, en pren-drait le commandementant.

Composition, Organisation et Force du premier corps d'observation de la Gironde (devenu Armée de Portugal)

ÉTAT MAJOR GÉNÉRAL DE L'ARMÉE

Le général Junot, premier aide de camp de Napoléon colonel-général des hussards, gouverneur de Paris, etc., etc., commandant en chef l'armée.

De Grandsaigne, colonel; Hersant, chef de bataillon; de La Grave et Thomassin, capitaines, aides de camp du général en chef.

De Cambis, adjudant-commandant; le prince de Salm-Salm, et Carrion de Nisas, chefs d'escadron; de Tacher, Auguste de Forbin, Prévost et Laval, capitaines, officiers de l'état-major du général en chef.

Girod de Novillars chef de bataillon du génie.

Thiébault, général de brigade, chef de l'état-major général de l'armée.

De Trentignant, lieutenant, aide-de-camp du général Thiébault.

De Bagneris, adjudant-commandant, sous-chef de l'état-major général.

Le prince de Salm, chef d'escadron; Palamède de Forbin, Mattat, Vidal de Valabrègue, Quentin, Lonchamp, capitaines; et Vallier, lieutenant, offi-ciers d'état-major, employés auprès du chef d'état-major général.

Mesure, capitaine du génie, employé à l'état-major général de l'armée.

Le général de division Quesnel;

GENDARMERIE

Thomas, chef d'escadron, commandant.

Force : 1 officier et 37 gendarmes à cheval.

Première division d'infanterie

ÉTAT-MAJOR

Le général de division Delaborde, commandant.

Beuret, chef de bataillon et Viard, capitaine, aides de camp.

Le général de brigade Avril

La Case, capitaine aide de camp.

Le général de brigade Brenier.

Barrié et Desjardins, capitaines, aides de camp.

L'adjudant-commandant Arnault, chef d'état-major.

Ruthie, capitaine-adjoint.

TROUPES

1re Brigade { 2e bataillon du 47e de ligne.
1er et 2e bataillons du 70e de ligne..
1er bataillon du 4e régiment suisse.

2e Brigade { 3e bataillon du 15e de ligne.
1er et 2e bataillons du 86e de ligne.

Deuxième division d'infanterie

ÉTAT-MAJOR

Le général de division Loison, commandant.
Coizel, chef de bataillon; et *Larges, capitaine*, aides de camp.
Le général de brigade Charlot.
Lalou et Cardineau, capitaines, aides de camp.
Le général de brigade Thomières,
X..., aide de camp.
Pillet, adjudant-commandant, chef d'état-major.
Oboussier, capitaine-adjoint.

TROUPES

1re Brigade { 3e bataillon du 2e léger
3e — 4e —
3e — 12e —
3e — 15e —

2e Brigade { 3e bataillon du 32e de ligne
3e — 58e —
2e — 2e suisse

Les bataillons des 2e et 4e légers, formèrent le 1er régiment provisoire d'infanterie légère; et ceux des 12e et 15e le 2e provisoire.

Les bataillons des 32e et 58e de ligne, formèrent le 1er régiment d'infanterie provisoire de ligne.

Troisième division d'infanterie

ÉTAT-MAJOR

Le général de division Travot, commandant.
Mégessier, chef de bataillon; Vallory et *Gaudot, capitaines*, aides de camp
Le général de brigade Fusier
X..., aide de camp.
Le général de brigade Graindorge.
Marlière, capitaine, aide de camp.
Des Roches, adjudant-commandant.

TROUPES

1re Brigade	3e Bataillon du 31e léger. 3e — 32e — 2e — 26e de ligne. 1er et 2e bat. de la légion du Midi
2e Brigade	3e Bataillon du 66e de ligne. 3e — 82e — Légion hanovrienne.

Les bataillons des 31e et 32e légers, formèrent le 3e régiment provisoire d'infanterie légère.

Division de cavalerie.

Le général de division Kellermann.
Herdebout capitaine, et *de Soucy, lieutenant,* aides de camp.
Le général de brigade Magaron.
Dufreval, capitaine et *Duplessis, lieutenant,* aides de camp.
Le général de brigade Maurin.
X..., aide de camp.
Herdebout, premier aide de camp du général.
Kellermann, *chef d'état-major.*

TROUPES

1re brigade	4e escadron du 26e de chasseurs. 4e — 1er de dragons. 4e — 5e —
2e Brigade	4e escadron du 4e de dragons. 4e — 5e — 4e — 9e — 4e — 15e —

Les six escadrons de dragons formèrent trois régiments provisoires, savoir, ceux des 1e et 3e régiments, le 3e provisoire; ceux des 4e et 5e le 4e et ceux des 9e et 15e le 5e.

Artillerie de l'armée.

Le général de brigade Taviel, commandant.
Brun et Hennet, capitaines, aides de camp.
Le colonel Prost, chef d'état-major.
Le chef de bataillon Chatenet, sous-chef d'état-major.
Lasnou, capitaine, et *Boilleau, lieutenant* adjoints à l'état-major.
Le colonel Douence, directeur des parcs.
Les colonels Foy, d'Aboville et *Piccoteau,* employés à l'armée.
Lambinet, chef de bataillon.

TROUPES

4e compagnie du 1er régiment à pied.
8e 10e et 12e compagnies du 3e régiment.
15e et 16e compagnies du 6e régiment.
9e compagnie d'ouvriers.
12e bataillon du train d'artillerie.

Matériel.

Pièce de 4.
Pièces de 8.
Obusiers de 6 pouces.
Affûts de rechange.
Caissons d'artillerie.
Caissons d'infanterie.
Forges, Chariots, Fourgons.

Génie.

Le colonel Vincent, commandant.
Le chef de bataillon Bruley, commandant en second.
Le chef de bataillon Girod de Novillars.
Les capitaines Mescure, Boucherat, Calmel, Andrès, Mairet, Dérouel, Laguette, Boulanger, Pedemonte, Charles Plazanet, J. Plazanet et les *lieutenants Spinola et Saint-Léger.*
Troupes du génie.

Administration de l'Armée.

INSPECTION

Viennot-Vaublanc et *Degoy,* inspecteurs aux revues.
Bros, Evrard et *Parrain,* sous-inspecteurs.

SERVICES

Traisset, ordonnateur en chef.
Les commissaires des guerres *Audiral, Blanchard, Flandin, Debessé, Perre, l'Allemand, Barchou, Herpin, Audin* ; et *Ballet, Deblair, Priston* et *Théry* commissaires-adjoints.
Thonnelier, payeur-général.
Berthelot, receveur général.
Maillard, médecin en chef.
Beaumarchef, chirurgien en chef.
Paulet, pharmacien en chef.
Blève, directeur des postes.
X..., directeur des hôpitaux.
Fray, directeur, des services réunis.

Bataillon du Train des Equipages militaires.

François, commandant.

            Force en hommes   292
            Nombre de fourgons.   114
            Nombre des chevaux   550

La première division, général Delaborde, devait compter : 8.820 hommes, 12 pièces d'artillerie prises parmi celles du camp de Pontivy lui seraient attachées. Au 15 août, ce camp serait dissous, et le général Delaborde avec ses troupes se mettrait en marche pour Bayonne.

La deuxième division, général Loison, devait avoir également 8.820 hommes, avec 12 pièces de canon prises au camp de Saint-Lô. Au 5 août, ce camp serait dissous, et le général Loison avec ses troupes se mettrait en marche pour Bayonne.

La 3e division, général Travot, serait formée des troupes du camp Napoléon-Vendée et serait composée de 10.080 hommes. Elle aurait 12 pièces d'artillerie prises au camp Napoléon-Vendée. Au 18 août, ce camp serait dissous, et la division Travot se mettrait en marche sur Bayonne.

Ces troisièmes bataillons furent portés au grand complet de 1.260 hommes, au moyen des conscrits pris dans les 24.000 prélevés sur la conscription de 1808.

Ces bataillons étaient groupés deux par deux, sous les ordres d'un major, de sorte que le corps se composa de 11 régiments à 2 bataillons.

La cavalerie de Junot consistait en quatrièmes escadrons fournis par la conscription de l'année courante et rassemblés en régiments provisoires. Dans cette organisation, hommes, chevaux, habits, équipements, tout était neuf, moins les officiers, et trois ou quatre cavaliers par compagnie, les seuls qui eussent fait la guerre. L'Empereur prescrivit que les 7 escadrons devaient former une force de 2 à 3.000 hommes.

Les bataillons du train d'artillerie étant tous employés aux différentes armées, on eut recours à l'entreprise Julien à laquelle on confia 375 hommes et qui se chargea de fournir les chevaux nécessaires.

Le général de brigade Thiébault fut nommé Chef d'état-major général de cette petite armée qui devait prendre le nom de premier corps d'observation de la Gironde, quoique destinée à opérer en Portugal.

« Pour commander l'armée de Bayonne, Napoléon avait fait choix du général Junot, qui connaissait le Portugal, où il avait été ambassadeur, qui était un bon officier, tout dévoué à son maître et n'avait comme gouverneur de Paris, que le défaut de s'y trop livrer à ses plaisirs. On le disait engagé avec l'une des princesses de la famille impériale dans une liaison qui produisait quelque scandale, et Napoléon trouvait ainsi dans ce choix la réunion de plusieurs convenances à la fois. » (Thiers)

Mme Junot, la duchesse d'Abrantès, dans les *Mémoires* nous a laissé une peinture de son mari. Elle l'a quelque peu épargné.

« Junot était né à Bussy-le-Grand, département de la Côte d'Or, le 24 septembre 1771 ; et, pour le dire en passant, on lui donna pour nom patronymique celui du saint dont le jour de sa naissance était la fête, ce qui fut cause qu'il eut bien le nom le plus extravagant qui fut en France : il s'appelait *Andoche*. Aussi, que de mal, ce malheureux nom ne donna-t-il pas par la suite aux maîtres en l'art de plaire, qui étaient en possession de chanter les puissances.

» Le curé de Livri, ayant entendu plaisanter sur la difficulté de trouver une rime raisonnable, me remit le quatrain suivant; il ne fut pas cinq minutes à le faire.

> Le grand Napoléon et notre brave Andoche.
> Nous rappellent François premier.
> Ce prince, ami des arts et valeureux guerrier,
> Eut son chevalier sans reproche.

» **Les parents de Junot** étaient de bons bourgeois; sa famille avait de l'aisance. Les deux frères de sa mère étaient, l'un médecin à Paris, l'autre premier chanoine de la cathédrale d'Evreux; il est mort évêque de Metz, en 1806.

» Avant la révolution de 1789, la classe bourgeoise ne mettant pas ses fils au service, Junot se destinait au barreau. Son éducation fut terminée au collège de Châtillon-sur-Seine. C'est là qu'il connut Marmont, élève du même collège, et qu'ils se lièrent d'une amitié qui ne s'altéra jamais; elle n'eut de terme qu'à la mort de Junot en 1813.

» Entré dans le monde avec la Révolution, Junot était tout à fait un de ses fils. Il avait à peine vingt ans, lorsque le premier roulement de tambour se fit entendre. Un cri de guerre retentit dans tout le royaume; les plus sages voulaient le combat, tous s'ennuyaient du repos. Pour Junot, ce fut un réveil, une passion des armes, et, au même instant, un oubli entier de cette vie molle et oisive qu'il menait auparavant.

» Ce fut alors qu'il entra dans ce fameux bataillon des volontaires de la Côte d'Or si renommé par la quantité de généraux et de grands officiers de l'Empire sortis de ses rangs. Il avait pour chef Gazotte. Après la reddition de Longwy, le bataillon fut dirigé sur Toulon, qu'il s'agissait de reprendre sur les Anglais. C'était le moment le plus affreux de la Révolution. Junot était sergent de grenadiers, grade qu'il avait reçu sur le champ de bataille. Il disait avec cet accent qui persuade, parce qu'il est vrai, que, dans le cours de sa carrière d'honneurs, rien ne lui avait donné un délire de joie comparable à ce qu'il avait éprouvé lorsque ses camarades, tous aussi braves que lui, disait-il, l'avaient nommé leur sergent, que leur chef de bataillon le confirmait dans ce grade, et qu'il était élevé sur un pavois tremblant formé de baïonnettes encore teintes du sang de l'ennemi. » (Mme d'Abrantès)

Les appréciations du général Thiébault, qui vécut auprès de Junot, compléteront le portrait.

« Quelques traits de haute vaillance, d'originalité et d'esprit l'avaient signalé au siège de Toulon, où il se trouvait en qualité de canonnier de la Côte-d'Or. On y parlait de son bouillant courage, au sujet duquel on citait notamment cette anecdote : Il se trouvait à souper avec quelques-uns de ses camarades, assez près des batteries de siège et dans une tente qui, je crois, leur était commune, lorsqu'une bombe, tirée de la place, tomba au milieu de la tente, traversa la table et troua le sol dans lequel elle allait éclater; chacun s'était levé pour fuir, alors que Junot, saisissant un verre, s'écria : « A la mémoire de ceux d'entre nous qui vont périr. » Je ne sais si le vin eut quelque part à son acte d'intrépidité, — on pourrait dire de folie, — et jusqu'à quel point il influa sur l'effet qu'il produisit; mais tous s'arrêtèrent à ce mot, reprirent leurs verres et demeurèrent immobiles tandis que la bombe éclatait; l'un deux tomba mort, et les autres, achevant leur rasade, s'écrièrent : « A la mémoire d'un brave. »

» Le commandant d'artillerie, Bonaparte, voulut voir l'auteur de cette boutade et trouva un jeune homme plein d'esprit et d'ardeur, ayant fait les meilleures études; à dater de ce moment, il ne le perdit plus de vue. » (Thiébault)

« C'est dans ce même temps qu'étant un jour au poste de la batterie des sans-culottes, un commandant d'artillerie, venu de Paris depuis peu de jours pour diriger les opérations du siège en ce qui regardait l'artillerie, sous les ordres de Carteaux, demande à l'officier du poste un jeune sous-officier qui eût en même temps de l'audace et de l'intelligence. Le lieutenant appelle aussitôt *La Tempête*, et Junot se présente. Le commandant fixe sur lui cet œil qui semblait déjà connaître les hommes :

» — Tu vas quitter ton habit, dit le commandant, et tu iras là-bas porter cet ordre.

» Il lui indiquait de la main un point plus éloigné de la côte, et lui expliqua ce qu'il voulait de lui.

» Le jeune sergent devint rouge comme une grenade ; ses yeux étincelèrent.

» — Je ne suis pas un *espion*, répondit-il au commandant ; cherchez un autre que moi pour exécuter votre ordre.

» Et il se retirait.

» — Tu refuses d'obéir ? lui dit l'officier supérieur d'un ton sévère ; sais-tu bien à quoi tu t'exposes ?

» Je suis prêt à obéir, dit Junot, mais j'irai là où vous m'envoyez avec mon uniforme, ou je n'irai pas. C'est encore bien de l'honneur pour ces... Anglais.

» Le commandant sourit et le regardant attentivement :

» — Mais ils te tueront ! reprit-il.

» — Que vous importe ? Vous ne me connaissez pas assez pour que cela vous fasse de la peine, et quant à moi, ça m'est égal... Allons, je pars comme je suis, n'est-ce pas ?

Alors il mit la main dans sa giberne.

» — Bien ! avec mon sabre et ces dragées-là, du moins la conversation ne languira pas, si ces messieurs veulent causer.

» Et il partit en chantant.

» — Comment s'appelle ce jeune homme ? demanda l'officier supérieur après son départ.

» — Junot.

» — Il fera son chemin.

» Alors le commandant inscrivit son nom sur ses tablettes. C'était déjà un jugement d'un grand poids, car on a facilement deviné que l'officier d'artillerie était Napoléon.

» Peu de jours après, se retrouvant à cette même batterie que l'on appelait la batterie des Sans-Culottes, Bonaparte demanda quelqu'un qui eut une belle écriture ; Junot sortit des rangs et se présenta. Bonaparte le reconnut pour le sergent qui déjà avait fixé son attention. Il lui témoigna de l'intérêt et lui dit de se placer pour écrire une lettre sous sa dictée. Junot se mit sur l'épaulement même de la batterie. A peine avait-il terminé sa lettre, qu'une bombe lancée par les Anglais éclate à dix pas et le couvre de terre ainsi que la lettre.

» — Bien ! dit en riant Junot, nous n'avions pas de sable pour sécher l'encre.

» Bonaparte arrêta son regard sur le jeune sergent ; il était calme et n'avait pas même tressailli. Cette circonstance décida de sa fortune. Il

demeura près du commandant d'artillerie et ne retourna plus à son corps. »
(Mme d'Abrantès)

« Junot signalé par ces faits et par beaucoup d'autres de même nature, les
représentants du peuple le nommèrent sous-lieutenant et lui firent remettre
sa nomination par le colonel Bonaparte. En la recevant et sans dire un
mot, il la déchira et la jeta en morceaux à ses pieds. « Que faites-vous ?
lui répondit son chef ? — Ce que doit faire un homme qui n'est pas fait
pour tenir les épaulettes des mains de ces bougres-là. Quand vous serez
général, donnez-là moi si vous m'en jugez digne, et vous verrez comment je la
recevrai. » Peu après, le colonel Bonaparte, promu au grade de général de
brigade, fit nommer Junot officier et le prit pour aide de camp. » (Thiébault)

« Junot et Muiron, qui périt depuis si malheureusement, furent les deux
premiers aides de camp que Napoléon ait eus.
» De tous les officiers composant l'état-major du général Bonaparte,
Junot était celui qui avait eu la destinée la plus avantureusement heureuse.
Idéalement brave, il portait, en stigmates fraîchement reçus, les glorieuses
marques d'une valeur que ses ennemis même les plus acharnés n'ont pas
pu lui disputer. Le général en chef avait su l'apprécier. » (Mme d'Abrantès)

« Né avec autant d'expansion que de valeur, Junot s'était attaché à son
général. Lorsque celui-ci fut réformé par le travail d'Aubry, devenu immor-
tel par cet acte que quelques gens pourraient considérer comme une prévision immense, mais que la masse regardera toujours comme la plus inconcevable des turpitudes, Junot l'avait alors soutenu par des secours d'argent ;
le père Junot vendit même quelques portions de terre pour subvenir aux
besoins du jeune et malheureux général de son fils ; de plus, l'aide de camp
et le général se sauvèrent la vie en deux circonstances et chacun à leur
tour. De tels faits justifiés par un attachement fanatique et un dévouement
sans bornes, fondaient des titres que rien ne semblait pouvoir affaiblir.
Toutefois quand, parti des plus simples rangs de la société, un souverain a
presque dépassé le faîte des grandeurs humaines, il perd le goût de s'entendre rappeler les vilénies de son origine, et si quelque chose peut conserver
un reste de valeur à de telles réminiscences pour celui qui veut s'en faire
un titre, c'est de les garder secrètes. Par malheur, le désir de les publier
devient plus vif à mesure que grandit leur objet, et quelques indiscrétions
commises et méchamment rapportées, ou même dénaturées ou exagérées,
donnèrent à l'ancien aide de camp qui les avait faites l'apparence d'un véritable fâcheux. » (Thiébault)

On racontait sur Junot cette plaisante anecdote :

Se trouvant à son retour d'Égypte à Montbard, où il avait
passé plusieurs années de son enfance, le général avait
recherché avec le plus grand soin ses camarades de pension
et d'espiègleries, et il en avait retrouvé plusieurs avec lesquels

il avait gaiement et familièrement causé de ses premières fredaines et de ses tours d'écolier. Ensuite ils étaient allés ensemble revoir les différentes localités, dont chacune réveillait en eux quelque souvenir de jeunesse. Sur la place publique de la ville, le général aperçoit un bon vieillard qui se promenait magistralement, sa grande canne à la main. Aussitôt il court à lui, se jette à son cou et l'embrasse à l'étouffer à plusieurs reprises. Le promeneur, se dégageant à grand'peine de ces chaudes accolades, regarde le général Junot d'un air ébahi, et ne sait à quoi attribuer une tendresse si expressive de la part d'un militaire portant l'uniforme d'officier supérieur, et toutes les marques d'un rang élevé.

— Comment, s'écrie celui-ci, vous ne me reconnaissez pas?

— Citoyen général, je vous prie de m'excuser, mais je n'ai aucune idée...

— Eh! morbleu, mon cher maître, vous avez oublié le plus paresseux, le plus libertin, le plus indiscipliné de vos écoliers.

— Mille pardons, seriez-vous Monsieur Junot?

— Lui-même, répond le général, en renouvelant ses embrassades et en riant avec ses amis du singulier signalement auquel il s'était fait reconnaître.

Junot avait fait partie de l'expédition envoyée en 1801 en Espagne, et Portugal sous les ordres du général Leclerc.

Au commencement de 1805, il avait remplacé Lannes à l'ambassade de Portugal. Il était arrivé à Lisbonne depuis peu de mois, lorsque survint la rupture entre l'Autriche et la France. S'il aimait le faste, il lui préférait encore la gloire. Aussi demanda-t-il d'abandonner momentanément sa mission de paix pour voler à son poste de guerre. Il fit sept cents lieues en moins de vingt jours, et fut assez heureux pour arriver au bivouac d'Austerlitz, la veille de la bataille.

Après la paix de Presbourg, il n'était pas retourné en Portugal, quoiqu'il continuât d'être ambassadeur près de la cour de Lisbonne.

Puis il était devenu gouverneur de Paris.

« Pendant que Murat, à force de vaillance, arrivait par la route de la gloire à une souveraineté, pendant que Mme Junot, si jolie, si spirituelle et si dévouée, renchérissait en efforts et en tendresse pour consoler son mari du chagrin de ne pas faire la campagne d'Iéna, son volage époux et Mme Murat, cette blanche et belle Caroline, aux épaules brillantes, se jouaient de la foi jurée, et, dans l'espoir chimérique du secret, se livraient à des plaisirs assaisonnés par une double perfidie. Mais rien n'échappe à l'investigation d'une femme que l'on outrage, à la vigilance d'un mari passionné, aux Argus du pouvoir. Tandis que Napoléon recevait à Tilsit la chronique de Paris, tandis que Murat au fond de la Pologne, ne surveillait guère moins sa volage moitié que l'ennemi, Mme Junot ne pouvait se tromper sur une amitié qui n'était plus que le voile transparent d'un amour illicite, et ce pauvre Junot n'avait gagné à cette trop brillante intrigue, que d'atténuer l'attachement de sa femme, de se faire de Murat un ennemi et de fortifier de ce puissant auxiliaire le parti de ses rivaux, enfin de blesser Napoléon ». (Thiébault)

Junot, dans sa galanterie trop expansive, ne se contentait pas des princesses ; il s'attaquait un peu à toutes les femmes ; aussi Napoléon, tout en rendant justice à ses qualités militaires disait de lui en haussant les épaules « C'est un trousseur de filles ». Cela sans doute en souvenir d'une équipée du général, alors qu'il était son aide de camp, avec une femme de chambre de Joséphine.

Dans le premier voyage qu'avait fait Mme Bonaparte en Italie pour rejoindre son mari, elle s'était arrêtée quelque temps à Milan. Elle avait alors à son service une femme de chambre nommée Louise, grande et fort belle, et qui avait des bontés bien payées par le brave Junot. Sitôt son service fait, Louise, encore plus parée que Mme Bonaparte, montait dans un élégant équipage, parcourait la ville et les promenades, et surtout éclipsait la femme du général en chef. De retour à Paris, celui-ci obligea sa femme à congédier la belle Louise, qui abandonnée de son inconstant amant, tomba dans une grande misère.

« Je l'ai vue souvent depuis, dit Constant, venir chez l'impératrice Joséphine demander des secours qui lui furent toujours accordés avec bonté. Cette jeune femme, qui avait osé rivaliser d'élégance avec Mme Bonaparte, a fini par épouser un jockey anglais, je crois, et qui l'a rendue fort malheureuse. Elle est morte dans le plus misérable état ». (Constant)

Tout le monde savait l'aventure de Junot dans la maison de jeu des Champs-Élysées dont il déchira les cartes, bouleversa les meubles et rossa les banquiers et les croupiers pour se dédommager de la perte de son argent.

Le pis est qu'il était alors gouverneur de Paris. L'Empereur, informé de cet esclandre, l'avait fait venir et lui avait demandé, fort en colère, s'il avait juré de vivre et de mourir fou. Cela aurait pu dans la suite être pris pour une prédiction, lorsque le malheureux général se suicida dans un accès d'aliénation mentale. Junot ayant répondu avec peu de mesure aux réprimandes de l'Empereur, fut envoyé à l'armée d'Angleterre pour avoir le temps de se calmer.

Il se piquait d'ailleurs beaucoup moins de respecter les convenances que d'être un des habiles tireurs au pistolet de l'armée. En se promenant dans la campagne, il lui arrivait souvent de lancer son cheval au galop, et avec un pistolet dans chaque main, il ne manquait jamais d'abattre en passant la tête des canards ou des poules qu'il prenait pour but de ses coups. Il coupait une petite branche d'arbre à vingt-cinq pas, et on dit même « qu'il avait une fois, avec le consentement de la partie dont son imprudence mettait ainsi la vie en péril, coupé par le milieu du tuyau une pipe en terre, à peine longue de trois pouces, qu'un soldat tenait entre ses dents ».

Le général Junot avait des envieux, à la tête desquels se trouvait Savary, que la mort glorieuse du général Desaix avait légué à Napoléon. Savary dont l'Empereur disait : « C'est une racine sur laquelle poussent parfois d'assez bons rejetons », n'était comparable à Junot ni sous le rapport du savoir et de l'esprit, quoiqu'il ne fût pas sans capacité, ni sous le rapport de la franchise et de l'expansion ; mais, en fait de dévouement, il ne le cédait à personne ; il avait de plus une réserve, une tenue, une conduite dont son rival était incapable.

« Ainsi Savary, qui de jour en jour se recommandait davantage par la manière dont il remplissait des missions de confiance, Le Marois, dont la morgue se proportionnait à son zèle pour remplir les plus viles fonctions près de l'ami du prince, eurent bientôt pour complices une partie des autres aides de camp de l'Empereur, blessés de l'arrogance de leur camarade Junot et une foule de hauts fonctionnaires. En tête de ces derniers, il faut mettre Clarke, qui bientôt succéda à Berthier, comme ministre de la guerre, et que, même ministre, Junot épargnait encore moins que les autres, se faisant gloire de l'offenser et de le braver ». (Thiébault)

Les dépenses faites par le général Junot étaient effrayantes, et si elles blessaient les autres aides de camp de Napoléon et, plus que cela peut-être, les grands fonctionnaires de l'État, les maréchaux compris, elles exaspéraient au dernier degré leurs femmes, éclipsées par la femme de leur collègue, qui, indépendamment de ses traitements de grade, d'emploi et de grand cordon de la Légion d'Honneur, touchait 500.000 francs comme gouverneur de Paris, 300.000 francs sur les jeux, et qui, dans une année où il avait touché 1.450.000 francs, trouva le moyen d'en dépenser davantage. Son luxe dépassait donc toute mesure, et, avec son luxe, la fièvre du jeu. On cite une partie de bouillotte à 100.000 francs de cave et 500 francs le jeton, partie sans rentrant bien entendu, dans laquelle il n'y eut que 30.000 francs perdus, mais qui donne l'idée de l'importance du jeu. Tous ces faits servaient de chefs d'accusation et devenaient de nouvelles causes de disgràce.

« Tels sont les motifs auxquels Junot dut de devenir commandant du premier corps d'armée de la Gironde, par suite général en chef d'une armée française ».

Ce choix, malgré sa belle apparence, se compliquait donc de telles intentions secrètes qu'il n'en fut pas moins une faute de la part de l'Empereur, un châtiment à l'égard du général Junot. Une faute, parce que, à la connaissance de Napoléon, le général Junot n'avait pas les qualités nécessaires au rôle qu'il lui destinait; un châtiment, parce que ce commandement, donné avec colère, reçu avec désolation, constitua une de ces préférences, qui, tout en excitant la jalousie de quelques rivaux, font et le malheur de ceux qui en sont l'objet, et la joie de leurs ennemis.

« Junot avait un caractère fort remarquable, et que n'ont pas toujours apprécié ceux qui l'ont approché, parce que lui-même y mettait obstacle quelquefois par un défaut qui nuisait en effet à ses nombreuses qualités ; c'était une extrême irritabilité facilement excitée chez lui par la seule apparence d'un tort. Dès qu'il pouvait en supposer un, surtout relativement à quelqu'un sous ses ordres, pour un objet dépendant du service, il ne pouvait s'empêcher de le témoigner d'une manière d'autant plus dure que, dans le même cas, il aurait été tout aussi sévère pour quelqu'un des siens. Combien cette manière d'être lui a fait d'ennemis de gens qui ne pouvaient, après tout, lui reprocher d'autre tort que celui qu'eux-mêmes avaient eu ! Une inexactitude dans le service, une tenue négligée, une administration douteuse, toutes ces fautes le mettaient hors de lui ; et sa franchise alors ne lui permettait aucune parole transitoire.

» Junot avait une belle âme ; il ignorait le mensonge, et était doué d'une générosité, d'une noblesse de caractère que ses ennemis ont cherché à présenter comme *un vice*, mais que sa nombreuse famille, qui pendant quinze ans n'eut d'autre soutien que lui, la foule de militaires infirmes, de veuves chargées d'enfants, qui recevaient de lui des pensions et des secours, ne nommeront jamais que la vertu d'un noble cœur ». (Mme d'Abrantès)

« Sans être fier, Junot était vaniteux ; quoique bon, il était offensant ; irascible et superbe, il ne ménageait même ni le rang, ni le pouvoir ; car, s'il était soumis à Napoléon avec fanatisme, il ne reconnaissait aucune dépendance. Tout ce qui lui déplaisait ou le choquait, subissait ses humeurs, et comme il soutenait ses prétentions, ses airs, par une crânerie reconnue et une grande supériorité aux armes, on le ménageait en apparence, tandis que, sous main, on le calomniait, on le déchirait ». (Thiébault)

Ce qui est incontestable, c'est que Junot était très volontaire, même emporté, mais absolument obéissant aux ordres de Napoléon dont il était un des subordonnés les plus soumis. D'ailleurs, très aimé des soldats pour ses fanfaronnades. Et ces deux raisons avaient beaucoup contribué à le faire choisir pour la mission de confiance qu'il avait à remplir rapidement et ponctuellement : la conquête du Portugal au pas de charge.

*
* *

Dans ses *Mémoires*, le général Thiébault raconte comment il fut nommé Chef d'état-major de Junot. La chose vaut d'être rapportée.

« Mon retour de Tilsit avait coïncidé avec la réception pour Junot de sa nomination au commandement du premier corps de la Gironde ; j'allai lui en faire mon compliment, c'est-à-dire lui offrir mes félicitations puisque je ne pouvais lui parler de condoléances. Autant il enrageait, autant il s'efforça de me faire croire à sa joie :

» — C'est, me dit-il, une grande et belle mission, et une mission de haute confiance... Il n'est pas un maréchal qui ne l'ait ambitionnée, et pas un général à qui elle ne ne doive valoir le bâton de maréchal. Ma position actuelle m'est d'ailleurs conservée; ainsi, je reste gouverneur à Paris, premier aide de camp de l'Empereur, je garde donc mes traitements, comme la plupart de mes allocations.

» Il partit en effet, avec la promesse de conserver ses places et ses traitements; on lui ôta d'abord les 300.000 francs qu'il avait annuellement sur les jeux; on fit ensuite supprimer le titre de premier aide de camp de l'Empereur, et les émoluments qui y étaient attachés; enfin, et du moment qu'il fut nommé gouverneur général du Portugal, on le remplaça comme gouverneur de Paris, et cela avec la double joie du tort qu'on lui faisait et du désespoir qu'il ne pouvait manquer d'en éprouver.

» — Mais parbleu, s'écria-t-il tout à coup, pourquoi ne seriez-vous pas mon Chef d'état-major? Je n'ai encore fait aucun choix; voyez donc si cela peut vous convenir; si vos plaies vous permettent de faire une campagne, je vous demande immédiatement.

» — Mes plaies, lui répondis-je, ne s'opposent qu'à ce qui ne me convient pas, c'est-à-dire à toute fonction qu'un général de division ne pourrait pas remplir; or les fonctions de Chef d'état-major n'étant pas incompatibles avec ce grade, et rien ne pouvant me convenir davantage que de saisir cette occasion de prouver et mon dévouement pour vous et mon zèle pour le service de l'Empereur, vous pouvez compter sur moi, bien qu'en réalité mes plaies ne soient pas fermées.

» Le lendemain, vers midi et demie, un de ses valets vint me dire de me rendre de suite chez lui. J'y fus et en m'apercevant :

» —J'ai une fichue nouvelle à vous annoncer, me dit-il; Berthier s'oppose à ce que vous soyez mon Chef d'état-major, et cela par ce motif que si vous n'avez pas besoin des eaux de Barèges, vous avez trompé le maréchal Davout, et lui, et l'Empereur lui-même ».

» — Je n'ai trompé qui que ce soit, lui répondis-je; à cet égard, mes preuves sont sans réplique, et en effet personne ne peut me forcer à servir dans l'état où je suis, mais personne non plus ne peut mettre des bornes à ce dont me rend capable mon zèle à servir sous vos ordres; ce sont des distinctions que la malveillance se plaît à ne pas faire. En résumé, faut-il renoncer à vous suivre?

» — Il faut faire une dernière tentative, la faire de suite, afin de prévenir un autre choix, et pour cela vous trouver chez le prince de Neufchâtel lorsque, dans une heure, à peu près, il reviendra de Saint-Cloud.

» J'entrais à peine dans le premier salon du prince lorsqu'il descendit de voiture, et, me trouvant sur son passage, force lui fut de me recevoir. Le début de notre entretien ne me présagea rien de bon; mais, comme j'insistais pour qu'il accédât à la demande du général Junot :

» — Votre place, reprit-il, est à Barèges ou à Tilsit .

» — Ma place, répliquais-je, est partout où je puis me dévouer au service de l'Empereur ».

» Cette réponse avait de l'inconvenance ; j'en fus frappé, et dans l'alternative de soutenir la sorte de véhémence qu'elle attestait, ou de n'avoir abouti qu'à empirer ma position :

» — Prince, ajoutai-je, la persistance de votre refus et votre sévérité ne me découvriraient qu'une chose : l'intention de me punir de ne pas être mort des blessures que j'ai reçues à Austerlitz ».

» Berthier n'était pas un méchant homme de sa nature, même il était bon ; la mauvaise humeur dont il me poursuivait était une affaire personnelle, spéciale, mais non l'effet d'une prédisposition générale ou habituelle ; aussi restait-il accessible à une foule de sentiments et de considérations honorables, notamment quand il se trouvait face à face et que l'on était seul avec lui, car, devant le monde, l'orgueil eût tout dominé ; de loin, son penchant l'eût emporté sur tout. Quand par mes derniers mots, par mon interprétation qui semblait impliquer quelque chose d'odieux, de révoltant, je lui eus opinément rappelé les tribulations formant le seul salaire que j'avais reçu de ma conduite, de mes succès et du sang que j'avais versé, le tout corroboré par la vue de mon bras droit encore en écharpe, grâce à l'incontestable influence du tête-à-tête, il se trouva désarçonné, et, s'il ne fit qu'ajourner de six ans la velléité de me faire servir sous les ordres du maréchal Davout, la terreur de tous les généraux, il renonça du moins à l'inutile projet de me faire commander à nouveau une brigade ; il ne put même résister à ce premier mouvement qui le porta à me saisir le bras gauche, de même qu'il ne fut pas maître de retenir cette exclamation :

» — Comment pouvez-vous me dire une telle chose ? Mot auquel je répliquai :

» — Elle est plus pénible à penser et à dire qu'à entendre.

» — Allons, allons, reprit-il, aussitôt, tout cela s'arrangera et vous partirez avec Junot ».

» Et en effet, le lendemain, 27 août, mes lettres de service furent expédiées, et le 28, je reçus de Denniée, signant pour Son Altesse le maréchal, prince et ministre, et du général Junot, mes ordres de me rendre à Bayonne comme Chef d'état-major du corps d'observation de la Gironde.

» Avec le général Junot, il fallait toujours que celui qui était destiné à le seconder lui donnât le moyen de rester à Paris le plus longtemps possible. Il fallait donc prendre les devants. Rien d'ailleurs n'était plus juste ; d'abord il était le chef ; son second lui avait l'obligation de l'être ; de plus, aucune des personnes destinées à servir sous ses ordres, n'avait à soigner d'aussi grands intérêts que lui, et, chargé d'une opération, il pouvait avoir besoin de prolonger le plus possible le temps de ces instructions verbales auxquelles les plus longues lettres ne suppléent jamais qu'imparfaitement. Mon départ et le sien furent donc réglés de manière que nous arrivassions à Bayonne, moi avec les premières troupes, ce qui ne me donna qu'un répit de cinq jours ; lui avec les dernières ». (Thiébault)

Si la paix de Tilsit avait fait poser les armes aux puissances continentales, il n'en était pas de même pour l'Angleterre, qui avait résolu d'envoyer une puissante expédition devant Copenhague pour s'emparer de la flotte danoise, sous prétexte d'enlever à Napoléon les ressources maritimes du Danemark.

Vers les derniers jours de juillet, l'expédition était partie des divers ports de la Manche, se composant de 25 vaisseaux de ligne, 40 frégates, 377 bâtiments de transport. Elle portait environ 20.000 hommes, et devait en trouver 7 ou 8.000 revenant de Stralsund.

Cette flotte était le 1er août dans le Cattégat, le 3 à l'entrée du Sund. Malheureusement, les moyens de défense étaient loin de répondre aux besoins à Copenhague, car il y avait à peine 5.000 hommes de troupes dans la ville, dont 3.000 de troupes de ligne, 2.000 de milice assez bien organisées.

Les Suédois, excités par les Anglais, ayant repris les hostilités, le maréchal Brune venait d'entreprendre le siège de Stralsund avec 38.000 hommes de troupes et tout le matériel de siège dont la prise de Dantzig, la cessation des hostilités devant Colberg-Marienbourg et Graudenz, avaient rendu l'usage à l'armée française.

Le médecin-major Meier, du corps badois, écrit dans ses *Mémoires* :

« Après le traité de Tilsit, la France n'était plus en guerre que contre la Suède et l'Angleterre.

» Le contingent badois reçut l'ordre, vers la mi-juillet de concourir aux opérations qui allaient être dirigées contre Stralsund et l'île de Rügen, les dernières possessions encore aux mains des Suédois en Allemagne.

» Nous longeâmes les côtes de la Baltique et, comme il faisait une chaleur écrasante, on essaya de faire marcher les troupes la nuit. Mais on dut bientôt y renoncer, car cela épuisait les troupes. A partir de là, on se mit généralement en marche entre une et deux heures du matin.

» Aussitôt arrivé dans la Poméranie supérieure, notre corps grossi de quelques renforts envoyés de la mère-patrie, mit le siège devant Stralsund. »

Les troupes du maréchal Brune, tant françaises qu'étrangères qui étaient devant Stralsund, se signalèrent par leur dévouement. Nous en donnons pour preuve l'ordre du jour suivant :

Ordre du jour de la division Pino devant Stralsund.

« On ne peut assez faire d'éloges de la conduite distinguée que montrent dans toutes les circonstances les régiments de Nassau.

» Le général de division, pour faire connaître les manœuvres brillantes de ce corps au combat du 6 août, se plaît de faire mettre à l'ordre du jour les articles du rapport de M. le général Thouvenot à cet égard.

» Je me fais un devoir de rendre justice au régiment de Nassau, qui n'a tiré que lorsqu'il s'est trouvé en présence de l'ennemi et qui l'a poursuivi jusque dans ses ouvrages. »

*
* *

Cependant on était tout à la joie au château de Saint-Cloud où la cour s'était reconstituée fêtant le retour de ceux qui revenaient successivement des armées. On s'y serait même abandonné à la plus grande frivolité, si Napoléon n'eut troublé de son regard sévère ces joyeux ébats auxquels d'ailleurs il prenait part quelquefois dans l'intimité de sa famille.

« Ces messieurs se portaient souvent entre eux des défis ou des gageures, rapporte Constant dans ses *Mémoires.* J'ai vu un jour M. le duc de Vicence parier que M. Jardin fils, écuyer de Sa Majesté, monté à reculons sur son cheval, arriverait au bout de l'avenue du château dans un espace de peu de minutes ; M. le grand écuyer gagna le pari.

» MM. Fain, Mennesal et Yvan jouèrent une fois un singulier tour à M. B. d'A... qu'ils savaient être sujet à de fréquents accès de galanterie. Ils firent habiller un jeune homme en femme, et l'envoyèrent se promener ainsi déguisé, dans une avenue près du château ; M. B. d'A... avait la vue fort basse et se servait ordinairement d'un lorgnon ; ces messieurs l'engagèrent à sortir, et il ne fut pas plus tôt dehors qu'il aperçut la belle promeneuse et ne put retenir à cette vue une exclamation de surprise et de joie.

» Ses amis feignirent de partager son ravissement, et, comme le plus entreprenant, ils le poussèrent à faire les premières avances. Il se rendit donc avec des airs empressés auprès de la fausse jeune dame, à laquelle on avait fait la leçon. M. d'A... s'épuisa en politesses, en attentions, en offres de service. Il voulait à toute force faire à sa nouvelle conquête les honneurs du château. L'autre s'acquitta parfaitement de son rôle, et après bien des minauderies de son côté, bien des protestations de la part de M. d'A... il y eut des rendez-vous de pris pour le soir même. L'amant, heureux en espérance, revint près de ses amis, et fit le discret et l'indifférent sur sa bonne fortune, pendant qu'il aurait voulu dévorer le temps qu'il avait à attendre jusqu'à la fin de la journée. Enfin, le soir arrivant, amena le terme de son impatience et l'heure de l'entrevue. Mais quels ne furent pas son déboire et sa colère lorsqu'il aperçut que les vêtements de femme couvraient un costume masculin! M. d'A... voulut, dans le premier mouvement, appeler en duel les auteurs et l'acteur de cette mystification, et ce ne fut qu'avec beaucoup de peine que l'on parvint à l'apaiser ». (Constant)

L'Empereur était le seul ou au moins le premier à rappeler sa cour au sérieux et son entourage au travail. Mais il était tout disposé à céder au goût du faste qui se manifestait chez tous ceux qu'il avait déjà récompensés; à quelque degré qu'il les eut élevés, ils visaient encore plus haut.

*
* *

Avant de s'occuper des affaires intérieures, Napoléon dut opérer quelques changements indispensables dans les hauts emplois civils et militaires. M. de Talleyrand fut la cause principale, sinon unique, de ces changements.

« Cet habile représentant de Napoléon auprès de l'Europe, qui était paresseux, sensuel, jamais pressé d'agir ou de se mouvoir et dont les infirmités physiques augmentaient la mollesse, avait été cruellement éprouvé par les campagnes de Prusse et de Pologne. Vivre sous ces froids et lointains climats, courir sur les neiges à la suite d'un infatigable conquérant, à travers les bandes de cosaques, coucher le plus souvent sous le chaume et, quand on était favorisé par la fortune de la guerre, habiter une maison de bois, décorée du titre de château de Finkenstein, ne convenait pas plus à ses goûts qu'à son énergie ». (Thiers)

Il était donc fatigué du ministère des relations extérieures et il aurait voulu, non pas renoncer à diriger ces relations, qui étaient son occupation favorite, mais les diriger à un autre titre que celui de ministre. Il avait beaucoup souffert dans son orgueil de ne pas devenir grand dignitaire comme MM. de Cambacérès et Lebrun et la principauté de Bénévent, qui lui avait été accordée en dédommagement, n'avait qu'ajourné ses désirs sans les satisfaire.

« A peine de retour à Paris, au moment où chacun allait recevoir la récompense de ses services pendant la dernière guerre, M. de Talleyrand s'était présenté à Saint-Cloud pour rappeler à Napoléon ses promesses.

L'archi-chancelier Cambacérès était présent. Napoléon laissa percer un mécontentement très vif.

» — Vous devez savoir que je ne veux pas qu'on soit à la fois grand dignitaire et ministre, que les relations extérieures ne peuvent dès lors vous être conservées et que vous perdrez ainsi un poste éminent auquel vous êtes propre pour acquérir un titre qui ne sera qu'une satisfaction accordée à votre vanité.

» — Je suis fatigué, répondit M. de Talleyrand avec un flegme apparent et avec l'indifférence d'un homme qui n'aurait pas compris les allusions blessantes de l'Empereur; j'ai besoin de repos.

» — Soit, répliqua Napoléon, vous serez grand dignitaire, mais vous ne le serez pas seul.

» Puis, s'adressant au prince Cambacérès :

» — Berthier, lui dit-il, m'a servi autant que qui que ce soit; il y aurait injustice à ne pas le faire aussi grand dignitaire. Rédigez un décret par lequel M. de Talleyrand sera élevé à la dignité de vice-grand-électeur, Berthier à celle de vice-connétable et vous me l'apporterez à signer ». (Thiers)

Il fallait remplacer le prince de Talleyrand et le prince Berthier dans leurs fonctions, l'un de ministre des affaires étrangères, l'autre de ministre de la guerre. M. de Champigny fut choisi comme ministre des affaires étrangères.

Napoléon, en élevant le prince Berthier à la dignité de vice-connétable, ne voulut pourtant pas se priver de lui comme Major général de la Grande Armée, fonction dans laquelle nul ne pouvait l'égaler et lui conserva cet emploi. Mais il appela pour le remplacer au ministère de la guerre le général Clarke, dont il venait d'éprouver les talents administratifs dans le poste du gouverneur de Berlin, « talents plus spécieux que solides, mais, qui en se produisant sous la forme d'une docilité empressée et d'une grande application au travail, avaient séduit Napoléon ».

Cependant ce choix était assez motivé, car les militaires propres à la guerre active étaient tous employés, et, parmi ceux qui étaient mieux placés dans le cabinet que sur le champ de bataille, le général Clarke semblait celui qui avait le plus d'esprit d'ordre et cette intelligence des détails que réclame l'administration.

M. Dejean resta ministre chargé du matériel de la guerre.

Le général Hullin, dont Napoléon avait pu apprécier plus

d'une fois le dévouement et le courage personnel, particuliè-
ment dans le gouvernement de Berlin avant Clarke, remplaça dans le commandement de Paris, le général Junot mis
à la tête de l'armée de Portugal.

L'Empereur nomma le général Clarke, ministre de la
guerre, le 9 août 1807. Il lui écrivit pour lui dire de laisser le
commandement des troupes et le gouvernement de Berlin au
maréchal Victor; il lui faisait savoir qu'il avait nommé le
général Hullin, général de division et commandant d'armes
de Paris, en remplacement du général Junot, sur le point de
partir pour le Portugal.

Le décret présenté par Cambacérès pour la nomination de
Talleyrand et de Berthier, fut signé le 14 août.

*
* *

Pendant ce temps, la sommation adressée au Portugal
par Napoléon arrivait à sa destination et était remise au
gouvernement portugais, par le premier secrétaire de légation, faisant fonction de ministre plénipotentiaire de France,
le 12 août, sous la forme de la note qui suit :

« Le soussigné a reçu l'ordre de déclarer que si, au 1er septembre prochain
S.A.R. le Prince Régent de Portugal n'a pas manifesté le dessein de se soustraire à l'influence anglaise, en déclarant, sans délai, la guerre à l'Angleterre,
en renvoyant le ministre de S. M. britannique, en rappelant de Londres son
propre ambassadeur, en arrêtant comme otages les Anglais établis en Portugal, en confisquant les marchandises anglaises, en fermant ses ports au
commerce anglais, et enfin en réunissant ses escadres aux escadres des puissances continentales, S. A. R. le Prince régent de Portugal sera considéré
comme ayant renoncé à la cause du continent, et, dans ce cas, le soussigné
aura l'ordre de demander ses passeports et de se retirer en déclarant la
guerre.

» Le soussigné, en pesant les motifs de la détermination que la Cour de
Portugal doit prendre, dans la circonstance présente, se livre à l'espérance,
qu'éclairée par de sages conseils, elle entrera franchement et complètement
dans le système politique qui est le plus conforme à sa dignité ainsi qu'à
ses intérêts, et qu'elle se décidera enfin à faire ouvertement cause commune
contre les oppresseurs des mers et l'ennemi de la navigation de tous les
peuples ».

Lisbonne, le 12 août 1807.

Ce fut un affolement à la Cour portugaise. La Reine-Mère étant frappée d'aliénation mentale, c'était son fils qui était Régent, mais lui-même, d'esprit faible, laissait le soin de gouverner à M. de Villaverde, son premier ministre. Il y avait une détermination à prendre : il fallait opter pour l'Angleterre ou pour la France. D'une part, se mettre Napoléon à dos paraissait plein des pires conséquences. D'autre part, se déclarer contre les Anglais, c'était se retirer tout moyen d'exode, car on avait déjà envisagé le refuge au Brésil, si les choses tournaient mal. Cette alternative était capable de troubler des têtes plus solides.

*
* *

Le 15 août, destiné à célébrer la Saint-Napoléon, fut pour Paris et pour toute la France, un véritable jour de fête. On était tout plein encore de la joie que la paix avait causée.

L'Empereur se rendit en grande pompe à Notre-Dame où fut chanté le Te Deum, en actions de grâces, pour la paix de Tilsit.

Une députation du royaume d'Italie vint joindre ses félicitations à celles des grands corps de l'Empire. Napoléon s'en montra satisfait :

« J'ai éprouvé une joie particulière, dit-il, dans le cours de la campagne dernière, de la conduite distinguée qu'ont tenue les troupes italiennes. Pour la première fois, depuis bien des siècles, les Italiens se sont montrés avec honneur sur le grand théâtre du monde. J'espère qu'un si heureux commencement excitera l'émulation de la nation ; que les femmes elles-mêmes renverront d'auprès d'elles cette jeunesse oisive qui languit dans les boudoirs, ou du moins ne les recevront que lorsqu'ils seront couverts d'honorables cicatrices. Du reste, j'espère avant l'hiver aller faire un tour dans mes États d'Italie ».

La soirée du 15 août fut « éblouissante comme une belle journée ». La population entière de Paris était le soir sous les fenêtres du palais des Tuileries ivre d'enthousiasme et demandant à voir le souverain glorieux qui avait rendu la France si grande.

Le jour suivant, 16, Napoléon se rendit au Corps Législatif, entouré de ses maréchaux, suivi par un peuple immense, et trouva le Conseil d'État, le Tribunat réunis aux membres du Corps Législatif. M. de Talleyrand, en qualité de vice-grand-électeur, présenta au serment les membres récemment élus du Corps Législatif, et l'Empereur prononça un discours.

« Messieurs les députés des départements au Corps Législatif, messieurs les tribuns et les membres de mon Conseil d'État.

» Depuis votre dernière session, de nouvelles guerres, de nouveaux triomphes, de nouveaux traités de paix ont changé la face de l'Europe politique.

» Si la maison de Brandebourg, qui, la première, se conjura contre notre indépendance, règne, encore elle le doit à la sincère amitié que m'a inspirée le puissant empereur du Nord.

» Un prince français règnera sur l'Elbe : il saura concilier les intérêts de ses nouveaux sujets avec ses premiers et ses plus sacrés devoirs.

» La maison de Saxe a recouvré, après cinquante ans, l'indépendance qu'elle avait perdue.

» Les peuples du duché de Varsovie, de la ville de Dantzig, ont recouvré leur patrie et leurs droits.

» Toutes les nations se réjouissent d'un commun accord de voir l'influence malfaisante, que l'Angleterre exerçait sur le continent, détruite sans retour.

» La France est unie aux peuples de l'Allemagne par les lois de la Confédération du Rhin ; à ceux des Espagnes, de la Hollande, de la Suisse et des Italies, par les lois de notre système fédératif. Nos nouveaux rapports avec la Russie sont cimentés par l'estime réciproque de ces deux grandes nations.

» Dans tout ce que j'ai fait, j'ai eu uniquement en vue le bonheur de mes peuples, plus chers à mes yeux que ma propre gloire.

» Je désire la paix maritime. Aucun ressentiment n'influera jamais sur mes déterminations. Je n'en saurais avoir contre une nation, jouet et victime des partis qui la déchirent, et trompée sur la situation de ses affaires, comme sur celle de ses voisins.

» Mais, quelle que soit l'issue que les décrets de la Providence aient assignée à la guerre maritime, mes peuples me trouveront toujours le même, et je trouverai toujours mes peuples dignes de moi.

» Français, votre conduite dans ces derniers temps où votre Empereur était éloigné de plus de cinq cents lieues, a augmenté mon estime et l'opinion que j'avais conçue de votre caractère. Je me suis senti fier d'être le premier parmi vous. Si, pendant ces dix mois d'absence et de périls, j'ai été présent à votre pensée les marques d'amour que vous m'avez données ont excité constamment mes plus vives émotions. Toutes mes sollicitudes, tout ce qui pouvait avoir rapport même à la conservation de ma personne, ne me touchaient que par l'intérêt que vous y portiez et par l'importance dont elles pouvaient être pour vos futures destinées. Vous êtes un bon et grand peuple.

» J'ai médité différentes dispositions pour simplifier et perfectionner nos institutions.

» La nation a éprouvé les plus heureux effets de l'établissement de la Légion d'Honneur. J'ai créé différents titres impériaux pour donner un nouvel éclat aux principaux de mes sujets, pour honorer d'éclatants services par d'éclatantes récompenses, et aussi pour empêcher le retour de tout titre féodal, incompatible avec nos institutions.

» Les comptes de mes ministres des finances et du Trésor public vous feront connaître l'état prospère de nos finances. Mes peuples éprouveront une considérable décharge sur la contribution foncière.

» Mon ministre de l'intérieur vous fera connaître les travaux qui ont été commencés ou finis; mais ce qui reste à faire est bien plus important encore, car je veux que dans toutes les parties de mon Empire, même dans le plus petit hameau, l'aisance des citoyens et la valeur des terres se trouvent augmentées par l'effet du système général d'amélioration que j'ai conçu.

» Messieurs, les députés des départements au Corps Législatif, votre assistance me sera nécessaire pour arriver à ce grand résultat, et j'ai le droit d'y compter constamment. »

Ce discours, dit Thiers, fut écouté avec une vive émotion par les grands corps d'État et applaudi avec transport.

L'approbation, cependant, ne fut pas unanime dans le pays, l'esprit républicain persistant dans beaucoup de têtes. Ainsi, on lit dans une relation du temps :

« L'Empereur résumant en un mot toute la grandeur de la France, prononça ces impérissables paroles : « Je me suis senti fier d'être le premier parmi vous ». Malheureusement, à côté de cette noble expression d'un sublime et légitime orgueil, Napoléon laissa glisser une justification assez paradoxale des titres impériaux qu'il avait créés pour servir d'aliments à des vanités d'un autre âge. Selon lui, il avait voulu par là « empêcher le retour de tout titre féodal, incompatible avec nos institutions. ».

« Comme si le rétablissement des titres consacrés par la féodalité, dit un contemporain, pouvait être pris sérieusement pour un obstacle à leur retour, parce qu'on n'osait pas y ajouter certains privilèges devenus intolérables, alors surtout qu'on les exhumait avec ce qu'ils avaient eu de plus antipathique au xviiie siècle et à la Révolution française : le principe de l'hérédité. »

L'institution d'une noblesse héréditaire n'était que la conséquence de la fondation d'une dynastie, mais on l'interpréta avec défiance. Un contemporain écrit :

« Après s'être annoncé en quelque sorte comme envoyé d'en haut, pour restaurer le pouvoir, tombé, disait-il, dans le sang et dans la boue, Napoléon se laissait emporter pas le mouvement réactionnaire dont il avait donné le signal, en faveur de l'esprit d'ordre et de conservation. Croyant n'agir que dans les limites d'une prévoyance légitime contre l'exagération du principe de la liberté, il exagéra involontairement le principe d'autorité, comme il se flattait de ne consacrer que l'aristocratie du mérite quand il faisait des grands par la naissance et qu'il s'efforçait de donner de la stabilité à son nouvel empire, en l'appuyant précisément sur des étais vermoulus ».

Le lendemain et les jours suivants, furent approuvées les différentes lois qui fixaient le budget de 1807.

Après la présentation de toutes ces lois, vint l'exposé de la situation prospère de l'Empire par le ministre de l'intérieur.

La France se couvrait, en effet, de monuments d'un style analogue à la grandeur de l'époque. Paris méritait son nom de capitale du grand Empire. Des ponts construits sur toutes les rivières, des canaux creusés aussitôt que projetés, des routes, tracées à travers les précipices des montagnes, ouvraient de nouvelles communications au commerce. Le mouvement imprimé depuis 1789 à l'agriculture et à l'industrie s'accélérait encore en se régularisant. La population ne cessait point d'augmenter. On ne trouverait pas dans l'histoire un autre exemple de prospérité amassée sur un pays livré à la guerre continuelle. C'est que Napoléon était despote pour son compte, mais ne déléguait pas le despotisme. Avec lui on ne connaissait ni les vexations des subalternes, ni l'insolence des castes, ni l'intolérable domination des partis ; la loi était forte, souvent dure, mais égale pour tous. « La sublimité des conceptions et le prestige de la gloire dissimulaient les difformités du pouvoir absolu ».

Dans un tableau, dont Napoléon avait fourni le fond et presque la forme, le ministre de l'intérieur peignit l'état florissant de la France, les progrès de son industrie et de son commerce, l'impulsion donnée à tous les travaux, la régularité, l'ordre, l'abondance régnant dans les finances, les efforts déployés pour répandre l'instruction, pour étendre à toutes les communes le bienfait du culte.

M. de Fontanes, président du Corps Législatif, répondit par le discours suivant, qu'il avait pu écrire d'avance :

« Monsieur le Ministre de l'Intérieur, Messieurs les Conseillers d'Etat,

» Le tableau que vous avez mis sous nos yeux semble offrir l'image d'un de ces rois pacifiques uniquement occupés de l'administration intérieure, au milieu de leurs Etats ; et, cependant, tous ces travaux utiles, tous ces sages projets qui doivent les perfectionner encore, furent ordonnés et conçus au milieu du bruit des armes, aux derniers confins de la Prusse conquise, et sur les frontières de la Russie menacée. S'il est vrai qu'à cinq cents lieues de la capitale, parmi les soins et les fatigues de la guerre, un héros prépara tant de bienfaits, combien va-t-il les accroître en revenant au milieu de nous ! Le bonheur public l'occupera tout entier, et sa gloire en sera plus touchante.

» Nous sommes loin de refuser à l'héroïsme les hommages qu'il obtint dans tous les temps. La philosophie outragea plus d'une fois l'enthousiasme militaire ; osons ici le venger.

» La guerre, cette maladie ancienne, et malheureusement nécessaire, qui travailla toutes les sociétés, ce fléau dont il est si facile de déplorer les effets et si difficile d'extirper la cause, la guerre elle-même n'est pas sans utilité pour les nations. Elle rend une nouvelle énergie aux mêmes sociétés, elle rapproche de grands peuples longtemps ennemis, qui apprennent à s'estimer sur le champ de bataille, elle remue et féconde les esprits par des spectacles extraordinaires, elle instruit surtout le siècle et l'avenir quand elle produit un de ces génies rares faits pour tout changer.

» Mais, pour que la guerre ait de tels avantages, il ne faut pas qu'elle soit trop prolongée, ou des maux irréparables en sont la suite. Les champs et les ateliers se dépeuplent, les écoles où se forment l'esprit et les mœurs sont abandonnées, la barbarie s'approche, et les générations, ravagées dans leur fleur, voient périr avec elles les espérances du genre humain.

» Le Corps législatif et le peuple français bénissent le grand prince qui finit la guerre avant qu'elle ait pu nous faire éprouver d'aussi désastreuses influences, et lorsqu'elle nous porte au contraire tant de nouveaux moyens de force, de richesses et de population. La guerre, qui épuise tout, a renouvelé nos finances et nos armées. Les peuples vaincus nous donnent des subsides, et la France trouve des soldats dignes d'elle chez les peuples alliés.

» Nos yeux ont vu les plus grandes choses. Quelques années ont suffi pour renouveler la face du monde. Un homme a parcouru l'Europe en ôtant et en donnant des diadèmes. Il déplace, il resserre, il étend à son choix les frontières des empires : tout est entraîné par son ascendant. Eh bien ! cet homme couvert de tant de gloire nous promet plus encore : paisible et désarmé, il prouvera que cette force invincible qui renverse en courant les trônes et les empires, est au-dessous de cette sagesse vraiment royale, qui les conserve par la paix, les enrichit par l'agriculture et l'industrie, les décore par les chefs-d'œuvre des arts, et les fonde éternellement sur le double appui de la morale et des lois ».

Ce discours, tout en faisant l'apologie de la guerre et du grand guerrier qui en avait tiré tant de gloire et de si beaux résultats pour la France, n'en concluait pas moins à la supériorité bienfaisante de la paix. En cela, il traduisait l'opinion publique.

Celle-ci se montrait d'ailleurs plus défiante encore dans certaines publications.

« Dans son discours d'ouverture du Corps Législatif, l'Empereur avait annoncé aussi des modifications aux lois constitutionnelles. On pouvait être certain d'avance que le résultat de ses méditations ne serait que le développement de sa pensée dictatoriale, et qu'il allait atténuer ou faire disparaître ce qui formait encore une représentation fictive en dehors de la représentation réelle et absolue qu'il plaçait en lui-même. »

« Le Tribunat, malgré le soin qu'il avait eu de prendre l'initiative des motions monarchiques fut supprimé ; son nom seul aurait suffi pour lui porter malheur. Une institution dont l'origine et la dénomination rappelaient incessamment le système républicain ne pouvait pas être longtemps tolérée dans le voisinage des ducs et des princes que la magnificence impériale ressuscitait miraculeusement autour de son trône, dans la personne des plus célèbres détracteurs, des plus redoutables ennemis de l'antique blason ».

L'Empereur voulait la suppression du Tribunat, et le Tribunat fut effacé de l'acte des constitutions de l'Empire. Un sénatus-consulte, en date du 19 août, mais qui ne fut cependant communiqué au Tribunat et Corps Législatif que le 18 septembre, annonça qu'à l'avenir, et à compter de la fin de la session de 1807, la discussion des lois, qui était faite par les sections du Tribunat, le serait, pendant la durée de chaque session, par trois commissions du Corps Législatif, sous le titre, la première, de commission de législation civile et criminelle ; la deuxième, de commission d'administration intérieure ; la troisième, de commission des finances. Par un des articles de ce même acte, les membres du Tribunat, qui devaient rester en exercice jusqu'en 1812, aux termes du sénatus-consulte du 18 mai 1804

(28 floréal an XII) entraient au Corps Législatif et devaient faire partie de ce corps jusqu'à l'époque assignée pour la cessation de leurs fonctions de tribuns.

« Telles furent tout à la fois, pour les membres du Tribunat, — dit un historien du temps — la punition de l'audace que quelques-uns d'entre eux avaient eu d'émettre une opinion libre devant l'homme qui n'en reconnaissait point d'autre que la sienne et la récompense de la servilité du plus grand nombre.

» Les tribuns montrèrent une résignation exemplaire; plus courtisans que jamais, ils remercièrent et ils bénirent la main qui les frappait, et semblèrent vouloir justifier par là l'Empereur, en prouvant à la France que la suppression de leur corps n'avait rien d'alarmant pour les libertés nationales, et qu'il n'y aurait qu'un mensonge de moins dans la constitution de l'Etat ».

L'âge de quarante ans fut exigé pour les membres du Corps Législatif et sa vie politique resta concentrée dans les trois commissions qui devaient conférer avec les commissions du Conseil d'État sur chaque projet de loi, dont l'initiative était exclusivement réservée au gouvernement.

Le 19 août, l'Empereur annonça au Sénat, par un message, le mariage de son frère avec la princesse Catherine de Wurtemberg; le même jour, il envoya à Jérôme le projet de Constitution pour le nouveau royaume et nomma une régence qui devait administrer la Westphalie jusqu'au 1er octobre.

« Cette jeune princesse, alors âgée de vingt-quatre ans, douée des plus nobles qualités, belle et imposante de sa personne, fière comme son père, mais douce et dévouée à tous ses devoirs et destinée à être un jour le modèle des épouses dans le malheur, arriva au château du Raincy près de Paris, le 20 août, un peu troublée de la situation qui l'attendait, dans une cour dont personne en Europe ne niait l'éclat, la puissance, mais qu'on peignait comme le séjour de la force brutale et dans laquelle ne devait l'accompagner aucun des serviteurs qui l'avaient entourée dès son enfance. Napoléon la reçut le 21, sur la première marche de l'escalier des Tuileries. Elle allait s'incliner devant lui, mais il la recueillit dans ses bras et la présenta ensuite à l'impératrice, à toute sa cour et aux députés du royaume de Westphalie convoqués à Paris pour assister à cette union. » (Thiers).

Il faut citer, à propos de ces fêtes, le curieux incident protocolaire rapporté par le comte Murat, incident qui fait bien comprendre la situation faite par Napoléon aux membres de sa famille, par rapport à lui-même et aux souverains étrangers. Murat, grand-duc de Berg et vrai prince régnant, s'était offusqué de passer après Borghèse, simple prince romain et réclamait la préséance; il reçut en réponse les deux lettres suivantes :

De Ségur à Murat.

Paris le 21 août 1807

« J'ai demandé aujourd'hui à l'Empereur sa décision formelle relativement au rang que doit occuper Votre Altesse Impériale et Royale.

» J'ai dit à Sa Majesté qu'il y avait deux décisions contraires à cet égard. La première qui donne à Son Altesse Monseigneur le Prince Borghèse, le rang de la Princesse, son épouse; la seconde qui se trouve dans le traité et qui accorde aux Grands-Ducs de la Confédération du Rhin le rang et les honneurs royaux.

» J'ai ajouté que c'était comme souverain que Votre Altesse réclamait la préséance et qu'il m'était indispensablement nécessaire de connaître l'intention définitive de Sa Majesté, et après l'avoir directement reçue, d'être autorisé à la faire connaître à Votre Altesse.

» L'Empereur m'a dit qu'il persistait dans sa décision; qu'en famille, Monseigneur le Prince Borghèse aurait le rang de la Princesse, son épouse et qu'ainsi je devais le placer avant Votre Altesse.

» Je suis avec le plus profond respect, Monseigneur, de Votre Altesse Impériale et Royale, le très humble et très obéissant serviteur ».

L. de Ségur.

Napoléon à Murat.

Saint-Cloud, le 21 août 1807.

» Mon frère, je reçois votre lettre du 21 août; je n'en comprends pas le contenu. Votre rang autour du trône est fixé par votre dignité et les dignités tiennent rang entre elles à la date de leur nomination. Votre rang, dans mon palais, est fixé par celui que vous avez dans ma famille, et votre rang dans ma famille est fixé par celui de ma sœur; ses aînés doivent passer devant elle. Je ne puis vous accorder d'avoir dans ma Cour le rang de prince étranger. Un prince étranger n'est jamais à Paris que par occasion et n'y réside point habituellement. Je le veux d'autant moins que si vous étiez traité comme Grand-Duc, vous y perdriez, vu que j'ai décidé que l'usage établi de tous les temps en France, serait suivi, et que les frères et sœurs de l'Empereur passeraient avant les Grands-Ducs et les Grandes-Duchesses. Une décision différente serait contraire aux prérogatives de la France et à la dignité de ma Couronne.

» Les Grands-Ducs ont remplacé les Électeurs et les Électeurs passaient toujours après la Famille royale. D'ailleurs, selon les circonstances de politique, pour un voyage que faisait quelque puissant Électeur dont on avait besoin, on faisait pour lui un règlement particulier. La considération que je dois au Prince Primat, son titre d'étranger, et la circonstance de ce qu'il est venu sur ma seule demande, m'ont porté à régler pour lui un cérémonial particulier, sans que cela tire à conséquence.

» Vous êtes trop attaché à la gloire de ma famille pour ne pas sentir combien il serait choquant pour les Français, de voir la Grande-Duchesse de Hesse-Darmstadt, le Grand-Duc de Wurtzbourg, le margrave de Bade, passer à Paris, avant ma famille. Cela est tellement absurde, que jamais cette prétention n'est entrée dans la tête de personne, et les titres de « frère » et « sœur » que je leur donne, n'est qu'une assimilation qui les fait passer après les véritables. Quant aux variations que vous avez éprouvées dans votre étiquette, c'est votre faute. Vous devez connaître mieux que personne le rang qui vous est dû, et vous ne devez jamais vous placer devant les personnes qui doivent être devant vous. Vous êtes l'homme le plus heureux de la terre sous tous les points de vue, vous gâtez vous-même votre bonheur, vous ne savez pas assez que pour rendre tout le monde content, et commander la considération, il faut, en fait de rang, ne demander que ce qui vous est dû. Cette lettre n'étant pas à autre fin... »

(Archives du prince Murat).

Le 22, Jérôme et Catherine furent civilement unis par l'archi-chancelier Cambacérès, et le 23, ils reçurent, dans la chapelle des Tuileries, la bénédiction nuptiale du prince primat qui était venu consacrer lui-même la nouvelle royauté allemande fondée au Nord de la Confédération, dont il était le chancelier et le président.

« La politique seule avait fait ce mariage ; mais jamais l'amour et un choix libre et mutuel n'auraient pu en faire un plus heureux ».

Des députations du Corps Législatif et du Tribunat vinrent, le 23, exprimer à l'Empereur les sentiments qui animaient ces deux Chambres.

« Tous nos cœurs se sont émus, dit le président du Corps Législatif Fontanes, aux témoignages de votre affection pour les Français. Les paroles que vous avez fait entendre du trône ont déjà réjoui les hameaux. Un jour, on dira en parlant de vous, et ce sera le plus beau trait d'une histoire si merveilleuse, on dira que la destinée du pauvre occupait celui qui fait la destinée de tant de rois, et que, à la fin d'une longue guerre, vous avez diminué les charges publiques, tandis que vos mains victorieuses distribuaient avec tant de magnificence des couronnes à vos lieutenants.

» Notre premier devoir est de vous rappeler cette magnanime promesse qui ne sera point trompée. Quand vous créez autour de vous des dignités nouvelles, et ces rangs intermédiaires, attributs de la monarchie dont ils vont augmenter les splendeurs, nous aurons soin de tenir encore de plus près à ce peuple dont nous sommes les organes. C'est là que nous trouverons une dignité qui, pour être moins brillante, n'en est pas moins respectable.

» Nous jurons, Sire, de ne jamais démentir ces sentiments que vous approuvez, devant ce trône affermi sur tant de trophées et qui domine l'Europe entière.

» Et comment n'accueillerez-vous pas ce langage aussi éloigné de la servitude qu'il le fut de l'anarchie, vous Sire, qui avez fait servir le droit de conquête à l'affranchissement des vaincus, et qui, sur les bords de la Vistule, venez de rétablir l'humanité dans ses privilèges? Le Corps Législatif secondera de tout son zèle les grands projets d'amélioration que vous méditez ».

Tout cet encens ne faisait pas oublier à l'Empereur qu'une grave partie était engagée par les Anglais dans la mer Baltique.

L'attente d'un vent favorable avait retardé jusqu'au 15 août les opérations de l'amiral anglais. Le 16, il avait pris terre à quelques lieues au Nord de Copenhague et y avait débarqué environ 2.000 hommes, la plupart Allemands au service de l'Angleterre.

Les Anglais avaient amené avec eux le colonel Congrève, qui devait faire pour la première fois l'essai de ses « formidables fusées », et ils avaient établi à cet effet des batteries incendiaires. Ils n'attendaient plus, pour en finir, que l'arrivée de leur seconde division qui était devant Stralsund, aux prises avec les Français.

Le général Chasseloup avait ouvert la tranchée devant cette place sur tous les points à la fois et commencé une attaque si terrible que le général ennemi, quoiqu'il eût 15.000 Suédois et 7 à 8.000 Anglais, soit dans la place, soit dans l'île de Rugen, s'était vu contraint d'envoyer un parlementaire et de livrer Stralsund le 21 août.

Cette heureuse nouvelle fut accueillie comme un éclair d'espérance au milieu des inquiétudes qu'on avait des entreprises des Anglais contre le Danemark.

*
* *

C'est à cette époque que Napoléon créa une noblesse héréditaire. Il voulut profiter de la gloire de Tilsit et du prestige qu'elle lui donnait, pour accomplir enfin ce projet qu'il méditait depuis longtemps. Déjà, en 1806, lorsqu'il avait donné des couronnes à ses frères, à ses sœurs, à son fils adoptif, des principautés à plusieurs de ses serviteurs, il avait annoncé qu'un statut postérieur règlerait le système des successions pour les familles en faveur desquelles seraient créées des principautés, des duchés et autres distinctions.

Il est nécessaire de relater les circonstances et les conditions de cette institution qui créait une nouvelle hiérarchie, parce qu'elle amena par la suite plus d'une difficulté à la hiérarchie militaire et à l'exercice du commandement aux armées. Elle suscita bien des jalousies et bien des critiques.

Le passage des formes de la République à celles de la monarchie avait produit peu d'impression sur la multitude, parce qu'il s'était opéré progressivement et n'avait pas déplacé les intérêts. Mais la pompe de la royauté avait développé rapidement chez l'Empereur un travers dont on avait déjà aperçu le germe dans les allures du Premier Consul. Nul ne l'a surpassé en orgueil, et assurément, il était excusable d'en avoir. Mais il y joignait une prédilection malheureuse pour la noblesse d'extraction et il se plaisait à répéter qu'il était né gentilhomme !

«Qui mieux que Bonaparte cependant savait pourquoi, depuis quinze années, les classes inférieures étaient montées si haut, et les classes supérieures descendues si bas? Qui, plus que lui, était en état d'apprécier à leur juste valeur et la politesse futile qui sert de vernis à l'impuissance, et l'insolence des manières qui contraste avec la servilité des âmes? Sur quel autre fondement posait son trône que sur la révolution et l'égalité? Et pourtant, au lieu de placer un titre tout neuf hors des préjugés reçus et des anciennes habitudes, l'Empereur des Français adopta la contenance des rois de France et de Navarre ».

Afin de s'assurer la reproduction de leur cérémonial et de leurs usages, on recourut aux dépositaires des vieilles traditions. « Les antichambres de la cour impériale furent ouvertes à la noblesse, et la noblesse s'y précipita » (Mot de Napoléon).

Les uns reportèrent au maître nouveau les sentiments de

loyauté qu'on leur avait inculqués dès leur jeune âge; les autres, en plus grand nombre, ne se piquèrent de fidélité que pour le régime qui avait eu leurs premiers sentiments. Il fut de bon ton de dénigrer dans les salons du faubourg Saint-Germain la puissance qu'on encensait aux Tuileries.

On en vint à excuser l'émigration de l'ancienne noblesse et l'on alla même jusqu'à la justifier au nom d'un prétendu devoir qu'on espérait sans doute donner en exemple aux serviteurs de la nouvelle dynastie.

En admettant que l'émigration fût un devoir pour quelques-uns, et un noble sacrifice de la part de tous, il ne demeurait pas moins vrai que les émigrés s'étaient constitués en opposition avec l'immense majorité de leurs concitoyens, et qu'ils avaient aidé les armées de l'étranger contre leur patrie. La nation étant demeurée victorieuse, ils n'avaient pas recouvré leurs privilèges et on avait confisqué leur avoir. Le Premier Consul leur avait rendu la patrie et les domaines dont l'État n'avait pas disposé. Les victimes ainsi à demi consolées étaient au nombre de plus de cinquante mille, propriétaires autrefois de plus de la dixième partie du territoire.

« Bien que dépouillés de leurs honneurs antiques et frappés dans leur opulence, l'élégance des manières, puissance toute française qui marche presque l'égale de la supériorité de l'esprit, conserva à leurs femmes et à eux la suprématie dans la société. Ils bouleversèrent l'opinion, non pas du peuple mais des salons. Cela était facile à prévoir. Pouvaient-ils faire des vœux contre les Anglais qui les avaient secourus dans l'infortune? N'aurait-ce pas été un héroïsme surhumain que de s'identifier avec cette patrie nouvelle, naguère si effervescente dans l'outrage, et maintenant si lente dans la réparation? Que pouvait leur importer le triomphe d'un drapeau qui était à leurs yeux l'étendard de la révolte? Ne devait-on pas présumer qu'ils consentiraient à voir la France resserrée dans les murailles de Bourges, et là encore rançonnée par les étrangers, s'il était possible qu'ils y retrouvassent les avantages sociaux qui leur furent injustement ravis? »

Ce n'était qu'une opinion, mais une opinion cependant assez logique, qui inspirait la défiance et dont se justifia la rivalité de la noblesse impériale nouvellement née. Aussi Napoléon avait-il hâte de donner de nouveaux gages à celle-ci.

C'est au mois d'août 1807 qu'il établit que les titres donnés par lui, ainsi que les revenus accompagnant ces titres, seraient transmissibles héréditairement, en ligne directe, de mâle en mâle, contrairement au système de succession admis par le Code Civil. Il établit, en outre, que les dignitaires de l'Empire, à tous les degrés, pourraient transmettre à leurs fils aîné un titre qui serait celui de duc, de comte ou de baron, suivant la dignité du père, à la condition d'avoir fait preuve d'un certain revenu, dont le tiers au moins devait demeurer attaché au titre conféré à la descendance. Ces mêmes personnages avaient aussi le droit de constituer pour leurs fils puinés des titres, inférieurs toutefois à ceux qui auraient été accordés aux aînés et toujours à la condition de prélever sur leur fortune une part qui serait l'accompagnement héréditaire de ces titres. Telle fut l'origine des majorats.

Les grands dignitaires, comme le grand électeur, le connétable, l'archi-chancelier, l'archi-trésorier, devaient porter le titre d'altesse. Leurs fils aînés auraient le titre de ducs. Les ministres, les sénateurs, les conseillers d'État, les présidents du Corps Législatif, les archevèques furent autorisés à porter le titre de comtes et à transmettre ce titre à leurs fils ou neveux.

Enfin, les présidents des collèges électoraux à vie, les premiers présidents, procureurs généraux et évêques, les maires des trente-sept bonnes villes de l'Empire furent autorisés à porter le titre de barons et à le transmettre à leurs fils aînés. Les simples membres de la Légion d'honneur purent s'appeler chevaliers, et transmettre ce titre.

Ce fut encore le Sénat qui reçut la mission d'imprimer un caractère légal à cette nouvelle création impériale.

L'opinion repoussa ce système d'hérédité qui ne s'accordait ni avec la législation française, ni avec la passion du peuple pour l'égalité. Les titres féodaux n'accordèrent aucun relief aux noms glorieux de l'époque, et ils attirèrent les traits de la malignité sur les gentilshommes de fraîche date qui n'avaient pas conquis l'estime publique par de hauts faits ou des talents supérieurs. La noblesse nouvelle pouvait paraître populaire, parce qu'on y entrait à toute heure et de partout, mais cette teinte démocratique était destinée à s'effacer après la première génération.

On vit d'ailleurs la plupart des maréchaux préférer leurs titres de noblesse à leurs titres militaires et se faire appeler même dans le service, Monseigneur ou Monsieur le Comte. On pouvait se croire revenu à l'époque de la royauté.

Passait encore pour ceux qui avaient gagné ces titres par leur mérite ; mais, en général, on ne pardonna pas aux fils d'oser en hériter. Un publiciste écrivait :

« L'esprit de toute noblesse, jeune ou vieille, n'est plus dans les Etats modernes que la prétention avouée d'obtenir les emplois sans être capable de les remplir, et de vivre sans rien faire aux dépens de ceux qui travaillent ».

Napoléon voulut assurer de suite l'opulence de ses compagnons d'armes. Il leur donna des terres situées en Pologne, en Allemagne, en Italie avec faculté de les revendre, pour en placer la valeur en France, plus des sommes en argent comptant pour acheter et meubler des hôtels. Ce n'était là qu'un premier don, car ces dotations furent plus tard, doublées, triplées, quadruplées même pour quelques-uns.

« Le maréchal Lannes reçut 328.000 francs de revenu et un million en argent ; le maréchal Davout, 410.000 francs de revenu et 300.000 francs en argent ; le maréchal Masséna, 183.000 francs de revenu et 200.000 francs en argent (il fut plus tard l'un des mieux dotés) ; le major-général Berthier, 405.000 francs de revenu et 500.000 francs en argent ; le maréchal Ney, 229.000 francs de revenu et 300.000 francs en argent ; le maréchal Mortier, 198.000 francs de revenu et 200.000 francs en argent ; le maréchal Augereau, 172.000 francs de revenu et 200.000 francs en argent ; le maréchal Soult, 305.000 francs de revenu et 300 000 francs en argent ; le maréchal Bernadotte, 291.000 francs de revenu, et 200.000 francs en argent. Les généraux Sébastiani, Victor, Rapp, Junot, Bertrand, Lemarrois, Caulaincourt, Savary, Mouton, Moncey, Friand, Saint-Hilaire, Oudinot, Lauriston, Gudin, Marchand, Marmont, Dupont, Legrand, Suchet, Lariboisière, Loison, Reille, Nansouty, Songis, Chasseloup et autres, reçurent les uns 150.000 les autres, 100.000, 80.000, 50.000 francs de revenu et presque tous 100.000 francs en argent. » (Thiers)

Plusieurs avaient déjà reçu une dotation; le général Dupont en avait eu une de un million après la bataille de Friedland.

Les officiers et les soldats reçurent aussi des marques de la libéralité de Napoléon. Il ordonna de payer à tous, outre la solde arriérée, des gratifications considérables. On y employa dix-huit millions : six millions pour les officiers, douze pour les soldats. Les blessés avaient triple part. Ceux qui avaient été assez heureux pour assister aux quatre grandes batailles de la dernière guerre, Austerlitz, Iéna, Eylau, Friedland, obtenaient le double des autres. Il fut ajouté des dotations permanentes de 500 francs pour les soldats amputés et de 1.000, 2.000, 4.000, 5.000, 10.000 en faveur des militaires qui s'étaient distingués, depuis le grade de sous-officier jusqu'à celui de colonel.

« Les détracteurs de la gloire de Napoléon et de la nôtre ont prétendu qu'il avait, en spoliant les vaincus, en assouvissant l'avidité des soldats, pris chez les uns le moyen d'exalter la bravoure des autres. Il faut laisser de telles calomnies à l'étranger. Ces trésors étaient pris, non sur les peuples, mais sur les empereurs, rois, princes, couvents, conjurés contre la France depuis 1792. Quant aux peuples vaincus, ils étaient ménagés autant que la guerre permet de le faire, beaucoup plus qu'ils ne l'avaient été dans aucun temps et dans aucun pays, beaucoup plus que nous ne l'avons été nous-mêmes. Et, quant à ces héroïques soldats, dont on dit que Napoléon excitait la bravoure avec de l'argent, ils ne se doutaient pas plus en courant à Austerlitz, à Iéna, à Eylau, à Friedland qu'ils rencontreraient la fortune sur leur chemin, qu'ils ne s'en doutaient en courant à Marengo, à Rivoli, et plus anciennement à Valmy ou à Jemmapes. Après avoir, en 1792, volé à la défense de leur pays, ils s'élançaient maintenant à la gloire, entrainés par la passion que la Révolution française avait fait naître en eux et que Napoléon avait surexcitée au plus haut degré. Si, au lendemain d'un long dévouement à braver le froid, la faim, la mort, ils trouvaient le bien-être, c'était une surprise de la fortune, dont ils jouissaient ainsi qu'un soldat jouit d'un peu d'or trouvé sur le champ de bataille; et ces satisfactions qu'on leur avait ménagées, ils étaient prêts à les quitter de nouveau pour reprendre encore cette vie qu'ils ne regardaient pas comme à eux et dont ils se hâtaient d'user comme d'un prêt que leur faisait Napoléon, en attendant qu'il leur en demandât le sacrifice ». (Thiers)

La croix de la Légion d'honneur suffisait à combler ce qu'on a voulu appeler « leurs appétits ».

Le capitaine Fantin des Odoards, décoré après Friedland,

notait dans son *Journal*, à la date du 15 août 1807, la vive joie
que lui causa l'aigle d'argent au ruban pourpre :

« J'ai eu la jouissance de voir s'accomplir mon vœu le plus ardent, celui
pour lequel, très malade encore, je me suis arraché volontairement de la
Vendée, il y a un an, pour entreprendre au cœur de l'hiver, un voyage de
plus de cinq cents lieues. Je suis membre de la Légion d'honneur...

« Me voilà payé de mes fatigues, de mes jeûnes et de mes dangers. Quand
mon colonel m'a remis cette décoration, objet de mes désirs, j'étais ému
au point de ne pouvoir prononcer le serment d'usage.

« J'en ai perdu l'appétit et le sommeil pendant plusieurs jours ».

Les hauts fonctionnaires eurent aussi leur part des lar-
gesses impériales. L'archi-chancelier Cambacérès et l'archi-
trésorier Lebrun obtinrent chacun 200.000 francs de revenu.
MM. Molien, Fouché, Decrès, Gaudin, Daru en obtinrent
chacun 40 ou 50.000. Tous, civils et militaires, étaient dotés
en Pologne, en Westphalie, en Hanovre, en Italie, ce qui
devait les intéresser au maintien de la grandeur de l'Empire.
Mais ces domaines impériaux et royaux acquis par la victoire
pouvaient être perdus par la défaite.

L'argent abondait maintenant en France. Les riches, que
Napoléon venait de faire, construisaient des hôtels élégants
et commandaient pour les orner des ameublements somp-
tueux. Leurs femmes répandaient l'or à pleines mains chez
les marchands de luxe.

C'était d'ailleurs dans les vues de Napoléon.

On annonçait un long séjour à Fontainebleau, où toute la
haute société de Paris serait conviée et où l'on donnerait des
fêtes dont l'hiver précédent avait été un peu privé.

Chacun se préoccupait d'y tenir son nouveau rang.

Chacun voulait y montrer la distinction de ses nouvelles
prérogatives.

L'aide de camp Rossette, qui était attaché à Murat, note
dans son *Journal*, T. II, p. 28 :

« Paris. — Je pris mon service d'aide de camp auprès de Son Altesse (le
Grand Duc de Berg) au palais de l'Élysée-Bourbon. Les aides de camp avaient
la table et un petit appartement pour le vestiaire au Palais de l'Élysée; nous
étions deux de service tous les jours, l'un pour accompagner Son Altesse,
l'autre pour remplir les missions; nous avions quatre uniformes de la plus

grande richesse. Nos appointements étaient comme ceux de la garde impériale et nous recevions en outre une gratification de mille francs par mois, payée sur la caisse du Prince. Nos frais de poste nous étaient payés, en raison de 24 francs par poste.

» Toutes les fois que le prince se rendait aux Tuileries, soit au lever, soit au petit cercle, il était accompagné par quatre aides de camp. Au lever du dimanche et aux fêtes de la cour, il était suivi par tous ses aides de camp; nous avions nos entrées dans le salon de la Paix; le plus élevé en grade des deux de service le suivait dans la salle du Trône.

» Dans les grandes cérémonies, nous nous rendions au château dans les voitures de Son Altesse.

» Aux parades et aux revues tous les aides de camp devaient monter à cheval, mais les deux de service seulement montaient les chevaux des écuries de Son Altesse. Il en était de même pour les chasses, mais le nombre des aides de camp se réduisait à quatre.

» Nous mangions à la table de service avec les dames du Palais de la Princesse, Mme de Roquemont, gouvernante des enfants, l'écuyer de service et le préfet du Palais. Lorsque des personnages de distinction dînaient avec le Prince, les officiers de leur suite dînaient à la table de service qui était toujours présidée par l'aide de camp le plus élevé en grade. Dans les fêtes et les grandes réunions chez le Prince, c'étaient les aides de camp qui faisaient les honneurs au nom de Leurs Altesses ».

Les aides de camp de Berthier, prince de Neufchâtel, portaient une tenue curieuse en ce qu'elle rappelait la tenue des Suisses au service de la France et qui consistait en un frac écarlate à la hussarde avec collet et parements noirs, revers blancs liserés de noir, le tout orné d'une broderie de feuilles de chêne, épaulettes du grade, en or, veste et culotte blanches, chapeau noir uni, ganse de cocarde d'acier, plumet noir, épée dorée. Cette tenue est décrite dans un ordre signé du maréchal Berthier et envoyé à un de ses aides de camp pour qu'il s'y conforme, le 28 août 1807.

Quant au généreux dispensateur de ces faveurs, il voulait que tout le monde participât à sa prospérité comme à sa gloire, mais lui-même restait simple, économe, magnifique seulement pour les autres. Réprimant le moindre détournement des deniers publics, impitoyable pour toute dépense qui ne lui paraissait pas nécessaire dans son palais ou dans l'État, il n'était prodigue que pour tout ce qui avait servi la grandeur de la France ou la sienne.

Ce n'était jamais qu'en tremblant qu'on présentait à Napoléon les divers budgets de sa maison. Toujours il retranchait et rognait, et ordonnait toutes sortes de réformes. Il partait de l'idée souvent fort juste, que, dans ses dépenses particulières comme dans les dépenses publiques, même en supposant de la probité aux agents, supposition d'ailleurs qu'il était toujours peu disposé à faire, on aurait pu faire les choses pour beaucoup moins d'argent. Aussi quand il exigeait des diminutions, ce n'était point sur le nombre des objets de dépense qu'il voulait les faire porter, mais sur le taux auquel ces objets étaient estimés par les fournisseurs. On pourrait citer nombre d'exemples de l'influence qu'exerçait cette idée sur sa conduite à l'égard des agents comptables de son gouvernement.

Un jour de règlement des divers budgets particuliers, l'Empereur se récria beaucoup sur la dépense des écuries et biffa une somme considérable. Le grand écuyer pour parvenir aux économies exigées, dut supprimer à plusieur personnes de la maison leur voiture.

Quelqu'un lui ayant demandé une place de 3.000 francs, il s'écria :

« Trois mille francs! mais savez-vous bien que c'est le revenu d'une de mes communes? Quand j'étais sous-lieutenant, je ne dépensais pas cela. »

Ce mot revenait sans cesse dans les avertissements de l'Empereur aux personnes de son entourage, et « quand j'avais l'honneur d'être sous-lieutenant » était souvent dans sa bouche, et toujours pour faire des exhortations ou des comparaisons d'économie.

L'Empereur qui dota si magnifiquement la plupart de ses généraux et de ses fonctionnaires et qui se montra si libéral pour ses armées, à qui d'un autre côté, la France doit tant, et de si beaux monuments, était peu généreux, et il faut le dire, un peu avare dans son intérieur. Peut-être ressemblait-il à ces riches vaniteux qui économisent de très près dans leur famille pour briller davantage au dehors. Il faisait très peu, pour ne pas dire point de cadeaux à sa maison. Le jour de l'an même se passait pour lui sans bourse délier.

» Quand je le déshabillais la veille de ce jour-là, rapporte Constant: « Eh bien, Monsieur Constant, me disait-il en me pinçant l'oreille, que me donnerez-vous pour mes étrennes? » La première fois qu'il me fit cette question, je lui répondis que je lui donnerais ce qu'il voudrait, mais j'avoue que j'espérais bien que le lendemain, ce ne ne serait pas moi qui donnerais des étrennes. Il paraît que l'idée ne lui en vint pas, car personne n'eut à le remercier de ses dons, et depuis il ne se départit jamais de cette règle. »

*
* *

Selon son habitude, à chaque intervalle de paix, Napoléon ordonna coup sur coup plusieurs revues de l'armée pour faire sortir des rangs les soldats fatigués ou mutilés et les remplacer par des conscrits. Il répétait sans cesse que le trésor de l'armée était assez riche pour payer une pension aux vieux serviteurs, mais que le budget de l'État ne l'était pas assez pour payer des soldats qui ne pouvaient plus servir activement.

Il était impitoyable pour tous ceux qui essayaient de se dérober au métier militaire.

Le général Lacuée, directeur de la conscription, adressa, le 18 août, aux préfets une instruction sur l'emploi des garnisaires. Après avoir fait publier un avis donnant un délai de huit jours aux réfractaires pour se présenter aux autorités, le préfet désignait les communes où les garnisaires devaient être envoyés. Il pouvait exempter de garnisaires les parents connus pour ne pas exciter leurs fils dans leur insoumission, et ceux qui étaient trop pauvres pour pouvoir rembourser les frais causés par les garnisaires. La compagnie de réserve, les troupes en garnison, les vétérans, la gendarmerie fournissaient les garnisaires; les anciens militaires pouvaient aussi être désignés pour ce service. Le préfet fixait le nombre des garnisaires, mais, ne pouvait en mettre plus de quatre chez le même individu, ni les y laisser plus d'un mois. Le détachement de garnisaires envoyé dans une commune devait rechercher les réfractaires et les déserteurs et les livrer à la gendarmerie. Les garnisaires étaient logés et recevaient une solde payée par leurs hôtes (1 fr. 50 par jour pour un soldat, 1 fr. 75 pour un caporal, 2 fr. 25 pour un sergent). Ils recevaient cette solde tous les 5 jours et devaient vivre ensemble en ordinaire, sans exiger, ni accepter de vivres des habitants. Ils étaient rappelés à leur solde militaire à leur rentrée au corps.

Par mesure d'économie, un décret du 17 août fit passer la légion du Nord à la solde du grand-duché de Varsovie ; par mesure plus radicale, cette légion fut supprimée et incorporée, au mois d'octobre, dans les régiments polonais.

Un ordre du 30 août prescrivit de dissoudre les 4 derniers régiments provisoires, le régiment de Magdebourg et les bataillons de garnison, à mesure du passage à proximité du corps auquel les hommes appartenaient. (Cette opération fut terminée à la fin du mois de septembre).

La division Dupas formée en Poméranie avec les 4e, 5e légers, 19e, 58e de ligne, passa, le 30 août au corps du maréchal Bernadotte et alla le rejoindre à Hambourg.

Les 2 bataillons de la garde de Paris furent renvoyés en France, à la fin du mois d'août.

De Dirschau, le régiment des chasseurs royaux italiens quitta la brigade de cavalerie Bruyère et retourna en Italie.

Tout en continuant à faire partie de la réserve de cavalerie de la Grande Armée, la brigade Bruyère fut détachée à cette époque au 4e corps, commandé par le maréchal Soult et mise sous les ordres particuliers du général Oudinot, commandant les grenadiers réunis. Elle fut cantonnée dans la Poméranie prussienne et échelonnée le long de la côte qu'elle devait surveiller.

Plusieurs mesures de cette sorte furent prises pour faire vivre les troupes françaises sur les territoires encore occupés et en éviter ainsi les frais à la France.

*
* *

Les Anglais avaient poursuivi leur expédition en Danemark. Le 1er septembre, le général Cathcart somma Copenhague de se rendre. Il demandait qu'on lui livrât le port, l'arsenal et la flotte, menaçant, si on le refusait d'incendier la ville. Le général Peymann ayant répondu négativement, le 2 septembre au soir, un feu épouvantable d'obus, de bombes, de fusées à la Congrève éclata sur la malheureuse capitale du Danemark et dura jusqu'au 5 au matin. Près de 2.000 individus, hommes, femmes, enfants, vieillards avaient succombé. Une moitié de la ville était en flammes; les plus belles églises étaient en ruines; le feu avait atteint l'arsenal. Le général Peymann, blessé, céda enfin aux menaces d'une destruction totale que renouvelait le général anglais et livra Copenhague.

La capitulation fut signée le 7. La flotte danoise était livrée sous la condition de la restituer à la paix.

L'usage des Anglais étant d'accorder à leurs marins une grande part des prises, ceux-ci se ruèrent sur l'arsenal avec une brutalité inouïe. Ils prirent jusqu'aux outils des ouvriers et détruisirent tout ce qu'ils ne purent emporter.

C'était avec peine sans doute que Napoléon voyait la Baltique ouverte au pavillon britannique et la cour de Stockholm obstinément rebelle au blocus continental. Mais les Anglais venaient de faire pour lui plus qu'il n'aurait pu faire lui-même.

Il serait impossible d'exprimer la sensation que produisit en Europe l'acte que venait de se permettre l'Angleterre. L'indignation fut générale tant chez les amis de la France, que chez ses ennemis les plus décidés.

On pourrait s'étonner que Napoléon n'eût point envoyé une flotte pour secourir le Danemark malgré son hostilité avérée pour la France, tant ce secours était de l'intérêt de sa politique. Des raisons majeures s'y étaient opposées.

Dès qu'il avait su que l'expédition anglaise se dirigeait vers la Baltique, il avait fait partir l'amiral Decrès pour Boulogne, afin d'inspecter la flottille.

Le port circulaire creusé à Boulogne « était ensablé de deux pieds; les ports de Wimereuse et d'Ambleteuse de trois » et il suffisait de quelques années encore pour faire disparaître ces créations du génie de Napoléon et de la constance de nos soldats.

La plupart des bâtiments, construits précipitamment et avec du bois vert, exigeaient de grands radoubs. On n'avait maintenu en état de servir à la mer qu'environ 300 de ces bâtiments, sur 12 ou 1.300. Quant aux 900 bâtiments de transports, « achetés en tout lieu et à tout âge », ils étaient presque hors de service, par suite d'un séjour de quatre années au mouillage.

Les marins avaient été organisés pour la plupart en bataillons, et avaient ainsi perdu quelques-unes de leurs qualités comme hommes de mer, toutefois, comme soldats de terre, ils présentaient la plus belle troupe qu'il y eut au monde.

La flottille hollandaise, renvoyée en partie chez elle, en partie à Boulogne, avait moins souffert dans son matériel, qui avait été mieux construit; mais elle s'ennuyait de son oisiveté.

Il n'était donc pas possible de mettre immédiatement la flotte à la voile, il fallait 5 à 6 millions de dépense, deux mois de temps, en détruisant un cinquième des bâtiments, en radoubant les autres.

« Cette inspection terminée et M. Decrès revenu à Paris, Napoléon fut d'avis, comme son ministre lui-même, qu'on ne devait pas retenir plus longtemps les marins de la Hollande pour un service aussi éventuel que celui de cette flottille, toujours en partance et ne partant jamais ; qu'il était difficile de faire sortir un aussi grand nombre de bâtiments à la fois de ces petits ports, qui bientôt même seraient dans l'impossibilité de les contenir ; qu'il valait mieux diviser cette expédition, renvoyer les marins hollandais chez eux avec une partie de leur matériel, garder les meilleurs bâtiments de guerre, détruire les autres, radouber ceux qu'on aurait conservés et les rendre propre à l'embarquement de 60.000 hommes, placer ensuite les matelots hollandais rentrés chez eux à bord de la flotte du Texel, les marins français inutiles à la flottille à bord de l'escadre de Flessingue et se procurer ainsi, outre la flottille apte à jeter d'un seul coup 60.000 hommes sur les côtes d'Angleterre, les escadres du Texel et de Flessingue aptes à en transporter 30.000 des bouches de la Meuse à celles de la Tamise, sans compter les expéditions qui pourraient partir de Brest et des autres points du continent. Cette opinion arrêtée, les ordres furent expédiés, et la flottille de Boulogne, rendue plus maniable, combinée en même temps avec les escadres qui s'organisaient au Texel, à Flessingue, à Brest, à Lorient, à Rochefort, à Cadix, à Toulon, à Gênes, à Tarente, prit place dans le vaste système conçu par Napoléon, système de camps établis près des grandes flottes, menaçant sans cesse la Grande-Bretagne d'une expédition formidable contre son sol ou contre ses colonies » (Thiers).

Mais il avait été impossible de songer à une attaque de la flotte anglaise dans les eaux de la Baltique.

« Si Napoléon, en ce moment profitait de la faute de l'Angleterre, sans en commettre une égale, il était dans une position unique ; il devenait moralement aussi fort, par les torts de son ennemi, qu'il l'était matériellement par ses propres armées. En effet, l'inconvénient de son système, de vaincre la mer par la terre, était sauvé, car la violence faite aux puissances continentales pour les obliger à concourir à ses desseins, se trouvait désormais expliquée et justifiée » (Thiers).

Ses armées, ses flottes, tout fut, au milieu des plaisirs de sa cour, préparé pour une lutte plus vaste, plus terrible encore.

* *
*

Il fallait en premier lieu contraindre le Portugal à fermer ses portes aux Anglais et amener l'Espagne à concourir à cette contrainte. Mais, pour s'assurer de ce concours de l'Espagne, il était nécessaire d'exercer une pression sur son gouvernement et d'en trouver tout d'abord le motif.

Compter sur son roi Charles IV, c'était compter sur peu; se servir du Prince de la Paix avait plus de chance, puisque c'était le favori qui gouvernait en réalité. Lucien Bonaparte quand il était ambassadeur en Espagne s'était lié d'intimité avec lui; devait-on renouer une entente aussi peu digne?

Il y avait aussi l'héritier du trône, le prince des Asturies, qui avait pour lui la nation espagnole. Duquel des trois hommes fallait-il se servir, de celui qui représentait le droit ou de celui qui était l'autorité, ou bien du dernier qui était l'espérance?

Les mécontents, et leur nombre croissait de jour en jour à la cour de Madrid, se groupaient autour de l'héritier du trône et cherchaient à diriger ses conseils. Le duc de l'Infantando, le duc de San-Carlos, et don Juan Escoïquiz, un des dignitaires de l'église de Tolède, étaient les trois personnages les plus marquants du parti.

Le duc de l'Infantando passait pour un seigneur rempli d'honneur et de patriotisme. Ce n'était pas assez dans des temps difficiles où il fallait voir de loin. Fils d'une mère allemande et élevé à Paris, il avait perdu à l'étranger la gravité castillane, sans acquérir en échange la vivacité de conception et l'aptitude universelle, attributs distinctifs du peuple chez lequel il avait puisé ses premières impressions.

San-Carlos avait été gouverneur du prince des Asturies. On lui accordait beaucoup de réserve et de mesure.

Le chanoine Escoïquiz, ancien précepteur du prince exerçait plus d'influence que les deux autres sur l'esprit de son royal élève. Homme probe et instruit, il était sorti sans mission de la carrière des belles lettres, qui était son fait, pour se jeter dans le dédale de la politique, où un caractère confiant et un esprit étroit le condamnaient à rester toujours novice.

Ces conseillers de Ferdinand convinrent que le prince n'avait qu'une ressource, c'était de se jeter aux pieds de Napoléon, d'invoquer sa protection, et, pour se l'assurer d'une manière plus complète, de lui demander à épouser une princesse de la famille Bonaparte.

Le conseil fut écouté, bien qu'il ne fut pas du goût de Ferdinand qui nourrissait au fond du cœur une haine farouche contre les nations étrangères, surtout contre la révolution française et son chef. Mais le prince des Asturies, ordinairement relégué à l'Escurial, entouré d'une surveillance continuelle, n'avait aucun moyen de faire parvenir jusqu'à Napoléon ses pensées et ses désirs. Lui et les siens imaginèrent de s'adresser à l'ambassadeur de France, M. de Beauharnais.

Si M. de Beauharnais était l'intermédiaire tout désigné par son titre d'ambassadeur de France, il l'était bien moins par son caractère timoré, son inexpérience et son ignorance presque absolue des intentions de Napoléon vis-à-vis de l'Espagne.

Il s'agissait d'accepter des rapports clandestins avec l'héritier de la couronne. M. de Beauharnais différa d'y souscrire, jusqu'à ce qu'il eût été autorisé par sa cour à s'engager dans de pareilles relations. Il écrivit alors à Paris une dépêche mystérieuse pour dire « qu'un fils innocent, cruellement traité par son père et sa mère, invoquait l'appui de Napoléon, et demandait à devenir son protégé reconnaissant et dévoué. »

Napoléon fit enjoindre à M. de Beauharnais de se rendre plus intelligible et plus clair.

Dépêche de M. de Champagny, ministre des affaires étrangères à M.de Beauharnais.

« Paris, le 9 septembre 1807.

« Monsieur l'Ambassadeur, j'ai reçu votre lettre confidentielle et je m'empresse d'y répondre en n'admettant entre vous et moi aucun intermédiaire.

» Tous les moyens que vous jugerez convenables d'employer pour me faire connaître, soit les hommes avec qui vous êtes dans le cas de traiter, soit l'état des affaires que vous avez à conduire, me paraîtront tous fort bons lorsqu'ils tendront à me donner plus de lumières et d'une manière plus sûre. Nous n'avez rien à redouter de l'emploi que je pourrai faire de vos lettres. La communication aux bureaux, quand elle aura lieu, sera toujours sans danger; ils méritent toute confiance, et depuis plusieurs années ils sont gardiens des plus grands intérêts du gouvernement et dépositaires de ses secrets les plus importants. C'est d'ailleurs un des premiers devoirs de tout ministre à une cour étrangère de faire connaître à son gouvernement, sans restriction, sans réserve, tout ce qu'il voit, tout ce qu'il entend, tout ce qui parvient à sa connaissance. Placé pour voir et pour entendre, pourvu de tous les moyens d'être instruit, ce qu'il apprend n'est chose qui lui appartienne; elle est la propriété de celui dont il est le mandataire Vous connaissez ce devoir mieux que personne, et c'est sans doute pour le remplir dans toute son étendue que vous désirez multiplier ces moyens de communication avec moi; je suis loin de m'y opposer.

» Votre lettre confidentielle renferme des choses très importantes, et tellement importantes qu'on peut regretter que vous ne les ayez pas présentées avec plus de détail, et surtout que vous n'ayez pas fait connaître comment elles vous sont parvenues. Telle a été la réflexion de l'Empereur lorsque j'ai eu l'honneur de l'en entretenir. Quels ont été les rapports avec le jeune prince dont vous parlez? Quelles sont les raisons positives que vous avez de le juger d'une certaine manière? Il sollicite à genoux, dites-vous, la protection de l'Empereur; comment le savez-vous? Est-ce lui qui vous l'a dit? ou par qui vous l'a-t-il fait dire? Ces questions vous sont faites par l'Empereur, et c'est lui qui a fait la réflexion que j'ai énoncée plus haut, qu'un ministre ne peut avoir de secrets pour son gouvernement ».

« CHAMPAGNY »

*
* *

Le gouvernement portugais était-il en état de résister à la sommation de Napoléon suivant la politique tranchante qu'il avait adoptée avant 1801. La prudence lui avait prescrit alors de se tenir prêt à combattre et, particulièrement depuis 1797 jusqu'à 1801, le département de la guerre avait pris une activité dont il était déshabitué depuis la campagne de 1762.

On avait fait et renouvelé plusieurs règlements utiles pour le
recrutement et l'organisation de l'armée, et l'on s'était occupé
de la compléter. La durée du service des soldats de toutes
armes avait été fixée à dix ans. Chaque année le capitaine
Mor, dans son arrondissement, faisait dresser, par les capitaines d'ordonnances, et au moyen de revues passées sur le
terrain, la liste des hommes en état de porter les armes. Il
rayait ensuite, de concert avec l'autorité civile, les privilégiés, les hommes mariés, les hommes parvenus à l'âge de
trente-cinq ans, les fils aînés des veuves et les sujets particulièrement utiles à l'agriculture et aux arts. Sur la liste ainsi
réduite, on tirait au sort le contingent demandé à la capitai-
nerie Mor pour le service de l'armée de ligne. Assez souvent
on retenait en prison les hommes de recrue désignés par le
sort, jusqu'à ce qu'ils fussent en nombre assez considérable
pour former un détachement de marche et rejoindre le régiment. *La milice* se recrutait ensuite de la même manière,
mais pour la vie. Elle atteignait les célibataires avant les
hommes mariés, et elle n'épargnait même pas les soldats
retirés du service, lorsqu'ils étaient encore valides. Le reste
des inscrits sur les listes, après les levées pour la ligne et
pour la milice, composait *le corps des ordonnances*.

On choisissait les officiers d'infanterie, de cavalerie et d'artillerie deux tiers parmi les cadets, et un tiers parmi les sergents. On appelait cadets tous les jeunes gens qui suivaient
les régiments pour apprendre le service. Les nobles seuls
pouvaient être cadets. Ceux de province, et surtout les plus
pauvres, affluaient dans l'armée. Passé le grade de sous-lieutenant, *alferez*, l'avancement n'était soumis à aucune règle.
Le collège des nobles, un des établissements de Pombal, et
les cours de l'académie royale de fortification instituée par
la reine Marie, fournissaient à l'armée quelques sujets distingués. Il y avait aussi à la tête des régiments et des compagnies, surtout dans les troupes à cheval, des jeunes gens
de haute naissance. Mais en général, les officiers mal payés

et peu considérés formaient une classe subalterne sous le point de vue de l'éducation et de la manière de vivre. De leur séjour perpétuel dans les mêmes garnisons, résultaient une vie casanière, des habitudes peu dignes et de fréquentes mésalliances, qui effaçaient les sentiments généreux propres à la profession des armes.

Afin de ne pas laisser tout à fait revenir le temps où les officiers servaient à table chez les Fidalgues, on avait augmenté un peu leurs appointements.

Un Mont-de-Piété avait été établi pour secourir, après leur mort, les veuves et les orphelins qui, auparavant, n'avaient d'autre ressource que la charité publique. L'ordre d'Avis, le second des trois ordres de chevalerie du royaume, avait été particulièrement affecté à la récompense des services militaires.

Les vingt-quatre régiments d'infanterie avaient été constitués en 1762 en un bataillon de dix compagnies. On avait dédoublé les bataillons, et ils n'avaient plus que cinq compagnies dont une de grenadiers dans le premier bataillon et une de chasseurs dans le second. Le complet de la compagnie était de cent cinquante hommes, ce qui portait le régiment à quinze cents et le total de l'infanterie à trente-six mille hommes. Cette troupe était peu exercée. L'ordonnance de manœuvres que lui avait donné le comte de Lippe renfermait à peine quelques notions élémentaires des écoles de peloton et de bataillon. On avait pris des détachements d'hommes choisis de tous les corps, pour les réunir près du village d'Azambuja dans un camp modèle où ils devaient puiser une instruction agrandie et uniforme pour la reporter ensuite dans les régiments. Cet essai n'avait pas eu pour l'ensemble de l'armée le succès qu'on en attendait.

L'infanterie légère devait paraître une superfétation dans un pays où les paysans regardent comme obligation sainte de s'éparpiller dans les rochers dès qu'ils entendent le coup de canon d'alarme, et de tuer à coups de fusil ou de piques l'étranger en armes qui viole le territoire. Cependant on avait créé un corps de troupes légères de huit compagnies d'infanterie, deux escadrons de cavalerie, et une batterie servie par des canonniers à cheval. Il fut appelé légion d'Alorne, du nom du marquis d'Alorne qui le commandait.

Les colonies avaient leur état militaire distinct des troupes d'Europe. Un corps spécial, *brigada real da marinha*, formait la garnison des vaisseaux.

La milice, armée subsidiaire, consistait en quarante-huit régiments d'un bataillon, connus sous le nom des districts dans lesquels ils étaient levés. Des hommes considérables, pris parmi ceux qui résidaient sur leurs propriétés, commandaient les régiments de milice. L'État équipait les miliciens, les armait et leur assurait des privilèges locaux très recherchés par les paysans. Les miliciens s'habillaient à leurs frais. Ils n'étaient payés qu'en service, et, à l'exception des revues annuelles, on ne les rassemblait que pour des circonstances extraordinaires.

Les escadrons de cavalerie avaient quatre compagnies de quarante-huit hommes, ce qui n'était pas bon, car la troupe appelée à former unité dans les manœuvres, ne doit pas être coupée en quatre pour le service habituel. Bien que certains régiments portassent le nom de dragons, la cavalerie était d'une seule espèce, montée sur des chevaux de taille inégale, cuirassée par devant, armée de fusils et dressée à combattre à pied. Le complet des douze régiments, à quatre escadrons chacun, eût donné près de 10.000 chevaux, Il n'y en eut jamais plus de 4.500 à l'effectif, tous nés dans le pays, et il eût été difficile d'en réunir un plus grand nombre ; car on élève peu de chevaux sur les rochers du Portugal, et dans tous les temps, le gouvernement espagnol a pris des mesures sévères pour empêcher l'extraction de ses belles races hors de son territoire.

Les quatre régiments d'artillerie avaient leurs établissements permanents au fort de Saint-Julien, près de Lisbonne, à Vianna, dans la province du Minho, à Elvas et à Faro dans les Algarves. Ils étaient composés de dix compagnies, savoir : une de bombardiers, une de sapeurs, une de mineurs, et sept de canonniers. Les sergents et les cadets subissaient un examen avant de devenir officiers. Le service du personnel n'était pas centralisé, et chaque régiment suivait des méthodes particulières. Il y avait confusion dans le matériel des places, à cause de la multiplicité des calibres. L'artillerie de bataille devait être peu nombreuse dans un pays où les neuf dixièmes des grands chemins sont impraticables aux voitures. Pas une bête de somme n'avait destination de traîner les canons, tandis que la cour employait deux mille mules pour ses transports. On se proposait, si l'on entrait en campagne, de faire faire le service du train d'artillerie par des hommes et des animaux de louage.

Le corps royal des ingénieurs faisait le service dans le royaume et aux colonies. Il était composé de cent quarante officiers de tout grade. Pour y entrer, il fallait faire preuve de connaissances acquises en suivant les cours complets de hautes sciences aux académies royales de fortification et de marine. On confiait aux officiers du génie l'enseignement dans les chaires d'art militaire et de mathématiques, le lever des cartes et les reconnaissances, les travaux civils des ponts et chaussées, et jusqu'à l'intendance des bâtiments de la couronne. Il se trouvait parmi eux un bon nombre de sujets capables, mais presque étrangers à la profession d'ingénieurs militaires. Où l'auraient-ils apprise ?

C'était chose convenue en Portugal, depuis plus d'un siècle, qu'on ne s'occuperait que de deux places de guerre, Almeïda, située par delà la frontière naturelle du Portugal, et Elvas, qui n'est sur aucun des chemins par lesquels une armée peut venir à Lisbonne sans passer le Tage. Les autres forteresses, celles même dont l'érection avait été impérieusement commandée par leur emplacement aux principaux débouchés de la frontière, telles que Chaves, Castel-Branco, Abrantès, étaient condamnées à tomber de vétusté, sans qu'on daignât jamais relever un pan de leurs murailles. Quelques anciens châteaux avaient pour garnison des compagnies de canonniers invalides, appelés *pese de castello*. Les noms de tant de tours à demi écroulées et de batteries sans canon, n'étaient mentionnés qu'aux patentes de quelques vieillards décrépits qu'on y envoyait avec le titre pompeux de gouverneurs.

Aucune troupe en Europe ne recevait une solde plus modique que les soldats de Portugal, et encore la volait-on avec impudence, surtout dans la cavalerie, où les compagnies étaient au compte des capitaines. Il n'existait ni commissariat des guerres, ni aucun corps d'administrateurs qui fut spécialement chargé de veiller au bien-être des soldats.

Les troupes de toutes armes étaient habillées en bleu. Elles se tenaient mieux et avaient meilleur air que celles d'Espagne.

Le service militaire de santé faisait partie des attributions du protomédicat, *real junta do protomedicato*. Les chirurgiens des régiments n'étaient que d'ignorants manipulateurs, auxquels la loi ne permettait pas d'exercer de fonctions médicales, excepté dans le cas où aucun médecin civil ne se serait trouvé à portée de leurs garnisons.

Le conseil de guerre, institué par Jean IV, était chargé, dans l'origine, de gouverner l'armée et d'y administrer la justice. Il n'était resté aux conseillers d'attributions réelles que le jugement des officiers généraux et la revision des procédures militaires. Dans les garnisons, l'information et la poursuite des délits commis par les soldats, étaient confiées au juge civil. Le Code pénal militaire appelé autrement articles de guerre, — *artigos de guerra*, — était sévère ; mais les mœurs nationales étaient plus puissantes que les lois. La justice marchait à pas lents ; et en dépit de l'éternelle menace des coups de plat de sabre, de l'arquebusade et de la potence, la discipline intérieure péchait plutôt par l'indulgence que par la sévérité.

Les soldats portugais seraient devenus excellents dès qu'on l'aurait voulu; on pouvait aussi sans grande difficulté former des officiers passables, mais les chefs ne valaient rien. L'État entretenait une soixantaine de maréchaux, lieutenants-généraux, maréchaux de camp et brigadiers. En 1801, le vieux duc de La Foës, maréchal général près la personne du souverain, *maréchal général junto a real pessoa*, ouvrait la liste. Plusieurs noms de Fidalgues y figuraient pour la forme.

La réunion dans la même main du ministère de la guerre et de celui des affaires étrangères donnait des facilités pour chercher des généraux au dehors. En 1796, le gouvernement avait fait venir, pour commander l'armée, le prince de Waldeck, qui avait perdu un bras au siège de Thionville. Il ne vécut pas longtemps, et fut remplacé par un comte de Goltz, Prussien, ancien secrétaire de Frédéric II. L'Angleterre donna aussi au Portugal plusieurs émigrés français. De ce nombre furent Carlet de La Rosière, qui avait servi avec distinction pendant la guerre de Sept Ans, et le comte de Vioménil, qui s'était acquis quelque réputation, en trouvant le moyen de faire un peu la guerre dans un temps où les hommes placés sur une même ligne que lui ne la faisaient pas du tout. D'autres émigrés moins importants avaient précédé ou accompagné les deux officiers généraux. Chacun arrivait ivre de l'espoir de recommencer Schomberg et Lippe. Cependant, la noblesse portugaise les prenait en dédain comme des aventuriers. Les officiers étaient jaloux de ce qu'on accordait à ces intrus des appointements doubles de ceux qu'on payait aux nationaux. Le soldat, épilogueur de sa nature, se moquait des chefs qui estropiaient sa langue. Il ne fallait pas six mois pour éteindre l'enthousiasme et désappointer les projets des nouveaux venus. Le gouvernement portugais a tiré, à cette époque, peu de profit des militaires étrangers. On ne savait, ni s'en passer, ni s'en servir.

Une armée de 40.000 hommes, mal réglée et mal commandée, était une faible ressource dans la position difficile où s'était mis le Portugal. Pour faire face au danger, le corps auxiliaire, à la solde de l'Angleterre, avait reçu des renforts qui l'avaient porté à 10.000 hommes.

Le traité de Lunéville venait à peine de régler le sort de l'Allemagne, que le désir d'une pacification universelle avait tourné les regards du Premier Consul du côté du Portugal. Envahir ce pays, c'était frapper l'Angleterre dans la portion la plus accessible de ses domaines. Une convention fut conclue à Madrid entre le gouvernement de la République et Sa Majesté catholique, pour contraindre le Portugal à se séparer de son allié.

Le 27 février 1801, parut la déclaration de guerre.

Le Portugal était seul pour tenir tête à l'orage. Du corps à la solde anglaise, qui avait occupé Lisbonne et les forts du Tage, il restait quatre faibles régiments d'infanterie émigrée. Le Premier Consul n'avait montré ses troupes que pour forcer les Espagnols à entrer en campagne. Les Français ne sortirent pas de leurs cantonnements.

Le 6 juin, l'armée portugaise du vieux duc de La Foës était en pleine retraite et Campo-Mayor s'était rendu; la paix fut signée à Badajoz, entre l'Espagne et le Portugal.

Mais Bonaparte avait refusé de ratifier le traité de Badajoz.

Dans l'état de dénûment où était la nation portugaise, les Français seraient arrivés à Lisbonne sans grands obstacles. Le prince régent envoya à Abrantès, pour prendre le commandement des troupes et les réorganiser, le maréchal de Goltz, qui n'avait pas été employé activement jusqu'alors. Le duc de La Foës perdit ses emplois et ses dignités et on lui fit défendre de paraître à la cour.

On trouva un matin affiché dans les rues de Lisbonne un placard conçu en ces termes : « Il s'est perdu, entre Pontalègre et Abrantès, un enfant de quatre-vingt-deux ans environ, avec une botte de velours noir. On prie ceux ou celles qui le trouveront de le ramener au bureau des annonces. »

Le duc de La Foës se servait de guêtres de velours à cause de la goutte qui le faisait beaucoup souffrir. Ses bons mots avaient longtemps fait le désespoir de tous ceux qui, en Portugal, se mêlaient de gouverner. Depuis qu'il était devenu malheureux, on le punissait par où il avait péché.

Le 29 septembre 1801, les plénipotentiaires, Lucien Bonaparte de la part de la France, et Cypriano Ribeiro Freire de la part du Portugal, signaient à Madrid la paix entre les deux États.

Il était utile d'arrêter l'attention sur l'insignifiance du déploiement des forces régulières de l'Espagne et du Portugal, à une époque voisine de la catastrophe commune de ces deux monarchies.

Pendant la courte durée de ces hostilités, les chefs militaires avaient fait preuve d'ignorance, et les troupes qui avaient été engagées, avaient combattu avec peu de vigueur.

Il n'était entré en campagne que moitié à peu près de la milice, faute de fusils pour armer tout le monde. Pas une main patriote n'avait empoigné la pique des ordonnances, le *chuço* tant redoutée jadis par les envahisseurs; au contraire, les paysans de l'Alemtejo étaient restés dans leurs maisons pour héberger les soldats espagnols. L'espoir de la paix avait frappé le gouvernement d'une imprévoyance apathique qui s'était communiquée à la multitude. Cependant, un peuple et une armée n'encourent pas impunément le mépris des autres peuples et des autres armées. Les Français avaient appris le chemin qui menait de leur pays en Portugal. Ils devaient le retrouver quand il en serait temps.

La campagne de 1801 avait appris combien peu le Portugal devait faire fond sur l'armée.

On avait alors proposé, et le ministre avait adopté une nouvelle organisation; son plan embrassait le recrutement qui devait être basé sur un recensement exact de la population, et purgé des abus qui, en Portugal plus qu'ailleurs, empoisonnent les institutions les plus salutaires; en outre la refonte des milices, la mise en harmonie du système des ordonnances avec le service des troupes de ligne, l'introduction des manœuvres usitées chez le peuple qui avait poussé le plus loin la science des armes; en un mot, toutes les branches de la constitution militaire. Ce travail réparti, pour la rédaction, entre un certain nombre d'officiers capables, allait être mis au jour, lorsque le ministère fut renversé.

Le général Lannes, représentant de la France à Lisbonne, avait présenté des notes menaçantes, que rendait plus menaçantes encore la brusquerie de l'ambassadeur. Ce loyal guerrier, peu familier avec les formes de la diplomatie, combattait les Anglais et leurs auxiliaires dans le cabinet, avec le même emportement qu'il eût mis à les attaquer sur un champ de bataille. Dans le mois de septembre 1803, le Portugal s'était engagé à payer à la France un million de francs par mois, tant que durerait la guerre maritime.

Quand Lannes quitta l'ambassade, il fut remplacé par le général Junot. La cour de Lisbonne satisfaisait avec ponctualité à ses engagements, et, quoique toujours attachée aux Anglais par la communauté des intérêts, elle était courbée, ostensiblement sous le joug de la France.

Dans cette attitude de résignation, on en vint à considérer la force militaire comme un attirail inutile.

L'armée fut formée en trois grandes divisions du Nord, du Centre et du Sud, dans lesquelles se correspondirent l'infanterie et la cavalerie perpétuellement embrigadées, les écoles d'artillerie, les régiments de milice et les brigades d'ordonnances. Le ministre fit faire des inspections qui diminuèrent l'effectif des corps. Vu la pénurie des finances, il fut agité si on ne réduirait pas l'armée au nombre de soldats strictement nécessaires pour la police intérieure du royaume.

Le Portugal était donc en paix avec la France depuis le traité conclu à Madrid, le 29 septembre 1801, par les plénipotentiaires de ces deux puissances. La Cour de Lisbonne avait sagement résisté aux menées sourdes, aux intrigues de toute espèce ourdies par les agents britanniques, à l'effet de l'entraîner dans le parti de la coalition. Le comte de Villaverde, premier ministre du régent du royaume, investi de toute la confiance de ce prince, et regardant de bonne foi le système de neutralité comme une égide suffisante pour mettre l'Etat à couvert des projets de la politique, avait entretenu son maître dans ces pacifiques dispositions.

Vers le milieu de l'année 1806, le gouvernement anglais avait cru devoir changer de batteries et avait employé un moyen plus direct que les précédents, pour déterminer le cabinet portugais à entrer dans ses desseins.

Le 14 août 1806, une flotte anglaise commandée par lord Saint-Vincent avait paru à l'embouchure du Tage. Le comte de Rosslyn, envoyé extraordinaire, admis dans le conseil du prince régent, annonça que c'en était fait du Portugal, qu'une armée française, réunie au pied des Pyrénées, était prête à l'envahir; que la conquête était partagée d'avance entre le roi d'Espagne et le prince de la Paix. « Ce grand projet, ajoutait-il, a été confiée par Talleyrand à lord Lauderdale, chargé d'une mission diplomatique à Paris ».

Ce prétendu rassemblement aux Pyrénées consistait en deux bataillons italiens en garnison à Bayonne. Napoléon, loin de penser alors à prendre le Portugal, se donnait tout entier aux préparatifs de la guerre de Prusse. Mais, pour cela même, une diversion dans le midi de l'Europe convenait à l'Angleterre; elle espérait que la présence d'un corps de ses troupes en Portugal fixerait l'irrésolution du cabinet de Madrid justement effrayé des envahissements de la France.

Le prince régent, tout en protestant de sa reconnaissance pour l'amitié empressée de Sa Majesté britannique, avait décliné des offres qui pouvaient le compromettre.

Les sommations impérieuses faites au régent avaient produit aussi peu d'effet que les notes multipliées remises par l'ambassadeur anglais. Le prince, persistant dans sa résolution de rester neutre, ne se laissa pas séduire par les promesses, ni intimider par les menaces du cabinet de Saint-James, ni entraîner par les insinuations des hommes vendus à la cause anglaise et qui mettaient en avant les projets à venir de la France et de l'Espagne sur le Portugal. L'amiral Saint-Vincent remit à la voile sans avoir rien obtenu.

Le bruit de l'Europe qui s'écroulait parvint à peine jusqu'au solitaire palais de Mafra.

Il détermina cependant le gouvernement du prince régent à équiper une flotte dans le port de Lisbonne; mais l'armée resta incomplète et disséminée. Le peuple ne sut même pas que la France refusait d'admettre aux négociations de Tilsit l'envoyé de son souverain. En vain, le cri d'alarme fut-il poussé du dehors. Dumouriez, ce général qui avait montré le premier aux Français républicains le chemin de la victoire, Dumouriez adressa de Londres à la nation portugaise un écrit, pour l'avertir de la catastrophe qui la menaçait et lui faire offre de son épée.

En 1807, le général Dumouriez végétait à Londres, oublié de l'Europe. Il lui vint à la pensée de se présenter aux Portugais pour détourner l'orage prêt à fondre sur eux. Le moment était favorable. Leurs deux maréchaux d'armée, Goltz et Vioménil, étaient absents et ne tenaient plus au pays que par la pension qu'on leur payait. Parmi les autres officiers généraux, nationaux ou étrangers, au service du Portugal, il n'y avait personne qui, par sa position et encore moins par sa réputation, pût prétendre à commander une armée en chef. Dumouriez avait soixante-huit ans, c'était bien vieux pour faire la guerre de montagne; mais son tempérament robuste le rassurait et il avait conservé la jeunesse de l'imagination et la verdeur du talent.

Le vieux général de la Révolution connaissait mieux les Portugais qu'ils ne se connaissaient eux-mêmes. Il savait ce qu'on peut faire avec une nation passionnée, sur une terre hérissée de difficultés et de places fortes, où tous les hommes sont soldats en naissant. Il prévoyait qu'un prince faible, embarrassé de conseillers faibles, hésiterait à prendre une détermination courageuse ; mais il espérait qu'à l'approche de l'étranger, le peuple se lèverait contre les courtisans prêts à sacrifier le nom portugais. Son offre fut repoussée.

Cependant l'exécution du traité de Madrid, en ce qui concernait la fermeture des ports du royaume aux vaisseaux anglais, restait éludée et une grande partie du peuple portugais, notamment les habitants de Lisbonne, excités en sousmain par les agents britanniques, étaient loin de partager l'opinion de leur gouvernement sur les dispositions bienveillantes de celui de la France.

C'est dans cet état des choses que, Napoléon avait cru devoir revenir à son premier projet de 1801, c'est-à-dire qu'il ne voulut se fier qu'à la présence de ses troupes en Portugal pour l'exécution pleine et entière des clauses stipulées par le traité de Madrid. En conséquence, des ordres avaient été expédiés pour le rassemblement, dans les environs de Bayonne, d'un certain nombre de troupes tirées des côtés de la Bretagne et des dépôts de l'intérieur, sous la dénomination de premier corps d'observation de la Gironde.

*
* *

C'est au commencement du mois d'août 1807, que l'Empereur avait fait signifier, par son ministre Talleyrand, au comte de Lima, ambassadeur de la Cour de Lisbonne à Paris, qu'il eût à communiquer à son gouvernement ses propositions impératives.

La mort venait de frapper le comte de Villaverde, quand le prince régent de Portugal avait reçu la dépêche du comte de Lima. Ce fut le comble de la détresse.

Le Prince avait un véritable attachement pour son ministre ; il fut trois jours sans voir personne.

M. de Villaverde ne fut pas remplacé ; ses fonctions furent partagées entre trois personnes, sous l'autorité de Lobato, le valet de chambre du prince qui avait pris un grand empire sur son esprit.

A peine revêtu du pouvoir, Lobato conçut et exécuta le projet de faire réaliser pour le Prince un capital énorme; et aucun des moyens propres à faire atteindre ce but ne fut négligé. Il ajourna le paiement des créances les plus légitimes, des rentes et des pensions; il retarda celui de la solde des troupes; il s'assura de tout ce qui se trouvait dans toutes les caisses; il ajouta encore à la masse du papier-monnaie : il l'échangea contre tout le numéraire qu'il put se procurer; il parla de mesures d'économies; il exagéra les sacrifices faits pour le maintien de la neutralité, il porta en ligne de compte, et par anticipation, des sommes dont l'emploi pouvait se lier aux circonstances; en un mot, tout fut mis par lui en œuvre, pour masquer le but réel de cette opération, qui porta un grand coup au crédit public.

Pour attester une plus grande sécurité, on employa tous les ouvriers de l'arsenal à construire, pour l'église de Mafra, douze orgues de la plus grande richesse.

On annonça également que, vu l'état de mort civile dans lequel se trouvait la Reine, le Régent allait se faire couronner. Un grand nombre des principaux membres de la noblesse se prononcèrent contre cette apparente résolution qui, d'ailleurs, n'eut aucun résultat; mais plusieurs personnes marquantes, et qui sans doute s'étaient conduites dans cette occasion avec trop peu de ménagements, furent arrêtées, exilées dans leurs terres, ou même envoyées dans les Indes.

C'est sur ces entrefaites que Lobato mourut subitement à Mafra, au milieu d'horribles vomissements; rien ne fut entrepris pour constater si cette mort, subite et violente, n'était pas l'effet de vengeances personnelles.

Cependant l'orage grossissait, et l'inquiétude se lisait sur toutes les figures; pour la calmer, le régent se détermina à assembler son conseil, plus souvent que de coutume.

L'Angleterre, reprenant de l'influence, s'enhardit à demander que le jeune prince royal, fils du régent, se rendit au Brésil, pour le garder sans doute comme otage des événements futurs. Tout faisait présumer que cette négociation, suivie avec chaleur par lord Strangford, ambassadeur près la Cour de Lisbonne, aurait un plein succès. La maison du jeune prince était formée : on lui avait choisi comme gouverneur don Fernand de Portugal, seigneur du parti anglais, et l'on s'occupa des préparatifs de ce départ. On fit équiper un vaisseau de guerre, et on ordonna les autres mesures relatives à son départ; on était même sur le point de l'effectuer, lorsque toutes les dispositions furent révoquées.

L'ambassadeur anglais renouvela ses instances et reproduisit avec une nouvelle force les raisons qu'il avait d'abord alléguées; on lui accorda audience sur audience, mais il n'obtint que cela.

Enfin, la nouvelle qu'une armée se trouvait réunie à Bayonne parvint à Lisbonne, avec des détails qui ne permirent plus de douter, qu'elle ne dût bientôt se mettre en mouvement; de même que le choix du général qui la commandait acheva de convaincre, que le Portugal était le théâtre sur lequel cette armée devait agir.

Les courriers de Paris à Lisbonne et de Lisbonne à Paris continuaient à se succéder avec rapidité, mais rien ne transpirait.

Au milieu de cette incertitude, l'ambassadeur d'Espagne, et peu après l'envoyé de France, sous différents prétextes, ôtèrent leurs armes de leurs portes et demandèrent leurs passeports. Le voile qui cachait le mystère des événements sembla se soulever, les craintes redoublèrent, l'alarme devint générale.

Le Prince assembla extraordinairement son Conseil d'Etat ; la situation était critique, des résolutions qu'on allait y prendre pouvaient dépendre le salut du royaume et le sort du souverain.

Un seul conseiller, don Rodrigue de Souza, osa avancer et

soutenir qu'il était de l'honneur du Prince et de l'État, d'assembler au plus tôt les troupes et de marcher à la rencontre de l'armée d'invasion. Cette opinion noble et hardie valut à son auteur l'exclusion du Conseil, dont l'avis fut, que Son Altesse Royale devait se préparer à quitter ses États d'Europe.

Le prince régent de Portugal, quoique gendre du roi et de la reine d'Espagne, n'en était pas moins par tradition héréditaire et par faiblesse personnelle le sujet dévoué de l'Angleterre. Il avait concerté avec le cabinet britannique la conduite à tenir dans le double but de s'épargner la présence d'une armée française et de faire essuyer aux intérêts anglais le moindre dommage possible.

Il se hâta d'informer le gouvernement français que, pour se conformer aux désirs manifestés par le ministre Talleyrand, il allait renvoyer de Lisbonne l'ambassadeur d'Angleterre, fermer ses ports à cette puissance, et rappeler de Londres son propre ambassadeur don Antonio de Souza Continho. Il annonça en même temps qu'il était dans la ferme résolution de ne jamais consentir que, sous aucun prétexte, il entrât des troupes étrangères en Portugal, et que si, au mépris du droit des gens, cette invasion avait lieu, il transporterait sa cour au Brésil, pour se soustraire à une domination injuste.

Les ordres pour fermer les ports aux vaisseaux, pour arrêter les membres de la factorerie et pour séquestrer les propriétés des négociants de la nation britannique, furent effectivement donnés; mais on mit tant de lenteur dans leur exécution, que les Anglais eurent le temps de réaliser tout ce qu'ils avaient, et de se soustraire à l'arrestation, en emportant des capitaux considérables.

Le papier perdit à cette occasion trente pour cent sur la place de Lisbonne.

Le gouvernement portugais avait conseillé aux marchands composant la factorerie anglaise de ne pas attendre l'issue d'une querelle qui, dans toutes les hypothèses probables, tournerait mal pour eux; pour hâter leur départ, il leur avait fait la remise des droits de douane sur la sortie des marchandises. Aussitôt partirent de Lisbonne et d'Oporto, emportant avec elles leurs richesses, trois cents familles anglaises presque dénationalisées par un long séjour dans ces deux villes. On promit de respecter les personnes et les propriétés de celles qui restaient. On écrivit à Paris qu'on adhérait pleinement et absolument au système continental et qu'on allait déclarer la guerre à la Grande-Bretagne; mais on remontrait que la situation particulière du pays et ses intérêts maritimes et coloniaux commandaient une extrême prudence. On attendait de l'Amérique des vaisseaux richement chargés. Une escadre portugaise, alors en croisière devant Alger, tomberait immanquablement entre les mains des Anglais, si l'on commençait les hostilités avant qu'elle eût le temps de rentrer dans le Tage. Le Brésil était dépourvu de fortifications et de troupes; il importait aux puissances coalisées contre la suprématie d'une seule qu'elle n'ajoutât pas cette riche portion du contingent américain à ses possessions déjà si nombreuses. Pour empêcher le Brésil de devenir une colonie anglaise, le prince régent offrait d'envoyer, avec le titre de connétable, son fils premier-né, réchauffer chez ses sujets du Nouveau-Monde l'amour pour la mère-patrie. Le prince de Beira n'avait alors que neuf ans; mais la princesse douairière du Brésil, sœur de la reine, chère au peuple et regardée comme la plus forte tête de la maison de Bragance, devait accompagner l'infant et gouverner en son nom avec l'assistance de l'ancien vice-roi, Don Fernando de Portugal. On espérait à Lisbonne que cette résolution, notifiée en temps à la nation et aux Cours étrangères, s'accorderait avec les vues politiques de la France. « Si l'espoir du prince régent était trompé, il devait prendre à regret, ainsi qu'il l'avait déclaré plusieurs fois, le parti de s'éloigner de ses Etats d'Europe avec sa famille. »

Il était facile de deviner sous tout cela l'irrésolution du prince régent et la diplomatie de l'Angleterre.

***

Pendant ce prélude de pourparlers, Napoléon donnait tous ses soins à l'armée. Il lui fallait constituer des corps expéditionnaires prêts à entrer en Portugal et en Espagne, si les Anglais se mettaient de la partie et, d'autre part, il lui fallait maintenir une occupation respectable sur les différents territoires de l'Allemagne qui avaient encore des contributions de guerre à acquitter ou dont la soumission avait besoin d'être encore surveillée. D'ailleurs, il détenait encore des gages ; c'est seulement au mois de septembre que commença le renvoi des prisonniers prussiens.

L'Empereur avait prescrit d'occuper les premiers loisirs des troupes à recueillir les témoignages de leurs hauts faits en écrivant les journaux de marche des régiments, véritables livres d'or destinés à y exalter encore l'émulation par le développement de l'esprit de corps. C'est ainsi que nous trouvons dans les papiers de Jomini, qui était alors Chef d'état-major de Ney, un ordre du 10 septembre rappelant les prescriptions à cet égard.

GRANDE ARMÉE

—

6ᵉ CORPS

—

Au Quartier général à Mayence, le 10 septembre 1807.

Le Chef de l'État-major général du 6ᵉ corps de la Grande Armée,
à M. le général commandant la cavalerie légère du 6ᵉ corps.

« J'ai l'honneur de vous adresser les formules de rapport historique pour les jours d'affaires et de journaux de marches que M. le général commandant en chef avait approuvés au moment du départ de Glogau. Je vous prie, Monsieur le Général, d'en transmettre au Chef de l'état-major et aux colonels sous vos ordres. Lorsque le corps sera arrivé au lieu de sa destination, je vous en enverrai le nombre nécessaire pour les expéditions journalières.

» Vous verrez, Monsieur le Général, que le but de cette mesure est de mettre de l'uniformité dans les renseignements que l'on doit donner à Sa

Majesté, et que l'intérêt et l'honneur même de chaque division est que ces relations soient bien établies. Ces formules épargneront aussi une partie du travail aux Chefs de l'état-major, puisqu'il n'y aura qu'à les remplir d'une manière sommaire, les jours où l'on serait pressé, sauf à les rectifier ensuite lorsque tous les renseignements seraient parvenus. Veuillez, Monsieur le Général, tenir la main à ce que ce travail s'exécute et charger spécialement un officier de la division de rassembler tous les documents nécessaires à cet effet.

» J'ai l'honneur de vous saluer avec une haute considération.

JOMINI ».

Si Napoléon était fort indécis sur la conduite politique qu'il allait adopter à l'égard de l'Espagne, ses idées, au point de vue militaire, étaient déjà très arrêtées : organiser une armée d'envahissement avec des renforts tenus prêts derrière elle pour l'appuyer.

Cependant ses ordres n'étaient pas toujours scrupuleusement exécutés. Il voulait que les conscrits fussent encadrés de vieux sous-officiers et caporaux; or, si les gradés qui avaient été fournis par les corps étaient anciens, ils n'étaient pas toujours capables.

La désignation des sergents et des caporaux destinés aux légions de réserve ne s'était pas faite dans tous les régiments avec le soin voulu; certains corps avaient profité de la circonstance pour se débarrasser de leurs mauvais sujets.

Le 11 septembre, le général Colaud adresse au ministre une liste nominative de 21 sous-officiers ou caporaux, en le priant de l'autoriser à les renvoyer dans leurs corps d'origine « pour cause d'inconduite et d'ivrognerie, à l'exception de 6, qui quoique nuls pour le service, soit par leur vieillesse, leur incapacité et leurs infirmités, ne méritent pas d'être portés sur cette liste; les autres sont des ivrognes incorrigibles, ou sont constamment en prison pour avoir manqué aux appels et ils sortent la nuit des casernes. Plusieurs régiments ont envoyé ce qu'ils avaient de plus mauvais en sergents et caporaux. »

Sauf quelques anicroches de ce genre, l'armée de Portugal s'organisait.

Junot était parti de Paris le 28 août et arrivé à Bayonne le 5 septembre. Le 9, le 10 et le 11, les troupes arrivèrent également, car le général en chef avait été le premier au rendez-vous avec son Chef d'état-major. Le général Loison, le général Delaborde, le général Kellermann, le général Travot, le général Quesnel n'arrivèrent que successivement.

La première division d'infanterie, aux ordres du général Delaborde, se concentra à Bayonne. La seconde division, que devait commander le général Loison, occupait Saint-Jean de Luz et les villages voisins de la frontière de l'Espagne. Les corps composant la troisième division, sous le général Travot, se réunirent à Navarreins et à Saint-Jean Pied-de-Port.

Junot se mit aussitôt à passer en revue ses troupes. Le général Thiébault nous donne à ce propos dans ses *Mémoires* un exemple de la jactance du général en chef :

« La première grande revue passée, et avant de faire défiler les troupes, Junot réunit autour de lui tous les généraux, colonels et officiers supérieurs, et, s'abandonnant à la facilité de son élocution et à un inconcevable mouvement de vanité, il passa complètement les bornes. Rien n'est plus difficile à manier que la jactance ; mais lorsqu'au tort de se vanter on joint celui de blesser ceux que l'on se proposait d'éblouir, on ne ravale que soi ; c'est à cela qu'aboutit le général Junot. Il débuta par donner une haute idée de la mission qui devait être confiée au corps d'observation, et, sous ce rapport, il fit bien ; puis il annonça la possibilité de se trouver en contact avec des populations, des troupes étrangères et alliées et il opposa la nécessité de les édifier par la tenue et la discipline, en attendant que l'on puisse les étonner par la vaillance ; et tout cela fut encore dit à merveille ; mais le diable voulut qu'au lieu de finir par quelques compliments à ses généraux et quelques mots attestant sa confiance en eux, il en vint à leur rappeler, avec les principaux faits militaires de sa vie, tout ce qui pouvait prouver son intimité avec l'Empereur, intimité qui cependant n'existait plus, et il termina par ces mots déplorables qu'on ne lui a jamais pardonnés et que le général Delaborde lui-même a rappelés à propos de chacune de ses fautes ou bévues: « Et pourtant Messieurs, ce ne sont pas ces sentiments, ce ne sont pas ces titres qui ont décidé Napoléon à me placer à votre tête. Non. Vous êtes sous mes ordres, parce que je vaux mieux que vous. »

L'Empereur était également fort occupé avec l'organisation de l'administration intérieure de la France. La session du

Corps Législatif, bien qu'il y eut beaucoup de projets à convertir en lois, ne pouvait être longue, grâce aux conférences préalables qui rendaient la discussion publique à peu près inutile et de pur apparat. La seconde moitié du mois d'août et la première moitié de septembre y suffirent. Les travaux de cette session terminés, le senatus-consulte qui supprimait le Tribunat et en transformait les attributions et le personnel au Corps Législatif, fut porté aux deux assemblées. Il était accompagné d'un discours où l'on rendait hommage aux travaux et aux services du corps supprimé.

Le 22 septembre, la Cour partit enfin pour Fontainebleau, où elle devait passer l'automne au milieu des fêtes et d'un faste magnifique.

OCTOBRE. — La cour impériale à Fontainebleau. — Napoléon dissimule ses projets à l'égard du Portugal et de l'Espagne derrière les fêtes et les plaisirs. — Réception des princes étrangers. — Chasses. — Représentations de gala. — La politique extérieure. — L'opinion en Russie. — Savary et le tzar. — Napoléon veut détourner les Russes de la Turquie en les lançant sur la Finlande. — Tolstoï et Caulaincourt, ambassadeurs. — Echange de fourrures et de porcelaines de Sèvres. — Achats de munitions navales en Russie, cession par la France de cinquante mille fusils à l'armée russe. — Les arrangements avec la Prusse, le Danemark et l'Autriche. — Deux lettres du prince des Asturies. — Mesures militaires. — Dissolution de la Grande Armée. — Le corps de Junot. — Ordre de franchir la frontière d'Espagne. — Rupture avec le Portugal. — Lettre de Napoléon à Charles IV. — L'armée espagnole : les effectifs, le recrutement, les soldats, les sous-officiers, les officiers, les généraux, la maison du roi, l'infanterie, les milices, la cavalerie, l'artillerie, le génie. — Préparation de renforts pour l'expédition de Portugal. — Organisation du deuxième corps d'observation de la Gironde, sous le commandement du général Dupont. — Constitution d'une réserve de cavalerie. — Les chevau-légers polonais. — Le général Colaud se plaint d'avoir des chefs de bataillons trop usés pour faire la guerre. — Moyen économique de rejoindre en poste. — L'armée du général Junot entre en Espagne. — Espoirs du général en chef. — Les contingents espagnols. — Mesures prises pour la traversée du territoire espagnol. — Ordre général. — Instructions pour la marche des troupes. — Impressions et critiques des soldats français. — La Olla. — Mauvais gîtes et mauvais vivres. — Attitudes différentes des Espagnols. — Echecs et revanches de la galanterie française. — Influence de la marche de l'armée sur les intentions du prince régent de Portugal. — L'édit du 20 octobre. — La convention avec l'Angleterre. — Mesures de défense prises par le gouvernement portugais, sous prétexte de se garantir contre un débarquement anglais. — Ces préparatifs n'échappent ni au peuple portugais, ni à Napoléon qui les interprètent dans leur véritable sens. — Lettre de l'Empereur au roi de Naples. — Les projets de Napoléon à l'égard du Portugal et de l'Espagne. — Note à M. de Champagny pour le partage du Portugal avec le gouvernement de Madrid. — Convention secrète signée par Duroc et Yzquierdo. — Les

*
* *

Malgré ses discours pacifiques, Napoléon n'avait aucune intention de désarmer ; il caressait toujours les projets grandioses où il se proposait de devenir l'arbitre du monde. Ses vues sur le Portugal et l'Espagne étaient pour le moment sa préoccupation principale. Il la dissimulait d'autant plus qu'il attendait de la tournure des événements la direction de sa ligne de conduite de ce côté. Il comptait sur son séjour à Fontainebleau pour donner le change, non seulement à l'Europe attentive et à la France inquiète, qu'il venait de rassurer par ses protestations de paix, mais aussi à son entourage encore plus anxieux de l'avenir. Les fêtes et les plaisirs devaient servir à *déjouer toutes les* curiosités. Napoléon voulut reproduire à Fontainebleau l'image complète des mœurs de l'ancienne Cour. Beaucoup de princes étrangers y avaient été appelés, tels que le prince primat, accouru à Paris pour le mariage du roi et de la reine de Westphalie ; l'archiduc Ferdinand, ancien souverain de Toscane et de Salzbourg, actuellement duc de Wutzbourg, venu dans l'espérance de rétablir la bonne harmonie entre la France et l'Autriche ; le prince Guillaume, frère du roi de Prusse, dépêché à Paris pour obtenir la modération des charges imposées à son pays ; enfin une multitude de grands personnages français et étrangers.

« Lorsque j'eus créé la Confédération du Rhin, racontait un jour l'Empereur à ses compagnons de captivité, à Sainte-Hélène, les souverains, qui en faisaient partie, ne doutèrent plus que je ne fusse prêt à renouveler pour moi l'étiquette et les formes du Saint-Empire romain. Tous, jusqu'aux rois mêmes, se montrèrent empressés de former ma maison,

mon cortège, et de devenir, l'un mon grand panetier, l'autre mon grand
échanson, etc... Mais le plus grand nombre n'aspirait qu'à un emploi et,
le croiriez-vous? c'était celui d'aide de camp. Alors, ces princes avaient
envahi les Tuileries, ceci est à la lettre. Ils encombraient les salons,
modestement confondus, perdus au milieu de vous autres. Il est vrai,
qu'il en était de même des Italiens, des Espagnols, des Portugais... »
(*Mémorial de Sainte-Hélène.*)

Dans la journée, on chassait, et on forçait les cerfs de la
forêt. Napoléon avait prescrit un costume de rigueur et
l'avait imposé aux hommes comme aux femmes. Il ne
dédaignait pas de le porter lui-même, s'excusant à ses propres
yeux de ces puérilités, par l'opinion que l'étiquette dans les
Cours, et surtout dans les Cours nouvelles, contribue au
prestige.

L'Empereur ne prenait que peu de plaisir à la chasse,
dont il laissait toute la direction au grand-veneur. S'il s'y
rendait régulièrement, c'était plutôt pour satisfaire à l'usage
et aux exigences de ce luxe princier.

Cet appareil de manificence plaisait fort aux magnifiques
époux Murat qui se prodiguèrent à Fontainebleau. Dans le
livre de M. Frédéric Masson on trouve la description du
train plus que princier de Caroline et de Murat pendant cette
période de leur existence, où ils s'efforcent d'éblouir et de
séduire :

« La table tout en vermeil, ce qui n'est point de mise chez l'Empereur, la
plus raffinée et la mieux servie, où chaque soir par fournées sont conviés
tous les habitants du palais et tous les voyageurs de marque ; le peuple de
laquais en livrée rouge et or faisant la haie ; les bals avec de miraculeuses
inventions de fleurs ; les quadrilles où les danseurs sont en Espagnols et
les danseuses en Polonaises et que conduit Despréaux. »

Il est curieux de rapprocher de cette vie fastueuse l'existence
si modeste de la mère de Napoléon qui ne pouvait se défendre
de redouter la fragilité de cette somptuosité en se souvenant
de la situation précaire de la famille dix ans seulement auparavant.

Nous n'en voulons pour témoignage que cette note écrite
par Agar, le plénipotentiaire de Murat au Duché de Berg

et son futur ministre, lors du séjour qu'il fit à Paris, octobre-décembre 1807 :

» Un soir, en 1807, écrit-il, j'accompagnai Mme Murat, alors Grande Duchesse de Berg, chez Madame, mère de l'Empereur qui occupait, rue Saint-Dominique, l'hôtel actuel du Ministère de la Guerre. Nous la trouvâmes dans le premier salon, faisant une partie de piquet avec le général Casabianca. Une seule dame de compagnie était auprès d'elle, un livre à la main. Deux bougies brûlaient sur la cheminée et deux sur la table à jeu. La pièce tendue en soie verte ou bleue, était sombre.

» Mme Murat, après avoir embrassé sa mère, après avoir causé quelques moments avec elle, lui dit en riant : « Maman vous n'êtes pas trop bien éclairée? En vérité, vous êtes fort économe?.... » « Fort économe, répondit Mme Bonaparte, sans se détourner de son jeu, vous me trouvez fort économe? Mais savez-vous que peut-être un jour j'aurai cinq ou six rois ou reines sur les bras; comment les ferai-je-vivre? Alors, ma fille, on ne me reprochera pas mes économies ». Ces paroles excitèrent beaucoup de gaieté. On les regardait comme une ingénieuse plaisanterie; on en badina longtemps.

Pour charmer les soirées de Fontainebleau, il y avait souvent spectacle à la Cour. Les acteurs des premiers théâtres reçurent ordre d'y venir pour jouer devant Leurs Majestés des pièces choisies dans leurs divers répertoires. C'étaient surtout les chefs-d'œuvre de Corneille, de Racine, de Molière, car Napoléon montrait une grande prédilection pour les grands écrivains, qui, eux aussi, avaient ajouté au patrimoine de gloire de la nation.

Il avait une préférence marquée pour la tragédie française et l'opéra italien. Corneille était son auteur favori. Il y avait constamment sur sa table quelque volume des œuvres du grand poète. Très souvent, il déclamait, en marchant dans sa chambre, des vers de Cinna, ou la tirade de la mort de César.

Comme pour achever cette résurrection des anciennes mœurs, l'Empereur accorda à certaines dames de la Cour renommées pour leur beauté, des regards qui affligèrent l'impératrice Joséphine, et qui firent tenir sur son compte des discours moins sérieux que ceux dont il était ordinairement l'objet.

Les fêtes et les plaisirs de Fontainebleau n'empêchaient pas l'Empereur de s'occuper de la politique extérieure. Il était surtout préoccupé de prendre en main la direction des vues de l'Espagne et aussi de la Russie, afin de tenir la balance européenne par les deux extrémités du fléau. Quant à la Prusse et à l'Autriche, il les avait à sa merci pour le moment et il ne s'agissait plus que de leur dicter une dernière convention qu'elles étaient incapables de refuser, l'une comme l'autre.

Pour la Russie, c'était plus scabreux. Il fallait la modérer, après lui avoir excité l'appétit.

Napoléon avait réfléchi froidement depuis Tilsit, et il commençait à penser que c'était chose grave que de laisser faire un nouveau pas vers Constantinople au gigantesque empire de Pierre-le-Grand, empire dont la croissance depuis un siècle était si rapide qu'elle avait de quoi épouvanter le monde. Le général Sébastiani, de son côté, lui écrivait de Constantinople que si les Turcs avaient la moindre espérance de trouver un appui auprès de la France, ils se jetteraient eux-mêmes dans ses bras; que, dans ce cas, c'était avec l'Autriche et non avec la Russie, qu'il faudrait chercher à s'entendre; que l'accord avec l'Autriche serait bien plus facile et plus avantageux, soit qu'on voulut partager, soit qu'on voulût conserver l'empire ottoman.

Mais il ne fallait pas, cependant, s'engager dans de nouveaux événements, sans s'attacher complètement la Russie, par un sacrifice en Orient.

L'opinion en Russie à l'égard de la France était fort divisée. Le peuple russe, froissé des dernières défaites, montrait une attitude triste et plutôt malveillante à l'égard des Français. Les grands craignaient que l'intimité avec la France ne présageât bientôt la guerre avec l'Angleterre. Aussi, le général Savary, en arrivant à Saint-Pétersbourg, y avait-il trouvé l'accueil le plus froid, excepté auprès de l'Empereur Alexandre et de deux ou trois familles composant la société intime de ce prince. Il avait d'ailleurs, pour se défendre, suffisamment d'esprit, beaucoup d'aplomb, et l'immensité de la gloire nationale qui permettait aux Français de marcher partout, la tête haute.

Mais la plupart des grandes familles continuaient à l'exclure; car, Alexandre, maître du pouvoir, ne l'était cependant pas de la haute société, placée sous une autre influence que la sienne. Pour dédommager sa mère, descendue avant le temps au rôle de douairière, il lui laissait tout l'extérieur du pouvoir suprême. La cour se réunissait chez elle et, dans ce milieu, l'impératrice mère ne dissimulait pas ses propres sentiments en manifestant à l'égard des Français un éloignement visible. Elle avait donc accueilli le général Savary avec une froide politesse. Celui-ci ne s'en était point ému, mais il s'en était adroitement ouvert au fils, qui s'était empressé de protester de son autorité.

Tandis qu'il prodiguait au général français, les instances, les caresses, les épanchements, les cadeaux mêmes, l'Empereur Alexandre, sans en rien dire, avait fait donner à son armée l'ordre de ne point évacuer les provinces du Danube, sous prétexte que l'armistice ne pouvait être ratifié tel qu'il était. Cette mesure n'était pas faite pour seconder la politique d'atermoiement que désirait Napoléon.

Alexandre voulant faire une avance amicale à la France demanda spécialement deux choses : d'abord l'autorisation de faire élever en France les cadets appelés à servir dans la marine russe, lesquels étaient ordinairement élevés en Angleterre, où ils contractaient un fâcheux esprit; ensuite, la faculté d'acheter dans les manufactures françaises des fusils pour remplacer ceux des soldats russes qui étaient de mauvaise qualité : « Les deux armées étant destinées maintenant à servir la même cause — ajouta-t-il — elles pouvaient échanger leurs armes ». Il accompagna ces paroles gracieuses d'un magnifique présent de fourrures pour l'Empereur Napoléon, en disant qu'il voulait être son *marchand de fourrures*, et répéta qu'il attendait M. de Tolstoï pour le faire partir, dès qu'on l'aurait définitivement agréé à Paris comme ambassadeur.

En apprenant ces détails fidèlement rapportés par le général Savary, Napoléon fut à la fois satisfait et embarrassé. Alors il imagina de détourner l'ambition moscovite de l'Orient, en la lançant vers le Nord, contre la Finlande, sous prétexte de la pousser sur la Suède.

Napoléon avait eu, lui aussi, beaucoup de peine, à trouver un ambassadeur qui pût convenir à Saint-Pétersbourg et il avait fini par choisir M. de Caulaincourt actuellement grand écuyer, militaire de profession, homme droit et sensé, qui, en somme, avait tout pour en imposer au jeune Empereur et dissimuler une mission dont le but était de ne pas tenir tout ce qu'on laissait espérer.

Il écrivit en même temps à l'Empereur Alexandre pour le remercier de ses présents, et lui en offrit de magnifiques en retour. C'étaient des porcelaines de Sèvres de la plus grande beauté.

Il lui annonça que le ministre Decrès allait acheter vingt millions de munitions navales dans les ports de la Russie, que la marine française recevrait tous les cadets russes qu'on lui donnerait à instruire, et enfin que 50.000 fusils du meilleur modèle étaient à la disposition du gouvernement impérial, qui pouvait les envoyer prendre au lieu qu'il lui plairait de désigner.

« Il lui demanda instamment de l'aider à ramener la paix, en forçant l'Angleterre à la subir, le pria de renvoyer à l'instant même de Saint-Pétersbourg les ambassadeurs d'Angleterre et de Suède ; le prévint qu'une armée française allait occuper le Danemark, en vertu d'un traité d'alliance conclu avec la cour de Copenhague et le pressa de faire marcher une armée russe en Suède, afin que le Sund fût ainsi fermé des deux côtés. Il lui donnait de nouveau son adhésion expresse à la conquête de la Finlande, lui faisait part des démarches qu'il faisait auprès de l'Autriche, afin de la décider à adhérer à la politique de Tilsit, et lui annonçait aussi l'entrée d'armées nombreuses dans la péninsule espagnole, dans le but de la fermer définitivement aux Anglais. Enfin, il lui disait qu'il était étranger à la rédaction de l'armistice avec la Porte ; qu'il le désapprouvait, ce qui comportait l'approbation tacite de l'occupation prolongée des provinces du Danube ; et que, quant au maintien ou au partage de l'empire ottoman, cette question était si grave, si intéressante dans le présent et dans l'avenir, qu'il avait besoin d'y penser mûrement ; qu'il ne pouvait en traiter par écrit, et que c'était avec M. de Tolstoï qu'il se proposait de l'approfondir ; qu'il la réservait à cet ambassadeur, et que c'était même afin de l'attendre qu'il avait retardé son départ pour l'Italie où il était cependant pressé de se rendre. » (Thiers).

* *

L'évacuation de la Prusse par les troupes françaises d'occupation avait été un instant suspendue par suite du retard mis à l'acquittement des contributions de guerre. Napoléon s'étant montré disposé à la reprendre, si l'on s'entendait au sujet du payement. C'était dans le but de cette entente que le Prince Guillaume était venu en France ; l'Empereur l'avait accueilli avec beaucoup d'égards.

La Prusse était tombée trop bas pour pouvoir protester contre les projets de Napoléon ; non seulement elle avait donné son adhésion au blocus continental, mais elle avait déclaré sa disposition à conclure avec la France un traité formel d'alliance offensive et défensive.

Le Danemark avait signé un traité du même genre et accepté l'envoi de troupes françaises pour fermer le Sund et envahir la Suède au moment où commencerait les opérations des Russes contre la Finlande.

On avait obtenu de l'Autriche des assurances moins catégoriques. Cette puissance voulait bien adhérer temporairement aux vues de Napoléon, mais elle voulait néanmoins se tenir prête à prendre une revanche de ses revers, si une occasion favorable se présentait. Elle affirmait qu'elle réduisait l'effectif de son armée et vendait ses magasins, lorsque, en réalité, elle renvoyait les vieux soldats sur le point d'être libérés et les remplaçait par de jeunes conscrits dont on hâtait l'instruction, et que, si elle liquidait de vieux approvisionnements, elle remplissait ses arsenaux d'armes et de munitions. Mais

Napoléon feignit de croire à ses protestations de foi, parce qu'il avait besoin d'un arrangement pour être libre de ses actions.

Il avait reçu à Fontainebleau, avec une parfaite courtoisie, le duc de Wurtzbourg, frère de l'Empereur François, et, en retour, des pouvoirs avaient été envoyés à M. de Metternich, ambassadeur d'Autriche à Paris, pour signer une convention qui embrasserait tous les objets sur lesquels un accord était désirable.

Cette convention fut signée à Fontainebleau le 10 octobre.

Aux stipulations écrites, on voulut joindre des promesses formelles relativement à l'Angleterre, mais l'Autriche ne pouvait pas envers cette vieille alliée procéder par une brusque déclaration de guerre; elle promit d'arriver au résultat désiré, en y apportant des formes.

*
* *

Napoléon, obligé par les événements à continuer la guerre contre l'Angleterre, était armé maintenant de tous les moyens du continent. Il songea à les employer avec l'énergie et l'habileté dont il était capable.

Il restait à être fixé sur la conduite à tenir vis-à-vis du gouvernement espagnol.

M. de Beauharnais avait obéi aux ordres de l'Empereur en racontant tout ce qui s'était passé; il en fit le récit détaillé dans une correspondance secrète. On lui répondit qu'il fallait tout écouter, ne rien promettre qu'un intérêt bienveillant pour les infortunes du prince des Asturies. Quant à la demande de mariage, il devait déclarer que l'ouverture était trop vague pour être prise en considération.

Alors, le prince des Asturies se décida à faire remettre par le chanoine Escoïquiz deux lettres, l'une pour l'ambassadeur, l'autre pour Napoléon lui-même.

Déplorant ses malheurs et les dangers dont il était menacé,

il demandait formellement la protection de la France et la main d'une princesse de la famille Bonaparte.

Ces deux lettres furent écrites le 11 octobre.

Lettre de Ferdinand, Prince des Asturies, à M. de Beauharnais.

« Vous me permettrez, Monsieur l'Ambassadeur, de vous exprimer toute ma reconnaissance pour les preuves d'estime et d'affection que vous m'avez données dans la correspondance secrète et indirecte que nous avons eue jusqu'à présent par le moyen de la personne que vous savez, qui a toute ma confiance. Je dois enfin à vos bontés ce que je n'oublierai jamais, le bonheur de pouvoir exprimer, directement et sans risque, au Grand Empereur votre maitre, les sentiments si longtemps retenus dans mon cœur. Je profite donc de ce moment heureux pour adresser par vos mains à Sa Majesté Impériale et Royale la lettre adjointe, et craignant de l'importuner par une longueur déplacée, je n'exprime encore qu'à demi ce que je sens d'estime, de respect et d'affection pour son auguste personne, et je vous prie, Monsieur l'Ambassadeur, d'y suppléer dans celles que vous aurez l'honneur de lui écrire.

» Vous me faites aussi le plaisir d'ajouter à Sa Majesté Impériale et Royale que je la conjure d'excuser les fautes d'usage, de style qui se trouveront dans ma dite lettre, tant par égard à ma qualité d'étranger qu'en considération de l'inquiétude et de la gêne avec lesquelles j'ai été obligé de l'écrire, étant, comme vous le savez, entouré jusque dans ma chambre d'espions qui m'observent, et obligé de profiter pour ce travail du peu de moments que je puis dérober à leurs yeux malins.

» Comme je me flatte d'obtenir dans cette affaire la protection de Sa Majesté Impériale et Royale, et qu'en conséquence les communications deviendront plus nécessaires et plus fréquentes, je charge la dite personne qui a eu cette commission jusqu'ici, de prendre ses mesures de concert avec vous pour la conduire sûrement; et comme jusqu'à présent elle n'a eu pour garants de la dite commission que les signes convenus, étant entièrement assuré de sa loyauté, de sa discrétion et de sa prudence, je lui donne, par cette lettre, mes pleins pouvoirs pour traiter cette affaire jusqu'à la conclusion, et je ratifie tout ce qu'elle dira ou fera sur ce point en mon nom comme si je l'eusse dit ou fait moi-même, ce que vous aurez la bonté de faire parvenir à Sa Majesté Impériale et Royale avec les plus sincères expressions de ma reconnaissance.

Vous aurez aussi la bonté de lui dire que si par hasard il arrivait que Sa Majesté Impériale et Royale jugeât, en quelque temps que ce fût, que j'envoyasse à sa cour avec le secret convenable quelques personnes de confiance pour lui donner sur ma situation des renseignements plus amples que ceux qu'on peut donner par écrit, ou pour tout autre objet que sa sagesse jugeât nécessaire, Sa Majesté Impériale et Royale n'a qu'à nous le mander pour être au moment obéie comme elle le sera en tout ce qui dépendra de moi.

» Je vous renouvelle, Monsieur, les assurances de mon estime et de ma gratitude; je vous prie de conserver cette lettre comme un témoignage de la perpétuité de ces sentiments, et je prie Dieu qu'il vous ait en sa sainte grâce.

» Ecrit et signé de ma propre main et scellé de mon sceau.

FERDINAND
A l'Escurial, le 11 octobre 1807 »

Lettre de Ferdinand, Prince des Asturies, à l'Empereur.

« Sire, la crainte d'incommoder Votre Majesté Impériale et Royale au milieu de ses exploits et des affaires majeures qui l'entourent sans cesse, m'a empêché jusqu'ici de satisfaire directement le plus vif de mes désirs, celui d'exprimer au moins par écrit les sentiments de respect, d'estime et d'attachement, que j'ai voués à un héros qui efface tous ceux qui l'ont précédé et qui a été envoyé par la Providence pour sauver l'Europe du bouleversement total qui la menaçait, pour affermir ses trônes ébranlés, et pour rendre aux nations la paix et le bonheur.

» Les vertus de Votre Majesté Impériale, sa modération, sa bonté même envers ses plus injustes et implacables ennemis, tout me faisait espérer que l'expression de ces sentiments en serait accueillie comme l'effusion d'un cœur rempli d'admiration et de l'amitié la plus sincère.

» L'état où je me trouve depuis longtemps, et qui ne peut échapper à la vue perçante de Votre Majesté Impériale, a été jusqu'à présent un second obstacle qui a arrêté ma plume prête à lui adresser mes vœux; mais plein d'espérance de trouver dans la magnanime générosité de Votre Majesté Impériale la protection la plus puissante, je me suis déterminé, non seulement à lui témoigner les sentiments de mon cœur envers son auguste personne, mais à l'épancher dans son sein comme dans celui du père le plus tendre.

» Je suis bien malheureux d'être obligé par les circonstances de cacher comme un crime une action si juste et louable ; mais telles sont les conséquences funestes de l'extrême bonté des meilleurs rois.

» Rempli de respect et d'amour filial pour celui à qui je dois le jour, et qui est doué du cœur le plus droit et le plus généreux, je n'oserais jamais dire qu'à Votre Majesté Impériale ce qu'elle connaît mieux que moi, que ces mêmes qualités si estimables ne servent que trop souvent d'instruments aux personnes artificieuses et méchantes pour obscurcir la vérité aux souverains, quoique si analogue à des caractères comme celui de mon respectable père.

» Si ces mêmes hommes, qui, par hasard, existent ici, lui laissaient connaître à fond celui de Votre Majesté Impériale, comme je le connais, avec quelle ardeur ne souhaiterait-il pas de serrer les nœuds qui doivent unir nos deux maisons! et quel moyen plus propre pour cet objet que celui de demander à Votre Majesté Impériale l'honneur de m'allier à une princesse de son auguste famille? C'est le vœu unanime de tous les sujets de mon père, ce sera aussi le sien, je n'en doute pas, malgré les efforts d'un petit nombre de malveillants, aussitôt qu'il aura connu les intentions de Votre Majesté Impépiale : c'est tout ce que mon cœur désire, mais ce n'est pas le compte de ces égoïstes perfides qui l'assiègent et ils peuvent dans un premier moment le surprendre. Tel est le motif de mes craintes.

» Il n'y a que le respect de Votre Majesté Impériale qui puisse déjouer leurs complots, ouvrir les yeux à mes bons, à mes bien-aimés parents, les rendre heureux, et en même temps faire le bonheur de ma nation et le mien.

» Le monde entier admirera de plus en plus la bonté de Votre Majesté Impériale, et elle aura toujours en moi un fils le plus reconnaissant et le plus dévoué.

» J'implore donc, avec la plus grande confiance, la protection paternelle de Votre Majesté, afin que non seulement elle daigne m'accorder l'honneur de m'allier à sa famille, mais qu'elle aplanisse toutes les difficultés et fasse disparaître tous les obstacles qui peuvent s'opposer à cet objet de mes vœux.

» Cet effort de bonté de la part de Sa Majesté Impériale m'est d'autant plus nécessaire, que je ne puis pas de mon côté en faire le moindre, puisqu'on le ferait passer, peut-être, pour une insulte faite à l'autorité paternelle, et que je suis réduit à un seul moyen, à celui de me refuser, comme je le ferai avec une invincible constance, à m'allier à toute personne que ce soit, sans le consentement et l'approbation positive de Votre Majesté Impériale, de qui j'attends uniquement le choix d'une épouse.

» C'est un bonheur que j'espère de la bonté de Votre Majesté Impériale, en priant Dieu de conserver sa précieuse vie pendant de longues années.

» Écrit et signé de ma propre main et scellé de mon sceau, à l'Escurial, le 11 octobre 1807.

» De Votre Majesté Impériale et Royale, le très affectionné serviteur et frère. »

FERDINAND.

Ces lettres du prince des Asturies, quoique datées du 11 octobre, ne furent expédiées que le 18, par le soin que M. Beauharnais mit à se procurer un messager sûr, et n'arrivèrent que le 28 à Paris.

*
* *

Malgré ses graves préoccupations politiques, Napoléon ne négligeait pas son armée à laquelle il donnait des soins les plus minutieux.

Il y avait une question grave en suspens : c'était le paiement de la solde en retard.

« L'arriéré de solde n'était pas encore fini de régler au moment de la paix; c'est seulement au moins d'octobre 1807 qu'on régla l'arriéré du prêt de la troupe, dû depuis le 1er avril. Ce système avait développé forcément l'indiscipline, le maraudage et le pillage, car, avant tout, il fallait vivre ». (De Fezensac).

La mesure la plus importante fut la dissolution de la Grande Armée. Par décret impérial du 12 octobre, la Grande Armée dut être dissoute à partir du 15. Le corps de troupes qui restait en Allemagne prenait le nom d'armée du Rhin.

Tout en s'occupant de la réorganisation de la flottille de Boulogne, d'après un nouveau système, tout en préparant une expédition en Sicile, tout en donnant ses ordres pour le renforcement des positions maritimes situées en Italie, Napoléon pressait l'organisation de l'armée de Junot.

Les troupes de Saint-Lô, Pontivy, Napoléon-Vendée, réunies sous le général Junot à Bayonne, présentaient un effectif nominal de 26.000 hommes, un effectif réel de 23.000, dont 1.900 hommes de cavalerie et 36 bouches à feu.

Pour former la division de cavalerie de ce corps sous les ordres de Kellermann, il avait fallu avoir recours aux expédients. Tous les régiments de l'armée étaient employés soit à la Grande Armée, soit à l'armée d'Italie où ils comptaient chacun trois escadrons; il restait en France les dépôts, comprenant les quatrièmes escadrons, et à Versailles, en particulier, se trouvaient les dépôts de plusieurs régiments de dragons. Six de ces escadrons, groupés par deux formèrent trois régiments provisoires à l'effectif d'environ 500 chevaux. On y joignit le 4e escadron du 26e chasseurs.

La première brigade, commandée par le général Margaron, fut composée de l'escadron de chasseurs et d'un régiment provisoire de dragons; les deux autres régiments de dragons formèrent la deuxième brigade, général Maurin. L'effectif total de la division s'élevait, comme nous l'avons dit plus haut, à environ 1.900 chevaux.

L'artillerie était parquée autour de Bayonne, et la cavalerie s'échelonnait sur la route de cette place à Irun, première ville de la frontière espagnole.

« Le temps que l'armée passa dans les Basses-Pyrénées fut loin d'être perdu pour elle. Le général Junot l'employa à électriser ses troupes, à pourvoir à leurs besoins. Il vit chaque corps à mesure qu'il arriva ; il en fit passer des revues fréquentes, auxquelles des officiers de son état-major assistaient, lorsqu'il ne pouvait y assister lui-même ; il s'occupa de la tenue des hôpitaux et de tout ce qui avait rapport à la santé des soldats ; il resserra les liens de la discipline, pressa l'instruction, fit manœuvrer les corps, fortifia leur bon esprit, les excita à se montrer dignes des armées d'Allemagne, et leur répétant : « *Je veux avoir les premières fatigues, et vous faire jouir des premiers avantages* », il les préparait à la guerre, ou plutôt à la gloire ! » (Général Thiébault.)

L'artillerie fut également l'objet de ses soins ; son matériel était mauvais ; par des constructions et des réparations aussi rapides que nombreuses, il fut renouvelé.

Malgré tout ce que le général en chef put faire, la cavalerie se ressentit moins que les autres armes des effets de sa sollicitude. L'impossibilité de se procurer le fourrage nécessaire, avec la somme allouée à cet effet rendit la nourriture des chevaux insuffisante ; il réclama un supplément à la masse de fourrage et ne l'obtint pas. Il annonça le dépérissement prochain de tous les chevaux, et reçut, pour toute réponse, d'envoyer la cavalerie dans le département des Hautes-Pyrénées. Elle partit de ses cantonnements le 10 octobre, jour même de la réception de cet ordre.

* * *

Le 12 octobre, surlendemain de la convention signée avec l'Autriche, Napoléon envoya l'ordre au général Junot de franchir la frontière d'Espagne, se contentant d'un simple avis donné à Madrid du passage des troupes françaises. Il lui recommanda de gagner le plus rapidement possible Burgos, Valladolid et Salamanque et de n'écouter aucune proposition quelle qu'elle fût, sous le prétexte qu'il ne devait se mêler en rien des négociations.

Tout était préparé pour s'emparer du Portugal. On avait reçu de la cour de Lisbonne une réponse telle que Napoléon l'avait prévue, et telle qu'il la lui fallait après l'événement de Copenhague, pour se dispenser de tout ménagement.

Napoléon était trop perspicace pour se payer de mots. Il voyait très clairement que cette réponse du Portugal avait été concertée à Londres.

« Il savait que la famille de Bragance nourrissait le projet de se retirer au Brésil ; et il n'en était point fâché, car malheureusement depuis le désastre de Copenhague ses idées avaient pris un autre cours. Il voulait, non pas achever en occupant le Portugal la clôture des rivages du continent, mais s'approprier le Portugal lui-même pour en disposer à son gré.

» Tel fut le commencement des plus grandes fautes, des plus grands malheurs de son règne. » (Thiers).

Napoléon ordonna à M. de Rayneval de quitter Lisbonne, et fit remettre à M. de Lima ses passeports.

Le même jour, 12 octobre 1807, Napoléon écrivit à Charles IV pour arrêter une entente en vue de l'occupation du Portugal et principalement des ports de Lisbonne et de Porto. Sa lettre était ainsi conçue :

Fontainebleau 12 octobre 1807,

« Monsieur mon frère, dans le temps que la Hollande, les différents princes de la Confédération du Rhin, Votre Majesté, l'Empereur de Russie et moi sommes réunis pour chasser les Anglais du continent, et tirer vengeance, autant que possible du nouvel attentat qu'ils viennent de commettre contre le Danemark, le Portugal offre depuis 16 ans la scandaleuse conduite d'une puissance vendue à l'Angleterre.

» Le port de Lisbonne a été pour eux une mine de trésors inépuisable ; ils y ont constamment trouvé toute espèce de secours dans leurs relâches et leurs expéditions maritimes ; il est temps de leur fermer et Porto et Lisbonne. Je compte qu'avant le 1er novembre, l'armée que commande le général Junot sera à Burgos, réunie à celle de Votre Majesté, et que nous serons en mesure d'occuper en force, Lisbonne et le Portugal. Je m'entendrai avec Votre Majesté pour faire de ce pays ce qu'il lui conviendra, et dans tous les cas, la suzeraineté lui en appartiendra, comme elle a paru le désirer. Nous ne pouvons arriver à la paix qu'en isolant l'Angleterre du continent et en fermant tous les ports à son commerce. Je compte sur l'énergie de Votre Majesté dans cette circonstance, car il est indispensable de forcer l'Angleterre à la paix pour donner la tranquillité au monde ».

Ainsi, Junot devait avoir l'appui d'une armée espagnole. Mais de quelle valeur seraient ces auxiliaires.

On savait les troupes d'Espagne bien négligées depuis longtemps, Il ne fallait pas en juger par les 14.000 soldats triés dont on avait composé le contingent fourni à la France et que Napoléon avait envoyés à Hambourg. Ces 14.000 hommes, sous les ordres du marquis de la Romana, étaient de beaux soldats au teint brun, aux membres nerveux, qui avaient fait bonne impression quoique frissonnant de froid sur les plages tristes et glacées de la mer du Nord et malgré leur étrange aspect.

« Suivis de beaucoup de femmes, d'enfants, de chevaux, de mulets et d'ânes chargés de bagages, ils étaient mal vêtus, mais d'une manière originale. »

L'armée espagnole, d'après ses états d'effectifs, devait se composer d'environ 58.000 hommes d'infanterie et d'artillerie, de 15 à 16.000 hommes de cavalerie, de 6.000 gardes royaux, de 11.000 suisses, 2.000 Irlandais et enfin de 28.000 soldats de milices provinciales, dont une partie avait été levée lors de la dernière rupture avec l'Angleterre, et dont le reste pouvait l'être en quinze jours. C'était en tout, à peu près, 120.000 hommes réduits par l'incomplet habituel à moins de 100.000 hommes, y compris les 6.000 détachés en Toscane, les garnisons d'Afrique, des îles Baléares et des Canaries.

Les présides d'Afrique, notamment Ceuta, ce redoutable vis-à-vis de Gibraltar, dont la prise par les Anglais ou les Maures aurait fini par rendre impossible le passage de la Méditerranée dans l'Océan, ne contenaient ni garnison ni vivres. A Ceuta, au lieu de 6.000 hommes de garnison, prescrits par les règlements et l'usage, il y en avait 3.000. Au fameux camp de Saint-Roch, devant Gibraltar, on comptait tout au plus 8 à 9.000 hommes.

Le reste de l'armée espagnole, répandu dans les provinces, y était employé à faire le service de la police, attendu qu'il n'existait pas alors de gendarmerie en Espagne.

D'ailleurs, tout ce personnel de guerre, mal vêtu, mal

nourri, rarement payé, dépourvu d'émulation, d'esprit militaire, d'instruction, était un corps sans âme, par la défectuosité de ses officiers, en général.

Voilà ce qui restait de ces redoutables bandes qui avaient fait trembler l'Europe aux xve et xvie siècles! Voilà aussi à quoi servait la prétendue prédilection du prince de la Paix pour l'armée!

L'armée espagnole se recrutait par la voie de l'enrôlement volontaire, et, dans les cas urgents, par la quinta, tirage au sort qui ne diffère de la conscription militaire établie en France, que parce qu'il ne s'étendait pas à toutes les provinces, et parce qu'il comprenait un grand nombre d'exceptions. Le tirage au sort était aussi le moyen de recrutement des régiments de milice.

Le prince de la Paix, nommé généralissime des troupes de terre, avait réorganisé l'armée en 1803, et lui avait donné des règlements calqués sur ceux de la France. Il avait augmenté la solde des officiers, et aucun soldat, en Europe, excepté le soldat anglais, ne recevait une solde plus forte que le soldat espagnol; l'enrôlement était pour un temps limité, la discipline douce et facile. Il semblerait donc que le métier de soldat devait s'accorder avec l'instinct contemplatif et la paresse innée des Espagnols; cependant ils montraient une répugnance extrême pour le service militaire, particulièrement pour le service de l'infanterie. Le recrutement volontaire se faisait presque exclusivement dans les villes, et se nourrissait des vices et des désordres de la société. L'emploi de la quinta était odieux à la nation : le gouvernement n'y avait recours que dans les circonstances extraordinaires.

« Le métier des armes était à peine une carrière; il n'y avait pas de ces camps de manœuvres, de ces grandes garnisons où les régiments apprennent à se connaître et à servir ensemble. Les officiers passaient, dans des petites garnisons, une vie monotone et obscure, au café, dans la paresse, sans émulation, accoutumés à une familiarité basse; aucune école d'instruction positive; point de sentiments généreux : la religion du point d'honneur était même tombée dans le relâchement.

» L'Espagnol a reçu de la nature la plupart des qualités propres à faire un bon soldat ; son caractère le rend plus propre à cette abnégation de soi-même à cette exaltation morale, à ce sacrifice de tous les moments, dont la guerre offre chaque jour l'occasion. Calme et rempli de principes de justice, il est subordonné par nature, si l'ordre n'est pas absurde ; il était susceptible d'enthousiasme pour un chef habile et capable. Sa sobriété est extrême ; sa patience est à toute épreuve, il vit d'une sardine ou d'un morceau d'ail frotté contre un morceau de pain ; le lit pour lui est une superfluité, il a l'habitude de coucher sur la dure et à la belle étoile. Après les Français, les Espagnols sont les premiers pour marcher longtemps et gravir les montagnes. Le soldat espagnol n'est ni mutin, ni raisonneur, ni querelleur, ni libertin, et s'enivre rarement. Il a moins d'intelligence que les Français ; il en a plus que les Allemands et les Anglais ; il aime sa patrie, il en parle avec enthousiasme ; il n'a qu'un vice anti-militaire : c'est la malpropreté et des habitudes paresseuses qui engendrent les maladies, et répandent, parmi les malades, un abattement désorganisateur ». (Général Foy)

Il y avait peu de discipline dans les armées espagnoles, les sous-officiers y avaient peu de considération ; cependant un tiers des places d'officiers était à eux ; les deux autres tiers appartenaient aux cadets.

Autant l'avancement de nombreux sous-officiers est bon et utile dans une armée recrutée entièrement par la conscription militaire, autant il est abusif dans une armée formée de l'écume de la population.

Une partie des nobles quittant le service après quelques années, et les officiers de fortune jamais, il arrivait que ceux-ci avaient la moitié des emplois au moins. Le nombre provenant du recrutement ne suffisait pas à cette consommation. De là, résultait le grand nombre d'officiers défectueux.

Les cadets devaient, d'après les anciens règlements, faire des preuves de noblesse. C'était peu de chose, dans un pays où le vingtième de la population est noble. On ne les exigeait plus que dans une partie de la cavalerie.

D'autre part, les familles qui avaient donné à leurs enfants une éducation libérale, répugnaient à les faire entrer dans une carrière de dérèglement. L'Église, la justice et les emplois civils absorbaient ceux qui avaient reçu de l'éducation.

Aucune étude, aucun enseignement préliminaire n'était exigé

pour devenir officier d'infanterie ou de cavalerie. Des écoles fondées autrefois à Puerto de Santa-Maria, pour la première de ces armes, et à Ocana pour la seconde, avaient été supprimées depuis vingt ans. Les académies militaires de Zamora et de Barcelone, où des officiers du génie enseignaient les mathématiques à quelques cadets et officiers tirés des régiments n'y suppléaient pas.

L'avancement était arbitraire, susceptible de changement dans ses règles.

Outre 5 capitaines généraux, grade équivalent à celui de maréchal dans les autres armées de l'Europe, et qui n'était donné qu'à des vieillards après un long commandement ou accordé à une faveur immense, l'Espagne avait 86 lieutenants-généraux, 139 maréchaux de camp, 252 brigadiers (grade intermédiaire entre celui de maréchal de camp et celui de colonel) et un nombre inconnu de colonels, car il y en avait dont le titre était réel, d'autres provisoire ou honorifique, et, compris les uns et les autres, on ne parlait pas de moins de 2.000.

Presque tous les officiers généraux étaient employés, les uns dans le service des provinces et des places, les autres dans l'inspection des différentes armes. Les brigadiers avaient des régiments et des emplois. Il y avait quelques grades au-dessus de l'emploi dans les régiments, particulièrement en officiers supérieurs.

Quoique l'avancement fut arbitraire, les officiers généraux de l'armée espagnole n'arrivaient ordinairement à ce grade qu'après de longs et bons services. Aucun d'eux n'était connu en Europe pour avoir déployé des talents militaires. Tous avaient fait la guerre de 1793 contre la France; la plupart s'y étaient distingués dans les emplois de l'état-major, et à la tête des régiments. Les plus anciens, les plus renommés sortaient de ces écoles qui avaient été formées sous l'influence de Ricardo.

L'armée espagnole n'avait pas de service d'état-major. Ce service était fait à la guerre par des officiers généraux désignés, et par d'autres officiers qu'on tirait de la troupe au moment où l'on se disposait à entrer en campagne. L'instruction de l'armée n'était pas dirigée vers la stratégie et la grande guerre.

Un corps d'intendants et de commissaires des guerres était chargé de l'administration de l'armée, comptabilité, vivres, etc., etc. Un corps de chirurgiens militaires était attaché aux régiments et aux hôpitaux. Les règlements français d'administration avaient été appliqués à tous les services espagnols.

La maison du roi tenait le premier rang dans l'armée. Elle se composait de deux compagnies de gardes-du-corps, d'une compagnie de hallebardiers (les gardes-du-corps étaient spécialement attachés à la personne, les hallebardiers au palais du monarque), de deux régiments des gardes espagnoles et wallonnes, formant ensemble un corps de 6.000 hommes, de la brigade de carabiniers royaux forte six escadrons, plus de 600 chevaux.

Les gardes-du-corps étaient pris dans les classes aisées de la société et offraient par leur moralité et leur éducation une garantie particulière de dévouement au monarque; chargés de défendre sa personne, ils étaient une troupe à peu près inutile pour la guerre. L'opinion de tous les militaires de l'Europe a fait justice de ces corps d'officiers-soldats qui ne sont ni l'un ni l'autre.

Les autres troupes de la maison du roi étaient des corps d'élite. On les recrutait avec plus de soin que le reste de l'armée. On les payait mieux. On en exigeait davantage à la guerre. Les gardes wallonnes se sont illustrées dans la guerre de la Succession. Ce corps avait été formé d'abord d'officiers et de soldats flamands, pour conserver à l'Espagne les souvenirs de l'attachement des peuples arrachés à sa domination; ce lien, se dénouant de jour en jour, on les avait recrutés avec des déserteurs de tous les pays. En dernier lieu, on y avait laissé entrer les nationaux.

Les carabiniers se recrutaient dans toute la cavalerie parmi les vieux soldats et les meilleurs sujets. Ils s'engageaient pour la vie et renonçaient au mariage ; c'était la meilleure cavalerie d'Espagne. Il y avait quatre escadrons de grosse cavalerie, et deux escadrons de cavalerie légère, créés en dernier lieu pour former la garde particulière du prince de la Paix.

Le prince de la Paix avait été nommé colonel général de la maison militaire du roi. Dès cet instant, il commandait dans le palais même, et il était le chef de toutes les troupes composant la garde royale. A peine avait-il reçu ce nouveau titre, qui complétait sa toute puissance, qu'il s'était hâté de faire subir des réformes aux divers corps de la garde.

La troupe d'élite des gardes-du-corps, était précédemment répartie en quatre compagnies, l'espagnole, la flamande, l'italienne, l'américaine, rappelant par leurs titres toutes les anciennes dominations espagnoles. Ce corps, le plus éclairé de tous, grâce au choix des hommes dont il était composé, et bon juge de ce qui se passait en Espagne, n'inspirait pas au prince de la Paix une entière confiance. Le prince avait imaginé de le dissoudre, sous prétexte de faire cesser des dénominations qui ne répondaient plus à la réalité des choses et de le former en deux compagnies seulement désignées par les titres de première et seconde. Il profita de l'occasion pour en faire sortir tous les sujets dont il se défiait, et particulièrement beaucoup d'émigrés français, qui avaient cherché asile auprès des Bourbons d'Espagne, et qui, dévoués de corps et d'âme au bon Charles IV, étaient cependant, à cause de leur meilleure éducation, plus capables que les autres de juger l'indigne administration qui déshonorait la monarchie. Emmanuel Godoï, en les excluant, écartait d'honnêtes gens qu'il redoutait, et donnait cours à sa haine à chaque instant croissante contre la France.

Emmanuel Godoï ne se borna pas à cette mesure. Il créa son frère grand d'Espagne et le nomma colonel des gardes espagnoles. Enfin il choisit pour sa garde les carabiniers royaux.

En somme, ce qu'il appelait sa prédilection pour l'armée, c'était le soin qu'il mettait à se l'approprier.

L'infanterie espagnole était faible, chétive et recrutée en partie dans le rebus de la population. Elle se composait de 39 régiments à trois bataillons chacun, dont quatre étaient dits d'infanterie étrangère, parce qu'on les recrutait autant que possible avec des étrangers, et parce que les officiers étaient en général d'origine étrangère. Quelques-uns de ces régiments étaient d'une création antérieure aux Bourbons. Plusieurs avaient été institués par Charles-Quint. Le plus ancien de tous portait le nom immémorial *del Rey*, et il n'était pas resté mémoire de la date de sa création. Six régiments suisses de deux bataillons avaient été introduits par les rois de la maison de Bourbon. Les auxiliaires suisses étaient, comme partout, une troupe de métier fidèle et solide. Les bataillons d'infanterie légère, armés comme l'infanterie de ligne, n'en différaient que par la couleur de l'habit qui était bleu, tandis que celui de l'infanterie nationale était blanc. La plupart de ces bataillons étaient d'une création postérieure à l'époque de la Révolution française. Chaque régiment d'infanterie de ligne avait un colonel, un lieutenant-colonel, un commandant, qui était aussi du grade de lieutenant-colonel et un major (sargento mayor). Chaque bataillon d'infanterie légère n'avait que deux officiers supérieurs, un commandant et un major. Les bataillons de ligne étaient de quatre compagnies; deux compagnies du premier bataillon étaient de grenadiers.

Quarante-deux régiments de milice formaient en temps de guerre une infanterie plus nationale, plus brave, susceptible de plus grandes choses que l'infanterie ordinaire.

Ces régiments étaient dans les seules provinces de la couronne de Castille et recrutés par la voie du sort dans les provinces dont ils portaient le nom. Ils étaient toujours au complet. L'Etat les armait, les habillait, les équipait, et payait en tout temps une portion de solde aux officiers. Pendant la paix, les miliciens ne sortaient pas de chez eux, et ils vaquaient à leurs travaux, excepté pendant un mois, durant lequel on les payait.

Les régiments de milice n'étaient composés que d'un bataillon et commandés par un colonel et un major. Le colonel était ordinairement un homme considérable dans le pays, et le major, un officier supérieur de l'armée. Il n'y avait que deux compagnies dans le bataillon, dont une de grenadiers et une de chasseurs. A la guerre, on réunissait ensemble les compagnies de grenadiers et de chasseurs d'une même province et elles formaient quatre divisions de grenadiers provinciaux de Vieille-Castille, de Nouvelle-Castille, d'Andalousie et de Galice. Ces divisions composées des meilleurs soldats de la nation, étaient des troupes d'élite, préférables même aux régiments de la maison du roi.

Les autres milices, composées de paysans qui n'étaient pas exercés, qui ne pouvaient pas être déplacés, n'étaient presque d'aucun usage.

C'étaient quelques corps de milices urbaines, habillés en uniforme, mais peu nombreux; ils avaient été créés par Charles III pour suppléer au défaut de garnison dans les places de guerre, et dans les ports exposés aux Anglais et aux Portugais.

Enfin, quelques vétérans étaient chargés de la garde des maisons royales, des villes et de quelques forteresses; quelques compagnies franches spécialement employées à la garde des côtes d'Andalousie, et aux présides d'Afrique.

La nation n'avait aucune organisation militaire en gardes nationales. La seule province de Biscaye avait des levées en masse régulières, obligées d'accourir à la défense du territoire dans un délai et suivant des formes déterminées par des lois. Les Somatènes de la Catalogne avaient disparu avec les privilèges et la liberté de leur province.

La cavalerie, formée avec des sujets mieux choisis, n'était montée qu'en très petite partie ; la belle race des chevaux espagnols si ardents et si doux tombait chaque jour en décadence.

L'Espagne qui, au temps de Charles-Quint, aurait pu fournir 100.000 chevaux pour la guerre, n'avait plus de haras que dans une seule province. C'est la multiplication des mules qui a fait dégénérer les chevaux. Les races ont été en s'amoindrissant depuis la conquête sur les Maures et depuis l'extinction de l'esprit militaire.

Toute la cavalerie de l'Espagne n'allait qu'à 12 ou 13.000 chevaux en 24 régiments, chacun de 5 escadrons, et qui n'étaient jamais complets. Chaque régiment était commandé par un colonel, un lieutenant-colonel et un major. Il y avait des dragons, des chasseurs et des hussards, distingués entre eux plus par la couleur que par cavalerie et l'équipement. La cavalerie espagnole était mal dressée, et dans un état infé-rieur à l'infanterie.

Il y avait 4 régiments d'artillerie de 10 compagnies chacun, et dans les 40 compagnies, six de canonniers à cheval ; en outre, 74 compagnies de canonniers miliciens sans officiers ni sergents, simples agrégés au corps des canonniers vétérans et 5 compagnies d'ouvriers. Un régiment d'artillerie était en garnison dans chaque chef-lieu. Les arsenaux de construction étaient dans les écoles.

L'Espagne n'avait pas de train d'artillerie organisé militairement. Elle s'en procurait à la guerre, par des marchés passés avec des muletiers, ou par des réquisitions de bœufs.

Les ingénieurs espagnols étaient chargés des travaux de fortification et de l'architecture civile.

Le prince de la Paix avait donné en 1803 au génie une organisation analogue à celle de l'artillerie ; il lui avait appliqué les règlements du service français.

La direction des affaires militaires était confiée à un conseil de guerre et à un secrétaire d'État. Chaque arme avait un inspecteur général qui travaillait avec le ministre pour le personnel, et celui-ci recevait les ordres du roi, et, dans les derniers temps, du prince de la Paix qui gérait la royauté.

Ainsi l'Espagne avait, en 1807, une armée, où les généraux et les gens capables étaient en petit nombre, mais qui, dans des circonstances ordinaires, aurait pu lutter contre toute autre, et qui portait en elle des germes d'amélioration. Mais pour militariser cette armée, pour la faire passer subitement de l'état de paix à l'état de guerre, il fallait une volonté forte et éclairée, il fallait l'aide de la nation et du patriotisme. Or pouvait-on croire au talent du parvenu qui exerçait le pouvoir? Pouvait-on espérer que la nation coopérerait avec joie à une guerre que l'opinion aurait réprouvée, et qu'elle aurait regardée comme l'œuvre du favori?

Après avoir défalqué les 14.000 hommes envoyés dans le nord de l'Allemagne et les garnisons indispensables, il ne resta pas plus de 15 à 16.000 hommes à diriger vers le Portugal, sur les 26.000 promis.

*
* *

Le corps espagnol qui devait agir de concert avec Junot contre le Portugal était donc de peu de valeur et ne comptait guère que comme comparse dans l'appréciation de Napoléon. Aussi préparait-on déjà en France des renforts qui devaient rejoindre le corps expéditionnaire de Junot.

C'était tout d'abord un premier renfort de 3 à 4.000 hommes

« Pour conduire aux bataillons du corps de Junot des recrues pour les compléter et les hommes qu'il laisserait en arrière tant en France qu'en Espagne, l'Empereur avait prescrit, le 25 septembre, l'organisation de 3 régiments provisoires du Portugal. Le 1er provisoire se forma à Angoulême avec un bataillon de la légion du Midi, le 4e bataillon du 26e et des détachements de la légion hanovrienne et des 31e, 32e légers, 66e et 82e; (il partit le 15 octobre pour l'Espagne). Le 2e provisoire se forma à Paris avec des détachements des 2e, 4e, 12e 15e légers, 32e, 58e de ligne et 2e suisse; (il partit le 20 octobre). Le 3e provisoire se forma à Rennes avec des détachements des 15e, 47e, 70e et 86e et du 4e suisse; (il partit le 20 octobre) ».

Pour le cas où l'Angleterre débarquerait des forces à l'embouchure du Tage, Napoléon songea à organiser un second corps d'armée avec les bataillons disponibles des légions de réserve.

Dès son arrivée à Paris, Napoléon avait voulu que les cinq légions de réserve, qui avaient mission de remplacer les camps chargés de la défense des côtes, fussent complètement organisées, instruites et armées. Il avait prescrit aux cinq sénateurs qui les commandaient, de tout disposer pour pouvoir faire marcher deux ou trois bataillons sur les six dont elles étaient composées. Avec deux bataillons de la garde de Paris, de retour de Pologne, avec quatre bataillons suisses qui stationnaient les uns à Rennes, les autres à Boulogne et à Marseille, enfin avec le 3ᵉ bataillon du 5ᵉ léger, en garnison à Cherbourg, et le 1ᵉʳ du 47ᵉ de ligne en garnison à Grenoble, c'étaient 21 ou 22 bataillons, qui allaient partir du siège de chaque légion, c'est-à-dire de Rennes, Versailles, Lille, Metz, Grenoble, et être rendus vers la fin de novembre à Bayonne.

Ils devaient former un corps de 23 à 24.000 hommes, avec 36 bouches à feu et quelques centaines de cavaliers, sous les ordres de Dupont, l'un des généraux de division les plus distingués du temps. Le général Dupont s'était illustré à Albeck, Dierustein, Hall, Friedland et était destiné par Napoléon à devenir bientôt maréchal.

C'était un second corps d'armée, suffisant pour soutenir celui de Junot, quelque importance que pussent acquérir les événements du Portugal. Il devait prendre le nom de 2ᵉ corps d'observation de la Gironde, l'armée de Junot ayant déjà reçu le titre de 1ᵉʳ corps.

Dès le 16 octobre, Napoléon prévint le nouveau ministre de la guerre, général Clarke, de cette intention de former à Bayonne un second corps d'observation de la Gironde composé de trois divisions.

Fontainebleau, 16 octobre 1807.

« Monsieur le général Clarke, mon intention est de former à Bayonne un second corps d'observation de la Gironde, qui sera composé de 3 divisions. Ces 3 divisions seront composées de 3 bataillons de chacune des cinq légions de réserve, de 4 bataillons suisses (deux du 3e, un du 2e et un du 4e), de 2 bataillons des troupes de Paris, et du 3e bataillon du 5e d'infanterie légère, ce qui fera 22 bataillons ou 7 bataillons par division.

» Chaque division aura 12 pièces d'artillerie pour son service.

» Proposez-moi le plus tôt possible la formation de l'état-major, de l'artillerie, du génie et des administrations.

» Proposez-moi également les 3 généraux de division, les 3 adjudants-commandants et les 6 généraux de brigade nécessaires pour commander ce corps.

» Le corps d'observation de la Gironde aura donc besoin de 36 pièces d'artillerie. Ces 36 pièces nécessiteront 7 à 800 chevaux. Mon intention est que vous fassiez partir le 20, après en avoir passé la revue, le bataillon du train de ma garde qui est à Paris, et que vous chargiez un officier d'artillerie et un officier de ce bataillon du train de se rendre en poste dans les Pyrénées ou dans les Landes pour acheter 600 mulets de trait ou chevaux et en faire faire les harnais, de manière qu'au 20 novembre, il y aurait là 800 chevaux ou mulets harnachés, servis par 400 hommes du train de la garde. S'il y avait des harnais de confectionnés, on pourrait les faire partir de Paris.

» Vous ordonnerez que les troisièmes bataillons des 5 légions de la réserve partent pour Bayonne le 1er novembre au plus tard. Ces troisièmes bataillons seront réunis aux deux premiers et seront sous les ordres des majors qui les commandent ».

NAPOLÉON.

Il ne manquait à ces troupes que de la cavalerie ; l'Empereur leur en prépara une nombreuse et bonne, à Compiègne, Chartres, Orléans et Tours. Il avait, pendant la campagne de Pologne, mis autant de soin à entretenir les dépôts de cavalerie que ceux d'infanterie. Il les avait sans cesse pourvus d'hommes et de chevaux, et il pouvait en tirer, pour les employer dans le Midi, les renforts que la paix de Tilsit le dispensait d'envoyer dans le Nord.

Il ne disposait pas cependant des 80.000 cavaliers qu'il avait voulu avoir, bien que le traité de Tilsit n'eût pas fait remise aux États et villes allemandes des levées de chevaux auxquelles ils avaient été taxés.

« La levée imposée le 19 mai au gouvernement de Bayreuth ne fut terminée que le 7 septembre par la livraison des 208 chevaux restant à fournir.

« Dans celle de la ville de Dantzig, on relève du 20 juin au 27 septembre, 125 chevaux de cuirassiers, 183 de dragons et 298 de cavalerie légère, soit un total de 606 chevaux, dont partie fut livrée à Postdam ».

Il résulte d'un état établi par le bureau des remontes à la

date du 22 octobre 1807 que les corps de troupes à cheval de la Grande Armée, y compris les 2e, 3e, 4e, 5e et 6e d'artillerie légère, avaient le 1er septembre 1806 un effectif de 36.935 chevaux de troupe, que les gains de toute nature compris dans les états de mouvement transmis par les dépôts s'élevèrent du 1er septembre 1806 au 1er octobre 1807 à 34.018 chevaux, ce qui donne un total de 70.953 chevaux de troupe ; que les pertes pendant cette même période furent de 20.776 chevaux, et que l'effectif, au 1er octobre 1807, pour la Grande Armée, était de 50.177 hommes, à savoir 40.167 aux escadrons de guerre, 2.162 au corps d'observation de la Gironde et à Boulogne et 7.848 dans les dépôts.

« En y comprenant l'armée d'Italie et l'armée de Naples, le total des chevaux de troupe était au 1er septembre 1806 de 43.393 ; les gains ont été de 39.306 du 1er septembre 1806 au 1er octobre 1807 ce qui donne un total de 82.699 chevaux, mais les pertes ont été pendant le même temps de 22.880 chevaux ; et il reste le 1er octobre 1807, 59.819 chevaux de troupe répartis savoir : 42.577 aux escadrons de guerre, 15.080 dans les dépôts et 2.162 au corps d'observation de la Gironde. On n'avait donc pas atteint le chiffre de 80.000 chevaux auquel l'Empereur voulait arriver. »

Toutefois un nouveau contingent de cavalerie arrivait de Pologne.

Malgré la volonté de l'Empereur si formellement exprimée, ce n'était que assez longtemps après la signature de la paix, au mois de septembre, que le premier escadron du régiment de chevau-légers polonais avait pu être dirigé sur la France. Le second était parti le 18 septembre et le troisième n'allait se mettre en route qu'en janvier 1808.

On avait suivi strictement les instructions de l'Empereur dans la composition de ce corps, et ceux qui y étaient entrés, avaient bien plus l'allure de gentilshommes servant pour leur compte que de soldats.

Les simples soldats étaient aussi nobles que les officiers, car, pour recruter le régiment, un appel avait été adressé, avec l'autorisation de Poniatowski, à tous les gentilshommes servant dans les troupes de ligne et, attirés par la pensée « de faire leurs premières armes sous les yeux d'un monarque dont le nom seul donne l'idée de toutes les vertus et de toutes les qualités guerrières », ils s'étaient empressés d'y répondre. Les supérieurs disaient : « Messieurs » à leurs inférieurs. Aucune discipline, aucune instruction militaire, mais un zèle admirable et une bravoure qui ne pouvait être surpassée.

Le corps avait pour colonel, plutôt nominal qu'effectif, le comte Krasinski. Outre que le fait d'avoir été commandant de la garde d'honneur le désignait, l'Empereur n'avait guère eu d'autre choix. Si l'enthousiasme avait été extrême dans les premiers mois de 1807, il s'était bien refroidi depuis Tilsit. La petite noblesse voulait bien encore marcher de l'avant, mais la haute n'entendait point se compromettre et, tout en souhaitant sans doute l'indépendance de la patrie, elle n'était pas plus disposée à se sacrifier pour elle qu'elle ne l'avait été jadis. Napoléon, c'était bien la France, mais c'était encore et toujours la Révolution.

A présent, sauf Poniatowski et quelques autres, la plupart se réservaient, voulaient que l'Empereur fît une Pologne, mais ne se tenaient nullement pour obligés de se battre avec lui et moins encore pour lui.

Les majors français avaient la charge du régiment.

Quand les chevau-légers polonais s'établirent à Chantilly, ils ne déparèrent point leur caserne d'un jour et ce fut dans la ville un enthousiasme dont le souvenir dure encore et que leurs folles dépenses ne furent pas pour diminuer. Aussi, quelle jolie tenue ils portaient.

« La veste ou kurtka bleu de roi avec le collet, les revers, les parements et les retroussis cramoisi, les aiguillettes et les épaulettes en fil blanc; c'était gracieux et nouveau ce pantalon cramoisi à bandes bleues qui descendait sur les pieds; et surtout, ce qui étonnait, c'était ce schapska cramoisi, cannelé, carré presque depuis la forme, que timbrait un soleil de cuivre portant au centre un N couronné et où brimbalaient un chainon de cuivre et un cordonnet de fil blanc sous un très haut plumet blanc. L'armement n'avait rien encore qui surprit : c'était un sabre, une carabine et une paire de pistolets ».

La lance ne fut donnée que plus tard aux chevau-légers polonais.

Pour fournir de la cavalerie aux troupes qui allaient entrer en Espagne, Napoléon invita le ministre de la guerre à donner des ordres, pour la formation d'une réserve générale de cavalerie. Sa lettre était ainsi conçue :

Fontainebleau, 16 octobre 1807.

« Monsieur le général Clarke.

» Vous donnerez des ordres pour qu'il soit formé une réserve générale de cavalerie, composée de régiments provisoires. Elle sera organisée de la manière suivante :

» 1° *Une brigade de grosse cavalerie*, commandée par un général de brigade, et composée de 2 régiments provisoires.

» 1er régiment : 120 hommes du 1er carabiniers et 120 du 2e; 140 de chacun des 1er, 2e et 3e cuirassiers, ensemble 640 hommes.

» 2e régiment, à peu près de même force, formé par les 5e, 9e, 10e et 12e cuirassiers.

» Chaque régiment sera commandé par un major de l'un des régiments, par un adjudant-major et deux adjudants sous-officiers choisis de manière que 2 officiers ne soient pas fournis par un même régiment.

» Le détachement fourni par chaque régiment sera composé d'un capitaine, d'un lieutenant, de deux sous-lieutenants, d'un maréchal des logis chef, de quatre maréchaux des logis, de six brigadiers, de deux trompettes, d'un maréchal ferrant et le reste de soldats. Cette brigade de grosse cavalerie se réunira à Tours.

» 2° *Une brigade de dragons*, commandée par un général de brigade et composée de 2 régiments provisoires, composée et organisée de la même manière que la brigade de grosse cavalerie.

» 1er régiment : 120 hommes de chacun des 11e, 14e, 18e et 19e de dragons; total 480 hommes.

» 2e régiment : 140 hommes du 20e de dragons et 120 de chacun des 21e, 25e et 26e; total 500 hommes. Cette brigade de dragons se réunira à Orléans.

» 3° *Une brigade de chasseurs* commandée par un général de brigade et composée de la même manière que les deux précédentes :

» 1er régiment : 120 hommes de chacun des 1er, 2e, 5e, 7e et 11e chasseurs; ensemble; 600 hommes.

» 2e régiment : 140 hommes de chacun des 12e, 13e et 20e de chasseurs, et 120 des 16e et 21e : ensemble; 660 hommes.

» Cette brigade de chasseurs se réunira à Chartres.

» 4° *Une brigade de hussards* commandée par un général de brigade et composée de la même manière que les deux précédentes :

» 1er régiment : 120 hommes de chacun des 2e, 3e, 4e et 5e de hussards; total : 480 hommes.

» 2e régiment : composé de même.

» Cette brigade de hussards se réunira à Compiègne.

» Vous donnerez des ordres pour que, sans délai, les compagnies qui doivent former chaque régiment soient organisées et mises en marche. Vous choisirez vous-même les majors qui doivent commander les régiments provisoires. Le procès-verbal de formation de chacun des détachements vous sera envoyé et, vingt-quatre heures après, ces détachements seront en route.

» S'il est des corps qui ne puissent pas fournir des détachements aussi forts que je les demande, ils les feront partir sur-le-champ aussi forts qu'ils pourront les fournir; il ne faut pas cependant qu'ils soient moindres de 80 hommes et vous donnerez des ordres, après vous être concerté avec le ministre Dejean, pour que ces régiments soient mis à même d'acheter des chevaux et des selles pour compléter promptement leur nombre.

NAPOLÉON ».

C'est dans cette réserve générale de cavalerie que Napoléon puisa, pour constituer la cavalerie du 2e corps d'observation de la Gironde.

Rien n'avait été fait pour améliorer la situation des légions de réserve, le 18 octobre, au moment de la mise en route de la 1re légion pour Bayonne; le général Colaud se plaignait encore de n'avoir qu'un seul chef de bataillon en état de faire la guerre (M. Berton). « Les trois autres chefs de « bataillon sont constamment malades et usés, écrit le géné- « ral, et l'un d'eux, M. Pierron, n'a jamais rejoint. M. le chef « de bataillon Mairesse n'a plus que 5 mois, à servir pour « avoir le temps prescrit pour sa retraite; cet officier est usé, « n'a plus de poitrine et ne peut commander son bataillon. « M. le chef de bataillon Metzinger a toujours bien servi, « mais il crache le sang, n'a plus de poitrine et ne peut com- « mander. Ce n'est pas avec de pareils chefs de bataillon « qu'on peut conduire les soldats à la guerre ».

A la même date du 18 octobre 1807, le général Colaud rendait compte au ministre de la guerre, que, conformément à ses ordres du 13 courant et aux intentions de l'Empereur, deux bataillons de la 1re légion, forts de 1.120 hommes chacun, présents sous les armes, étaient partis le matin, bien habillés et équipés sous la conduite du chef de bataillon Berton pour se rendre à l'armée d'observation de la Gironde, à Bayonne. Le général a choisi les meilleurs officiers et les soldats les plus forts, les plus robustes pour composer ces deux bataillons.

Il était douteux qu'il fallut autant de forces en Portugal ; mais l'Empereur avait grand désir d'attirer les Anglais de ce côté et, bien que les soldats qu'il y envoyait fussent jeunes, il les trouvait suffisants pour les opposer aux troupes britanniques et méridionales dont il faisait peu de cas.

Les officiers désignés pour prendre rang dans les troupes qui allaient entrer en Espagne se hâtaient de rejoindre leur corps en poste. L'un d'eux après avoir décrit les déboires de son voyage, se plaît à indiquer un moyen économique employé par l'un de ses camarades :

« Au risque de me faire une mauvaise querelle avec les postillons français, je vais vous dire une méthode économique dont un original de ma connaissance se servit. Vous savez que les règlements accordent soixante-quinze centimes aux guides, pour chaque poste parcourue ; cependant lorsque vous ne leur donnez que le double, ils ne sont pas satisfaits. Mon homme se dit en partant : « Je ne veux payer que la taxe, et je serai conduit au grand galop ». Son génie inventif lui fit trouver la recette suivante :

» Mon ami, dit-il au postillon qui, le premier, attela sa voiture, je suis malade, perclus de douleurs, de rhumatismes ; le moindre cahot me fait jeter les hauts cris ; il faut me conduire le plus doucement qu'il te sera possible, sans quoi j'arriverai mort au relai ». On part : le postillon évite le pavé, choisit le beau chemin, conduit la voiture sur la terre, a soin qu'elle conserve un parfait équilibre, et, la course achevée, il reçoit une pièce de quinze sous pour tant de soin.

» — Mais, Monsieur, vous n'y pensez pas !

» — Précisément, c'est parce que j'y pense.

» — Mais tout le monde donne au moins le double.

» — Tout le monde fait comme il veut ; moi je donne la taxe.

» — Mais, Monsieur. .

» — Lisez la loi du...

» — Cette loi-là n'a pas le sens commun.

» — Moi je la trouve très bien raisonnée.

» — Parce qu'elle est pour vous.

» — Elle est pour tous.

» — Vous donnerez bien le pourboire ?

» — La loi n'en parle pas.

» — Oh ! la chienne de loi !

» — Laissez-moi tranquille... Ouf ! mes douleurs recommencent.

» Tout en grommelant, le postillon va trouver celui qui doit le remplacer pour la continuation du voyage, et lui montrant la pièce de soixante-quinze centimes : « Tu vas faire une bonne journée, lui dit-il : la taxe et pas autre chose ; rien pour boire, quinze sous tout sec. Il sait la loi par cœur ; mais à ton tour, tu peux le faire enrager. Ce vilain avare est malade, le moindre cahot le fait crier ; il semble qu'on l'écorche tout vif. Il veut qu'on aille au pas et sur la terre encore ; j'ai eu la bêtise de l'écouter, parce que je comptais qu'il paierait grassement ; mais il donne la taxe, mène-le sur le pavé, fouette ferme, prends le triple galop, et s'il crève dans la voiture... tant mieux ».

» Le camarade exécuta la consigne de point en point ; les chevaux allaient comme le vent, notre malin voyageur riait sous cape. De temps en temps pour encourager le postillon, il criait d'arrêter, demandait à descendre, à ralentir le pas ; ses paroles se perdaient en l'air, l'autre faisait semblant de ne rien entendre, et la voiture brûlait le pavé. La consigne l'accompagna de Paris à Marseille ; l'avare fut conduit comme un prince. Heureusement que la voiture était solide ».

*
* *

L'ordre d'entrer en Espagne et de se rendre à Salamanque parvint à Junot le 15. La cavalerie fut donc obligée de rétrograder sans séjour, et cumula, avec ses autres malheurs, celui de faire précéder toutes ses fatigues d'un grand mouvement, par une marche inutile de cent lieues.

Le 16, un officier d'état-major, un commissionnaire des guerres et le médecin en chef, partirent pour précéder l'armée et achever de faire préparer sur son passage, le logement, les vivres et les fourrages, les hôpitaux.

Le 17, l'armée se mit en marche après avoir reçu tout ce qui pouvait être nécessaire pour compléter ses effets de campement.

A ce début de campagne, le général en chef caressait l'espoir de grands avantages à tirer de son expédition. Son chef d'état-major, le général Thiébault, écrit à ce sujet :

« La veille de notre départ de Bayonne, le général Junot me prit à part et me dit : « Nous sommes destinés à une mission qui ne peut manquer d'avoir pour les généraux qui y auront pris part des avantages même pécuniaires ; vous ne serez pas oublié, et cette campagne vous vaudra 300.000 francs : c'est moi qui vous les promets ; en retour, je vous demande votre parole d'honneur que vous ne participerez à rien de ce que l'on appelle des affaires, ou du moins que, si l'on vous en proposait, vous m'en informeriez de suite.

» — Monseigneur, répondis-je, je vous remercie de la gratification de campagne que vous voulez bien me permettre d'accepter, et je vous donne la parole d'honneur que vous me demandez, parole qui, d'ailleurs, me coûte d'autant moins que je n'ai l'habitude ni le goût de semblables vilenies ».

En même temps que les troupes de Junot, les troupes d'Espagne s'ébranlaient pour exécuter par avance un traité qui n'était pas encore signé. Tout ce qu'il y avait de régiments sur le continent, à la réserve des garnisons de la Catalogne et du camp de Saint-Roch, prit le chemin du Portugal. Les corps habituellement stationnés à Madrid, la maison du roi elle-même, fournirent des détachements. Il ne resta, dans l'intérieur du royaume, que les cadres des bataillons et des escadrons qui avaient été dépouillés pour porter les bataillons et les escadrons de campagne au complet, les uns de 700 hommes, les autres de 170 chevaux.

Le général Junot tenait essentiellement à ce que, dans la traversée d'une partie de l'Espagne, son corps d'armée observât l'ordre le plus parfait; qu'on évitât toute espèce de rixe; qu'on ne commit pas la moindre exaction; que les habitants prissent une haute idée de nos troupes; et que chaque commandant de colonne sût toujours où se trouvaient les autres colonnes de l'armée.

En conséquence, le général Thiébault, chef de l'état-major, joignit à chacun de ses ordres de mouvement, le tableau de la marche journalière des seize colonnes qui avaient été formées et une instruction qui embrassait tout ce qui pouvait éoncerner les marches, les haltes, les arrivées, les couchées, les départs, les subsistances, les hôpitaux et les relations avec les autorités du pays.

L'ordonnateur en chef Trousset régularisa de même ce qui était relatif aux distributions : des feuilles de route imprimées dans les deux langues, et qui, indépendamment d'un extrait des règlements et de quelques observations spéciales, déterminaient ce que l'on distribuerait dans chaque lieu d'étape, quel serait le poids de chaque ration, et à combien de rations chaque corps, détachement, militaire isolé, ou employé aurait droit, furent remises à chaque partie prenante; on y joignit les bons remplis, signés, visés d'avance, depuis Bayonne jusqu'à Salamanque, et on envoya le relevé de tout, gîte par gîte, ainsi que des modèles des feuilles de route et des bons, aux commissionnaires espagnols qui se trouvaient à Bayonne, afin que chacune des communes qui devait loger et nourrir des troupes, pût savoir d'avance tout ce qu'elle aurait à fournir, quand et comment elle aurait à le fournir.

Un ordre particulier prescrivait aux corps de laisser à Bayonne leurs gros équipages, sous la garde d'un officier. Les éclopés, les malades à la chambre y restèrent également, après avoir été inspectés et organisés en dépôt par le chef de l'état-major; et, comme l'armée avait plus de 2.000 hommes, dans les hôpitaux de France, le général Sol, commandant à Bayonne, fut chargé de former en compagnies de marche les militaires isolés ou petits détachements de l'armée qui y arriveraient et les hommes du dépôt en état de la rejoindre et de ne faire partir ces compagnies que sous les ordres d'un officier, et lorsqu'elles seraient de cent hommes au moins. Le but de cette mesure fut à la fois de prévenir cette foule de petits désordres que provoque le défaut de surveillance, et d'éviter, autant que cela serait possible, les assassinats dont des soldats étrangers ont toujours été les victimes en Espagne, et dont le chef d'état-major, avait vu, en 1801, de si nombreux exemples à l'armée du général Leclerc, dont il avait successivement commandé l'avant-garde et la troisième division.

ORDRE GÉNÉRAL DE L'ARMÉE.

Au quartier général à Bayonne, le 17 octobre 1807.

« La gloire militaire est l'apanage de nos armées; mais la victoire qui la constitue ne suffit pas pour la compléter. Ce qui seul peut la rendre honorable, et doit achever de distinguer les armées françaises des autres armées du nord, c'est la réunion de toutes les vertus guerrières, c'est-à-dire, indépendamment de la valeur, la subordination, la discipline et l'ordre.

» Cette vérité mérite d'autant plus d'être rappelée aux troupes de l'armée d'observation de la Gironde qu'elles vont marcher en traversant un pays ami, et qu'elles ne peuvent trop faire pour se rendre dignes de l'honneur qui les attend, au but marqué à leurs travaux.

» Son Excellence le général en chef, ami de ses troupes, mais surtout de ses devoirs, n'a rien négligé pour assurer aux corps, avant leur départ de France, comme pendant leur marche en Espagne, tout ce à quoi elles pouvaient avoir droit, et tout ce que le pays pourra leur fournir. Il a fait plus, il a obtenu d'ajouter le vin aux autres distributions; mais aussi, il compte sur l'effort des troupes pour répondre à sa bienveillance, et sur le zèle des chefs de tout grade, pour justifier la confiance qu'il a en eux.

» Que personne n'oublie que c'est avec les plus grands égards que les Espagnols, et surtout les autorités publiques, doivent être traités; que les troupes sachent qu'elles n'auront droit en Espagne qu'au gîte et aux distributions; que tout le monde se rappelle que tout ce qui tient à la religion doit être l'objet du plus grand respect; enfin, que chacun se pénètre de l'obligation de mériter par sa conduite privée, en attendant qu'il ait l'occasion de commander l'admiration par ses exploits.

» Afin d'arriver plus sûrement à ce but, de mieux distinguer ceux qui par leur exemple ou leur fermeté contribueraient à le faire atteindre, et de connaître et punir plus exemplairement ceux qui oseraient s'en écarter, Son Excellence le général en chef ordonne que les instructions ci-jointes soient littéralement suivies.

Le général chef de l'état-major général.
THIÉBAULT.

INSTRUCTIONS.

pour les troupes marchant en Espagne.
Dispositions générales

« Les troupes marcheront par colonnes, composées de deux ou trois bataillons chacune pour l'infanterie, de deux escadrons chacune pour la cavalerie : les chevaux de l'artillerie et de l'administration seront répartis d'après cette base, entre les divisions d'infanterie : le tout sera réglé par les ordres particuliers qui seront donnés à cet égard.

» Pendant cette marche, MM. les généraux de division se porteront à volonté, sur tous les points où se trouveront des troupes sous leurs ordres.

» MM. les généraux de brigade marcheront avec la dernière colonne de leur brigade.

» Chaque colonne sera sous les ordres directs de l'officier supérieur le plus élevé ou le plus ancien en grade qui en fera partie.

» Ces officiers rendront jour par jour, et par écrit, compte de tout ce qui concernera la conduite des troupes, des habitants et des autorités; les logements; la manière dont les vivres se distribueront; leurs qualité et quantité, les transports, les hôpitaux, etc., etc.

» Ces rapports seront chaque jour adressés par ces officiers, à MM. les généraux de brigade, transmis par eux à leurs généraux de division, et par ces derniers au général chef de l'état-major de l'armée.

» A chaque séjour, il sera joint une situation détaillée aux rapports.

» Chaque commandant de colonne nommera, pour la route, un sous-officier intelligent, sûr et ferme, vaguemestre de la colonne : il aura la police des équipages, qui seront toujours à la queue des colonnes.

» Pour donner en Espagne une plus haute idée de leur discipline, les soldats salueront tous les officiers et s'arrêteront pour saluer leurs colonels et les généraux. Les officiers et sous-officiers ne paraîtront dans les rues qu'en tenue et en armes.

» Les honneurs militaires seront rendus avec le plus grand soin par les troupes de l'armée, aux officiers français et même aux officiers espagnols : afin de prévenir à cet égard toute erreur, MM. les commandants des colonnes veilleront à ce que les troupes sous leurs ordres connaissent de suite les marques distinctives des grades dans l'armée espagnole.

Départs.

» Les jours de départ, chaque corps sera rassemblé à la pointe du jour, à l'endroit où il aura été mis en bataille en arrivant. Un appel très sévère sera de suite fait par compagnie, et les noms des hommes manquants seront remis au commandant de la colonne, qui, pour les faire rejoindre, et outre les autres moyens qui seront indiqués ci-après, fera de suite faire des patrouilles par les gardes de la nuit dernière. On observera surtout que les hommes envoyés en sauve-garde soient tous rentrés; et on en fera un appel particulier.

» Tous les hommes qui ne se seront pas trouvés à l'appel seront, suivant les motifs de leur retard, mis à la garde de police, avec ou sans leur habit retourné, avec leurs armes seulement, ou avec l'obligation de porter deux fusils pendant une distance déterminée, etc.

» La colonne aura une avant-garde composée des hommes qui, à l'exception de la grand'garde, qui marchera avec le logement, devront être de service la nuit suivante dans le lieu de la couchée; elle marchera à la vue de la colonne; elle ne se laissera précéder par personne et sera commandée par un lieutenant.

» La colonne aura une arrière-garde, composée des hommes qui auront été de garde dans les lieux du départ. Cette arrière-garde ne laissera personne en arrière d'elle, marchera en vue de la colonne et sera commandée par un sous-lieutenant.

» Indépendamment de cela, l'avant-garde sera précédée de deux heures par le logement, et l'arrière-garde sera suivie d'un peloton de sous-officiers.

» Le logement sera accompagné de 25 hommes, un tambour et un officier, destinés à former la grand'garde, en arrivant dans le lieu de la couchée. Le logement et cette grand'garde seront commandés par un capitaine qui, changé chaque jour, sera destiné à remplir, dans le lieu de la couchée, les fonctions de commandant de la place; à veiller à l'ordre, à la discipline et à la tranquillité; à s'entendre avec les autorités locales; à recevoir toutes les plaintes et réclamations, tant de la part des Français contre les Espagnols, que de la part des Espagnols contre les Français; à y faire droit pour ce qui est de son ressort et à soumettre le reste à la décision du commandant de la colonne.

» Le peloton de sous-officiers sera composé d'un sergent et d'un caporal par compagnie, et sous les ordres du capitaine qui, la veille aura commandé la place. Les sous-officiers et caporaux composant ce peloton auront pour consigne très sévère de visiter toutes les maisons qui auront été occupées par leurs compagnies; et, en route, les cabarets et autres endroits où ils pourraient soupçonner que des soldats se fussent arrêtés, de s'éclairer à cet effet des rapports des habitants et de faire rejoindre tous les soldats qui se trouveraient en arrière. On leur signalera tous ceux manquant aux appels.

» Avant de se mettre en route, les commandants des colonnes auront soin de se faire remettre les rapports écrits des capitaines qui auront commandé les places et qui devront conduire les pelotons de sous-officiers, et statueront, autant qu'ils le pourront, sur leurs demandes ou réclamations, soumettant ce qui ne serait pas de leur ressort, à leurs généraux respectifs.

Marches.

» En route, les troupes marcheront sur deux rangs. Chaque heure, elles feront une halte de cinq minutes. Aux deux tiers de la route, il sera fait une halte d'une heure, pendant laquelle on fera l'appel des compagnies. Le lieu de la halte sera dans le voisinage d'un ruisseau si cela est possible, mais toujours après avoir dépassé un village. Aucun militaire ne pourra quitter son rang pendant la marche. Dans les haltes, les militaires ne pourront s'écarter de la colonne que pour des besoins, mais ils laisseront leurs fusils à leurs caporaux et rentreront de suite dans le rang.

» Cinq cents pas avant la couchée, les commandants des colonnes les arrêteront, feront placer leurs hommes sur trois rangs, formeront les pelotons, et entreront dans le plus grand ordre.

» Pendant la marche, MM. les chefs de bataillons se tiendront à la queue de leurs bataillons, à la tête desquels marcheront les adjudants-majors. Ils s'assureront que tout le monde y est à sa place, et que le présent ordre est ponctuellement exécuté.

» Son Excellence le général en chef compte sur le zèle de MM. les colonels et chefs de bataillons ou d'escadrons, au point de croire qu'ils ne laisseront pas un homme en arrière.

» Si un bataillon marchait mal, il serait de suite mis sur trois rangs, et tenu de marcher par peloton le reste de la journée.

Arrivées.

» Arrivée dans les lieux de la couchée, la colonne sera mise en bataille sur la place d'armes ; immédiatement après, il sera fait un nouvel appel par compagnie.

» Le commandant recevra le rapport des officiers commandant l'avant-garde, l'arrière-garde et le peloton des sous-officiers. Il donnera ensuite à l'ordre ce qu'il jugera utile ou nécessaire : il règlera le service de la nuit, en nommant un officier et au moins deux sous-officiers de ronde, en envoyant, sur la demande écrite du corrégidor, des gardes ou sauve-gardes partout où elles pourront être nécessaires, et en les faisant partir devant lui, avec ordre aux commandants des gardes, d'avoir toujours des patrouilles dehors, de prendre sur la marche des dites patrouilles les avis des autorités locales, par l'intermédiaire du commandant de la place et de leur demander des guides pour les conduire.

» Ces objets réglés, les billets de logement seront distribués de manière à ce que les compagnies ne soient jamais mêlées, et que les officiers soient logés au centre de leur compagnies, afin de pouvoir visiter ou faire visiter au besoin par des sous-officiers sûrs, les logements des soldats, et de pouvoir, en cas de besoin, les rassembler plus vite.

» Si des compagnies doivent être détachées, il leur sera donné des guides pour les conduire au lieu de leur couchée et un ordre pour le lieu du rassemblement général du lendemain ; mais aucun détachement ne devant rétrograder, ces lieux de couchée devront toujours être en avant du cantonnement principal, et le lieu du rassemblement général, pour la marche du lendemain, en avant du cantonnement le plus avancé, et sur la route même.

» Tout ce que ces instructions renferment sera de rigueur, pour les détachements comme pour les colonnes.

Couchées et séjours.

» Le logement effectué, les distributions se feront. Les quartiers-maîtres ou les officiers qui en feront les fonctions, y assisteront toujours. Les chefs de corps y enverront en bon ordre. Les hommes chargés de les recevoir seront accompagnés d'un détachement armé et commandé par un officier. Chaque soir les quartiers-maîtres feront aux chefs de leurs corps, un rapport écrit sur les distributions. Ce rapport sera de suite transmis au commandant de la colonne.

» Il sera donné des ordres particuliers sur la confection des bons et sur la composition des rations.

» Afin d'accoutumer les soldats à ne pas s'éloigner de leurs logements, il sera fait des contre-appels, et ceux qui ne s'y trouveront pas seront punis.

» A chaque séjour, il y aura parade, revue, et visite de quartiers et d'hôpitaux : les rapports seront faits avec plus de détail, et il y sera joint des situations.

Bagages.

» Il ne sera fourni des voitures de transport aux corps, que ce qui leur en sera absolument nécessaire. Ce nombre ne pourra dépasser celui de six par bataillon. En Espagne, les voitures sont très petites et attelées de deux bœufs seulement, et ces voitures seront fournies de gîte en gîte, sur la demande écrite et motivée du commandant de la colonne, qui en donnera un reçu détaillé, et qui en retirera un reçu en les remettant au corrégidor du lieu de la couchée.

» Il y aura par bataillon deux vivandières, une d'elles ayant une voiture, et l'autre allant à cheval. Il pourra y avoir trois blanchisseuses, à cause de la force de quelques bataillons, et du peu de ressources qu'offre à cet égard, la route que les troupes vont faire.

» Ces vivandières et blanchisseuses marcheront à la queue des équipages, qui seront toujours entre l'arrière-garde et la colonne.

» Pendant la marche, MM les commandants des colonnes en feront faire l'appel, et si elles ne sont pas trouvées à leur place, elles payeront une amende la première fois, seront mises en prison la seconde et subiront à la troisième confiscation de leurs chevaux et voitures.

» Quand leurs irrégularités seront découvertes par d'autres que par le vaguemestre de la division, ou le vaguemestre provisoire de la colonne, les vaguemestres seront punis.

Hôpitaux.

» Des hôpitaux sont disposés à Vittoria, Burgos, Valladolid et Salamanque, et des ambulances sont préparées dans toutes les étapes, pour recevoir les hommes qui ne seraient pas en état d'être transportés, jusqu'à un des quatre grands hôpitaux indiqués ci-dessus.

Conclusion.

» Le général en chef compte assez sur le bon esprit qui anime les troupes, pour penser qu'il ne recevra sur leur conduite que de justes éloges.

» Celui qui ne répondrait pas à cette attente, qui ne soutiendrait pas avec honneur la réputation du nom français et la gloire de nos armes, serait doublement coupable, puisqu'il se montrerait à la fois indigne du corps auquel il appartient, des chefs distingués qui commandent l'armée, et surtout de l'honneur de marcher sous nos aigles triomphantes.

» Cet ordre sera transcrit sur les livres des capitaines, lu trois jours de suite aux compagnies assemblées et relu dans tous les séjours.

» Son exécution stricte est particulièrement recommandée à MM. les officiers généraux et chefs des colonnes et des corps de l'armée.

Le général chef de l'État-Major.

THIÉBAULT

Cet ordre peut être considéré comme un modèle du genre; que trouverait-on à y ajouter aujourd'hui, à cent ans de distance?

Le corps d'armée de Junot comprenait trois divisions d'infanterie, commandées par les généraux Delaborde, Loison et Travot, et une division de cavalerie, dragons et chasseurs commandée par le général Kellermann; il présentait alors un total de 23.000 hommes, sur 26.000 qu'il aurait dû avoir, avec 32 bouches à feu.

Ce corps d'armée, il faut le rappeler, n'avait que deux régiments d'infanterie au complet, les 70e et 86e, qui avaient été affectés à la garde des côtes de Normandie et de Bretagne. C'étaient des troisièmes bataillons agglomérés qui formaient le reste où il n'y avait que de jeunes soldats, puis des bataillons suisses et deux légions, l'une piémontaise, l'autre hanovrienne. La cavalerie était formée d'escadrons fournis par la conscription de l'année courante et rassemblés en régiments provisoires. L'artillerie seule avait de la consistance.

La brigade de dragons Maurin, par exemple, se composa des 4e et 5e dragons provisoires. Le 4e dragons provisoire avait été formé au moyen des quatrièmes escadrons des 4e et 5e dragons, commandés par le major Théron. Le 5e régiment provisoire de dragons était commandé par le major Leclerc et avait été formé des quatrièmes escadrons des 9e et 15e dragons.

La troupe était formée pour la plus grande partie de jeunes soldats de la conscription de 1807, levés en 1806, encadrés de vieux gradés. Ils étaient suffisamment instruits et très capables de se bien comporter au feu, mais malheureusement peu rompus aux fatigues, qui allaient devenir cependant leur principale épreuve.

Toutefois, aucun chef ne convenait mieux que Junot pour donner de l'entrain à ce mélange de jeunes et vieux soldats par son ardeur et sa familiarité.

« Mes enfants, disait-il, nous allons faire un grand et pénible voyage, car nous sommes à l'entrée de l'hiver. Eh bien ! je partagerai vos fatigues; quant au repos, quant aux avantages, je n'en jouirai qu'après vous ».

On n'avait donc pas attendu la signature du traité de Fontainebleau avec l'Espagne, qui n'était encore qu'en préparation, pour mettre des troupes en mouvement sur le territoire espagnol.

Le 18 octobre, la première division partait de Bayonne, suivie successivement des autres divisions, du parc d'artillerie et de la cavalerie.

Junot avait partagé son armée, pour la route, en seize colonnes qui devaient marcher à un jour de distance afin de faciliter la subsistance. Les dernières colonnes étaient formées par la cavalerie qui, par suite du manque de fourrages dans les environs de Bayonne, avait dû être envoyée. — comme nous l'avons dit — dans les Hautes Pyrénées. C'est pendant qu'elle était en route pour s'y rendre, qu'était arrivé l'ordre de départ, de sorte qu'elle avait dû revenir sur ses pas, ayant perdu dix jours de marche aller et retour et était obligée de suivre le mouvement de l'infanterie au lieu de le précéder.

D'après les ordres reçus à Bayonne, l'armée devait se borner provisoirement à occuper les mêmes positions qu'avaient prises, en 1801, les troupes du général Lecler, depuis Valladolid jusqu'aux frontières du Portugal.

*
* *

Irun fut la première étape.

Le lieutenant-général Don Pedro Rodriguez de la Buria reçut le général Junot à Irun et le complimenta au nom du prince de la Paix. Il avait déjà été chargé de la même mission près du général Lecler, en 1801.

Dès ces premiers pas sur le territoire espagnol, nos soldats, et aussi bien leurs officiers, montrèrent leur surprise de trouver un pays et une population si différents de ce qu'ils avaient déjà vu, bien qu'ils eussent parcouru toute l'Europe.

Leurs observations, que nous trouvons dans les souvenirs et les mémoires qu'ils ont laissés, méritent d'être rapportées. Elles aideront à comprendre l'état d'esprit de ces hommes lancés dans une aventure si incompréhensible pour eux :

« En général, lorsqu'on passe une frontière — écrit l'un deux — on est préparé longtemps d'avance aux changements de mœurs et de langage par des demi-teintes insensibles. Ici l'on parle français tout en comprenant l'allemand ; plus loin on parle l'allemand tout en baragouinant le français. Ce n'est qu'après avoir fait dix lieues de l'autre côté du Rhin que vous vous trouvez en Allemagne. Il en est de même aux frontières d'Italie, de la Pologne ; mais lorsque vous avez franchi la Bidassoa, vous êtes en Espagne. Deux minutes avant, vous êtes en France. Quand vous avez passé la rivière, vous êtes à mille lieues ; les mœurs, le langage, le costume, tout est différent. La transition est la même de Saint-Jean-de-Luz à Irun, que de Calais à Douvres, et cependant la Bidassoa n'est qu'un ruisseau.

» On se trouve en Espagne, c'est vrai, mais on ne parle pas encore espagnol. Les gens du peuple ont un langage que l'on dit dérivé du phocéen. Je ne sais si quelqu'un est en état d'en juger ; mais toujours est-il fort extraordinaire que dans une petite lisière des Pyrénées, sans cesse en contact avec la France et l'Espagne, on ait un langage inintelligible aux deux pays. En Biscaye, on parle basque ; les gens qui reçoivent de l'éducation apprennent l'espagnol comme une langue étrangère. Le peuple ne le comprend pas plus que le chinois ; j'excepte toutefois les habitants des villes sur la grande route, qui, par besoin ou par habitude, écorchent le castillan.

» Quelle différence avec nos logements d'Allemagne et surtout avec le bon visage de nos hôtes !

» A la propreté la plus recherchée, à la bonhomie des habitants d'outre Rhin succédaient la saleté, la mine renfrognée des Espagnols ».

Les apparences de pauvreté qu'ils constatent leur semblent de mauvais augure, mais ils en plaisantent :

« Chez nous, le plus petit bourgeois possède un mobilier, des provisions, une certaine aisance ; et il y tient autant qu'à la vie ; il ne quitterait pas sa maison de peur de la trouver vide au retour. En Espagne, toutes ces choses sont réduites à la plus simple expression ; l'Espagnol, car c'est l'homme lui-même qui se charge de ce soin, achète chaque jour ce qu'il faut pour vivre. Il prend au marché le bois, le charbon, le vin, le pain, l'huile, le sel pour la journée, le soir tout est mangé, brûlé, bu ; rien ne reste, on peut partir, on ne laissera que de vieux meubles sans valeur réelle. Comparés aux bourgeois espagnols, les ouvriers de nos villes possèdent tout le luxe de la vie matérielle, ce sont des sybarites, de vrais sardanapales.

» En Espagne, on a peu de linge ; le paysan est vêtu d'un manteau brun, le bourgeois d'un manteau bleu, ce qui permet d'avoir une chemise sale et même de ne pas en avoir du tout ; aussi peut-on déménager à peu de frais ».

La deuxième étape fut Astigarraga où l'on trouva à peine de quoi vivre. Un officier se rappelant cette première épreuve en a fait un chapitre philosophique dans le récit de ses souvenirs.

Tous les arts doivent leur naissance et leur perfectionnement au besoin de manger, qui se renouvelle tous les jours chez les hommes. S'il existait dans la nature une nourriture commune et abondante que chacun pût se procurer sans travail, comme il existe une boisson dont nous pouvons nous rassasier à discrétion ; si cette nourriture était à la disposition de tous comme l'eau, nous serions encore dans les bois, vêtus de peaux de bêtes, et nous ne songerions point à bâtir des villes.

» C'est le besoin de manger qui fit naître toutes les idées d'art, de métier, de civilisation. Rabelais nomme l'estomac *messire Gaster, premier maître es-arts du monde*, et Rabelais a raison. Après le nécessaire, on a voulu le superflu ; du gâteau cuit sous la cendre jusqu'à la loge de l'Opéra, il existe une longue suite de choses, une chaîne non interrompue de nécessités qui prend son origine dans notre estomac.

» L'Espagnol s'est arrêté à moitié chemin ; quand il possède vingt sous, il a sa nourriture assurée pour une semaine et ne fera rien pendant ce temps-là. L'amour du gain ne vaincra pas chez lui la paresse héréditaire ; cette insouciance du lendemain élève entre la France et l'Espagne une barrière plus haute que les Pyrénées. Le *farnada* pour l'Espagnol est le suprême bonheur, comme le *farniente* pour l'Italien.

» Il n'a pas le courage du travail ; qu'importe s'il a celui des privations. L'homme le plus heureux est celui dont les besoins sont les plus rares ; ceci peut s'appliquer aux peuples.

» Un gastronome de mes amis n'aimait pas les dîners de hasard. Lorsqu'il arrivait dans une maison où l'on allait se mettre table et qu'on lui disait : « Dînez sans façon avec nous », il répondait aussitôt : « Aujourd'hui c'est impossible, je préfère revenir demain ».

» Il espérait que, le lendemain, comptant sur un convive de plus, la cuisinière recevrait les instructions nécessaires pour soigner le dîner. Un Espagnol ne prendra pas tant de peine ; si vous l'invitez, il acceptera certainement, et quel que soit votre ordinaire, n'ayez aucun souci, votre homme le trouvera parfait ». (Lieutenant Blaze)

L'armée française était pourtant annoncée en Espagne ; elle y était pourtant attendue : on l'avait officiellement prévenue que les ordres les plus formels avaient été donnés partout, pour que tout fût prêt à l'avance ; que des commissaires, envoyés dans chacun des gîtes d'étape, surveillaient et pressaient l'exécution des dispositions prescrites, et que M. Besarco de Guardaqui, en qualité d'intendant général, était chargé de surinspecter tout ce qui pouvait avoir rapport aux besoins des troupes.

Ainsi, et indépendamment des précautions prises par le général en chef, tout semblait devoir garantir les services; aucun cependant ne fut assuré, et plusieurs manquèrent entièrement.

La troisième étape se fit à Tolosa. Ni les chemins, ni les vivres ne s'amélioraient; cependant les troupes furent mieux installées. Les soldats français se consolaient de leur misère par des gouailleries. L'un d'eux décrit ainsi le plat national espagnol.

« L'*olla*, oulle, pot-au-feu, compose à elle seule les trois services des repas espagnols; je me trompe, le cigarito vient toujours faire l'office d'un dessert peu substantiel. Mettez dans une marmite pleine d'eau, des pois chiches, garbanzos, des choux, force piment rouge, un petit morceau de lard ou de viande, faites cuire le tout à point, et vous dînerez comme toute l'Espagne dîne, quand elle dîne bien.

» Les dix-neuf vingtièmes des Espagnols vivent avec la olla. Les seigneurs de haute volée affichent au contraire un grand luxe de table, mais ce n'est que dans les villes de premier ordre où l'on trouve ces êtres privilégiés. Ils ont une batterie de cuisine avec casseroles, chaudrons, tandis que le petit peuple de bourgeois et de nobles n'a pour batterie de cuisine qu'une marmite à olla et quelques menus ustensiles, que l'on peut évaluer ensemble à moins d'un petit écu. Mais grands et petits, riches ou pauvres, les Espagnols ne connaissent pas cet utile instrument né de l'horlogerie que nous appelons tourne-broche. Dans les grandes cuisines, un marmiton en fait l'office; il tourne *el asador* devant un feu d'enfer et ne se repose que lorsque la poularde et lui sont complètement rôtis.

» Dans les villages, entrez partout aux heures des repas, vous verrez toujours le même service, sans aucune variation. Les gens qui vivent seuls mangent du pain et des oignons crus; ils ne se donnent pas la peine de faire une olla, parce qu'il faudrait allumer du feu. Les choses de première nécessité sont à vil prix, et il en résulte que, dans ce pays, un ménage qui possède six cents francs de rente vit dans une opulence relative enviée par tout le voisinage. »

Le quatrième jour, on atteignit Zumarraga. Les gîtes étaient toujours détestables, remplis de vermine, et si repoussants

que nos soldats préféraient coucher dans les champs ou
dans les rues, plutôt que d'accepter les tristes abris qu'on
leur offrait.

« Presque partout, les quartiers étaient inhabitables, à cause de leur horrible malpropreté, du peu de paille qui s'y trouvait, de la quantité de vermine dont ils étaient remplis : de sorte que malgré le mauvais temps, les
soldats furent souvent réduits à leur préférer les pierres humides des corri-
dors, des cours et de la rue.

» Dans les villes où il n'y avait pas de quartiers, et quelles que fussent
leur population et la faiblesse des colonnes, on logea les soldats par cinquante, dans les plus chétives masures.

» De leur côté, les officiers ne purent le plus souvent obtenir des draps
pour couvrir les dégoûtantes paillasses qui leur servaient de lits. » (Général
Thiébault)

Les vivres, en partie préparés, toujours attendus, se trouvaient de la plus mauvaise qualité : on en distribua même
qui étaient moisis ou pourris et les soldats avaient rarement
les moyens de faire la soupe.

Malgré les promesses du prince de la Paix, premier
ministre d'Espagne et véritable chef du gouvernement, presque
rien n'était préparé sur la route, et le soir, on était obligé de
réunir quelques vivres à la hâte pour nourrir les troupes exténuées des fatigues de la journée.

Les autorités, les employés alléguaient qu'ils n'avaient pas
été prévenus ; ils semblaient de bonne foi, et cela ne faisait
qu'aggraver leur mauvaise humeur.

L'inexécution des ordres attesta partout la faiblesse du
ministère espagnol ou la mauvaise volonté des autorités
locales ou de leurs agents ; l'armée, qui devait être d'autant
mieux, que la force de ses colonnes avait été calculée sur les
ressources des plus faibles communes, et réglée d'après les
observations et les notes des commissaires envoyés de
Madrid à Bayonne, fut mal dans les plus grandes villes et
éprouva partout des privations qu'elle ne devait connaître
nulle part.

Cela n'empêche pas notre officier philosophe de philoso-
pher à ce souvenir :

« Souvent je pensais, en Espagne, à une espèce de comédie que j'avais lue
dans ma jeunesse. Il faut, me disais-je, que les Espagnols la sachent tous
par cœur. Cette moralité, car elle porte ce titre, est de **Nicole de la Ches-
naye**; elle a trente-huit personnages ; *c'est la condamnation des banquets à
la louange de diepte et de sobriété pour le proufit du genre humain.*
Cette pièce curieuse est imprimée à la fin d'un in-quarto gothique intitulé :
La Nef de santé avec le gouvernail du corps humain.

» L'auteur veut prouver qu'il est dangereux de trop manger. La moralité se
termine par le procès de *Banquet* et de *Souper. Expérience* est le juge. *Banquet* et *Souper* sont accusés d'avoir fait mourir quatre personnes d'un excès
de table. *Expérience* condamne *Banquet* à être pendu. *Diepte* est le bourreau. *Banquet* se confesse, dit son *confiteor* et reçoit l'absolution. *Diepte*
lui met la corde au cou, le précipite du haut de l'échelle, et le pauvre diable
de *Banquet* meurt. *Souper* n'est condamné qu'à porter des poignets de
plomb, pour qu'il ne puisse pas mettre trop de plats sur la table ; de plus,
il doit sous peine d'être pendu, se tenir toujours à six lieues de *Dîner*. Je
conseille à nos faiseurs la lecture de cette moralité ; avec quelques petits
changements, ils pourront en fabriquer un fort joli drame nouveau.

» L'Espagnol, qui ne lit jamais, met cependant en pratique tous ces pré-
ceptes sur la sobriété. Les peuples du Midi sont généralement reconnus pour
n'avoir pas autant de besoins que ceux du Nord. Voyez les Arabes, ils
vivent un jour avec quelques figues sèches ou des dattes, et parfois un peu
de farine de maïs ».

La population témoignait une surprise mélangée de défiance,
mais la curiosité naturelle de son caractère en faisait la
balance. Du reste, la réception était très différente suivant les
classes de la société. Dans les villes où le peuple est plus
amoureux des spectacles, il y avait des élans d'enthousiasme.
Dans les campagnes, l'hostilité l'emportait.

Les dispositions des Espagnols des classes un peu dis-
tinguées, étaient alors favorables aux troupes françaises. A
cet égard, le contraste fut frappant ; et pendant que la mauvaise volonté de tous les agents de l'autorité était poussée à
l'excès, l'enthousiasme des habitants paraissait à son comble.

« De tous côtés, et de vingt-cinq lieues de distance, on accourait sur la
route que nous suivions, pour voir passer nos colonnes. En Biscaye, surtout,
les moindres petites villes étaient remplies de personnes attirées par ce
passage ; les corps les traversaient au milieu d'une véritable foule ; les
croisées ne suffisaient pas au nombre des femmes. Ces passages semblèrent
des fêtes pour les Espagnols, et des triomphes pour nos troupes ». (Général Thiébault)

« L'horreur manifestée, peu d'années auparavant, par les Espagnols contre

un peuple qu'on leur avait représenté comme hérétique et ennemi de l'ordre
social, avait fait place aux sentiments d'une hospitalité bienveillante. Les
principaux du clergé venaient au devant des colonnes. Les paysans accou-
raient sur la grand'route pour voir passer des soldats qui étaient chrétiens
comme eux : il était aisé de reconnaître que le règne de Napoléon avait
entièrement effacé l'antipathie de la nation catholique par excellence pour
la France nouvelle ». (Colonel Foy)

Malgré ces sentiments opposés, il semblait que les Espagnols fussent d'accord pour laisser mourir de faim nos soldats. On alla jusqu'à supposer que c'était dans les intentions
du prince de la Paix.

Le cinquième jour de marche amena la tête de colonne à
Mondragon. Nos conquistadores français ne constataient pas
le changement qu'ils espéraient dans leur découverte de
l'Espagne.

« En France et ailleurs, quand nous avons mangé, cela ne suffit pas; il
nous faut des habits propres, du linge, des meubles que nous renouvelons à
certaines époques. L'Espagnol ne renouvelle rien; son mobilier, ses ustensiles, réduits au plus strict nécessaire, servirent à son grand-père et
serviront à ses arrière-petits-fils. Chez lui, la mode n'a point d'influence;
cette divinité de premier ordre chez nous n'a point d'autel en Espagne. On
s'habille aujourd'hui comme on s'habillait au temps de Philippe V, comme
on s'habillera dans cent ans. Les femmes, les hommes portent partout le
même costume, à Madrid, à Séville, à Valence, à Vitoria, c'est toujours la
robe noire, le voile noir pour les femmes, le manteau brun ou bleu pour les
hommes. »

Et le lieutenant Blaze, dans ses souvenirs, s'élève à ce
propos contre la duperie des fictions de Théâtre.

« Je n'ai jamais compris pourquoi, sur nos théâtres, où l'on se pique en
général de vérité relativement aux costumes, les directeurs permettent aux
Rosine, aux comtesse Almaviva de se vêtir de blanc et de rose. Jamais
Rosine ne fut ainsi vêtue; elle ne posséda jamais qu'une robe noire, garnie
de jais, une mantille noire, toujours du noir, et c'était bien pour faire
ressortir la blancheur de son teint. Habiller une Espagnole en rose, autant
vaudrait représenter Manlius en habit du Moyen-Age avec des moustaches et
un poignard. Il est singulier que sous le climat brûlant de l'Espagne le noir
soit la seule couleur adoptée pour le costume des femmes; répandant une
certaine sévérité sur leurs personnes, il fait un énorme contraste avec des
yeux brillants et lascifs, avec une tournure voluptueuse. Les jeunes ressem-
blent à des nonnes échappées de leur couvent pour chercher fortune dans le
monde, les vieilles ont l'air d'anciennes sybilles qui n'attendent qu'un trépied
pour tomber en convulsion ».

La galanterie française devait évidemment se piquer au jeu, mais elle avait à vaincre bien des préventions.

« Lorsque les Espagnoles prononcent le nom du diable elles font un signe de croix sur la bouche avec le pouce de la main droite, et le nom de Napoléon était traité comme celui du diable. Je logeais à Pampelune chez une jeune femme charmante; je voulus papillonner autour d'elle, mais je fus toujours repoussé. Chaque fois que je rencontrais ma jolie hôtesse et que je voulais faire le galant avec elle, cette pauvre femme reculait aussi loin que possible, se mettait dans un coin, tremblante de frayeur, et là, le pouce de sa main droite agissant avec une extrême vitesse, décrivait des milliers de signes de croix pour empêcher le diable, qui sans aucun doute, était en moi, de sortir avec mes paroles et de s'introduire en elle. Quoiqu'il soit bien malin, je réponds que pour cette fois, il en fut pour sa peine. On faisait bonne garde. Toujours un signe de croix le renvoyait, et quelque diable que l'on soit, on ne saurait lutter contre de pareils moyens de défense.

» Et tout cela parce que j'étais soldat de Napoléon; certainement le bourreau, de retour d'une exécution, n'aurait pas inspiré plus d'horreur que moi. Je voulus d'abord par amour-propre insister auprès d'elle pour l'amener à d'autres sentiments, mais je fus obligé d'y renoncer, car elle était prête à s'évanouir, lorsque je voulais la retenir un instant pour me faire écouter. Bientôt j'évitai sa présence, et certes je ne pouvais pas lui faire un plus grand plaisir. Longtemps le souvenir de la senora Juana de Artieda traversa mes pensées d'une manière désagréable. On peut se consoler d'être indifférent à la femme dont on voudrait se faire aimer, ou d'être quitté pour un autre; mais inspirer de l'horreur, c'est une idée avec laquelle je n'ai jamais pu me familiariser. » (Lieutenant Blaze)

Six jours après être partie de Bayonne, c'est-à-dire le 23 octobre, l'armée de Junot entrait à Vittoria où elle allait faire séjour, et où on lui donna des fêtes..

« La plus belle habitation de Vittoria — écrit le général Thiébault dans ses *Mémoires* — était celle de la marquise de Monte Hermoso; j'avais pensé d'après cela que le général en chef se trouverait logé chez elle. Ma surprise fut grande, lorsque j'appris que cette maison m'était réservée; toutefois je me soumis à cet arrangement avec d'autant plus de plaisir que la marquise était une femme charmante, et qu'ayant fait sa connaissance il y avait six ans, il m'eût paru tout simple qu'elle m'eût préféré à cet inconnu, de même qu'il me fut agréable de penser que j'avais pu servir à l'affranchir des embarras et des dépenses d'un grand quartier général.

» Je fus en effet reçu à merveille par le marquis et par sa femme, que je retrouvai plus amicale et plus affectueuse que jamais. Le lendemain de notre arrivée, l'hôte du général en chef, oncle de ma marquise, donna un grand bal; il eût été extraordinaire que, pour y aller, je ne donnasse pas la main à mon hôtesse; aussi, et pendant que son mari s'y rendait dans une voiture à part, un élégant coupé nous y conduisit tous les deux. J'ouvris le bal avec elle en face du général Junot, avec qui elle dansa une seconde fois... »

Si l'on en croît le général Thiébault, il prit la revanche du lieutenant Blaze, car ce serait lui qui aurait refusé les avances.

L'accueil de la basse classe ne fut pas le même. Deux soldats français, sans aucun tort de leur part, furent impunément assassinés à Vittoria.

Mais plus les troupes eurent de motifs pour se plaindre, plus leur conduite fut digne d'éloges. Jamais mouvement d'armée ne se fit avec autant d'ordre; jamais la discipline ne fut mieux observée; malgré tant de sujets de mécontentement, les soldats eurent plus que de la patience, ils eurent de la résignation, et cela est vrai, au point que le renchérissement des denrées, et ce que, même au-delà du cours, l'âpre avidité et la mauvaise foi de tant d'Espagnols leur firent injustement perdre sur le change de l'argent de France, ne les porta à aucun excès et n'empêcha pas même qu'ils ne secourussent les habitants en plusieurs circonstances.

« Le lendemain de mon arrivée à Vittoria, raconte l'auteur de la *Vie militaire sous le Premier Empire*, j'entrai chez un cordonnier pour faire remettre en état une partie de ma chaussure; on ne voyait personne à la boutique; le maître était de l'autre côté de la rue, et fumait son cigaritto. Les épaules couvertes d'un manteau percé de trous, il avait l'air d'un mendiant, mais d'un mendiant espagnol, se drapant dans sa misère, dont il paraissait plutôt fier que honteux. Il s'approche de moi, j'explique mon affaire.

« — Attendez », me dit-il.

» Aussitôt il appelle sa femme :

» — Combien avons-nous encore dans la bourse ?

» — Douze piécettes (14 fr. 40).

» — Alors je ne travaille pas.

» — Mais lui dis-je, douze piécettes ne dureront pas toujours.

» — Quién ha visto magnana? Qui a vu demain? répondit-il en me tournant le dos.

» J'allai chez un de ses collègues qui, n'étant probablement pas à la tête d'une somme aussi considérable, voulut bien travailler pour moi. »

La marche de l'armée de Junot s'avançant sur le Portugal avait eu déjà son influence sur la ligne de conduite du Prince Régent.

Par son édit du 20 octobre, celui-ci annonçait que, ne pouvant conserver plus longtemps la neutralité qui avait été si avantageuse aux sujets de sa couronne, il se déterminait à accéder à la cause du continent et qu'il fermait l'entrée de ses ports aux navires de la Grande-Bretagne tant de guerre que de commerce.

Edit du prince régent du Portugal.

« Ayant toujours eu le plus grand soin de conserver à mes Etats, pendant la présente guerre, la plus parfaite neutralité, à cause des avantages notables qui en résulteraient pour les sujets de cette couronne; ne pouvant cependant la conserver plus longtemps, et considérant en outre combien la pacification générale convient à l'humanité, j'ai dû, pour le bien, accéder à la cause du continent, en m'unissant à Sa Majesté l'Empereur des Français et roi d'Italie, et à Sa Majesté catholique afin de contribuer autant qu'il sera en mon pouvoir, à l'accélération de la paix générale.

» A cette fin, il m'a plû ordonner que les ports de ce royaume seront, dès ce moment, fermés à l'entrée des navires de la Grande-Bretagne, tant de guerre que de commerce. »

Donné au palais de Mafra, le 20 octobre 1807.

LE PRINCE.

Le 22 octobre, l'ambassadeur de Portugal en Angleterre, signa, au nom du même prince, une convention éventuelle par laquelle la cour de Londres s'engageait à tolérer la clôture des ports du Portugal, si la France n'exigeait pas davantage, et promettait des secours actifs pour transporter la cour de Lisbonne au Brésil, dans le cas où les prétentions outrées de l'ennemi commun rendraient cette mesure nécessaire.

Une levée de recrues fut ordonnée pour porter à douze cents hommes les régiments d'infanterie, qui tous étaient incomplets. Le Prince Régent décréta, le même jour, la mise sur pied des deux régiments de milice de Lisbonne orientale et de Lisbonne occidentale, et la création d'un nouveau corps de cavalerie sous le nom de Volontaires royaux à cheval. Des officiers du génie et de l'artillerie furent envoyés dans la presqu'île de Péniche et dans les forts maritimes, pour les réparer, les armer et augmenter les moyens d'attaque et de défense. On traça sur la rive gauche du Tage des batteries nouvelles destinées à croiser leurs feux avec celles de la rive droite. On déplaça plusieurs corps qui, non plus que le reste de l'armée, n'avaient pas bougé jusqu'alors de leurs garnisons ordinaires. Une brigade, composée de deux régiments stationnés dans la capitale, le 4e et le 10e d'infanterie, vint cantonner à Carcabelos, près de l'embouchure du Tage, avec l'ordre de s'opposer aux débarquements que l'ennemi pourrait tenter, et, en cas de nécessité, se jeter dans les forts. Le 13e régiment d'infanterie partit aussi de Lisbonne pour tenir garnison à Péniche, qui n'était gardé auparavant que par des soldats invalides. La légion légère renforça la garnison de Sétubal. Des camps furent indiqués à Barcellos au Nord du Ducero, à Soure près de Coïmbre, à Mafra et à Alcacer-do-Sal au Sud du Tage. En attendant qu'ils se formassent, on parut avoir établi une ligne d'observation suffisante pour la surveillance de la côte.

On ne s'en tint pas à ces démonstrations : on nomma des généraux, on réorganisa les régiments, on fit des promotions, on retira les troupes des frontières, pour en garnir les côtes, on arma les batteries existantes et on en fit élever de nouvelles. D'un autre côté, les officiers anglais qui servaient dans la marine portugaise se retirèrent, et l'ambassadeur de cette nation, se rendit à bord d'une escadre britannique, qui parut à la barre.

Le mouvement fut encore plus prononcé dans le service de la marine. On vit le vicomte d'Anadia, secrétaire d'État de ce département, s'arrachant tout à coup à ses habitudes douces et paresseuses, accourir à l'arsenal dès la pointe du jour, et passer sa vie sur les vaisseaux. Les bâtiments de guerre de toute grandeur jugés en état de tenir la mer furent radoubés, équipés et approvisionnés sans perdre de temps. Tout ce qui existait fut employé sans distinction, et une grande partie des barriques fut faite de bois de citronnier et autres bois précieux. Rien ne fut négligé de même pour former les équipages; mais quelque peine qu'on se donnât à cet égard, on ne put en compléter que les deux tiers; encore eut-on recours à la presse pour y parvenir. On donna pour motif apparent de cette mesure, la nécessité de défendre la rade, dans le cas où les Anglais tenteraient d'y pénétrer.

Le trésor royal était épuisé; le numéraire devenait chaque jour plus rare. Un accroissement de recette était nécessaire pour couvrir les dépenses causées par l'augmentation et la mobilisation des armées de terre et de mer. Les particuliers furent invités par un décret souverain à porter leur vaisselle à la monnaie, soit en don, soit en prêt, soit pour y être frappée à leur compte. Le Prince Régent donna l'exemple, et fit convertir en cruzades neuves une partie de l'argenterie de la couronne.

Les moines clairvoyants remarquèrent qu'il y avait plus d'ostentation que de réalité dans l'étalage des préparatifs de défense, et que les moyens, dont l'efficacité était la plus apparente, pouvaient recevoir une destination tout opposée à celle qu'on avouait. Ainsi, la flotte ayant été pourvue de vivres pour plusieurs mois, rien n'empêchait qu'elle servît à transporter au Brésil la famille royale et les grands de l'Etat. L'argenterie, dénaturée et frappée en monnaie, pouvait être déplacée avec plus de facilité. Les régiments réunis aux environs de Lisbonne pouvaient servir à protéger le départ du prince contre une insurrection populaire qu'il était naturel de prévoir; et, dans le cas où l'on serait pressé par des troupes étrangères, les forts fermés et garnis d'artillerie, et surtout la place de Péniche, devaient faire gagner, par leur résistance, le temps nécessaire pour effectuer l'embarquement réguliè-rement et sans trouble.

Ces préparatifs n'échappaient pas non plus à Napoléon, qui

se tenait prêt à y faire face, sans pourtant prévoir les conséquences des difficultés dans lesquelles il s'engageait.

L'augmentation de l'armée française et l'immense territoire qu'elle avait à garder ne laissait pas de le préoccuper.

Il faut citer, à ce propos, une lettre curieuse qu'il écrit alors à Joseph, dans laquelle il lui expose lui-même, et en grande confidence, l'immense étendue de ses forces, lettre où éclate avec l'orgueil de les voir si grandes, l'embarras d'en avoir à payer et à nourrir de si nombreuses.

Fontainebleau, 21 octobre 1807

« Le grand besoin que j'ai d'établir le bon ordre dans l'état de mon militaire, afin de ne pas porter le dérangement dans toutes mes affaires, exige que j'établisse sur un pied définitif mon armée de Naples et que je sache qu'elle est bien entretenue.

» Vous jugerez du soin qu'il faut que je prenne des détails quand vous saurez que j'ai plus de 800.000 hommes sur pied. J'ai une armée encore sur la Passarge, près du Niémen, j'en ai une à Varsovie, j'en ai une en Silésie, j'en ai une à Hambourg, j'en ai une à Berlin, j'en ai une à Boulogne, j'en ai une qui marche sur le Portugal, j'en ai une seconde que je réunis à Bayonne, j'en ai une en Italie, j'en ai une en Dalmatie que je renforce en ce moment de 6.000 hommes, j'en ai une à Naples. J'ai des garnisons sur toutes mes frontières de mer. Vous pouvez donc juger, lorsque tout cela va refluer dans l'intérieur de mes États et que je ne pourrai plus trouver d'allégeance étrangère, combien il serait nécessaire que mes dépenses soient sévèrement calculées.

» Vous devez avoir un inspecteur aux revues assez habile pour vous faire l'état de ce que doit vous coûter un régiment selon nos ordonnances. »

Rien ne peut mieux peindre la situation militaire de la France au moment où le premier échelon des armées d'Espagne, le corps de Junot, franchissait la frontière.

Depuis quelque temps, une pensée fatale commençait à dominer l'esprit de l'Empereur. Ayant déjà chassé de leur trône les Bourbons de Naples, il se disait souvent qu'il faudrait un jour agir de même avec les Bourbons d'Espagne, qui, au fond, lui étaient aussi hostiles, qui avaient essayé de le trahir, la veille d'Iéna, qui ne manqueraient pas d'en saisir l'occasion.

« Napoléon, dit M. Thiers, voulait substituer partout les Bonaparte aux Bourbons, pour régénérer une noble et généreuse nation, endormie dans l'oisiveté et l'ignorance, pour lui rendre sa puissance, et procurer à la France une alliée fidèle, utile, au lieu d'une alliée infidèle, inutile, désespérante. Napoléon se disait enfin, que la grandeur du résultat l'absoudrait de la violence et de la ruse qu'il faudrait peut-être employer ».

Sur 800.000 vieux soldats, 100.000 y auraient probablement suffi au début. Mais, ajouter à tant d'entreprises au Nord une entreprise nouvelle au Midi, la tenter avec des troupes à peine organisées, était bien grave et bien hasardeux! Napoléon ne le croyait pas. Il méprisait les troupes espagnoles et portugaises, et ne faisait pas beaucoup plus de cas des troupes anglaises.

« Ce n'était donc pas la difficulté matérielle qui le faisait hésiter, c'était la difficulté morale, c'était l'impossibilité de trouver aux yeux du monde un prétexte plausible pour traiter Charles IV et sa femme, comme il avait traité Caroline de Naples et son époux. »

Il lui aurait fallu un grief qui lui conférât le droit d'entrer chez son voisin, et d'y changer la dynastie régnante. Il attendait des divisions intestines qui troublaient l'Escurial un prétexte pour intervenir, pour entrer en libérateur, en pacificateur, en voisin offensé peut-être.

M. de Talleyrand, ayant deviné les secrètes préoccupations de Napoléon, exerçait sur lui la plus funeste des séductions, en l'entretenant sans relâche de l'objet de ses pensées.

D'autre part, l'Empereur avait parfaitement discerné l'opinion de Cambacérès, et craignant l'improbation d'un homme sage, lui qui ne craignait pas le monde, il lui témoignait la même amitié, mais plus la même confiance.

De son côté, M. Yzquierdo, subtil et insinuant, employait tous ses efforts pour être informé de ce qui se passait dans les conseils de l'Empereur. Il avait trouvé un moyen d'y pénétrer par Duroc, grand maréchal du palais. Il cherchait, à travers la droiture et la discrétion du grand maréchal, soit à découvrir les desseins de Napoléon, soit à lui faire parvenir des paroles utiles, pour obtenir le résultat le plus avantageux et, comme compensation secondaire, l'une des provinces du Portugal pour son protecteur.

« La reine souhaitait avec ardeur pour son favori ce beau refuge. Le bon Charles IV le croyait dû aux grands services de l'homme qui, disait-il, l'aidait depuis vingt ans à porter le poids de la couronne.

» Il y avait une autre ambition à satisfaire en cas de partage du Portugal, c'était celle de la reine d'Etrurie, fille chérie du roi et de la reine d'Espagne, veuve du prince de Parme, mère d'un roi de cinq ans, et régente du royaume d'Etrurie, institué il y avait quelques années par le Premier Consul.

» Le Portugal, divisé alors en deux parties vassales de la couronne d'Espagne, serait devenu en réalité une province espagnole. » (Thiers)

Napoléon avait résolu de purger l'Italie de tous les princes étrangers, et après en avoir expulsé les Autrichiens, il tenait à en écarter les Espagnols, non comme dangereux, mais comme incommodes. On avait donc bien deviné sa véritable pensée, en supposant qu'il cherchait à recouvrer l'Etrurie au moyen d'un échange contre une portion du Portugal. L'armée de Junot entrée en Espagne était encore bien loin d'avoir atteint la frontière du Portugal, et déjà Napoléon réglait le partage de cet Etat qu'il voulait rayer de la carte d'Europe.

Il dicta à M. de Champagny, le 23 octobre au matin, une note contenant ses résolutions définitives :

Au Nord, la province dite d'Entre Minho y Duero serait cédée à la reine d'Etrurie, pour son fils, et formerait le royaume de la Lusitanie septentrionale, avec Porto pour capitale. En échange, l'Etrurie serait cédée à la France.

Au Sud, les Algarves et l'Alentejo constitueraient pour le prince de la Paix un Etat souverain, sous le titre de principauté des Algarves.

Le reste du Portugal, c'est-à-dire Lisbonne avec les provinces de Tras-los-Montes, de Beira et d'Estramadure, étaient réservées par l'Empereur qui en disposerait à la paix.

Il était convenu que le royaume de la Lusitanie septentrionale et la principauté des Algarves seraient placés sous la suzeraineté de la couronne d'Espagne et que le roi Charles IV prendrait, à la paix générale, le titre de roi des Espagnes et Empereur des deux Amériques. Les deux petits Etats cédés à la reine d'Etrurie et au prince de la Paix représentaient la population de la Toscane, alors évaluée à 1.200.000 âmes.

Napoléon n'était pas assez content de l'Espagne pour lui rendre plus qu'il ne lui ôtait. Il se réservait entre ces deux parts une population de 2 millions d'habitants, pour en disposer à la paix. Cet arrangement tout provisoire lui convenait à merveille, car il laissait toute chose en suspens et il offrait ou le moyen de recouvrer plus tard les colonies espagnoles en rendant les deux tiers du Portugal à la maison de Bragance, ou le moyen de faire avec la maison d'Espagne tel partage de territoire qu'on voudrait.

Par une convention accessoire, l'Espagne s'engageait à joindre aux troupes françaises une division de 11.100 hommes, avec 30 pièces d'artillerie, qui marcherait droit sur Lisbonne, une division de 10.000 hommes pour prendre possession de la province d'Entre-Minho y Duero, et une autre division de 6.000 hommes pour occuper les Algarves. Toutes ces troupes seraient sous le commandement supérieur de Junot.

L'article 6 de la convention portait qu'un corps de 40.000 hommes de troupes françaises serait réuni à Bayonne, le 20 novembre prochain au plus tard, pour être prêt à entrer en Espagne et à se rendre en Portugal comme renfort, dans le cas où les Anglais menaceraient d'une attaque, après toutefois que les deux parties contractantes se seraient mises d'accord sur ce point.

Ainsi, au total, c'étaient 27.000 hommes que l'armée espagnole devait faire marcher de suite. Nous avons dit déjà qu'elle en était bien incapable.

Quant aux 40.000 hommes que l'armée française devait avoir à Bayonne pour le 20 novembre, elle en était certainement capable, mais au prix de bien des expédients et de bien des difficultés.

Le 26, le commandant de la 1re légion annonçait que le 3e bataillon partirait le 28 courant pour rejoindre les deux premiers à Bayonne. Ce bataillon était, de même que les autres, fort de 1.120 hommes bien armés, bien habillés et bien équipés. Chaque soldat portait en son sac l'ordonnance complète. Mais la formation de ces 3 bataillons avait tellement épuisé la 1re légion qu'on dut reconnaître l'impossibilité de former le 4e bataillon.

Et l'Empereur avait pensé former 6 bataillons dans chaque légion! Les 1re, 2e, 4e et 5e légions envoyèrent 3 bataillons à l'armée; la 3e légion n'en envoya que deux, parce que le 3e bataillon remplaça à Belle-Ile-en-mer le 1er bataillon du 47e de ligne.

Quant aux deux bataillons de la Garde de Paris qui devaient faire partie de cette formation (le premier de chacun des deux régiments), ils avaient quitté Paris au mois de décembre 1806, sous les ordres du colonel Rabbe et avaient fait toute la campagne de 1807. Ils ne rentrèrent dans la capitale que le 28 octobre avec l'auréole de gloire qu'ils avaient conquise.

*
* *

Reprenant sa marche le 25, le corps de Junot atteignait ce jour-là Miranda.

Les Espagnols ne remontent pas dans l'estime de nos soldats, qui les jugent surtout avec la rancune de leur estomac :

« De tous les peuples du monde, l'Espagnol est certainement celui qui mange et boit le moins; avec ce que consomment à Paris cent bourgeois, on nourrirait mille Espagnols. Cette sobriété n'est point une vertu chez eux, elle est fille de l'avarice et de la paresse. Ces messieurs sont friands, gourmands, lorsqu'il ne leur en coûte rien. Si l'occasion se présente, ils passeront la journée à manger des tartelettes, des confitures, à boire du ratafia ou du rosoglio; les femmes de la péninsule aiment beaucoup qu'on leur dise des douceurs; mais, pardon du calembourg, elles préfèrent qu'on leur en fasse manger. Invitez un Espagnol à dîner, que les mets soient délicats, abondants, et votre homme ne sortira de table qu'après avoir englouti les éléments d'une bonne indigestion. »

Un fait, qui paraîtra extraordinaire et peu loyal, c'est que pendant que cette armée alliée traversait l'Espagne, des embaucheurs espagnols, répartis sur la route, fomentèrent la désertion dans plusieurs corps, et notamment dans les corps étrangers qui en faisaient partie.

Le 26, l'armée arrive à Pancorvo. Les Français, décidément, trouvent l'Espagne bien arriérée :

« Les arts, l'agriculture, la mécanique n'ont pas fait un pas depuis Charles-Quint. Les auberges sont restées au même point ; elles ont conservé la physionomie du temps où vivait le héros de Cervantes. Avec les plus beaux oliviers, on mange de l'huile détestable ; avec des vignes superbes, on boit du vin boueux, sans éprouver le désir d'un perfectionnement quelconque. Lorsqu'il arrivait de faire des observations à ce sujet, on nous répondait : « Nos pères vivaient ainsi, pourquoi faire autrement. »

Le 27, on est à Briviesca, à deux jours de marche de Burgos. Presque tous les guides et convoyeurs sont des contrebandiers. Nos soldats ont un faible pour ces hommes qu'ils estiment mieux trempés que leurs concitoyens des Espagne. Ils en jugent en soldats et en connaisseurs :

« Le nécessaire, que l'Espagnol trouve toujours à la porte des couvents a depuis longtemps infiltré dans ses mœurs l'insouciance et la paresse. S'il est paresseux pour se livrer au travail continu, régulier, il est actif pour faire la contrebande ; chez aucun peuple, on ne trouverait des hommes plus robustes pour supporter les longues marches, plus hardis pour tenter des entreprises hasardeuses, plus constants, plus opiniâtres à suivre un projet commencé. »

On allait hélas en faire une triste expérience par la suite.

*   *
* *

Le 27 octobre, Duroc et Yzquierdo signaient à Fontainebleau, sur les bases indiquées par Napoléon, la convention d'un traité secret par lequel le roi d'Espagne et l'Empereur des Français s'entendaient pour le partage des provinces du Portugal.

Mais, tandis qu'en France se réglait cette entente entre les mandataires des deux puissances, on était à Madrid dans la plus grande inquiétude.

Le 27 octobre 1807, en effet, le prince de la Paix écrivait à Murat une longue lettre pour se plaindre des agissements de M. de Beauharnais, ambassadeur de France à la cour d'Espagne :

« M. de Beauharnais, oubliant sans doute le devoir de sa mission, semble avoir pris à tâche de troubler notre bonne harmonie... Dès son arrivée en

Espagne, il n'a cessé de me chercher querelle et de me pousser à bout,
quoique mes procédés envers lui ont été les plus propres pour lui inspirer
des sentiments fort différents. Sa maison est devenue le point de réunion
de plusieurs intrigants, gens sans aveu, qui, par leurs sourdes menées, se
plaisent à aigrir les esprits. C'est devant ces affidés que M. de Beauharnais
se permet les propos les plus décriants et les plus séditieux, sans épargner
la personne sacrée de Sa Majesté le Roi mon maître, dont il parle avec très
peu de ménagements. Les rumeurs les plus alarmantes sont débitées d'après
son autorité par ces émissaires. On dit qu'on me refusera le commandement de l'expédition de Portugal; que je suis haï de Sa Majesté Impériale et
Royale, de même que toute la Maison de Bourbon, que l'expédition de Portugal n'est qu'un prétexte pour s'emparer de toute l'Espagne, à l'exemple de
ce qui est arrivé en Etrurie... Par égard aux connexions de M. de Beauharnais avec Sa Majesté l'Impératrice, Sa Majesté Catholique veut éviter tout
éclat et lui épargner la honte d'une mesure violente. Dans cette vue j'ai
été autorisé pour prier Votre Altesse Impériale d'avoir la bonté de chercher et de proposer à Sa Majesté Impériale et Royale quelque expédient
pour le faire rappeler sans bruit... »

(Archives du Prince Murat, III, 55.10)

Cette inquiétude n'était déjà plus seulement de l'inquiétude
au moment où Godoï écrivait cette lettre, car, ce même jour,
se découvrait le complot du Prince des Asturies et la nouvelle
en éclatait subitement à la Cour d'Espagne.

Quant à Napoléon, non seulement il n'avait pas encore
reçu la lettre du Prince des Asturies, lui demandant par l'intermédiaire de l'ambassadeur français, M. de Beauharnais,
la main d'une princesse de la famille Bonaparte, demande
qui, maintenant certaine, allait modifier le cours de ses idées,
mais il ignorait aussi la lamentable zizanie et la révolution de
palais qui, à ce moment même, mettait tout l'Escurial en émoi.

En effet, tandis qu'il s'adressait à Napoléon, Ferdinand ne
sachant si la protection française serait assez prompte ou
assez déclarée pour le sauver, avait voulu en même temps
prendre ses précautions à Madrid même.

D'accord avec ses amis, il conçut l'idée de tenter une
démarche auprès de son père, pour lui ouvrir les yeux, pour
lui dénoncer les crimes du prince de la Paix. Ferdinand
devait remettre au roi un écrit contenant ces révélations, avec
prière de le lui rendre après en avoir pris connaissance, car

une indiscrétion pouvait mettre sa vie en danger. La minute
de cet écrit était de la main du chanoine Escoïquiz. Indépendamment de cette démarche, les auteurs du plan avaient
encore imaginé, pour le cas où le roi viendrait à mourir
subitement, de donner au duc de l'Infantado des pouvoirs
signés à l'avance par Ferdinand.

Mais, pendant ces menées du prince et de ses amis, des
espions apostés autour d'eux avaient observé. Une dame de la
cour révéla tout à la reine. Celle-ci chercha à persuader au
roi qu'il n'y avait pas moins qu'une vaste conspiration contre
son trône et sa vie.

Le faible Charles IV consentit à tout ce qu'on lui demandait, et le soir même du 27 octobre, jour de la signature du
traité de Fontainebleau, permit qu'on violât la demeure de
son fils et qu'on saisît ses papiers.

On devine les emportements de la reine en lisant l'écrit où
étaient dénoncées toutes les turpitudes du favori et où les
siennes étaient au moins indiquées.

Il y avait malheureusement d'autres papiers, tels qu'un
chiffre destiné à une correspondance mystérieuse. C'était le
chiffre qui, du vivant de la princesse des Asturies, avait servi
à sa correspondance avec la reine de Naples, sa mère. Il
y avait également l'ordre qui nommait le duc de l'Infantado
commandant de la Nouvelle Castille, et sur lequel la date
avait été laissée en blanc afin de la mettre au moment de la
mort du roi. Ces pièces suffirent à la reine pour construire
toutes les suppositions imaginables, pour tromper l'infortuné
Charles IV.

Il fut résolu qu'on arrêterait à l'instant le prince et ses
complices, qu'on appellerait ensuite les ministres, les principaux personnages de l'Etat; qu'on leur dénoncerait la
découverte qu'on venait de faire, et la résolution royale d'in-
tenter contre les coupables un procès criminel.

« C'était là une résolution abominable et insensée, car après un tel éclat,
il fallait poursuivre le prince à outrance, le convaincre de crime, fut-il inno-

cent, le priver de ses droits au trône, et donner ainsi à ce trône suspendu au bord d'un abîme un ébranlement qui pouvait l'y précipiter, qui l'y a précipité en effet. Mais poursuivre le prince, le faire condamner par des juges vendus, le priver de la couronne, était justement ce que voulait cette reine furieuse, quelque péril qu'il y eût à braver. » (Thiers)

Godoï fut renvoyé à Madrid pour faire croire qu'il n'en était pas sorti, et qu'il était étranger aux scènes tragiques de l'Escurial. Le roi se rendit près de Ferdinand, lui demanda son épée et le constitua prisonnier dans son propre appartement. Des courriers furent ensuite envoyés dans toutes les directions pour ordonner l'arrestation des prétendus complices du prince. Les ministres, les membres des conseils furent convoqués, et, la consternation sur le front, reçurent communication de tout ce qui avait été décidé.

Par une coïncidence bizarre, c'est ce même jour 28 octobre que parvint à Napoléon la lettre du prince, demandant sa protection et la main d'une princesse de sa famille.

L'Empereur signa le 29 la ratification du traité secret avec l'Espagne. Il ignorait encore les scènes tragiques et les nouveaux scandales de l'Escurial, mais il ne pouvait avoir grande estime pour cet allié qui lui promettait de l'aider à dépouiller un voisin inoffensif, d'autant que les deux Maisons d'Espagne et de Portugal pouvaient être considérées comme ne formant qu'une seule famille, tant elles s'étaient mêlées ensemble par des mariages.

La mère de la reine de Portugal était sœur du roi d'Espagne Charles III. La femme du prince régent était fille de Charles IV. La seule infante de Portugal, qui depuis cent quarante ans, eût fait un mariage au dehors, avait épousé un prince espagnol, frère de Charles IV. De cette union était venu l'infant Don Pedro Carlos de Borbone et Bragança, qui était élevé à la cour de Lisbonne, et qu'on destinait à épouser la fille aînée du Prince Régent. Le favori tout puissant, grand de Portugal sous le titre de comte d'Evora-Monte recevait une pension que la reine lui avait accordée.

Traité secret entre Sa Majesté l'Empereur des Français et Sa Majesté Catholique le Roi d'Espagne

Napoléon, par la grâce de Dieu, etc., etc., etc., ayant lu et examiné le traité conclu et signé à Fontainebleau le 27 octobre, par le général de division Michel Duroc, grand-maréchal de notre palais, etc., etc., en vertu des pleins pouvoirs que nous lui avons donnés à cet effet, avec don Eugène Izquierdo de Ribera y Lezaun, Conseiller d'État honoraire de Sa Majesté le Roi d'Espagne, muni également de pleins pouvoirs de son souverain, lequel traité est conçu ainsi qu'il suit :

Sa Majesté l'Empereur des Français, roi d'Italie, etc., etc., et Sa Majesté catholique le roi d'Espagne, désirant, de leur plein mouvement, régler les intérêts des deux États et déterminer la condition future du Portugal, d'une manière Conforme à la politique des deux nations, ont nommé, pour leurs ministres plénipotentiaires, savoir : Sa Majesté l'Empereur des Français, le général de division Michel Duroc, grand-maréchal du palais, etc., et Sa Majesté catholique le roi d'Espagne, don Eugène Yzquierdo de Ribera y Lezaun, son conseiller d'État honoraire, etc. ; lesquels, après avoir échangé leurs pleins pouvoirs, sont convenus de ce qui suit :

Article I. — Les provinces entre Minho et Duero, avec la ville d'Oporto seront données, en toute propriété et souveraineté, à Sa Majesté le roi d'Etrurie sous le titre de roi de Lusitanie septentrionale.

Art. II. — Le royaume d'Alemtejo et le royaume des Algarves seront donnés en toute propriété et souveraineté au prince de la Paix, pour en jouir sous le titre de prince des Algarves.

Art. III. — Les provinces de Beira, Tras-los-Montes, et l'Estramadure portugaise, resteront en dépôt jusqu'à la paix générale, où il en sera disposé conformément aux circonstances, et de la manière qui sera alors déterminée par les hautes parties contractantes.

Art. IV. — Le royaume de Lusitanie septentrionale sera possédé par les descendants héréditaires de Sa Majesté le roi d'Etrurie, conformément aux lois de successions adoptées par la famille régnante de Sa Majesté le roi d'Espagne.

Art. V. — La principauté des Algarves sera héréditaire dans la descendance du prince de la Paix, conformément aux lois de succession adoptées par la famille régnante de Sa Majesté le roi d'Espagne.

Art. VI. — A défaut de descendant ou héritier légitime du roi de la Lusitanie septentrionale, ou du prince des Algarves, ces pays seront donnés, par forme d'investiture, à Sa Majesté le roi d'Espagne, à la condition qu'ils ne seront jamais réunis sur une tête, ni réunis à la couronne d'Espagne.

Art. VII. — Le royaume de Lusitanie septentrionale et la principauté des Algarves reconnaissent aussi comme protecteur Sa Majesté catholique le roi d'Espagne, et les souverains de ces pays ne pourront, dans aucun cas, faire la guerre ou la paix sans son consentement.

Art. VIII. — Dans le cas où les provinces de Beira, Tras-los-Montes et l'Estramadure portugaise, tenues sous le sequestre, seraient à la paix générale rendues à la maison de Bragance en échange pour Gibraltar, la Trinité et d'autres colonies que les Anglais ont conquises sur les Espagnols et leurs alliés, le nouveau souverain de ces provinces serait tenu envers Sa Majesté le roi d'Espagne, aux mêmes obligations qui liaient vis-à-vis d'elle le roi de la Lusitanie septentrionale et le prince des Algarves.

Art. IX. — Sa Majesté le roi d'Etrurie cède en toute propriété et souveraineté le royaume d'Etrurie à Sa Majesté l'Empereur des Français, roi d'Italie.

Art. X. — Lorsque l'occupation définitive des provinces de Portugal aura été effectuée, les princes respectifs qui en seront mis en possession, nommeront conjointement des commissaires pour fixer les limites convenables.

Art. XI. — Sa Majesté l'Empereur des Français, roi d'Italie, consent à reconnaître Sa Majesté catholique le roi d'Espagne comme Empereur des Deux Amériques, à l'époque qui aura été déterminée par Sa Majesté catholique pour prendre ce titre, laquelle aura lieu à la paix générale ou au plus tard dans trois ans.

Art. XII. — Il est entendu entre les deux hautes parties contractantes, qu'elles se partageront également les îles, colonies et autres possessions maritimes du Portugal.

Art. XIII. — Le présent traité sera tenu secret. Il sera ratifié, et les ratifications seront échangées à Madrid vingt jours au plus tard après la date de la signature.

Fait à Fontainebleau.

Duroc, E. Yzquierdo.

Plus bas est écrit :

» Nous avons approuvé et approuvons par ces présentes le traité qui précède, et tous et chacun des articles qui y sont contenus. Nous déclarons qu'il est accepté, ratifié et confirmé, et promettons qu'il sera invariablement observé.

En foi de quoi, nous avons signé de notre propre main les présentes, après y avoir fait apposer notre sceau impérial.

A Fontainebleau, le 29 octobre 1807.

Napoléon.

Le ministre des relations extérieures.

Champagny.

Le ministre secrétaire d'Etat.

H. B. Maret.

CONVENTION SECRÈTE CONCLUE A FONTAINEBLEAU ENTRE S. M.
L'EMPEREUR DES FRANÇAIS ET S. M. C. LE ROI D'ESPAGNE, PAR
LAQUELLE LES DEUX HAUTES PARTIES CONTRACTANTES RÈGLENT
CE QUI A RAPPORT A L'OCCUPATION DU PORTUGAL.

Napoléon, par la grâce de Dieu, etc., etc., etc., ayant vu et examiné la
convention conclue, arrêtée et signée à Fontainebleau le 27 octobre 1807,
par le général de division Michel Duroc, etc.,

Sa Majesté l'Empereur des Français, roi d'Italie, etc., etc., etc., et Sa
Majesté catholique le roi d'Espagne, désirant régler les bases d'un arrangement relatif à l'occupation et à la conquête du Portugal, en conséquence
des stipulations du traité signé aujourd'hui, ont nommé, etc., etc., lesquels,
après avoir échangé leurs pleins pouvoirs, sont convenus des articles
suivants :

ART. I. — Un corps de vingt-cinq mille hommes d'infanterie et trois mille
de cavalerie des troupes de Sa Majesté Impériale entrera en Espagne pour se
rendre directement à Lisbonne; il y sera joint par un corps de huit mille
hommes d'infanterie espagnole et trois mille de cavalerie, avec trente pièces
d'artillerie.

ART. II. — En même temps une division de dix mille hommes de troupes
espagnoles prendra possession de la province d'Entre Minho et Douro et de
la ville d'Oporto, et une autre division de six mille hommes de troupes espagnoles prendra possession de l'Alemtejo et du royaume des Algarves.

ART. III. — Les troupes françaises seront nourries et entretenues par
l'Espagne, et leur solde sera fournie par la France pendant le temps de leur
marche à travers l'Espagne.

ART. IV. — Dès l'instant où les troupes combinées auront effectué leur
entrée en Portugal, le gouvernement et l'administration des provinces de
Beira, Tras-los-Montes et de l'Estramadure portugaise (qui doivent rester
en état de séquestre) seront mis à la disposition du général commandant
les troupes françaises, et les contributions qui en proviendront seront levées
au profit de la France. Les provinces qui doivent former le royaume de la
Lusitanie septentrionale et la principauté des Algarves seront administrées
et gouvernées par les divisions espagnoles qui en prendront possession, et
les contributions y seront levées au profit de l'Espagne.

ART. V. — Le corps central sera sous les ordres du commandant des
troupes françaises, auquel pareillement les troupes espagnoles attachées à
cette armée seront tenues d'obéir. Néanmoins, dans le cas où le roi d'Espagne ou bien le prince de la Paix jugeraient convenable de joindre ce corps,
les troupes françaises, ainsi que le général qui les commandera, seront soumis à leurs ordres.

ART. VI. — Un autre corps de quarante mille hommes de troupes françaises, sera réuni à Bayonne le 20 novembre prochain au plus tard, pour être prêt à entrer en Espagne, à l'effet de se rendre en Portugal, dans le cas où les Anglais y enverraient des renforts ou le menaceraient d'une attaque. Néanmoins, ce nouveau corps n'entrera en Espagne que lorsque les deux hautes parties contractantes auront fait mutuellement l'accord sur ce point.

ART. VII. — La présente convention sera ratifiée, et les ratifications seront échangées en même temps que celles du traité de ce jour.

Fait à Fontainebleau le 27 octobre 1807.

DUROC, YZQUIERDO.

Nous avons approuvé et approuvons par ces présentes, etc., etc., comme ci-dessus.

NAPOLÉON.

CHAMPAGNY, H. B. MARET.

***

Le 28 octobre, la tête du corps de Junot arrivait à Monasterio. Qu'on traverse la Biscaye, l'Alava ou la Castille, on rencontrait toujours la même hospitalité rudimentaire :

« En France, un propriétaire de maison vous loue un appartement, une chambre ; vous apportez votre lit, vous dînez avec ce que vous allez acheter, cela ne le regarde pas. Il en est de même dans les auberges d'Espagne ; on vous loue la place que vous occuperez pendant l'espace de temps que durera votre séjour ; c'est à vous ensuite de courir la ville pour chercher des vivres si vous avez faim, et à vous procurer une botte de paille si votre intention n'est pas de coucher sur le carreau. Le lendemain, on vous fera payer le loyer de la chambre, plus le bruit que vous avez fait la veille, *el ruido.* Cette coutume est bien dans les mœurs d'un peuple qui ne parle pas, pour qui le moindre bruit est une gêne.

» Quand nous logions dans les auberges, comme c'était militairement, on ne nous faisait pas payer le bruit, la carte eut été trop longue pour l'exiguité de nos bourses, car nous nous vengions quelquefois, en chantant tout haut, des privations que nous imposait la frugalité castillane. Cette vengeance arrivait à son adresse, elle frappait toujours juste ».

Le 29, Junot entrait à Burgos où il allait se reposer le 30, mais pour repartir de plus belle, car l'ordre de Napoléon était d'atteindre Salamanque le plus promptement possible.

« Tout était nouveau pour moi dans ce singulier pays, écrit le lieutenant Blaze, et je passais mes journées à courir les rues, les cafés, les boutiques, pour faire mes observations. La langue espagnole est très facile pour un Provençal qui sait le latin, et bientôt je pus faire ma partie avec le premier venu. Mais les Espagnols ne sont pas causeurs ; au lieu de la gaîté, de l'air ouvert, franc et loyal qui caractérise notre nation, je ne rencontrais que des

fronts soucieux, sombres, des figures sournoises dont nos tyrans de mélo-
drames sont d'admirables copies. Voyez ces groupes au coin des rues, sur
les places publiques. Fumer un cigare et ne rien faire semblent être pour
les gens qui les composent le suprême bonheur. En France, lorsque dix
personnes sont réunies, on ne s'entend pas; chacun veut parler, chacun
cherche à briller dans la conversation; en Espagne, tout est silence. Enveloppés dans leur sale manteau couvrant des habits plus sales encore, ne
laissant voir que la moitié de leur visage et les deux doigts qui tiennent le
cigare, les Espagnols restent des heures entières plantés les uns vis-à-vis
des autres sans rien dire et s'envoyant mutuellement des nuages de fumée. De
temps en temps quelqu'un s'avise de parler, ce qu'il fait le plus brièvement
possible, alors les plus loquaces des auditeurs répondent *puès*. Ce « puès » es
une préposition, une conjonction, une interjection qui répond à tout. Suivant la manière dont on le prononce, suivant le signe de tête affirmatif du-
bitatif ou négatif qui l'accompagne, il signifie oui, non, selon, mais, cependant, vous avez raison, je ne vous crois pas, etc.

» On trouve encore dans la langue espagnole un mot fréquemmen
employé : c'est *carajo*. Si l'on supprimait ces deux mots des conversations
espagnoles, il ne resterait que la fumée des cigares. Au lieu de dire carajo,
les femmes pudiques se servent d'un diminutif; *caraï* est à carajo comme je
m'en fiche est à une certaine expression que l'Académie n'a pas encore
consacrée ».

Le 31 octobre **on** atteint Celada.

Est-ce parce que le nom de cette ville rappelait celui de
Céladon de l'Astrée et sa carte du Tendre, notre chroniqueur
se montre plus galant pour les dames.

« Si les Espagnols sont taciturnes et peu causeurs, les femmes sont vives,
pétillantes, aimant à babiller, et s'en acquittent fort bien. En général, elles
ont très peu d'instruction, mais l'esprit naturel et la grâce qu'elles ont à
dire des riens empêchent qu'on s'en aperçoive tout de suite. Elles possèdent à fond le vocabulaire galant; toutes les phrases d'amour, de sentiment leur sont familières; elles en ont un répertoire immense. Dans l'occasion tout cela coule comme d'une source : on dirait qu'elles les ont apprises
par cœur. Aussitôt que je m'aperçus de leurs goûts, je composai quelques
tirades bien ronflantes, je me mis à les débiter par écrit et de vive voix,
et tout se passa fort bien. »

Le corps espagnol destiné à agir sous les ordres du général Junot devait se rassembler à Alcantara sur le Tage. Il
était fort de huit bataillons, quatre escadrons, une compagnie
d'artillerie à cheval et deux de sapeurs-mineurs. Les belles
divisions de grenadiers provinciaux de la vieille et de la
nouvelle Castille faisaient partie de l'infanterie. Le lieutenant

général don Juan Caraffa, capitaine-général de l'Estramadure, le commandait.

Les troupes qui devaient occuper le royaume projeté de la Lusitanie septentrionale, venaient de la Galice, des Asturies et du royaume de Léon, se réunir à Tuy sur les bords du Minho. Elles composaient un corps de quatorze bataillons, six escadrons et une compagnie d'artillerie à pied, sous les ordres du lieutenant-général don Francisco Taranco, capitaine-général de la Galice.

Le lieutenant-général don Francisco Solano marquis del Socorro, capitaine-général de l'Andalousie, réunissait à Badajoz huit bataillons, cinq escadrons et une compagnie d'artillerie à cheval, pour prendre possession des provinces échues en partage au prince de la Paix par le traité de Fontainebleau.

Les officiers et les soldats espagnols allaient à regret à une conquête sans gloire. Une inquiétude vague sur les projets de l'Empereur commençait à poindre dans les classes éclairées.

*
* *

Tandis qu'à Paris, M. Yzquierdo s'empressait de faire signer à l'Empereur la ratification du traité secret de la France avec l'Espagne, à Madrid, on dictait au malheureux Charles VI une lettre dépourvue de toute dignité où il se disait trahi par son fils.

Lettre du roi Charles IV à l'Empereur Napoléon.

« Monsieur mon frère, dans un moment où je ne m'occupais que des moyens de coopérer à la destruction de notre ennemi commun, quand je croyais que tous les complots de la ci-devant reine de Naples avaient été ensevelis avec sa fille, je vois avec une horreur qui me fait frémir que l'esprit d'intrigue a pénétré jusque dans le sein de mon palais. Hélas! mon cœur saigne en faisant le récit d'un attentat si affreux ! Mon fils aîné, l'héritier présomptif de mon trône, avait formé le complot horrible de me détrôner; il s'était porté jusqu'à l'excès d'attenter à [la vie de sa mère. Un attentat si affreux doit être puni avec la rigueur la plus exemplaire des lois. La loi qui l'appelait à la succession doit être révoquée, un de ses frères sera plus digne de le remplacer et dans mon cœur et sur le trône. Je suis en ce moment à la recherche de ses complices pour approfondir ce plan de la plus noire scélératesse, et je ne veux pas perdre un seul moment pour en instruire Votre Majesté Impériale et Royale en la priant de m'aider de ses lumières et de ses conseils.

» Sur quoi, je prie Dieu, mon bon frère, qu'il veuille avoir Sa Majesté Impériale et Royale en sa sainte et digne garde.

CHARLES.

» A Saint-Laurent, le 29 octobre 1807 ».

Le transport de cette missive à franc étrier demandait au moins sept jours de Madrid à Paris. Il y allait donc avoir un intervalle de huit jours entre les doléances du fils et celles du père, aussi embarrassantes pour Napoléon.

Les choses d'ailleurs n'en restaient pas là en Espagne.

Il n'était plus possible après un semblable scandale de cacher à la nation espagnole les tristes événements dont l'Escurial venait d'être le théâtre. Le bruit s'en était déjà répandu. La reine et le favori ayant exigé un acte de publicité, le décret royal qui suit fut communiqué à toutes les autorités du royaume.

Décret royal :

« Dieu qui veille sur ses créatures ne permet pas la consommation des faits atroces quand les victimes sont innocentes ; aussi sa toute puissance m'a-t-elle préservé de la plus affreuse catastrophe. Tous nos sujets connaissent parfaitement mes sentiments religieux et la régularité de mes mœurs, tous me chérissent, et je reçois de tous les preuves de vénération dues à un père qui aime ses enfants. Je vivais persuadé de cette vérité, quand une main inconnue est venue m'apprendre et me dévoiler le plan le plus monstrueux et le plus inouï qui se tramait contre ma personne dans mon propre palais. Ma vie, tant de fois menacée, était devenue à charge à mon successeur, qui, préoccupé, aveuglé, et abjurant tout principe de foi chrétienne que lui enseignèrent mes soins et mon amour paternels, était entré dans un complot pour me détrôner. J'ai voulu alors rechercher par moi-même la vérité du fait, et, surprenant mon fils dans son propre appartement, j'ai trouvé en sa possession le chiffre qui servait à ses intelligences avec les scélérats et les instructions qu'il en recevait. Je convoquai, pour examiner ces papiers, le gouverneur par intérim du conseil, pour que, de concert avec d'autres ministres, ils se livrassent activement à toutes les recherches nécessaires. Tout a été fait, et il en est résulté la découverte de plusieurs coupables : j'ai décrété leur arrestation ainsi que la mise aux arrêts de mon fils dans sa demeure. Cette peine manquait à toutes celles qui m'affligent ; mais, comme elle est la plus douloureuse, c'est aussi celle qu'il importe le plus de faire expier à son auteur, et, en attendant que j'ordonne de publier le résultat des poursuites commencées, je ne veux pas négliger de manifester à mes sujets mon affliction, que les preuves de leur loyauté parviendront à diminuer. Vous tiendrez cela pour entendu, afin que la connaissance s'en répande dans la forme convenable.

> « Saint-Laurent (de l'Escurial), le 30 octobre 1807.
>
> « Au Gouverneur par intérim du Conseil ».

Publier officiellement la prétendue découverte d'un complot, c'était dénoncer le prince héritier à la nation et rendre irréparables les malheurs du trône.

NOVEMBRE.—Marches forcées de l'armée de Portugal.— Torquemada.
—L'effervescence des esprits. — Duenas. — Dévotion espagnole. — Les mendiants.—Nos soldats sauvent la ville de Duenas d'un incendie. — Valladolid.—
Fierté espagnole. — Guet-apens. — Organisation définitive du 2⁰ corps de
la Gironde. — Les Suisses au service de la France. — Création du corps
d'armée de l'Océan sous les ordres du Maréchal Moncey. — Les formations
provisoires. — Malentendu fatal sur les situations. — Lettre de Marat à
Godoï. — Lettre de Godoï à Izquierdo. — Charles IV se plaint de M. de
Beauharnais. — Napoléon calme Izquierdo. — Talleyrand pousse à déclarer
la guerre à l'Espagne. — Le prince des Asturies dénonce ses conseillers. —
Leur procès. — Réprobation de l'Espagne. — Godoï joue le rôle de médiateur. — Ferdinand écrit deux lettres de supplications. — Le roi prononce
son pardon. — Scandale. — Ces événements précisent les projets de Napoléon sur l'Espagne. — L'armée de Junot reçoit l'ordre de marcher sur
Lisbonne. — Tordesillas. — Nava del Rey. — Torrecilla. — Batillafente. —
Toro. — Salamanque. — Une intrigue de Junot. — L'artillerie n'est plus
attelée qu'avec des bœufs. — Mauvaises dispositions du peuple espagnol. —
Attitude de l'Angleterre et du Portugal. — Un ambassadeur portugais part
pour Paris. — Le ministre plénipotentiaire anglais en Portugal demande
ses passeports. — Ordonnances anglaises pour le commerce maritime. —
Une escadre russe à l'embouchure du Tage. — Modifications à la formation
du corps de Dupont. — Constitution de l'état-major du corps du maréchal
Moncey. — Fixation de la ration de vivres. — Mesures minutieuses de
Napoléon pour maintenir l'effectif en combattants. — Nouvelle répartition
des troupes d'occupation. — Ordre au Général Junot. — La frontière du
Portugal. — Les colonnes françaises se resserrent à marches forcées. —
Itinéraire de Salamanque à Alcantara. — Cinquante lieues dans un pays
presque désert. — Mauvais temps, mauvais chemins. — La Calçada. — San
Munos. — Des glands et de la viande de chèvre. — Ciudad-Rodrigo. — Organisation de dépôts. — L'Empereur presse le départ d'un premier renfort. —
Colonnes en détresse. — Pena-Parda. — Moraleja. — Alcantara. — Jonction
avec la division espagnole du général Caraffa. — Le bonnet de coton du
général. — Résolution de Junot. — Ordre à l'armée. — Proclamation aux
Portugais. — Nouvelle inquiétude à Madrid. — Lettres de Godoï à Murat et
à Izquierdo. — Embarras de Napoléon relativement à la conduite à tenir vis-
à-vis de la cour d'Espagne. — L'opinion publique souhaite son intervention
— Il se montre moins impatient d'entrer en cause. — Ralentissement de la

marche des renforts vers l'Espagne. — Ordre au corps de Moncey et à la réserve de cavalerie de se rassembler entre Bordeaux et Bayonne. — Allègement à l'entretien des troupes. — Mouvement rétrograde des corps d'occupation laissés en Allemagne. — Rappel en France de quelques vieux régiments. — 800.000 Français et 150.000 alliés sous les armes. — Licenciement des gendarmes d'ordonnance. — Ordre pour la réception de la Garde qui rentre à Paris. — Napoléon part pour l'Italie. — Après un seul jour de repos à Alcantara, le corps d'armée de Junot entre en Portugal. — Organisation politique, civique et militaire des Portugais. — Principe de la nation armée et du service obligatoire jusqu'à soixante ans. — L'armée active. — La route tracée par l'Empereur. — Erreur de Napoléon de tout diriger de Paris. — Ironie de l'ordre donné par le ministre pour réduire la ration de pain. — L'autoritarisme de l'Empereur. — La soumission de Junot. — Partage du corps en deux groupes. — Organisation d'un dépôt général à Alcantara. — Le gouvernement portugais prend la détermination tardive de réunir une armée et de soulever les habitants contre les Français. — Un détachement français franchit la frontière du Portugal le 18. — L'avant-garde se met en mouvement le 19. — Deux divisions suivent en deux colonnes. — La troisième et la cavalerie restent en arrière. — Les Espagnols flanquent la marche. — Junot n'a plus que 15.000 hommes. — L'artillerie ne peut pas suivre. — Pas de viande et seulement deux onces de pain. — Manque de vêtements et de chaussures. — Marche lamentable. — Les soldats deviennent indisciplinés et pillards. — Réduits à vivre de châtaignes et de glands. — On laisse de nombreux traînards. — On perd beaucoup d'hommes au passage des torrents. — Les généraux sont aussi abattus que les soldats. — Héroïsme du général Delaborde. — Junot n'a plus que 4 à 5.000 hommes avec lui sur 23.000 en arrivant à Abrantès. — La troisième division, la cavalerie, l'artillerie, dans le plus triste état, sont très en retard. — Organisation des renforts à Bayonne et Avignon. — Perplexité en Espagne. — Deux lettres de Madrid. — Napoléon à Milan. — La Garde impériale rentre à Paris. — L'arc de triomphe. — Discours du préfet de la Seine. — Réponse du maréchal Bessières. — Couronnement des étendards. — Le chant du retour. — Le défilé. — Banquet aux Champs-Elysées. — Représentations gratuites au théâtre. — Fête donnée à la Garde impériale par le Sénat. — Discours de Lacépède. — Junot à Abrantès. — Il annonce son arrivée à Lisbonne. — Contruction d'un pont de bateaux à Punhette. — Réapprovisionnement des troupes. — Blocus des côtes de Portugal par la flotte anglaise. — L'affolement à Lisbonne. — Les nouvelles de Paris apportées par les Anglais. — La famille royale apeurée se décide à fuir. — 15.000 émigrants. — Confusion des préparatifs de départ. — Institution d'un conseil de régence. — Décret et instructions du prince régent. — L'avant-garde française à Punhette. — Difficulté du passage en bateaux. — Retard. — La nouvelle de l'arrivée des Français à Abrantès a décidé la famille royale et une partie de l'aristocratie à s'embarquer. — Panique. — Attente d'un vent favorable. — Junot marche sur Santarem et Cartao à travers de grandes inondations et sous une pluie continuelle. — La flotte portugaise prend la mer. — Désordres à Lisbonne. — Députations portugaises. — Proclamation de Junot. — L'avant-garde arrive à Saccavem. — Les autres divisions sont très en arrière. — Junot entre à Lisbonne avec 1.400 hommes seulement, épuisés de fatigue, sans cavalerie, sans artillerie. — Dispositions prises.

*
* *

Le 1er novembre, l'armée de Junot est à Villadrigo.

Le 2 novembre on arrive à la petite ville de Torquemada située au milieu d'une belle plaine, à 22 kilomètres de Palencia. Les cultures plus développées, la plaine reposante après les chemins de montagne auraient certainement détendu les esprits déjà assombris par les fatigues, si ce nom de Torquemada n'eût éveillé le souvenir du grand inquisiteur d'Espagne dont la mémoire est restée dans tout le pays chargée de haine et de malédictions. C'est avec horreur que les soldats français apprirent de la bouche même des Espagnols les cruautés sanguinaires commises par le fanatisme religieux dont ils se sentaient déjà menacés.

« Juste pressentiment, dit l'un d'eux, des tortures auxquelles tant de nos compagnons d'armes allaient dans la suite être condamnés par des prêtres, le crucifix en main ». Folie religieuse, folie de cruauté qui entache le souvenir de la belle lutte patriotique du peuple espagnol pour son indépendance, source de représailles, qui fit de la guerre d'Espagne l'une des plus acharnées et des plus inhumaines de l'histoire.

Tous les pays qui ont vu éclater des querelles religieuses dans leur sein ont à déplorer le souvenir de barbares exécutions. Mais l'inquisition eut en Espagne un caractère plus violent que partout ailleurs. Et son principal héros, Torquemada, fit à lui seul un nombre incalculable de victimes : 800.000 juifs chassés sous peine de mort, d'innombrables victimes brûlées sur le bûcher, 90.000 condamnés à l'infamie, à la confiscation, à la prison perpétuelle.

On comprend que ce fanatisme religieux, ait été rappelé à

propos de l'exaltation des esprits contre les troupes françaises, et qu'il ait inspiré à ceux des soldats de Junot qui nous ont retracé leurs impressions, un frémissement rétrospectif.

Certainement, à ce moment, les têtes ne s'étaient pas encore montées contre les Français au point qu'elles atteignirent plus tard. L'opinion publique, en général, ne savait encore si elle devait considérer Napoléon comme un protecteur ou comme un tyran. Mais elle n'en était pas moins empreinte déjà d'une certaine défiance, et la superstition, où verse si facilement la dévotion espagnole, s'annonçait aux yeux des plus clairvoyants de nos officiers comme une porte ouverte aux aberrations religieuses.

« Les Espagnols et surtout les Espagnoles, craignent beaucoup les esprits, écrit un de nos soldats d'Espagne ; chacun a vu dans sa vie au moins une demi-douzaine de revenants; aussi ont-ils grand soin, avant de se coucher, de faire une grande quantité de signes de croix pour les empêcher de venir troubler leur sommeil, ce qui, comme chacun sait, fut de tout temps une recette infaillible.

» En général, dans ce pays, toutes les habitudes sont empreintes d'un certain vernis de dévotion, de mysticité qu'on ne rencontre nulle part, pas même en Italie. Si l'on entre dans une tertulia, dans un salon, partout enfin où plusieurs personnes se trouvent réunies, on salue en disant : *Ave Maria purissima.* Aussitôt la compagnie répond en chœur : *Sin pecado concebida santissima.* Chez les femmes, toute exclamation de plaisir est précédée d'*Ave Maria* ».

Les soldats français qui avaient pour la plupart peu de foi religieuse dans leur bagage et qui en avaient perdu presque entièrement la pratique dans leurs pérégrinations à travers l'Europe, se laissaient aller à plaisanter de la dévotion exagérée des Espagnols :

« Lorsqu'un Espagnol meurt, il a soin de laisser de quoi dire un grand nombre de messes pour le repos de son âme. S'il a des créanciers, tant pis pour eux, ils ne peuvent être payés qu'après. En Espagne, on appelle cela : *dexar su alma heredera,* laisser son âme héritière. Philippe IV ordonna, par son testament, qu'on dît cent mille messes pour le repos de son âme ; que s'il n'avait pas besoin d'un si grand nombre, on célébrât le surplus à l'intention de son père et de sa mère, et que s'ils n'en avaient pas besoin non plus, on les appliquât au profit des âmes de ceux qui sont morts dans les guerres d'Espagne. Il serait curieux de savoir comment ce roi voulait que l'on pût juger ici-bas du nombre de messes qu'il fallait dire, et du point où l'on devait s'arrêter. »

Le 3 novembre, Junot est à Dueñas.

Ce qui frappe surtout nos militaires observateurs, c'est la quantité de mendiants qu'on trouve en Espagne, exploitant la religion et vivant d'elle. Aussi c'est un autre sujet de gouaillerie.

« Mendier, c'est un état. Chaque porte d'église, chaque coin de rue, décoré d'une image de la Vierge ou d'un saint, a son mendiant attitré. C'est un fonds que l'on exploite et que l'on vend. Un homme ruiné, qui ne sait plus que faire, achète un Saint de rencontre ; il le baptise du nom de Saint-Jacques ou de Saint-Pancrace, le place près d'une borne et devient *santero*. Les paysans lui donnent l'aumône ; il prie pour les morts, moyennant salaire ; il débite devant vous les sept psaumes de la Pénitence, qu'il applique à la personne que vous lui désignez : cela coûte deux sous aux amateurs. Mais si vous voulez acheter les psaumes dits d'avance chez lui dans les moments perdus, ceux-là coûtent moins cher ; il vous en vendra tant que vous voudrez à cinquante pour cent au-dessous du cours. Dans un marché pareil, comme le vendeur ne livre rien, on peut craindre qu'il ne vende à d'autres ce que vous venez d'acheter ; alors c'est à ne plus s'y reconnaître. »

Le feu prit à un des couvents de Dueñas, au moment où la neuvième colonne de l'armée, commandée par le major Dulong y arriva. L'incendie était considérable et menaçait la ville. Au milieu de ce désastre, par l'effet d'une confiance très caractéristique, tous les habitants à genoux, au milieu des rues, laissaient gagner les flammes, et priaient Dieu d'arrêter l'incendie. Quant à nos troupes, cédant à un généreux élan, elles se dévouèrent, parvinrent, au bout de sept heures d'un travail opiniâtre, à éteindre le feu, et sauvèrent la ville.

« Au nom de toute la population, M. Dulong fut remercié, par une délégation composée des autorités, des moines, et des notables : ils voulurent même payer un si éminent service par un cadeau en argent : les troupes et leur chef le refusèrent, ce qui n'empêcha pas un soldat de la colonne, resté en arrière, d'être assassiné le lendemain à deux pas de la ville. » (Général Thiébault)

Le 4 novembre, l'armée de Portugal arrivait à Valladolid où elle devait faire séjour. Là encore, les Français ne trouvèrent qu'un accueil un peu hautain qui refroidissait singulièrement leur franchise un peu familière.

» Les Espagnols sont non seulement fiers d'eux-mêmes, mais encore de leur soleil, de leurs villes, de leurs villages. Lisez une proclamation, on y parle toujours de l'héroïque ville de Madrid, de l'invincible Valence, de la glorieuse Séville.

» Un roi d'Espagne ne croit pas que sur la terre il puisse exister un homme qui le vaille. Sa veuve est tenue de rester toujours veuve. Aucun roi n'est jugé digne de lui succéder auprès d'elle. Cela s'étend même jusqu'aux chevaux. Un cheval monté par le roi d'Espagne ne peut plus être monté par personne. La reine est tellement sacrée, qu'aucun homme ne doit la toucher quand même il s'agirait de lui sauver la vie.

» Mais, parmi les Espagnols, les Castillans se distinguent encore par leur fierté ; si l'Espagnol méprise tous les peuples, le Castillan méprise tous les autres Espagnols.

» La Galice est la province d'Espagne qu'il est le moins honorable d'avoir pour lieu de naissance. Lorsque les Espagnols veulent se dire une grosse injure, ils se traitent de Galicien. Lorsqu'on cite un trait de bêtise, de grossièreté, c'est toujours un Galiégo qui s'en trouve le héros.

» Lorsqu'un domestique a mérité d'être puni, son maître lui donne une certaine quantité de coups de plat d'épée, châtiment essentiellement noble.

» *Caya te, hombre!* tais-toi, homme ! voilà comment un Espagnol impose silence à son enfant, garçon ou fille. Les autres peuples ont des enfants, les leurs sont des hommes ; voilà ce qu'ils pensent.

» Le proverbe « Fier comme un Espagnol » est vrai dans toutes les classes de la société. Nulle part peut-être le sentiment d'égalité n'est plus profond qu'en Espagne, nulle part le peuple est moins rampant. Le mendiant conserve une espèce de dignité ; s'il rencontre un grand seigneur, le traitant d'égal à égal, il lui demandera du feu pour allumer son cigare : *Tiene usted lumbre, marques?* Et le marquis trouvera cela tout simple. Ces deux hommes, qui se seront poussés des gorgées de fumée, n'en resteront pas moins chacun à leur poste. L'un sera toujours mendiant, l'autre toujours marquis. Car, en Espagne, ce n'est pas comme ailleurs, tout le monde est stationnaire. Mon père a fait ainsi, je dois faire comme lui.

» Mais le dernier mendiant se croit aussi noble que le roi. Vêtu de haillons, il se drape comme un sénateur romain ; on a besoin de ménagements pour lui refuser l'aumône, et c'est une cérémonie qu'il faut répéter souvent à cause de l'innombrable quantité de mendiants dont l'Espagne est couverte ; c'est le pays de Guzman d'Alfaraché ; ce héros de la gueuserie ne pouvait pas naître ailleurs. » (Lieutenant Blaze)

Nos soldats n'eurent pas seulement à subir l'insolence de la fierté espagnole, plusieurs perdirent la vie dans un guet-apens. Les attaques traîtresses se multipliaient.

A Valladolid, le lieutenant Boilleau, qui faisait partie de la compagnie d'artillerie attachée au parc, eut un de ses canonniers, portant le soir une lettre, attaqué par sept ou huit

Espagnols qui lui prirent son sabre et le frappèrent d'un coup de stylet dans le bras. En apprenant ce fait, Boilleau part avec cet homme et son planton, se rend au lieu de l'attaque, aperçoit la bande sous le portail d'une église, tombe dessus le sabre à la main, la disperse et arrête un des hommes qui composaient cette bande. Sans rentrer chez lui, il se rend chez le capitaine général de la province, et, quoique le trouvant en nombreuse compagnie, il l'informe du fait, puis lui dit que si le lendemain à son départ il n'a pas reçu le sabre enlevé, il emmènera l'homme arrêté, et si avant Rodrigo l'arme n'a pas été renvoyée, l'homme sera pendu. Le sabre fut rendu à Salamanque.

*
* *

Le 2ᵉ corps de la Gironde avait reçu son organisation définitive le 3 novembre par la lettre suivante de l'Empereur au ministre de la guerre.

« Fontainebleau 3 novembre 1807.

» Monsieur le général Clarke, le 2ᵉ corps de la Gironde sera partagé en 3 divisions.

» La 1ʳᵉ division sera commandée par le général Barbou et composée de 3 bataillons de la 1ʳᵉ légion de réserve de l'intérieur, des 3 bataillons de la 2ᵉ légion et du 2ᵉ régiment suisse; total 7 bataillons faisant 7.000 hommes.

» La 2ᵉ division sera commandée par le général Vedel que j'ai nommé général de division et sera composée de 2 bataillons de la 3ᵉ légion de réserve, de 3 bataillons de la 4ᵉ légion et du 3ᵉ régiment suisse; ce qui fera 7 bataillons ou près de 6.000 hommes.

» La 3ᵉ division sera commandée par le général Malher et sera composée de la 5ᵉ légion de réserve, du 2ᵉ bataillon de la garde de Paris et du 3ᵉ bataillon du 5ᵉ léger, ce qui fera 7 bataillons.

» Le corps sera commandé en chef par le général de division Dupont. Vous vous entendrez avec ce général pour le choix du chef de l'état-major. Vous nommerez un officier pour commander le génie. Le général Boussart commandera la cavalerie.

» Le général Dupont sera rendu à Bayonne pour le 15 novembre. Chaque division aura 12 pièces de canon. Vous vous entendrez avec le ministre Dejean pour nommer un ordonnateur et organiser les administrations, de manière qu'au 1ᵉʳ décembre, ce corps puisse commencer à agir, si cela était nécessaire. Le général Ruffin, que j'ai nommé général de division, remplacera le général Dupont dans le commandement de la 1re division du 1er corps de la Grande Armée.

» Vous donnerez ordre aux adjudants commandants Thomas, Rewest et Chameaux, et aux capitaines adjoints Bochud, Caignet, Ferret, Gaillard et Fouchard de se rendre à Bayonne pour être employés dans ce corps. Le général Pannetier sera employé dans le même corps, division du général Barbou.

» Les généraux de brigade Godinot et Liger-Belair seront employés dans le même corps, division du général Malher. Les généraux Cassagne, Laval et Laplane seront employés dans le même corps, division du général Vedel.

Napoléon ».

Cette répartition des légions de réserve et des autres bataillons dans les divisions du 2e corps de la Gironde allait subir des modifications par suite de la nécessité de former ces divisions au fur et à mesure de l'arrivée des troupes à Bayonne.

Il est bon de rappeler qu'il y avait également des régiments suisses au service de l'Espagne.

Les Suisses au service de la France avaient l'habit rouge garance, les régiments se distinguaient par la couleur des revers, du collet et des parements qui étaient : jaune, pour le 1er régiment; bleu de roi pour le 2e; noir avec liseré blanc pour le 3e; bleu céleste avec liseré noir pour le 4e. Pantalon blanc, guêtres noires ; épaulettes rouges pour les grenadiers ; épaulettes jaunes pour les voltigeurs; bonnet à poil pour les grenadiers; shako pour les fusiliers et les voltigeurs; armement et équipement de l'infanterie de ligne.

Les troupes espagnoles n'étaient pas entrées en Portugal avec le corps de Junot, et l'attitude de la cour d'Espagne faisait craindre pour les communications de l'armée de Portugal. L'Empereur ordonna, le 5 novembre, la création du corps d'armée de l'Océan, commandé par le maréchal Moncey et destiné à entrer en Espagne pour appuyer les corps de Junot et de Dupont. Pour former ce corps, il était créé 12 régiments provisoires d'infanterie, ayant chacun 4 bataillons. Un colonel en second ou un major en second commandait chacun de ses régiments.

Le développement donné aux formations provisoires et de marche menaçant de désorganiser le commandement de tous les dépôts, l'Empereur avait prescrit la nomination de colonels en second et de majors en second, en nombre variable suivant les besoins et à la disposition du ministre pour commander toutes les formations éventuelles.

Le détachement de chaque régiment s'administrait comme s'il était isolé, le régiment provisoire ne devait avoir ni conseil, ni administration particulière.

Tous ces troisièmes bataillons appartenaient aux régiments de la Grande Armée, beaucoup d'entre eux avaient leurs deux compagnies d'élite à la division Oudinot, il ne restait que trois compagnies de fusiliers pour former le dépôt des régiments.

Les divisions devaient être dirigées sur Bayonne dès que leur formation serait achevée; pour accélérer ce mouvement, trois routes avec relais de voitures furent établies de Nancy, de Metz et de Sedan à Bordeaux.

Pour encourager les troupes à supporter la fatigue, et aussi pour cacher son but, Napoléon enjoignit de dire aux soldats qu'ils allaient au secours de leurs frères du Portugal, menacés par la descente d'une armée anglaise.

Cette nouvelle armée, organisée en arrière de celle de Dupont, devait s'appeler corps d'observation des côtes de l'Océan; le commandement en fut confié au maréchal Moncey, qui avait déjà fait la guerre en Espagne, en 1795.

Par lettre du 5 novembre, l'Empereur indique au ministre de la guerre comment ce nouveau corps devra être formé.

« Il comprendra 3 divisions qui se réuniront, la première, à Metz, la 2e à Nancy et la 3e à Sedan. Chacune de ces divisions sera composée de 2 brigades, chaque brigade de 2 régiments provisoires, chaque régiment provisoire de 4 bataillons, et chaque bataillon de 4 compagnies tirées des troisièmes bataillons portés dans un tableau spécial, et complétées à 150 hommes chacune ; au total 600 hommes par bataillon, 2.400 par régiment, 4.800 par brigade, 9.600 par division et 28.800 pour le corps d'armée ».

Les 4 brigades provisoires de cavalerie de la réserve, réunies à Orléans, Tours, Chartres et Compiègne, avec leur artillerie, devaient être comprises dans ce corps.

L'artillerie devait comprendre 3 compagnies d'artillerie à cheval, 4 compagnies d'artillerie à pied, et 54 pièces de canon tirées des arsenaux de Lille, Metz et La Fère.

L'effectif total du corps d'armée devait s'élever à plus de 34.000 hommes, presque tous conscrits, dont l'instruction était à peine commencée.

Les trois divisions du corps d'observation des côtes de l'Océan furent commandées par les généraux Musnier, Gobert et Morlot.

La 1re division comprit les 1er, 2e, 3e et 4e régiments provisoires et le bataillon de Westphalie, soit 17 bataillons; généraux de brigade Brun et prince d'Isembourg.

La 2e division, Gobert, eut les 5e, 6e, 7e et 8e régiments provisoires et le bataillon irlandais; total, 17 bataillons; généraux de brigade Lefranc et Dufour.

La 3e division, Morlot, fut composée des 9e, 10e et 11e régiments provisoires et du bataillon de Prusse, total, 13 bataillons; généraux de brigade Bujet et Lefebvre.

La cavalerie fut commandée par le général Grouchy; le général Rigaud commanda la brigade de grosse cavalerie, le général Privé les dragons, le général Dupré les chasseurs et le général Wathier les hussards. Chaque régiment provisoire d'infanterie ou de cavalerie avait à sa tête un major de ligne ou un colonel en second.

*
* *

Le drame, ou plutôt la comédie, qui se jouait dans la famille royale d'Espagne n'était pas terminée, bien que le roi en eût brusqué le dénouement.

Il est vraiment curieux d'en suivre les péripéties et leur répercussion sur l'esprit de Napoléon.

Il est surtout curieux de rapprocher à la même date ce qui se passe à Madrid et ce que l'on croit en savoir à Paris.

La distance, le temps nécessaire à l'échange des communications, quinze jours au minimum, font que les situations réciproques ne sont jamais en concordance, et que de part et d'autre on ne sait jamais exactement où l'on en est et sur quoi il faut tabler.

C'est la caractéristique dominante de ces affaires d'Espagne, et dont il faut tenir compte.

Tant que Napoléon ne sera pas sur les lieux mêmes, il se trouvera en retard sur les événements et obligé de les suivre au lieu de les diriger, surtout lorsqu'il sera à l'étranger.

Cela doit servir à expliquer son perpétuel désaccord en politique, en administration et en direction militaire, avec ses représentants au delà des Pyrénées.

La situation varie chaque jour ; il ne l'apprend que sept jours après et il lui faut sept jours pour répondre.

C'est un malentendu fatal qui pèse sur toutes les correspondances.

C'est ainsi que Murat répondant à la lettre de Godoï du 27 octobre lui écrit le 3 novembre.

Murat à Godoï Prince de la Paix.

Fontainebleau, 3 novembre 1807.

« Mon cousin, quoiqu'il dût m'être pénible de présenter à Sa Majesté des plaintes contre un parent de Sa Majesté l'Impératrice, j'ai cru cependant devoir n'écouter que mon attachement aux intérêts de l'Empereur, et j'ai mis sous ses yeux la lettre que Votre Altesse Sérénissime m'a fait l'honneur de m'adresser. Je ne crois pas pouvoir mieux vous instruire de l'effet qu'a produit votre juste réclamation qu'en vous répétant les propres expressions de l'Empereur, après qu'il eut pris communication de votre lettre. « Il est bien étonnant, a dit Sa Majesté, que M. de Beauharnais se permette de tels procédés, lorsqu'il a reçu des ordres formels et réitérés de ne rien faire qui ne pût être agréable à Sa Majesté Catholique et au Prince de la Paix. » Je ne doute point, d'après cette réponse, que Votre Altesse Sérénissime n'apprenne bientôt un résultat conforme au désir qu'elle m'a exprimé, et si Sa Majesté l'Empereur et Roi, par l'importance et la multiplicité de ses occupations, pouvait perdre un instant de vue cette affaire, je profiterais de toutes les occasions qui me rapprochent de sa personne pour la lui rappeler. Croyez, Prince, que dans cette circonstance comme dans toutes celles qui pourront se présenter, je n'omettrai rien pour vous prouver combien je suis heureux de vous servir.

» Je joins à ma dépêche une lettre de la Princesse Caroline à Sa Majesté la Reine d'Espagne, votre auguste souveraine. Sa Majesté la Reine y trouvera l'expression de toute la satisfaction que la Grande-Duchesse a ressentie à la réception de son ordre royal, et le témoignage de sa reconnaissance et de son sincère attachement. Je vous prie de bien vouloir exprimer à Sa Majesté, en lui remettant cette lettre, combien j'ai été sensible à toutes les choses aimables qu'Elle a bien voulu dire de moi dans celle qu'Elle a écrite à la Princesse. Le suffrage d'une aussi grande souveraine m'a été infiniment précieux.

» L'Empereur a été très satisfait d'apprendre que les chevaux qu'il avait désirés sont maintenant en route. Lorsque je vous ai écrit que j'en avais donné deux à Sa Majesté, il était bien loin de mon intention d'en solliciter deux autres. Je n'en suis pas moins sensible à l'envoi qui m'en est fait et je les recevrai avec plaisir. Je suis également très reconnaissant du précieux présent que vous voulez bien me faire des moutons d'Espagne, rien ne presse et je serais fâché que cela pût vous distraire, ayant d'autre ouvrage à faire, de soins plus importants.

» J'avais oublié dans ma dernière dépêche de remplir auprès de Votre Altesse Sérénissime une commission dont m'avait chargé la Princesse Caroline. Elle vous prie de vouloir bien lui envoyer du quinquina, celui que nous avons à Paris n'étant pas ordinairement de la meilleure qualité.

» Votre Altesse Sérénissime connaît l'intérêt que je prends à l'affaire de M. Michel, je vous prie de nouveau de vouloir bien lui continuer vos bonnes grâces; j'apprendrai avec bien du plaisir qu'il devra son succès à votre amitié pour moi.

» Si je pouvais vous être plus particulièrement utile dans les circonstances qui vont s'offrir, je serais infiniment flatté de vous donner des témoignages réels de l'inaltérable amitié que je vous ai vouée.

» Je prie Votre Altesse Sérénissime d'agréer une nouvelle assurance de mon sincère attachement.

» Votre affectionné cousin.

» JOACHIM ».

(Archives du Prince Murat D. 175.5).

Murat était certainement peu au courant des projets de l'Empereur et surtout peu autorisé à en parler. Mais, tandis qu'il s'efforçait de calmer Godoï au sujet de M. de Beauharnais, le même jour 3 novembre, le Prince de la Paix écrivait à son confident Izquierdo :

« Tout Madrid est dans la rumeur et dans l'attente. Il me revient que l'ambassadeur Beauharnais a dit que les troupes françaises y établiront leur quartier général. J'ai beaucoup à faire contre tant d'ennemis, mais le canon les réduira ».

L'armée du général Junot marchait à travers la Vieille-Castille. Les amis de Ferdinand répandaient qu'elle allait prendre le chemin de Madrid; ce bruit, joint à l'inimitié déclarée de l'ambassadeur de France, jeta de nouvelles alarmes dans l'âme de Godoï. Il contremanda le mouvement des corps espagnols destinés à coopérer à l'invasion du Portugal, ne voulant pas éloigner les troupes quand on était incertain des dispositions de la France.

Que deviendront les 20.000 soldats de Junot déjà enfoncés dans la Péninsule, si le secours des alliés leur manque, si les Portugais entreprennent de résister?...

Charles IV lui-même adressait à Napoléon une nouvelle lettre où il se plaignait de la conduite équivoque de l'ambassadeur de France dans la conspiration du prince des Asturies.

L'Empereur apprend en même temps que les troupes espagnoles en marche sur le Portugal sont rappelées à Madrid. Il peut croire qu'on a pénétré ses desseins, que le traité de Fontainebleau ne sera pas ratifié, qu'on se prépare à lui résister. Il se dit offensé des soupçons conçus contre son ambassadeur. Il parle de venger cet outrage par une déclaration de guerre. Il fait parvenir ces menaces jusqu'aux oreilles d'Izquierdo par l'intermédiaire de Duroc, de Champagny, de Talleyrand, tout en laissant entendre à l'agent espagnol que tout s'arrangera si le traité qu'il a signé lui-même est maintenu, et si les troupes de Solano reprennent la direction du Portugal. Izquierdo, épouvanté, promet tout, garantit tout.

Et en rappelant ces faits à ses compagnons à Sainte-Hélène Napoléon ajoutait que Talleyrand ne cessait de le pousser à déclarer la guerre à l'Espagne.

« Pendant que Talleyrand conduisait cette négociation, il ne manquait pas une occasion de me rappeler la conduite plus qu'équivoque du cabinet de Madrid en 1806, et la fameuse proclamation du Prince de la Paix (30 octobre 1806). Il alla jusqu'à me remettre un mémoire sur les griefs de la France contre Charles IV et son favori, en me proposant de prendre à l'égard de l'Espagne un parti définitif ». (Paroles de l'Empereur au général Montholon, Récits de la Captivité, tome II, page 441)

Mais un épilogue inattendu venait clore la conspiration de l'Escurial.

Le prince des Asturies, effrayé quand il songeait au sort

que Philippe II avait fait éprouver à l'infant don Charlos, s'imagina qu'il était perdu, et cru sauver sa vie par la délation de ses prétendus complices.

Ferdinand fit supplier sa mère de venir le voir dans son appartement pour recevoir ses aveux; celle-ci lui envoya M. de Caballero. Ferdinand s'humilia profondément devant ce ministre de son père, déclara ce qui s'était passé, en réduisant toutefois son récit à la vérité, et ajouta, ce qu'on ignorait, qu'il avait écrit à Napoléon pour lui demander la main d'une princesse française. Sa déclaration eut pour résultat de faire arrêter sur-le-champ avec une brutalité inouïe, et incarcérer à l'Escurial, les personnages qu'il venait de dénoncer.

Godoï commençait à s'effrayer du cri de réprobation qui de tous côtés s'élevait contre lui. Mais, d'autre part, il était dans la joie d'apprendre la signature du traité de Fontainebleau qui venait d'être annoncée, et par lequel il lui était conféré la qualité de prince souverain, avec la garantie de la France.

Par crainte de Napoléon et pour se donner un beau rôle, il se posa en médiateur, et le 4 novembre (jour de la fête du roi), il obtint que le père irrité pardonnerait, pourvu que le fils s'avouât coupable et implorât la clémence de ses parents. Il se rendit dans l'appartement de Ferdinand qu'on avait converti en prison, et obtint du prince qu'il écrirait deux lettres dont il apportait le modèle.

Ces deux lettres étaient conçues dans les termes suivants :

« 5 novembre 1807.

» Sire et mon père,

» Je me suis rendu coupable. En manquant à Votre Majesté, j'ai manqué « à mon père et à mon roi. Mais je m'en repens, et je promets à Votre « Majesté la plus humble obéissance. Je ne devais rien faire sans le consen- « tement de Votre Majesté, mais j'ai été surpris. J'ai dénoncé les coupables « et je prie Votre Majesté de me pardonner, et de laisser baiser vos pieds « à votre fils reconnaissant. »

» Madame et ma mère.

» Je me repens bien de la grande faute que j'ai commise contre le roi et « contre vous, mes père et mère. Aussi je vous en demande pardon avec la

« plus grande soumission, ainsi que de mon opiniâtreté à vous nier la vérité
« l'autre soir. C'est pourquoi je supplie Votre Majesté du plus profond de
« mon cœur de daigner interposer sa médiation auprès de mon père, afin
« qu'il veuille bien permettre d'aller baiser les pieds de Sa Majesté à son fils
« reconnaissant.

Le favori retourna auprès du roi avec les deux lettres, qui furent insérées le lendemain 5, ainsi que le décret de grâce de Ferdinand. Ce prince fut remis en liberté, mais tous ses conseillers furent exilés. Le précepteur Escoïquiz fut enfermé dans un couvent à cent lieues de Madrid.

Les déplorables scènes de l'Escurial étaient inséparables les unes des autres, et aucune ne pouvait demeurer cachée. Les premières déshonoraient le roi, la reine, le favori; la dernière déshonorait le prince des Asturies.

Napoléon n'avait reçu la lettre du 11 octobre, dans laquelle Ferdinand lui demandait sa protection et une épouse, que le 28 du même mois. Il reçut successivement, dans les journées des 5, 6 et 7 novembre, celles de son ambassadeur et de Charles IV, qui ne lui apprenaient encore que l'esclandre qu'on n'avait pas craint de faire à l'Escurial.

Le projet de Napoléon était de partir pour l'Italie, tout de suite après avoir reçu M. de Tolstoï, car depuis 1805 il n'avait pas revu ce pays de sa prédilection. Il voulait lui apporter le bienfait de sa présence vivifiante, embrasser son fils adoptif Eugène de Beauharnais, son frère aîné Joseph, et entretenir Lucien lui-même, qu'il espérait faire rentrer dans le sein de la famille impériale, peut-être même placer sur un trône. Mais tout à coup, au moment de partir, les nouvelles venues de Madrid l'arrêtèrent, et l'obligèrent à suspendre son départ. Ces nouvelles, qui depuis quelque temps commençaient à prendre un caractère grave, étaient de la nature la plus étrange et la plus inattendue.

Ainsi, ces malheureux Bourbons, le père comme le fils, appelaient eux-mêmes, forçaient presque Napoléon à se mêler de leur différend.

Il était donc en quelque sorte obligé de s'immiscer dans

les affaires de l'Espagne, quand même, il ne l'eût pas voulu, et certainement beaucoup plus tôt qu'il ne s'y attendait et ne le désirait.

Tout plein encore de doutes, d'anxiétés, désirant, redoutant ce qu'il allait entreprendre, l'entreprenant par une sorte d'entraînement fatal, il donna des ordres précipités, signes d'une volonté fortement excitée.

Jusqu'ici les mouvements de troupes prescrits par lui, n'avaient eu que le Portugal pour but. Mais dès ce moment les préparatifs reçurent une étendue et une accélération qui ne pouvait laisser aucune incertitude sur leur objet.

La lecture de la correspondance la plus secrète de Napoléon prouve que jusqu'aux événements de l'Escurial, il songeait au Portugal seul, et qu'à partir de ces événements il ne pensa plus qu'à l'Espagne. Les dates de ses ordres, comparées avec les dates des nouvelles de Madrid, ne peuvent laisser aucun doute sur leur corrélation, et prouvent que les uns furent la suite certaine des autres.

D'après les ordres reçus à Bayonne, l'armée de Junot devait se borner à prendre les positions qu'en 1801 les troupes du général Leclerc avaient occupées, depuis Valladolid jusqu'aux frontières du Portugal.

Sa répartition calculée, sur 26.000 hommes et 3.400 chevaux de troupe, avait en conséquence été arrêtée ainsi qu'il suit.

7.000 hommes et	1.500 chevaux	à	Valladolid
2.000 —	400	—	à Toro
3.000 —	400	—	à Zamora
8.000 —	600	—	à Salamanque
6.000 —	500	—	à Ciudad-Rodrigo et en avant de cette place.

L'ordre fut expédié au général Junot dont les troupes se trouvaient sur la route de Salamanque de se porter le plus rapidement possible sur Lisbonne.

Napoléon voulait qu'on entrât promptement à Lisbonne, pour y surprendre non pas la famille royale dont il se souciait peu, mais la flotte portugaise et les immenses richesses appartenant aux négociants anglais. Il donna l'ordre au général Junot de s'avancer à marches forcées, de n'épargner à ses soldats ni fatigues, ni privations, afin d'arriver à temps. Junot, dans son ardeur, n'était pas homme à corriger par un sage discernement ce que cet ordre pouvait avoir de dangereux dans les pays qu'on allait traverser.

C'est sur la route de Salamanque que le général Junot reçut la dépêche du ministre de la guerre, qui lui prescrivait d'entrer en Portugal. Il devait, d'après ces instructions, se rendre d'abord à Alcantara, ville de l'Estramadure sur le Tage, s'y réunir au corps espagnol de 20 bataillons commandé par le général Caraffa, et placé sous ses ordres, puis se diriger de là sur Lisbonne par la rive droite du Tage, pendant que le général Taranco, à la tête de 18 bataillons d'infanterie castillane, pénétrerait par la Galice dans la province d'Entre-Duero-et-Minho, et s'emparerait d'Oporto, tandis que le général Solano, avec 8 bataillons également espagnols, entrerait par la province de l'Alemtejo, longerait la gauche du Tage, et occuperait Setubal, ainsi que les batteries qui font face à Lisbonne.

Il fut expressément recommandé au général Junot d'envoyer à Paris tous les émissaires portugais qui viendraient à sa rencontre, en disant qu'il n'avait aucun pouvoir pour traiter, que ses instructions étaient de marcher à Lisbonne, en ami si on ne lui résistait pas, en conquérant si on lui opposait une résistance quelconque.

* *

L'armée du Portugal se porte le 6 novembre à Tordesillas. Le séjour à Valladolid n'a pas modifié l'impression de monotonie que nos soldats ont conçue de l'Espagne, malgré son caractère pittoresque :

« En Espagne, tout se ressemble, les villes, les villages, les costumes des hommes, celui des femmes, tout parait fondu dans le même moule.

» Toutes les villes d'Espagne ont une place entourée d'arcades. *Los arquillos* sont une nécessité pour les habitants de la Péninsule; en effet, des gens qui passent une demi-journée plantés vis-à-vis les uns des autres sans penser, sans parler, car ce n'est point parler, que de s'envoyer par-ci par-là quelques mots enveloppés d'un nuage de fumée, ces gens ont besoin d'un lieu qui soit à l'abri du soleil ou de la pluie. Sans *arquillos* que feraient-ils par le mauvais temps, ou lorsque le soleil fait monter le thermomètre à 34 degrés? Ils seraient obligés de rester au logis, et l'on ne peut pas faire la sieste toute la journée ».

Le 7, nos troupes font étape à La Nava del Rey. Si les soldats de Junot se plaignent de l'uniformité de toutes choses sur le chemin qu'ils ont parcouru, ils s'accordent du moins à trouver toutes les Espagnoles à leur goût.

« Si toutes les dames ne sont pas jolies, on peut dire que toutes ont une grâce, une tournure qu'on ne saurait imaginer.

» Nulle part on ne trouve les femmes douées de ce je ne sais quoi, de cette grâce ravissante que les Espagnols appellent *salero*, mot dont aucune langue ne donne l'équivalent, parce qu'on ne trouve nulle part ce qu'il exprime en Espagne. Quels yeux! Quelle magie dans le regard! On est presque toujours tenté de leur dire : « Faites-moi le plaisir de ne pas me regarder! » Ajoutez à ces moyens de séduction un organe enchanteur qui se marie admirablement avec le plus beau langage du monde, les expressions les plus nobles, les plus harmonieuses; et si vous voulez garder votre cœur, vous n'irez point en Espagne. Ces dames se trouvent bien de leur costume noir, de leur robe dessinant des formes charmantes ; elles se gardent bien d'imiter les Françaises dans les perpétuels changements de modes. Jamais aucun chapeau n'affubla leur tête, et ne déroba le feu de leurs regards. Seule la *mantilla* couvre leurs cheveux ; lorsqu'elle cache un instant quelques charmes, soyez certain que bientôt après, un heureux hasard vous en dédommagera ».

La cavalerie, fatiguée avant de partir de Bayonne, avait manqué de ferrures, au milieu des forges de la Biscaye, et laissé par cette raison beaucoup de chevaux en arrière; elle en avait perdu un nombre égal par le changement et bientôt par le manque de nourriture; elle avait fini par marcher en doublant les étapes et sans séjour.

Le 8, l'armée atteint Torreculla. Le température s'était

beaucoup rafraîchie et nos troupes commençaient à en souffrir.

« Quoique habitués au climat de la Pologne, nous avions froid en Espagne. Dans la Biscaye, dans la Castille, il est impossible de se réchauffer en hiver; on ne s'y doute pas qu'une porte, une fenêtre sont faites pour être fermées. On ignore ce que c'est qu'un parquet, un tapis; le métier de ramoneur est inconnu, car il n'existe pas de cheminées. Dans les cuisines on voit un trou d'où s'échappe la fumée, quand elle veut s'échapper. Dans les grandes villes, comme Burgos et Valladolid, on compte une ou deux cheminées, chez les grands seigneurs.

» On se chauffe partout avec un brasero, vase de fer rempli de charbons allumés le matin dans la rue. On le place dans la pièce principale où tous les commensaux du logis viennent se réunir; là, formant le cercle, ils se grillent les genoux, ce qui du reste établit une juste compensation avec leur dos qui est toujours gelé. Hommes et femmes font circuler le cigarito qui sert alternativement à chacun, et la conversation est animée autant que dans les rues. La plus jolie femme ne montre aucune répugnance à prendre le cigare qui sort de la bouche d'un moine. »

Le 9 novembre, on est à Batillafuente.

Ce qui offusque toujours les Français, c'est de trouver partout cette dévotion exagérée et toute superficielle qui, pour les Espagnols ne semble pas inconciliable avec les occupations les plus contradictoires.

« Les gens riches se font dire ordinairement la messe chez eux; leurs femmes, qui sont très paresseuses et ne se lèvent que fort tard, l'entendent souvent de leur lit. Celles qui vont dans les églises assistent quelquefois à dix ou douze messes, et l'on peut dire que, pendant ce temps, la chose du monde qui les occupe le moins, c'est la Divinité. Les rendez-vous se donnent ordinairement à l'église; les Espagnoles s'entendent admirablement à jouer de la prunelle et de l'éventail; avec ces deux manières de s'exprimer, elles ont le talent de se faire parfaitement comprendre. Tant que la messe dure, elles s'éventent, même pendant l'hiver, et comme on ne souffre ni chaises, ni tabourets dans les églises, elles sont continuellement à genoux assises sur leurs talons, position peu gracieuse pour une femme. »

Le 10, on arrive à Toro. Les marches sont de plus en plus pénibles et laissent déjà beaucoup de monde en arrière.

Les classes élevées recevaient bien nos troupes, mais le bas peuple montrait à leur égard sa sombre haine de l'étranger. Sur la route de Salamanque, quelques coups de couteau furent donnés à des soldats isolés.

Le 11 novembre, l'armée de Junot entrait à Salamanque, 25 jours après son départ de Bayonne. Elle devait y faire une halte pour laisser rejoindre les traînards et remettre un peu d'ordre dans les colonnes. Les soldats avaient eu beaucoup à souffrir des fatigues, des mauvais chemins, de la pénurie des convois et de l'insuffisance de vivres ; les mauvaises dispositions des habitants augmentaient ces difficultés.

Cependant, la haute société espagnole témoignait une grande sympathie à nos officiers. Le général Thiébault en cite de nombreux exemples.

« Salamanque avait en 1807 pour intendant général un marquis de Layas ; ce marquis avait pour femme une créature charmante, et l'un et l'autre occupaient avec luxe un des premiers hôtels de la ville ; le général en chef fut logé chez eux. J'ai dit qu'elle était alors notre influence morale sur la Péninsule ; les dames se montraient plus enthousiastes encore que les hommes ; il faut croire que sous ce rapport, la marquise de Layas ne le cédait à personne, et qu'en fait d'influence morale, personne ne lui parut pouvoir le disputer au général Junot. Bref, les dispositions dans lesquelles elle se trouvait ayant été réciproques, notre arrêt à Salamanque noua la plus enivrante des intrigues, mais notre prompt départ la dénoua et laissa cette chère marquise dans une indicible exaltation ».

L'artillerie bien avant Salamanque avait perdu une partie de ses chevaux. Elle ne trouvait à les remplacer que par des bœufs, que l'on ne pouvait encore se procurer en quantité suffisante, et qui d'ailleurs étaient conduits par des hommes empressés à profiter des embarras que la nuit multipliait, pour renverser dans des trous les pièces et les caissons, et se sauver avec leurs attelages. L'artillerie, dans cette désolante position, marchait nuit et jour sans pouvoir suivre l'infanterie.

*
* *

L'attitude du Portugal en face des projets de la France, apparaissant dès lors clairement dirigés contre lui, restait fort indécise. Celle de l'Angleterre aussi.

Au jour de la détresse de son allié de cent ans, l'Angleterre n'essaya pas de commettre ses armées dans une lutte inégale contre les forces de la France et de l'Espagne réunies. Mais ne pouvant défendre les Portugais, elle voulut au moins avoir sa part de leur dépouille. Sir Sidney Smith, célèbre pour avoir, à Saint-Jean-d'Acre, fait tant soit peu rebrousser la fortune de Napoléon, partit de l'Angleterre dans les premiers jours de novembre, à la tête d'une armée navale, pour favoriser le passage du prince régent au Brésil, et, s'il s'y refusait, pour lui prendre son escadre. Comme l'opération pouvait présenter des difficultés, on donna l'ordre au lieutenant général sir John Moore, qui se rendait alors avec 7.000 hommes de la Sicile dans la mer Baltique, de s'arrêter devant Lisbonne pour y concourir. Un autre corps de troupes qu'on rassemblait alors à Portsmouth, sous les ordres du général major Brent-Spencer, dut se diriger vers la même contrée, si on y prévoyait de la résistance. Le général Beresford partit avec un régiment pour occuper l'île de Madère. Des ordres furent envoyés aux Grandes-Indes pour qu'on s'emparât de Goa et des autres possessions portugaises. La prévoyance anglaise n'oublia même pas le comptoir de Macao en Chine.

De son côté, le prince régent de Portugal, malgré les promesses faites à l'Angleterre, signait, le 8 novembre, l'ordre de garder à vue le petit nombre de sujets anglais qui étaient restés à Lisbonne et de séquestrer leurs propriétés. Sa conscience timorée se tranquillisait par la considération des facilités et des délais qui leur avaient été accordés pour mettre en sûreté leurs marchandises et leurs personnes.

Le temps pressait. Il fallait avant tout arrêter la marche de l'armée française et apaiser Napoléon. Don Pedro-José-Joaquim Vito de Menezes, marquis de Marialva, un des seigneurs de la cour les plus qualifiés par sa naissance et les plus distingués par la culture de son esprit, fut envoyé le 8 novembre à l'Empereur. Il était autorisé à offrir des sacrifices pécuniaires, et pour donner au souverain français une marque personnelle de respect, il devait proposer un mariage entre le prince de Beira, héritier futur du trône, et l'une des filles du grand-duc de Berg.

Le prince de Beira était alors âgé de neuf ans. C'était une manière un peu hâtive d'arranger les choses par un mariage, sans doute à l'exemple de ce qu'on avait essayé en Espagne.

L'ambassadeur de Portugal ne donna pas de suite à sa mission : il jugea l'état des choses et sentit que le moment d'employer avec succès de tels moyens était passé.

Un homme moins connu alors par ses services diplomatiques que par ses succès dans la littérature légère, lord Strangford, était ministre plénipotentiaire de Sa Majesté britannique près le Prince régent. Malgré la déclaration officielle du 20 octobre, il avait continué à résider à Lisbonne et à traiter avec les ministres. Aussitôt que le vicomte de Strangford fut informé de l'ordre donné pour la détention de ses compatriotes, il fit enlever les armes d'Angleterre de la porte de son hôtel et demanda ses passeports. Peu de jours après, il se rendit à bord de l'*Hibernia*, vaisseau amiral de la flotte anglaise qui venait d'arriver à hauteur de la barre de Lisbonne.

L'Angleterre avait fini par s'apercevoir que le système des interdictions poussé à outrance lui était plus préjudiciable qu'à la France, que les denrées coloniales dont elle avait opéré l'accaparement presque général restaient invendues dans ses magasins, que les produits manufacturés subiraient le même sort; qu'elle souffrirait sous le rapport de l'importation autant que sous celui de l'exportation.

Le cabinet britannique avait donc abandonné son système d'exclusion, et il avait imaginé de faciliter le commerce général, mais en le forçant à passer tout entier par la Grande-Bretagne, et en le constituant de plus son tributaire.

Ordonnances du Conseil, datées du 11 novembre.

« Tout navire appartenant à une nation qui ne serait pas en guerre déclarée avec la Grande-Bretagne, pourra entrer librement dans les ports du Royaume-Uni ou de ses colonies, se rendre ensuite où il voudra, moyennant qu'il ait touché en Angleterre, pour y porter des marchandises ou en recevoir, et qu'il y ait acquitté des droits de douane équivalents à 25 pour cent. Tout bâtiment au contraire, qui n'aura point touché aux ports de la Grande-Bretagne, et aura dans ses papiers des certificats d'origine délivrés par les agents français, doit être saisi et déclaré de bonne prise ».

Sur ces entrefaites, une escadre russe de neuf vaisseaux de ligne entrait dans le Tage, les Anglais s'étant opposés à ce qu'elle relâchat dans aucun des ports d'Espagne. L'amiral fut longtemps sans se présenter au Prince : enfin il provoqua et obtint une audience : il demanda l'autorisation de se radouber et celle de consommer six mille rations par jour; les circonstances ne permettaient pas qu'on s'y refusât.

La présence à l'embouchure du Tage d'une flotte de la Russie, alors alliée de la France, n'était pas pour simplifier la situation.

*
* *

Les événements pressant, Napoléon crut devoir modifier ses premières instructions relatives à la composition des divisions du 2ᵉ corps d'observation de la Gironde.

Par lettre du 11 novembre, il prescrivit à Clarke de donner l'ordre au général Dupont d'accélérer son départ pour Bayonne, de former sa première division des 7 premiers bataillons de toutes les troupes qui seraient arrivées avant le 20 novembre, de former sa 2ᵉ division des 7 bataillons qui arriveraient ensuite, et enfin de suivre pour la formation de ses divisions, non les ordres que Sa Majesté avaient donnés, mais l'ordre de l'arrivée des bataillons.

Les bases de l'organisation du corps du maréchal Moncey furent complétées. Le général Harispe fut nommé chef d'état-major du corps. Le général Corun reçut le commandement de l'artillerie et le général Cozat celui du génie. Les généraux Auguste Caulaincourt et Rabi, disponibles, furent attachés à l'état-major du corps d'armée.

Napoléon rappela que toutes les troupes du corps d'observation des côtes de l'Océan devraient être transportées de Metz, Nancy et Sedan à Bordeaux, en poste sur des charrettes préparées à l'avance dans chaque gîte d'étape, disposition qui abrègerait la longueur de la route et ménagerait les forces du soldat.

D'après la lettre de l'Empereur, en date du 11 novembre, le corps d'armée devait se constituer à Bordeaux.

Un ordre du 12 novembre fait connaître que la ration de vivres pour la troupe comprendrait 28 onces (1 livre 3/4) de pain de munitions de bonne qualité, 8 onces de viande, 16 onces (demi-pinte) de vin ou bière, 2 onces de légumes, fèves, haricots ou lentilles, et à défaut de ces légumes, 1 once de riz. L'once était de 31 grammes 25 centigrammes soit un 16e de livre.

Napoléon toujours préoccupé de maintenir l'effectif en combattants de son armée, tout en diminuant les frais d'entretien, prenait les mesures les plus minutieuses dans ce but.

Une circulaire ministérielle du 2 novembre rappelait que chaque régiment ne pouvait avoir que 8 musiciens touchant la solde et les vivres; qu'aucun soldat ne pouvait être distrait du rang pour augmenter ce nombre; mais que les corps pouvaient enrôler des gagistes, qui n'avaient droit ni à la solde, ni aux vivres, mais devaient être entretenus au moyen d'une cotisation qui ne pouvait dépasser une journée de solde par mois et par officier. Un régiment à 3 bataillons avait 92 officiers et le montant d'une journée de solde, s'élevait à 398 fr. 86 ; le corps disposait donc d'une somme annuelle de 4.786 fr. 32 pour entretenir des gagistes.

Un ordre du 11 novembre retira de la Grande Armée les troupes polonaises, saxonnes, hessoises et des petits princes allemands, qui furent dirigées sur leur pays. Le corps de réserve était dissous ; la division Oudinot restait à Dantzig et passait sous les ordres de Davout. Les 2e et 12e légers devaient revenir à Paris ; les 3e et 72e remplaçaient au 4e corps les 14e et 55e qui rentraient en France. Les 2 bataillons du 17e de ligne devaient évacuer Braunau et se rendre en Italie. Le maréchal Soult occuperait la Poméranie et Stettin avec le

4ᵉ corps et la division Molitor, augmentée du régiment de Berg ; le maréchal Victor occuperait Berlin avec le 1ᵉʳ corps, Mortier resterait en Silésie avec les 5ᵉ et 6ᵉ ; Bernadotte resterait à Hambourg avec la division Dupas, les Espagnols et les Badois ; le maréchal Brune occuperait le Hanovre avec la division Boudet, les Italiens et les Hollandais.

Le 12 novembre, l'Empereur écrivait au général Junot une longue lettre lui donnant des instructions détaillées relativement à sa marche en Portugal, et lui prescrivait de désarmer et de licencier l'armée portugaise.

« Du moment que vous aurez pris possession de la flotte et des places fortes, vous procéderez au désarmement de l'armée..... ; vous pouvez même réunir, de l'armée portugaise, un corps de 5.000 à 6.000 hommes, officiers et soldats, en les dirigeant, par colonnes de 1.000 hommes, sur la France, et leur déclarant que je les prends à mon service ; vous les feriez assermenter ; vous y mêleriez quelques officiers français et donneriez d'autres noms à leurs régiments ; et, effectivement, je les prendrai à mon service. Par ce moyen vous vous débarrasserez de beaucoup de monde. Vous aurez bien soin de les diriger par différents chemins....... »

Il est visible que la pensée de l'Empereur, à ce moment, était bien plutôt de débarrasser le pays des débris de l'armée licenciée et de ses éléments turbulents que de se former avec eux une force réelle ; mais l'occupation militaire du Portugal par les troupes françaises n'en était pas moins arrêtée dans son esprit ; l'on reste stupéfait de l'audace de Napoléon de tenter pareille entreprise avec le petit corps d'armée de Junot, qui avait à triompher de tant de difficultés matérielles pour parvenir seulement à Lisbonne.

Cet ordre du 12 novembre ne devait lui parvenir qu'au-delà de Salamanque, puisque ce jour-là il en partait.

La nature a couvert les frontières du nord du Portugal, et surtout celles du Beira, de plusieurs chaînes de montagnes d'une hauteur prodigieuse, d'une aspérité effrayante, et d'un escarpement beaucoup plus considérable encore au nord et à l'est qu'au sud et à l'ouest. Hérissées de roches aiguës, elles sont coupées dans tous les sens par des abîmes affreux, et chacun de ces abîmes sert de lit à un torrent plus ou moins large et profond. Encaissés, au point d'être très difficiles à passer, même dans la belle saison, où il ne reste pas une goutte d'eau d ans la plupart d'entre eux, ces torrents sont pour ainsi dire infranchissables dès qu'il pleut, attendu que les moindres pluies les grossissent subitement d'une manière incroyable. Aucune route n'existe d'ailleurs dans ces tristes contrées, et à peine y trouve-t-on quelques sentiers mal tracés, que des muletiers et des pâtres fréquentent seuls pendant le printemps et l'été. Enfin, à quelques misérables chaumières près, placées par groupes à d'immenses distances les unes des autres, et que le nom de village honorerait beaucoup trop, le Haut-Beira forme un véritable désert.

On conçoit qu'un pays semblable doive offrir à chaque pas des positions inexpugnables; il serait difficile, en effet, de donner une idée juste de plusieurs d'entre elles et notamment de celles connues sous le nom de Poreas de l'Argenteria et de la Talladas, positions à la force desquelles l'art a encore ajouté. Il serait inutile de chercher à les éviter, les montagnes qui les flanquent sont à une très grande distance inaccessibles sur presque tous les points, et au moins aussi faciles à défendre que les positions mêmes.

Outre cela, la saison ne pouvait manquer d'ajouter, dans une incalculable proportion, aux obstacles formés par les localités. L'automne et l'hiver, sont en Portugal, comme l'hivernage dans les colonies, un temps de véritable déluge. On était dans la première de ces saisons, on ne se rappelait pas d'avoir vu un automne aussi pluvieux, et chaque jour, il devait le devenir davantage.

De plus, il fallait s'attendre à ne trouver, dans ces affreuses montagnes, aucune ressource capable de substanter l'armée. Ces arides rochers repoussent partout la main industrieuse de l'homme, et quelques coins de terre cultivés de loin en loin, ne peuvent attester que l'avarice de la nature, que l'avide besoin du petit nombre de malheureux fixés par la misère dans ces hideuses contrées.

Quelle que soit la faiblesse de la population du Beira, le caractère de ses habitants méritait une attention sérieuse. Amis, il n'y avait rien à en espérer; ennemis, il y avait tout à en redouter. La saison semblait suffire pour provoquer leur résistance, et, s'ils se réunissaient pour défendre leurs défilés ils pouvaient arrêter une armée entière et annuler tous les efforts.

Quoique informés qu'ils n'avaient encore aucun ordre, on devait supposer qu'ils ne tarderaient pas à en recevoir, et on devait s'attendre, qu'indépendamment des troupes anglaises, dont on annonçait le prompt débarquement et la marche vers cette frontière, des troupes de ligne, ou du moins des corps de milices ne tarderaient pas à y être envoyés pour nous disputer l'entrée du Portugal. Ces considérations profondément méditées par le général en chef, lui avaient inspiré la pensée de brusquer la conquête du Portugal et d'y prévenir la guerre.

Cette pensée adoptée, toutes les considérations secondaires furent bannies.

Après une route aussi longue que celle de Bayonne à Salamanque, après une route aussi pénible qu'elle l'avait été, toutes les troupes avaient besoin de repos. Cependant, au lieu de leur en donner, Junot avait fait doubler les étapes aux dernières colonnes pour condenser son corps d'armée.

Les colonnes ayant un numéro pair, avaient reçu l'ordre de doubler une journée, et l'armée se trouva formée par brigades; les brigades paires doublèrent une seconde journée, et se trouvèrent à un jour de distance des brigades impaires de leur division; enfin, les brigades des deuxième et troisième divisions d'infanterie et de la division de cavalerie, ayant serré sur la première division, à l'aide de marches forcées, et par la suppression des séjours, l'armée arrivait à Salamanque sur huit colonnes, à un jour de distance l'une de l'autre.

En ordonnant ces doubles marches, le général en chef avait prescrit, que dans les lieux d'étapes où les troupes ne coucheraient pas, elles prendraient les vivres à titre de rafraîchissement; mais la mauvaise volonté des autorités espagnoles avait annulé l'effet de ces dispositions, si nécessaires pour conserver l'armée.

Enfin, en ordonnant de fournir les vivres aux troupes dans le lieu des grandes haltes et dans celui des couchées, le général en chef arrêta l'itinéraire du mouvement de Salamanque à Alcantara, ainsi qu'il suit :

Lieues de
France

		Lieues de France
1er jour.	De Salamanque à S.-Mugnos	10
2e —	De S.-Mugnos à C.-Rodrigo	9
3e —	De Ciudad-Rodrigo à Fuente-Guinaldo	6
4e —	De Fuente-Guinaldo à la Moraléja	10
5e —	De la Moraléja à Alcantara	10

Après avoir donné ces différents ordres, et tous ceux que les circonstances pouvaient nécessiter, le général en chef partit pour Alcantara, afin d'y précéder les troupes, de répartir les approvisionnements de guerre et de bouche sur lesquels il comptait, et de régler le mouvement de ses propres troupes d'Alcantara à Lisbonne, ainsi que celui des troupes espagnoles aux ordres du général Caraffa.

Il y avait donc cinq grands jours de marche de Salamanque à Alcantara.

Pendant cinq journées, de tristes monticules de grès succèdent à des roches schisteuses et tranchantes, et sont remplacés par d'énormes montagnes de granit. Là où la pierre ne se montre pas à découvert, l'œil se perd dans les landes uniformément parsemées de bruyères et de cistes. Des chèvres maigres et promptes à fuir dans la montagne composent les seuls troupeaux des habitants. Il faut, pour trouver des traces humaines, les chercher au fond de quelques ravins qui conservent l'eau pendant l'été. Là, près du hameau qui, par la couleur et la forme de ses maisons, ressemble à une continuation de l'éternel rocher, on a planté d'oliviers quelques terrains enclos, et l'on a semé un peu de seigle et de maïs. Rien n'interrompt la monotonie du paysage, que des châtaigners isolés, alors dépouillés de leurs feuilles, les pâles arbres à liège et les chênes verts rabougris dont la vue attriste dans toutes les saisons.

Les transports d'agriculture se font avec des charrettes basses et grossièrement travaillées, semblables à celles dont on se sert dans les autres régions montagneuses de la péninsule espagnole, en Turquie, et dans le nord de l'Afrique; elles ont ordinairement trois pieds et demi de voie. Le fer entre pour peu dans leur construction; il y en a même où on ne l'emploie pas du tout. Les roues sont ou massives ou à jantes bandées avec des morceaux de chêne vert. Elles adhèrent à l'essieu qui tourne avec elles; comme on ne les graisse jamais, la rotation produit un sifflement continuel qui, s'entendant de loin, sert d'avertissement aux autres charrettes engagées dans le chemin étroit de la montagne.

Ce pays pauvre n'était habité que par les pâtres qui, deux fois l'an, avaient l'habitude d'y conduire leurs troupeaux, en automne quand ils se rendaient de la vieille Castille en Estramadure, et au printemps quand ils revenaient de l'Estramadure dans la vieille Castille.

Le 12 novembre, l'armée de Junot déboucha de Salamanque. Le temps était affreux, la neige tombait en abondance, et pendant plusieurs jours elle ne cessa pas de tomber, de sorte que chaque matin, les troupes étaient obligées de frayer un chemin à travers celle que la nuit avait amoncelée. Cette circonstance rendait plus mauvaise encore cette route presque impraticable dans les saisons pluvieuses, ajoutait au temps nécessaire pour la faire les fatigues des soldats et achevait d'abîmer leurs chaussures.

Calçada de D. Diego devait fournir le premier ravitaillement aux troupes. Malgré les ordres du gouverneur et de l'intendant de Salamanque, aucunes dispositions n'y avaient été faites : elles ne purent donc rien y recevoir, et marchèrent sans s'arrêter jusqu'à San-Muños.

San-Muños était aussi dépourvu que la Calçada. A peine quelques corps de l'armée purent y obtenir un peu de viande; de sorte que la plupart firent, sans vivres, et en ne mangeant que quelques glands, les dix-neuf lieues de France qui séparent Salamanque de Ciudad-Rodrigo.

Les plus heureux eurent un peu de viande de chèvre, qu'ils se procurèrent en s'emparant des troupeaux rencontrés sur leur route. Mais ce fut la guerre déclarée avec ces pâtres à demi-sauvages qui exercèrent leurs représailles sur tous les Français qui s'écartaient de la colonne.

Pourtant les forêts qu'entourent San-Muños renfermaient alors 300.000 bêtes à cornes et approvisionnnèrent les armées françaises, anglaises et espagnoles, pendant cinq ans. La province de Salamanque peut nourrir plus du double de sa population; elle produit plus de 20 millions de bouteilles de vin, et touche à d'autres provinces aussi riches qu'elle.

Dans ces deux jours seuls, le 3ᵉ régiment provisoire laissa 300 hommes en arrière.

A Ciudad-Rodrigo, ville assez considérable, place forte de grande importance, on trouva un gouverneur fort mal disposé qui, pour s'excuser, allégua l'ignorance où on l'avait tenu du passage de l'armée française, et qui ne se donna aucune peine pour suppléer aux préparatifs qu'on avait négligé de faire. On recueillit cependant quelques vivres, mais on ne put fournir qu'une demi-ration aux soldats déjà exténués de fatigue.

Les troupes, des premières comme des dernières colonnes, ne purent avoir une partie de leurs vivres que le lendemain de leur arrivée à Ciudad-Rodrigo, c'est-à-dire au moment de leur départ, et à peine y furent-elles abritées.

Bien que Napoléon ne connut pas encore l'état de détresse de l'armée de Junot, ses ordres se précipitaient.

Le 13 novembre, il invitait le ministre de la guerre à faire partir la 1re division du 2e corps de la Gironde avant le 22 novembre pour Vitoria, où elle attendrait ses ordres.

Fontainebleau, 13 novembre 1807.

« A Monsieur le général Clarke.

« Donnez ordre que le 22 novembre au plus tard, la 1re division du 2e corps de la Gironde, parte de Bayonne en une seule colonne et se rende à Victoria, où elle tiendra garnison, pour maintenir la communication avec le général Junot. Elle ne bougera pas de Vitoria sans mon ordre! Elle pourra se cantonner dans les villages voisins. Comme il est possible que les charretiers et les chevaux d'artillerie ne soient pas arrivés à cette époque, le général Dupont organisera, par tous les moyens quelconques, par voie de réquisition ou autrement, 6 pièces d'artillerie, et il s'entendra à cet effet avec le préfet et le maire de Bayonne, afin que cette première division, qui doit être composée des 7 premiers bataillons qui arriveront ne soit pas sans artillerie. Le général Barbow commandera cette 1re division. Il enverra des officiers à Bilbao, Burgos et Pampelune, pour connaître l'esprit de ces pays sur les événements qui se passent en Espagne. Le général Dupont en enverra de son côté. Le général Dupont enverra un officier d'état-major au général Junot pour lui faire connaître le jour où sa 1re division arrivera à Vitoria. Le général Barbow enverra du côté de Zamora et auprès du capitaine général de la Galice pour connaître les mouvements des Portugais et des Espagnols de ce côté. »

NAPOLÉON.

De Paris, le 14 novembre, le général Clarke transmit au général Dupont les ordres de l'Empereur. Il y joignit l'itinéraire d'étapes, de Bayonne à Salamanque, du premier corps d'observation de la Gironde.

Le général Junot, qui avait un chef d'état-major prévoyant, avait déjà établi à Valladolid et à Salamanque des dépôts composés d'un commandant de place, de plusieurs employés d'administration et d'un détachement pour y recueillir les hommes fatigués ou malades et les acheminer plus tard à la suite de l'armée en groupes assez nombreux pour se défendre.

A Ciudad-Rodrigo, il organisa un nouveau dépôt pour recueillir les traînards, dont le nombre s'accroissait à chaque pas, et il s'achemina vers les montagnes pour passer du bassin du Douro dans celui du Tage.

La neige, la pluie se succédaient sans relâche. Les sentiers que suivaient les diverses colonnes étaient entièrement défoncés et disparaissaient même sous les pas des hommes et des chevaux.

La nature, la saison, le pays et les hommes semblaient se réunir pour accabler cette malheureuse armée, avant même qu'elle fut seulement entrée en pays ennemi. En effet, les chemins devenaient toujours plus horribles, le temps toujours plus déplorable, la disette toujours plus complète. La difficulté de ne pas se tromper de route, dans un pays où elles sont à peine tracées, où l'on marche toujours à travers les rochers, les montagnes, les bois, les fondrières, où les habitants ne se laissaient approcher par les soldats qui avaient besoin d'être guidés, que quand ils pouvaient les égorger, fit égarer beaucoup d'hommes et multiplier les assassinats d'une manière atroce. La longueur excessive des marches, le peu de durée du jour dans cette saison, contribuaient encore à disperser beaucoup d'hommes et à ajouter aux désastres.

Tant d'horreurs, jointes à tant de souffrances, exaspérèrent les troupes, et tout à coup détruisirent la discipline. Cette armée qui avait marché depuis Bayonne jusqu'à Salamanque avec tant de régularité tomba dans de véritables désordres. La férocité des habitants de cette partie de l'Estramadure acheva de révolter des hommes que leur situation mettait au désespoir. Le pillage devint général, le massacre réciproque, la situation de l'armée épouvantable.

Trompées par des guides, qui se trompaient souvent eux-mêmes, faute d'avoir jamais franchi les limites de leur village, plusieurs colonnes s'égarèrent, et arrivèrent près des crêtes de la chaîne, au village de Peña-Parda, épuisées par la faim, laissant sur la route une partie de leur monde. Il fallait, pour vivre, aller coucher à la Morajela, sur le revers des montagnes. Une tempête terrible survint, et au même instant tous les torrents furent débordés. Au milieu du mugissement des vents, du bruit des eaux, nos soldats inexpérimentés, pour la plupart, n'ayant presque pas mangé depuis plusieurs jours, n'espérant pas de gîtes meilleurs pour les jours suivants, furent saisis de l'une de ces démoralisations subites, qui surprennent, abattent les âmes jeunes, peu habituées aux vicissitudes de la guerre.

« La deuxième brigade de la deuxième division partit de Fuente-Guinaldo le 17 novembre, à cinq heures du matin. La pluie tombait avec abondance, tous les chemins étaient inondés et en partie avaient disparu. La colonne marcha à travers les haies, les fossés, les rochers, faute de pouvoir tenir la route, et au bout de six heures arriva à Peña-Parda, mauvais hameau, auprès duquel elle bivouaqua pendant une heure et demie.

» Malgré la lenteur de cette marche, un grand nombre de soldats n'avaient pu suivre ; le manque de chaussures avait multiplié les blessures aux pieds ; la fatigue et l'épuisement avaient fait le reste. Cette halte fit rejoindre une centaine d'hommes, mais qui de nouveau abandonnèrent la colonne, quand elle se remit en marche.

» Au moment du départ de Peña-Parda, une violente tempête s'éleva : on ne découvrait plus les moindres traces de la route, les guides eux-mêmes ne la reconnaissaient pas ; la colonne était engagée dans un bois, ou plutôt dans un vaste labyrinthe ; elle s'y égara ; personne ne savait sur quel point se diriger ; le bois semblait se submerger ; on ne pouvait s'y arrêter sans risquer de perdre la moitié des hommes, et l'on errait à l'aventure. De tous côtés, les soldats tombaient ; ils ne se relevaient qu'avec la plus grande peine, et dans l'état le plus affreux ; la plupart perdant toute espérance, blasphémaient et appelaient la mort.

» Le temps continuant à devenir toujours plus affreux, la confusion fut bientôt totale. Ce n'était plus une colonne en marche, c'était une masse d'hommes éparpillés, qui ne cherchaient plus qu'à échapper aux souffrances et aux dangers auxquels ils étaient en proie, de manière que la voix d'aucun chef ne pouvait plus se faire entendre.

» Au bout de deux heures de cette horrible situation, le guide reconnut la route de Péralès. Chacun crut sortir d'un tombeau ; une espèce de joie succéda au désespoir ; mais il fallait rallier les troupes, les caisses n'avaient plus de son, les cornets, engourdis par le froid, ne pouvaient plus prendre l'embouchure de leurs instruments ; le major Mellier, employant le seul moyen qui lui restât, fit faire, par les soldats de la colonne, des cris, qui répétés dans tout son prolongement, pendant des haltes fréquentes, firent arriver à Péralès à peu près la moitié des hommes, mais exténués de fatigue, de froid, de besoin.

» La route directe de Fuente-Guinaldo à la Moraléja, ne passe pas à Péralès.

Cette partie de l'itinéraire donnée au général en chef par les **autorités** de Salamanque, se trouva fausse. Rien n'était plus rare en Espagne que d'avoir avec exactitude l'itinéraire des routes, qui semblaient devoir être les mieux connues.

» Péralès est un village situé sur une montagne, ou plutôt sur un rocher escarpé, et trois lieues le séparent encore du point qui avait été marqué pour la couchée.

» Après avoir enduré tant de maux, il était naturel de désirer d'y rester, et urgent d'y trouver quelques subsistances; mais il n'y avait rien : les ordres étaient d'aller à Moraléja, et l'espoir, disons l'extrême besoin d'y trouver des vivres, détermina à s'y rendre.

» On changea donc de guides, et la colonne se remit en marche, sans que la pluie ait cessé ou diminué un instant; il était quatre heures du soir.

» En sortant de Péralès, la colonne chemina dans une route bordée de deux murailles et, par laquelle s'écoulaient les eaux de la montagne. Les soldats en avaient jusqu'aux genoux; le plus petit caillou les renversait; mais comparant cette situation avec celle à laquelle ils venaient d'échapper, ils se consolaient par l'idée seule d'être dans un chemin connu et prenaient courage.

» Ce motif de consolation fut court; la route fut bientôt aussi difficile à distinguer qu'à suivre, et par moments impraticable. La nuit survint, on attacha les guides; l'on fut obligé de se jeter sur les flancs de la route, coupée à chaque pas par des fossés et des ravins; et bientôt, on ne marcha plus qu'à travers un torrent inégal et continuel. Au bout de deux heures, l'obscurité augmenta au point que l'on ne voyait plus l'homme que l'on touchait. La tempête redoubla avec la pluie, le vent devint horrible; ses mugissements se mêlaient de tous côtés à celui des torrents furieux. Le chemin se perdit entièrement; les guides eux-mêmes ne savaient plus où aller ni que faire pour se reconnaitre. Des soldats qui, pour retrouver la route, s'étaient écartés de la colonne, rétrogradèrent sans le savoir, ou s'égarèrent, un grand nombre d'entre eux tomba dans des torrents et se noya; d'autres furent assassinés. Ne s'apercevant plus, les soldats restés réunis se tenaient par leurs buffleteries, par le pan de leurs habits ou par leurs capotes. Près de deux mille hommes erraient ainsi, au milieu des horreurs de la nuit la plus affreuse, et se débattant contre la mort qui paraissait inévitable. Dans cette position, que rien ne peut rendre, tous se mirent à jeter les cris les plus lugubres, et à invoquer un secours que personne au monde ne pouvait leur donner. Cette espèce d'agonie dura près de deux heures.

» Le chef de l'état-major de l'armée marchait en avant de cette colonne et partagea ses vicissitudes. Enfin, vers onze heures du soir, il arriva au bord d'une rivière; il suivit son cours; le hasard le servit et il découvrit un pont, au delà duquel il se trouva dans la Moraléja.

» La première brigade de la deuxième division et le général Charlot y étaient. De suite, le chef de l'état-major alla le prévenir du désastre de tant de malheureux, fit réunir tous les tambours de la première brigade, et les conduisit au devant de la colonne, en leur donnant l'ordre de battre le rappel sans discontinuation; il fit allumer de grands feux au-delà du pont; il fit mettre un fanal au haut du clocher et fit sonner le tocsin pendant toute la nuit, pour guider les hommes égarés.

» Petit à petit, ce qui n'avait pas péri, arriva, mais, dans les premières heures, il n'entra à la Moraléja, que l'aigle d'un des bataillons et soixante hommes.

» Pour comble de malheur, la Moraléja, où les autorités avaient négligé de préparer des vivres, avait été pillée, dévastée, abandonnée par ses habitants, et était sans aucune ressource. Il fallut donc encore que ces malheureuses troupes continuassent cette désastreuse marche, sans pouvoir prendre aucun repos, et sans recevoir ni trouver aucun moyen de subsistance.» (Général Thiébault).

Dans le délire de la faim, les soldats ne respectant plus rien, se livrèrent au pillage et ravagèrent ce malheureux bourg, qui fut ainsi victime de l'inexactitude du gouvernement espagnol à remplir ses promesses.

Peu à peu, dans la nuit, tout ce qui n'avait pas succombé à la fatigue, tout ce qui n'avait pas été noyé dans les torrents, ou assassiné par les pâtres de l'Estramadure, atteignit le gîte dévasté de la Moraléja. Quelques chèvres suffirent encore, non pas à satisfaire la faim des soldats, mais à les empêcher de mourir d'inanition. Il était impossible de s'arrêter en un tel lieu, et le lendemain, on s'achemina sur Alcantara.

C'est dans un état de fatigue indescriptible que l'armée de Junot arriva dans cette ville où s'était concentrée la division espagnole aux ordres du lieutenant-général Caraffa, chargée de l'appuyer et de suivre la rive gauche du Tage pendant que les troupes françaises descendraient la rive droite.

L'Empereur ayant défendu que, même pour cause de manque de vivres, la marche fût retardée d'un seul jour — « 20.000 hommes, disait-il, pouvant vivre partout, même dans le désert », — le corps de Junot, quoique les soldats souffrissent cruellement de la faim et de la fatigue et qu'ils eussent laissé en arrière de nombreux traînards, avait fait en 5 jours, dans une région très difficile et sans vivres, les 50 lieues qui séparent Salamanque d'Alcantara. Mais le plus difficile restait cependant encore à faire, car à partir de cet endroit, on allait quitter l'Espagne, pays allié, pour entrer sur le territoire du Portugal, pays ennemi ou au moins hostile.

Le corps français avait laissé en arrière ou perdu dans les forêts et les torrents un cinquième de son effectif, c'est-à-dire 4 à 5.000 hommes. La moitié de la cavalerie était démontée, beaucoup de chevaux étant morts de faim, ou n'ayant pas pu suivre faute de ferrure. Quant à l'artillerie, on avait été réduit à la traîner avec des bœufs, et, ce moyen ayant bientôt manqué, on n'avait pas à Alcantara six bouches à feu. Quant aux munitions, il avait fallu les abandonner en chemin avec le reste du matériel.

Mais, dira-t-on, on trouvait en compensation à Alcantara le renfort d'une division espagnole.

Junot vit de suite qu'il ne pouvait fonder grand espoir sur ce renfort. Nos soldats en jugèrent de même, surtout en voyant le général Caraffa qui fut l'objet de leurs risées. Son nom prêtait aux plaisanteries, mais sa personne encore plus.

» Le général Caraffa, vieux, long, maigre et cheminant avec un bonnet de coton blanc à mèche sur une véritable haquenée, avait deux sacs pendus à ses flancs : dans l'un était du vin de Malaga, du bouillon et des biscuits; dans l'autre, une seringue ». (Général Thiébault).

Si ce nouveau Don Quichotte égaya nos soldats, il n'en fut pas de même du général en chef, qui n'eut guère à se féliciter de ce collaborateur, qui, installé depuis huit jours à Alcantara, avait laissé épuiser la plus grande partie des ressources de la ville par sa division, de sorte qu'il ne restait que bien peu de chose pour les troupes françaises.

En employant toutes les ressources de la ville et de ses environs, on parvint à donner la demi-ration de pain, un bœuf et des chèvres par bataillon. C'était peu quant au besoin, c'était beaucoup quant aux ressources, et ce fut un nouveau motif de ne donner aux corps français qu'un jour de repos, indispensable pour mettre les armes en état, et d'entrer de suite en Portugal, ou plutôt de s'y jeter, car rien n'était et ne pouvait être prêt pour une entrée régulière.

La dépopulation du pays environnant n'avait pas permis de remplacer dans les magasins et dans les parcs de bestiaux le pain et la viande que la division espagnole avait consommés. Comme les troupes françaises allongeaient leur marche de quatre lieues en venant à Alcantara, le général en chef ordonna à celles qui n'étaient pas encore arrivées et à toutes les voitures de ne pas dépasser Zarza-Major.

Le général Junot avait précédé de deux jours les troupes à Alcantara. Cette ville, située sur la rive gauche du Tage, est célèbre par son pont, magnifique ouvrage des Romains. Elle était regardée autrefois comme une des principales places d'armes de l'Espagne contre le Portugal, quoique ses fortifications se bornassent à une mauvaise enceinte avec des angles saillants et rentrants sans chemin couvert et sans fossé. On n'y trouva pas d'établissements militaires. Du reste, Junot n'eut pas un instant l'idée de s'en faire une base d'opérations. Sa base d'opérations ne fut guère qu'à la semelle de ses bottes.

L'embarras du malheureux général Junot était extrême. D'une part, il était stimulé par les ordres de Napoléon, par la certitude que s'il n'arrivait pas bientôt à Lisbonne, il trouverait ou la flotte portugaise partie avec les richesses du Portugal, ou une résistance organisée qu'il aurait de la peine à vaincre; d'autre part, il voyait devant lui le revers des montagnes de Beira, incliné vers le Tage, consistant en une foule de contreforts abrupts, séparés les uns des autres par des ravins épouvantables, entièrement dépeuplés, privés de toute ressource, et devenus plus affreux par les pluies torrentielles de l'automne. De plus, nos soldats, partis de France à la hâte, n'ayant pu se faire suivre par leur matériel, se trouvaient pour la plupart sans souliers, sans cartouches, et hors d'état soit de soutenir une longue marche, soit de vaincre une résistance sérieuse, s'ils venaient à en rencontrer une; ce qui n'était pas impossible, car il restait aux Portugais des troupes assez bonnes et très portées à se défendre, attendu que la perspective d'appartenir à l'Espagne ne les disposait guère à accueillir favorablement les envahisseurs.

En présence de cette alternative, ou de laisser consommer à Lisbonne des événements regrettables ou de braver de nouvelles fatigues avec des troupes exténuées, à travers un pays plus affreux que celui qu'on venait de parcourir, le général n'hésita pas. Il prit la résolution de continuer cette marche précipitée, à travers les contreforts du Beira, qui bordent le Tage depuis Alcantara jusqu'à Abrantès.

« Quant au général Junot, je dois à la vérité de dire que, vraiment supérieur dans cette occasion, il ne fut pas même ébranlé ; et qu'invariable dans sa résolution, il persévéra à suivre cet axiome incontestable, qu'il ne faut jamais laisser à son ennemi, un temps que l'on peut gagner sur lui. » (Général Thiébault).

Le corps français, qui portait encore le nom de corps d'observation de la Gironde, fut prévenu par l'ordre du jour du 17 novembre qu'il entrerait en Portugal avant quarante-huit heures. Une proclamation faite le même jour au quartier général d'Alcantara annonça aux Portugais que les armées de Napoléon venaient dans leur pays pour faire cause commune avec leur bien-aimé souverain contre les tyrans des mers.

PROCLAMATION DU GÉNÉRAL JUNOT

« Le gouverneur de Paris, premier aide-de-camp de Sa Majesté l'Empereur et Roi, grandcroix de l'ordre du Christ de Portugal, général en chef.

» Portugais,

» L'Empereur Napoléon m'envoie dans votre pays à la tête d'une armée, pour faire cause commune avec votre bien-aimé souverain contre les tyrans des mers, et pour sauver votre belle capitale du sort de Copenhague.

» Habitants pacifiques de la campagne ; ne craignez rien, mon armée est aussi disciplinée qu'elle est brave ; je réponds sur mon honneur de sa bonne conduite. Qu'elle trouve parmi vous l'accueil dû aux soldats du Grand Napoléon, qu'elle trouve les vivres dont elle a besoin, mais surtout que l'habitant des campagnes reste tranquille dans sa maison.

» Je vous fais connaître les mesures prises pour conserver la tranquillité publique. Je tiendrai ma parole.

» Tout soldat qui sera trouvé pillant, sera puni sur-le-champ avec la plus grande sévérité.

» Tout individu qui se permettra de lever une contribution sera traduit à un conseil de guerre, pour être jugé suivant la rigueur des lois.

» Tout habitant du royaume de Portugal, qui, n'étant pas soldat de troupes de ligne, sera trouvé faisant partie de quelque rassemblement armé, sera fusillé.

»Tout individu convaincu d'être chef d'un attroupement ou d'une conspiration tendant à armer les citoyens contre l'armée française sera fusillé.

» Toute ville ou village dans le territoire duquel aura été commis un attentat contre un individu appartenant à l'armée française, paiera une contribution qui ne pourra pas être moindre que le triple de sa contribution annuelle ordinaire. Les quatre principaux habitants serviront d'otages pour le paiement de la somme; et, pour que la justice soit exemplaire, la première ville ou le premier village où un Français aura été assassiné, sera brûlé et rasé entièrement.

» Mais je veux me persuader que les Portugais connaîtront leurs vrais intérêts, que secondant les vues pacifiques de leur prince, ils nous recevront en amis et que particulièrement la ville de Lisbonne me verra avec plaisir entrer dans ses murs, à la tête d'une armée qui peut seule la préserver de devenir la proie des éternels ennemis du continent.

» Au quartier général d'Alcantara, le 17 novembre 1807.

JUNOT».

*
* *

De même qu'on avait mandé à Napoléon la mise en accusation du prince des Asturies, on lui manda aussi le pardon accordé à ce prince. Il fut surpris autant de l'un que de l'autre De son côté, Godoï écrivait à Murat le 18 novembre :

Godoï, Prince de la Paix, à Murat.

A l'Escurial, ce 18 novembre 1807.

« Prince,

» Une maladie douloureuse qui me força à garder le lit pendant huit jours, a été la cause qui m'attira les justes et aimables reproches dont Votre Altesse Impériale m'honore dans sa chère lettre du 11 courant. Oui, Prince, c'est sans doute en moi une omission presque impardonnable que de ne pas vous avoir mis au fait de l'événement affreux qui venait d'éclater à la Cour, mais à présent que je me trouve en état de reconnaître ma faute, je m'empresse à remplir envers Votre Altesse Impériale un devoir que me prescrit la sincère amitié dont elle m'honore.

» Malheureusement le Prince des Asturies accoutumé aux instigations de la feue Princesse, son épouse, mit sa confiance dans un prêtre dont les conseils lui offrant des idées flatteuses, l'ont exposé à des erreurs sans nombre. Il débuta par la séduction de quelques personnes de caractère, et quand il en compta un nombre suffisant pour déployer ses idées, il commença par écrire des libelles infamatoires (*sic*) contre la Reine, sa mère, et contre moi, libelles dont les brouillons lui étaient présentés par l'ecclésiastique qui avait soin de les brûler aussitôt que le Prince en avait fait la copie, et libelles qui ont été trouvés dans un bureau de Son Altesse qui avoua le fait, et les complices ou séducteurs.

» Peu satisfaits d'une telle atrocité, par le moyen de laquelle et de l'argent distribué dans le peuple bas pour acheter des applaudissements au mépris du Roi, son père, ils lui ont fait signer un décret, se supposant Roi, par lequel le Prince confiait le commandement en chef de ses troupes à un de ses conjurés; le décret était sans date, mais il était cacheté sur de cire noire. Tout est porté dans les déclarations et constaté par des documents. Mais craignant bientôt d'être découverts et déjoués dans leurs projets, ils ont conçu d'autres trames pour s'en assurer le résultat.

» Ce fut alors que le prêtre chercha à s'insinuer dans la confidence de l'ambassadeur de Sa Majesté Impériale et Royale, mais son Excellence se méfiant de lui, demanda à s'assurer par un signalement positif, s'il était autorisé par Son Altesse à cet effet. Le prince lui a donné celui-ci : « A la Cour, je demanderai à l'ambassadeur s'il a été à Naples et, en même temps, je tirerai mon mouchoir ». Cela fait, le prêtre se vit introduit par le moyen duquel le Prince a suivi une intime correspondance selon que Son Altesse elle-même a déclaré, mais n'ayant pas pu trouver aucune de ses lettres, j'en ignore l'objet.

» Voilà, Prince, le précis d'un événement si fâcheux. Votre Altesse Impériale doit sans doute connaître quelle en sera l'affliction de Leurs Majestés, quels seront leurs justes soupçons, d'autant plus que les complices en sont en grand nombre et du premier rang.

» Cependant et malgré tous ces crimes, le Roi guidé par ses sentiments d'amour, et cédant aux prières de la Reine et aux miennes, rendit la liberté au Prince. Son Altesse en demanda pardon à Leurs Majestés et promit de se corriger. Elle a continué à déclarer le tout volontairement et m'a voué une amitié constante. Je ne sais pas si les impulsions de l'honneur lui feront tenir sa parole, mais je n'ai pas une grande confiance en quiconque, une fois, me porte des injures, et je crois que Votre Altesse Impériale en sera de mon avis.

» Je viens de m'acquitter d'un devoir envers Votre Altesse Impériale. Je le prie d'en faire part à Sa Majesté Impériale et Royale si elle le croit à propos et de me faire l'honneur de me rendre un témoignage de la sincérité de mon exposition, comme d'un fait prouvé et constaté. Comme je ne puis pas douter de la bienveillance de Son Altesse Impériale et Royale et de l'intime amitié qu'elle porte à mon souverain, c'est à Votre Altesse Impériale que je prie pour toute faveur d'interposer sa médiation pour qu'elle veuille bien se départir de ses sentiments.

» Veuillez, Prince,...   »

(Archives du Prince Murat, D. 155. 11).

La confiance de Gódoï était devenue moins grande, car, le même jour, il écrivait à Izquierdo :

« Les choses prennent un aspect terrible. Du secret et soyez attentif à ce qui se passe. »

Napoléon avait été disposé favorablement par la démarche de Ferdinand lui demandant la main d'une princesse de sa famille, mais il ne savait plus maintenant s'il devait prendre parti pour ou contre lui.

Il fit partir pour l'Espagne son chambellan M. de Tournon dont il appréciait le bon sens, avec ordre d'observer ce qui s'y passait, de bien examiner si le prince des Asturies y avait des partisans nombreux, si la vieille cour en conservait encore, avec mission enfin de porter une réponse aux diverses lettres de Charles IV. Dans cette réponse pleine de convenance et de générosité, Napoléon conseillait à Charles IV le calme, l'indulgence envers son fils et niait avoir reçu de sa part aucune demande.

Peu à peu cependant la démarche tentée par Ferdinand auprès de Napoléon avait fini par être connue en Espagne, et on l'approuvait. C'était, disait-on, une sage pensée que de songer à unir les deux maisons par les liens du sang, car cette union pouvait seule faire cesser les défiances qui séparaient encore les Bourbons des Bonaparte.

Napoléon devint un dieu tutélaire, invoqué de tous les côtés et par toutes les voix. C'est le seul moment peut-être où le peuple espagnol ait admiré avec transport un héros qui ne fut pas Espagnol et fait appel à une influence étrangère.

L'Empereur voulut profiter de cet instant de répit pour consacrer quelques jours à l'Italie, et pour mettre ordre à beaucoup de grandes affaires qui réclamaient sa présence. D'ailleurs il devait rencontrer en Italie son frère Lucien, se réconcilier avec lui et recevoir de ses mains une fille qui pourrait être la princesse destinée à l'Espagne, si le projet moins violent d'unir les deux maisons par un mariage l'emportait définitivement.

Ces résolutions prises, il donna des ordres à ses armées, non pas pour arrêter leur marche vers l'Espagne, mais pour ralentir la célérité de cette marche. On devait supprimer le transport en poste des troupes du corps de Moncey, dont le mouvement devait commencer dès le 15 novembre. Les bataillons furent mis en route au fur et à mesure de leur arrivée aux points de rassemblement ; il en résulta que les régiments, les brigades et les divisions ne purent s'organiser qu'à Bordeaux. Les divisions se rendirent de Bordeaux à Bayonne par étapes, chaque régiment formant une colonne.

Le peu de temps laissé pour l'exécution des ordres fit que les compagnies ne purent partir avec le complet fixé. En outre, un certain nombre d'hommes restèrent en arrière et furent rassemblés à Orléans, à Bordeaux et Bayonne.

Le 17 novembre, le général Clarke informe le ministre, directeur de l'administration de la guerre, qu'en exécution d'un ordre de l'Empereur, il donne l'ordre aux quatre brigades de troupes à cheval du corps d'observation des côtes de l'Océan, qui se rassemblent à Tours, Orléans, Compiègne et Chartres et qui composent la division de cavalerie de réserve de l'intérieur commandée par le général Grouchy, de se diriger sur Bordeaux.

« Les 1er et 2e régiments provisoires de grosse cavalerie partiront de Tours les 21 et 29 novembre pour Libourne. Les 1er et 2e régiments provisoires de dragons partiront d'Orléans les 21 et 26 novembre pour Bordeaux. Les 1er et 2e régiments provisoires de chasseurs partiront de Chartres les 22 et 25 novembre pour Bordeaux. Les 1er et 2e régiments provisoires de hussards partiront de Compiègne les 20 et 21 novembre pour Bordeaux. »

L'Empereur usait de tous les moyens pour alléger la France de l'entretien des troupes :

Le nouveau royaume de Westphalie faisait partie de la Confédération du Rhin et devait fournir, en cas de guerre, un contingent de 20.000 hommes. En attendant qu'une armée fut organisée, un décret du 15 novembre fit passer la légion polaco-italienne à la solde de ce royaume.

Si l'on résume les ordres donnés à l'armée par l'Empereur avant son départ, on voit qu'il fit coïncider avec le mouvement de ses conscrits vers l'Espagne un mouvement rétro-

grade de ses vieux soldats vers le Rhin. Tous les pays au-
delà de la Vistule furent évacués.

« Le maréchal Davout, qui avec les Polonais, les Saxons, son troisième corps
et une partie des dragons, était resté en Pologne, au delà de la Vistule, et
formait le premier commandement, se replia entre la Vistule et l'Oder occupant Thorn, Varsovie et Posen, sa cavalerie sur l'Oder même. La Pologne,
recommandée à Napoléon par le roi de Saxe, obtint ainsi un notable soula-
gement.

» Le maréchal Soult, qui formait le deuxième commandement, reçut ordre
d'évacuer la Vieille Prusse et de se reporter vers la Poméranie prussienne et suédoise, sa cavalerie continuant seule à vivre dans l'île de Nogat. Il ne resta
sur la droite de la Vistule que les grenadiers d'Oudinot à Dantzig.

» Le premier corps, passé aux ordres du maréchal Victor, continua d'occuper
Berlin, avec la grosse cavalerie en arrière sur les bords de l'Elbe.

» Le maréchal Mortier, avec les 5ᵉ et 6ᵉ corps et deux divisions de dragons
fut laissé dans la haute et basse Silésie.

» Le prince de Ponte-Corvo commandant seul les bords de la Baltique,
depuis la prise de Stralsund et la dissolution du corps du maréchal Brune,
dut occuper Lubeck avec la division Dupas, Lunebourg avec la division
Boudet, Hambourg avec les Espagnols, Brême avec les Hollandais.

» Tout ce qui restait de cavalerie n'ayant pas pris place dans ces divers
commandements fut envoyé en Hanovre.

» Les Bavarois, Wurtembergeois, Badois, Hessois, Italiens, obtinrent l'autorisation de rentrer chez eux.

» La grosse artillerie de siège, les approvisionnements en vêtements, souliers, armes, confectionnés à prix d'argent en Pologne et en Allemagne
furent dirigés sur Magdebourg.

» La Garde impériale, au nombre de 12.000 hommes, accéléra sa marche
vers Paris. »

Napoléon, en prescrivant ces mouvements, avait la double
intention de décharger le Nord de l'Europe, et de ramener
quelques régiments de vieilles troupes en France. Indépendamment de la Garde qui allait arriver, il fit rentrer 9 ou
10 régiments d'infanterie, une certaine portion d'artillerie à
pied, et beaucoup de cadres de dragons. Il s'y prit avec sa dex-
térité ordinaire, pour qu'il résultàt de ce changement, au lieu
d'une dislocation, une meilleure organisation de ses corps
d'armée.

La Grande Armée dans le Nord était encore d'environ
300.000 Français, sans compter les Polonais et les Saxons
restés en Pologne, les Bavarois et les Wurtembergeois, les

Badois, les Hessois, les Italiens acheminés vers leur pays, mais non licenciés et prêts à revenir au premier appel. Napoléon avait alors, en ajoutant à la Grande Armée les armées de la haute Italie, de la Dalmatie, de Naples, des Iles-Ioniennes, de Portugal, d'Espagne, de l'intérieur, 800.000 hommes de troupes françaises, et au moins 150.000 de troupes alliées, puissance colossale, effrayante, si l'on songe surtout que la plus grande partie se composait de soldats éprouvés, que les conscrits eux-mêmes étaient enfermés dans d'anciens cadres, que tous étaient commandés par les officiers les plus expérimentés, les plus habiles que la guerre eût jamais produits, et que ceux-ci enfin marchaient sous les ordres du plus grand des capitaines!

Napoléon s'efforçait, comme nous l'avons déjà dit, d'évincer de l'armée tout ce qui ne lui était pas de nécessité absolue. C'est ainsi qu'il supprima les gendarmes d'ordonnance qui étaient pourtant de formation récente, puisqu'il les avait créés, il y avait un an seulement, dans le but de se faire une garde avec des jeunes gens de la noblesse.

C'est le 20 novembre 1807, que le corps des gendarmes d'ordonnance fut licencié.

L'Empereur, sans aucun doute, comptait, après la campagne de Pologne, conserver les gendarmes d'ordonnance, les appeler au service de la cour et établir ainsi une sorte de pépinière où il eût pris ses officiers de cavalerie. Les résultats qu'il avait obtenus étaient pour le confirmer dans cette résolution; en deux mois, deux compagnies, chacune d'environ cent cinquante hommes, avaient été formées et équipées et étaient parties pour le théâtre des opérations. Une troisième avait suivi presque aussitôt et, au moment de la paix de Tilsit, une quatrième et une cinquième compagnies étaient prêtes à entrer en campagne. Les familles les plus illustres de l'ancienne France avaient tenu à être représentées dans le corps dont un Montmorency-Laval était le commandant de fait, bien qu'il ne fût de droit que commandant de la première compagnie, avec Carion de Nisas pour capitaine en second; à la deuxième, le capitaine était M. d'Arberg, chambellan de l'Empereur, l'unique représentant d'une des familles les plus illustres des Pays-Bas; à la troisième, M. de Choiseul, avec M. dè Sourdis en second; à la quatrième le prince Joseph de Monaco et à la cinquième le prince de Salm. Les lieutenants en premier et en second n'étaient pas de moins bonne maison. C'étaient MM. de Charbonnière, de Pilal, de Juigné, de Norvins, Avogadre de Quinto, de Partz, Murat, de Sistrières, de Savoie-Carignan, de Forbin, le duc d'Arenberg, de Brias, Dabos de Binauville, Hippolyte d'Espinchal, de Naucaze de Montravel, de Saluces, de Menusci, de Bougas, de Serviès, de Vence, de Walembourg. Et qu'on ne croie pas que le corps d'officiers fut plus brillamment composé que le corps des sous-officiers; ceux-ci valaient ceux-là; et les brigadiers valaient les sous-officiers; les simples gendarmes étaient de race aussi noble que leurs chefs. Veut-on savoir ce que les gendarmes d'ordonnance qui, au moment du licenciement, n'étaient certainement pas sept cents au total, ont fourni d'officiers généraux ou d'officiers supérieurs distingués? Le dépouillement des listes, malheureusement très incomplètes, fournit dix généraux de division et de brigade, vingt-quatre colonels et vingt-cinq chefs d'escadron.

Huit gendarmes avaient mérité pendant la campagne l'étoile de la Légion : ce furent le capitaine de Montmorency, les lieutenants Hippolyte d'Espinchal, de Charbonnière, de Pital et de Norvins, le maréchal des logis Charette, les gendarmes de Guerre et de Massa. Dix-sept hommes avaient été tués ou blessés dans les trois compagnies qui avaient pris part à la campagne.

Des deux résultats que l'Empereur se proposait en créant les gendarmes d'ordonnance, le premier, celui d'appeler les jeunes nobles à son service, avait été certainement atteint; mais, devant l'hostilité que témoignaient les anciens corps de la Garde contre un corps privilégié, il dut renoncer au second. Les gendarmes d'ordonnance furent donc licenciés.

M. de Montmorency-Laval qui avait commandé le corps fut rétabli dans son ancien grade de général de brigade et obtint, le 1ᵉʳ mars 1808, le gouvernement du palais de Compiègne, gouvernement qu'avait eu son père, le maréchal de Laval.

Tous les officiers qui voulaient continuer à servir passèrent dans la ligne avec le grade supérieur; les gendarmes des trois premières compagnies furent nommés sous-lieutenants dans différents régiments de cavalerie; ceux de la 4ᵉ et de la 5ᵉ qui n'avaient pas été prêts à temps durent faire un stage d'un an dans les vélites avant d'être nommés officiers.

On peut compter que les gendarmes d'ordonnance ont fourni près de quatre cents officiers de cavalerie aux armées impériales.

Pour les gendarmes à pied, il ne s'était pas présenté de quoi former les éléments d'une seule compagnie.

Donc la plupart de ces volontaires, qui n'avaient guère que vingt ans, furent versés dans les régiments comme sous-officiers ou officiers, selon le grade qu'ils occupaient au moment du licenciement, mais il était dans l'intention de l'Empereur qu'on les retint à l'armée en leur promettant de l'avancement.

C'est ainsi que nous relevons sur les états de service de l'un d'eux :

Le marquis Arnould-François-Léopold-Odile du Pouget de Nadaillac, né en 1787, entra dans les gendarmes d'ordonnance le 15 octobre 1806. Licencié avec ce corps comme maréchal des logis, le 20 novembre 1807, le marquis de Nadaillac passa comme lieutenant au 14ᵉ dragons en février 1808 pour devenir, quelques mois après, aide de camp du général Latour-Maubourg.

La garde à pied et à cheval était en route pour rentrer à Paris. Napoléon donna des ordres pour qu'on lui fît une réception triomphale.

Il désirait être absent de cette solennité, et, s'il était possible, qu'on n'y pensât pas même à lui.

Il voulait qu'on fêtât l'armée, l'armée seule, en fêtant la Garde qui en était l'élite. Ainsi, écrivant au ministre de l'intérieur pour lui prescrire les détails de la cérémonie, lui disait-il :

» Dans les emblèmes et inscriptions qui seront faits dans cette occasion, il doit être question de ma Garde et non de moi, et on doit faire voir que dans la Garde on honore toute l'armée ».

Napoléon partit de Fontainebleau pour l'Italie le 16 novembre accompagné de Murat, des ministres de la marine et de l'intérieur, de MM. Sganzin et de Proni, des directeurs de plusieurs services importants.

Constant, valet de chambre de l'Empereur raconte dans ses mémoires, combien ce départ fut impromptu :

« Au mois de novembre 1807, je suivis Leurs Majestés en Italie. Nous savions quelques jours à l'avance que l'Empereur ferait ce voyage; mais, comme il arriva pour tous les autres, ni le jour, ni même la semaine, n'étaient fixés, et nous n'apprîmes que le 15 au soir que l'on partait le 16 de grand matin. Je passai la nuit, comme toute la maison de Sa Majesté; car pour arriver à l'incroyable perfection des soins dont l'Empereur était entouré dans ses voyages, il fallait que tout le monde fût sur pied dès que l'heure du départ était à peu près désignée; je passai donc la nuit à préparer le service de Sa Majesté pendant que ma femme apprêtait mon bagage. J'avais à peine fini lorsque l'Empereur me demanda. Cela voulait dire que dix minutes après nous serions en route; à quatre heures du matin Sa Majesté monta en voiture.

Pressé d'entrer en Portugal par les ordres de l'Empereur, Junot ne donna qu'un jour de repos à ses troupes à Alcantara, malgré leur extrême fatigue.

« Malheur à l'armée qui, même reposée, bien organisée dans la saison la plus favorable, entrerait en Portugal sans porter avec elle du biscuit pour plusieurs jours, sans faire précéder ses colonnes par des compagnies d'ouvriers, sans se faire suivre par quelques troupeaux, elle serait exposée à d'incalculables désastres, et courrait la chance, presque certaine, d'une destruction entière ». (Général Thiébault.)

Junot n'avait ni le temps ni les moyens d'assurer ces précautions à ses troupes.

« Le plomb nécessaire et toute la poudre existant dans le pays furent rassemblés à la hâte, mais on manquait de papier pour confectionner les cartouches. Les volumineuses archives des chevaliers d'Alcantara en fournirent; on travailla nuit et jour et on put en donner vingt par homme. Des vivres furent également trouvés par l'activité avec laquelle on se mit à la recherche de tout ce que le pays pouvait fournir. On ramassa quelques souliers. » (Madame d'Abrantès.)

*
* *

Plusieurs espions avaient annoncé qu'un corps portugais marchait à la rencontre des Français. Quelque vague que fût ce bruit, il fallait le vérifier. Les habitants de cet partie de l'Estramadure espagnole offraient, à cet égard, peu de ressources : mal intentionnés, beaucoup plus nos ennemis que nos alliés, on ne pouvait compter sur leur zèle. Naturellement apathiques, l'intérêt avait peu de pouvoir sur eux; enfin, ignorants, stupides, sachant à peine les noms des villages les moins éloignés du leur, on ne pouvait compter ni sur leur intelligence, ni sur leurs dispositions, ni sur leurs connaissances locales.

Le Portugal était divisé en six provinces, savoir : entre Duero et Minho, qu'on appelait plus communément Minho, Tras-os-Montes, Beira, Estramadure, Alemtejo et Algarves qui avait le titre de royaume. Cette division était suivie pour la répartition des commandements militaires. Un officier général, dans chaque province, avait sous ses ordres les troupes et les forteresses, et prenait le titre de *governador das armas*. Le commandement de Minho était partagé en deux. Il y avait pour l'arrondissement de Porto, *partido de Porto*, un gouverneur établi dans cette ville, et, pour le reste de la province, un autre qui résidait à Vianna.

Les six provinces du Portugal étaient divisées en quarante-quatre *comarques*. A la tête de chaque comarque était un corrégidor, en Portugais *corregedor*, mot qui vient du verbe latin « corrigere ». Le corrégidor était à la fois administrateur et juge.

Chaque comarque se composait d'un nombre irrégulier de *cidades* et de *villas*. Le titre pompeux de cidade, cité, appartenait à d'anciennes villes de temps immémorial. Il en était qui l'avaient reçu du roi. On l'avait donné à toutes celles qui avaient des évêques. Villa correspondait à notre mot bourg, quoiqu'il y eut des villas plus grandes et plus riches que certaines cidades et d'autres plus petites et plus pauvres que de simples villages.

Toutes les cidades et un certain nombre de villas avaient leur juge de fora, *juiz de fora* ainsi nommé parce qu'il venait du dehors, fora. Le juge de Fora exerçait dans le territoire, *termo*, de sa cidade ou villa les mêmes fonctions que le corrégidor dans la comarque.

Il faut croire que la noblesse portugaise, pour avoir perdu sa suprématie féodale, n'avait pas cessé d'être offensive et envahissante, car la première des instructions que recevaient les corrégidors et les juges de fora en se rendant à leur poste, était de mettre obstacle aux excès des Fidalgues, *obstar aos excessos dos Figaldos*.

Fidalgo vient de Fitho de Algo, littéralement fils de quelque chose. Quoique ce nom appartint indistinctement à tous les nobles, l'usage l'avait consacré pour désigner les familles qui comptaient un ou plusieurs personnages titrés. Les Fidalgues s'intitulaient Fidalgues de la maison du roi, *fidalgos do casa real*, et en effet le prince les tenait dans une exclusive dépendance : titres, commanderies, emplois, pensions, terres concédées, tout leur venait de la couronne.

Les Fidalgues étaient astreints à une foule d'observances de cour. Ils ne pouvaient ni voyager, ni se marier sans la permission royale. Le début de leurs fils dans le monde était marqué par l'accomplissement de quelque devoir de domesticité envers le prince, et valait à ces jeunes gens le titre de *moco fidalgo*, garçon fidalgue.

Quoique la Fidalguerie portugaise ne remontât pas très haut dans l'histoire et qu'elle fût fréquemment entachée de bâtardise, il n'était pas au monde de noblesse plus vaine de la splendeur de son origine. A côté d'elle les grands d'Espagne pouvaient passer pour des modèles d'humilité.

Le *don* que tout le monde prenait en Espagne était réservé, en Portugal, aux membres de la famille régnante, aux Fidalgues issus par bâtardise du sang royal et à un petit nombre de maisons. On ne pouvait néanmoins rien conclure de la présence ou de l'absence du « don » pour ou contre l'illustration des grandes familles; témoin le dicton.

Mello con don et Menezes sin elle,
Nao façais cazo delle.

Ne faites aucun cas de Mello avec un don, et de Menezes sans lui.

Les évêques étaient les seuls auxquels on accordait le « don » autrement que par droit de naissance.

« Il règne en Portugal et dans toutes les conditions une véritable anarchie de noms propres. L'un se fait appeler comme son père, l'autre comme sa mère. Celui-ci porte le nom de son majorat, celui-là du lieu de sa naissance; tel autre le nom de son bienfaiteur. Plusieurs ne sont jamais désignés que sous leurs noms de baptême.

» Les Portugais ont un mot particulier, *empenho* qui exprime, plus fortement que le mot recommandation, la bienveillante sollicitude toujours prête à intervenir dans la justice comme dans l'administration. Il est reçu qu'un empenho n'a de mérite qu'autant qu'il attire une faveur sur quelqu'un qui ne la mérite pas ou qu'il soustrait un coupable à l'action des lois ». (Général Foy.)

Dans aucun temps le clergé séculier n'a eu en Portugal une forte consistance politique. Les couvents n'y étaient pas aussi nombreux qu'en Espagne. A Lisbonne, l'importance monacale était atténuée par la prédominance arrogante des nobles et par le mouvement mercantile.

Il ne faut pas oublier que le Portugal a couvert l'océan de ses flottes, soumis à ses lois les rivages de l'Inde et les plus belles portions de l'Amérique méridionale. Lisbonne prit, au milieu du monde agrandi par Christophe Colomb et par

Vasco de Gama, la place que Constantinople avait tenue sur l'ancien continent.

Le Portugal s'éleva à cette hauteur, grâce à d'excellentes institutions dont quelques-unes étaient encore en vigueur en 1807.

Soldats en naissant, les hommes de ce pays demeuraient, jusqu'à l'âge de soixante ans, soumis à l'obligation du service militaire pour la défense de leurs foyers. La population mâle était répartie de tout temps dans des « compagnies » de deux cent cinquante hommes dites d'ordonnances, *ordenancas* qui avait chacune un capitaine, un enseigne. un sergent, un officier de justice, *meirinho*, un clerc et dix caporaux. Le capitaine était tenu de remettre à l'enseigne, toutes les fois que la compagnie se rassemblait, un drapeau aux couleurs nationales bleue et rouge, et de se faire suivre par un de ses domestiques auquel il avait dû faire apprendre le métier de tambour. Ceux qui avaient le moyen d'avoir un cheval, formaient des corps d'ordonnances montés. Les compagnies du même arrondissement recevaient les ordres d'un chef, le capitaine mor, *capitas mor*, qui les passait en revue au moins deux fois l'an. Le seigneur féodal, quand il résidait sur les lieux, était capitaine mor de droit. Un autre, à son défaut, était nommé par le roi, qui le choisissait toujours parmi les gros tenanciers du canton. Le capitaine mor, le major, *sargento mor*, son second et les capitaines des compagnies, prêtaient devant le magistrat principal, *corregedor da comarca*, le serment de maintenir la population en armes ; de combattre à sa tête ; d'obéir aux ordres du prince ; de respecter les lois, et de n'employer dans aucun cas les ordonnances à d'autres services qu'à celui du souverain. En raison de la liberté de la chasse, et du voisinage des ports de mer, beaucoup de paysans étaient fournis de fusils et de poudre. Les autres avaient de longs bâtons à l'extrémité desquels était emmanchée une baïonnette, ou au moins un morceau de fer pointu. Le *chuco*, c'était le nom qu'on donnait à cette espèce de pique, était regardé en Portugal comme un meuble de ménage.

Un pareil système de défense, fondé sur l'emploi de la population armée, s'adaptait parfaitement à la nature du pays. Ce n'étaient partout que montagnes escarpées à travers lesquelles on s'était bien gardé de pratiquer des communications. Les rivières n'avaient pas de pont. Des donjons gothiques ou mauresques étaient perchés sur les pointes des rochers. Les moindres bourgades, « villa », étaient entourées de murailles.

La frontière était bordée d'*atalaya*, tours crénelées dont la maçonnerie était épaisse et solide. Elles n'avaient pas de porte; on y entrait au moyen d'une échelle que retiraient ensuite ceux qui étaient dedans. Du temps de Schomberg, disciple et ami de Turenne qui releva les fortifications du Portugal, chaque Atalaya avait sa garnison de quinze ou vingt hommes. Un gros canon en batterie sur la plate-forme servait à défendre le poste et aussi à avertir les habitants du pays de l'approche de l'ennemi. Ces tours étaient, en 1807, pour la plupart abandonnées, mais elles pouvaient encore être utilisées comme centre de ralliement pour la défense des passages qu'elles gardaient.

En somme, l'institution de la nation armée et du service obligatoire jusqu'à soixante ans subsistant, elle pouvait être utilisée contre nous.

Quant à l'armée active, elle se composait, en 1807, de 20 régiments d'infanterie à 2 bataillons;

 20 régiments d'infanterie à 2 bataillons;

  8 régiments de cavalerie à 3 escadrons;

  7 régiments de dragons à 3 escadrons;

  4 régiments d'artillerie dont 1 à 4 bataillons et 2 à 3 bataillons;

  2 régiments de marine à 4 bataillons;

donnant un total de 30.000 hommes.

La conquête du Portugal, car il ne fallait pas se le dissimuler, c'était bien la conquête qu'on entreprenait, devait offrir des difficultés extrêmement sérieuses, tant par la nature du pays que par l'opposition de l'armée, si celle-ci était tournée contre nous. Il y avait à le redouter jusqu'au dernier moment, l'argent anglais pouvant lever le seul inconvénient qui retenait le gouvernement portugais. Mais l'apathie et la timidité du Prince régent étaient nos meilleures garanties contre cette éventualité.

L'ordre de l'Empereur à Junot lui prescrivait de suivre la rive droite du Tage tandis que le corps espagnol du général Solano marcherait par la rive gauche. Étant données les difficultés matérielles, il eût mieux valu passer le Tage à Alcantara, s'enfoncer plus avant dans l'Estramadure, gagner Badajoz et prendre la grande route de Badajoz à Elvas à travers l'Alentejo, province unie et d'un parcours facile. Mais il fallait faire ensuite un long détour à droite pour gagner Lisbonne.

Napoléon ordonnant de Paris, d'après la seule inspection de la carte, avait préféré la route qui menait le plus vite à Lisbonne. Il voulait aussi que Junot n'eût pas à opérer plus tard un passage du Tage, lorsqu'on approcherait de Lisbonne. Mais, si Napoléon avait pu savoir qu'on rencontrerait en Portugal des pluies torrentielles, que par la négligence des alliés l'armée arriverait à Alcantara exténuée de faim et de fatigue, il est possible qu'il aurait mieux aimé perdre quelques jours que de poursuivre une marche qui allait bientôt ressembler à une déroute.

Ce fut la grande erreur de l'Empereur pendant ces malheureuses guerres d'Espagne de vouloir tout diriger à distance sans admettre aucune objection. Aussi ne donna-t-il des ordres vraiment exécutables que lorsqu'il commanda lui-même sur place.

Le 20 novembre, précisément au moment où les soldats de

Junot souffraient de la faim, le ministre de l'administration de la guerre donnait l'ordre de Paris que la ration de pain fut ramenée à 24 onces (1 livre et demie) ainsi qu'il résulte de la lettre suivante, en date du 20 novembre 1807, du ministre Dejean au général Dupont.

« M. le général Junot, général commandant en chef l'armée de la Gironde, m'a informé qu'à l'entrée des troupes françaises sur le territoire espagnol, la ration de pain serait composée de 28 onces. Sa Majesté l'Empereur et roi, dont j'ai pris les ordres à cet égard, a décidé que les troupes de cette armée ne devaient recevoir que la ration ordinaire de 24 onces. Sa Majesté en prenant cette décision a particulièrement considéré : 1° que les troupes de la Grande Armée ne jouissaient que de la ration ordinaire, et qu'il n'y avait pas plus de motif pour accorder le supplément de 4 onces aux troupes de l'armée de la Gironde ; 2° que les ressources en grains du territoire occupé par l'armée n'étant pas très abondantes, il était prudent de les ménager ; 3° que les soldats ne pouvaient guère consommer la ration portée à 28 onces, le supplément de 4 onces ne tournait point ordinairement à son avantage, mais à celui des préposés ou autres qui sont dans l'usage d'en faire le rachat (Dejean). »

Cette mesure prise dans de pareilles circonstances était une amère ironie. Elle serait la honte du général Dejean s'il n'avait pour excuse d'avoir ignoré que l'armée de Portugal n'avait même pas de pain. Tant il est vrai qu'il est impossible de donner des ordres de détail de loin.

Tout autre est de se borner à des directives larges exposant et imposant le but, mais laissant les moyens d'exécution à la disposition des subordonnés qui sont directement aux prises avec les objections et les difficultés.

Il faut reconnaître que ce fut le grand défaut de Napoléon de prescrire jusqu'aux menus détails d'exécution, toutes les fois qu'il ne fut pas débordé lui-même par les événements et cela avec un autoritarisme qui n'admettait pas d'être tempéré. Il faut reconnaître aussi que cet autoritarisme lui assura en tout et partout une obéissance qui réussit à surmonter toutes les difficultés en les dédaignant autant que le maître.

C'était devenu la règle dans l'armée française, à tous les échelons de la hiérarchie ; c'était aussi sa grande force. L'impossible avait été rayé de son vocabulaire.

Mais, si ce fut Napoléon qui inculqua ce mépris des difficultés, on peut dire que l'honneur en revient peut-être plus encore à ceux qui savaient obéir toujours et quand même.

Junot était de ceux-là. Il n'aurait jamais discuté un ordre. Aussi n'hésita-t-il pas à partir d'Alcantara pour marcher au plus vite sur Lisbonne.

Il partagea son armée en deux groupes, l'un composé de l'infanterie des deux premières divisions, l'autre de l'infanterie de la troisième division, de la cavalerie, de l'artillerie et des traînards. Le premier groupe devait se porter en avant, tandis que le second resterait à Alcantara, avec ordre de rejoindre dès qu'il serait un peu rallié, refait et pourvu de moyens de transports. Junot n'emmènerait avec lui que quelques canons de montagne plus faciles à traîner.

Avant de franchir la frontière du Portugal, il fit organiser le dépôt général de son armée dans Alcantara et ordonna que l'artillerie des deuxième et troisième divisions, le parc, les bagages, les détachements et les militaires isolés qui se trouvaient encore en arrière demeureraient jusqu'à nouvel avis au bourg de Sarza-la-Mayor.

Il donna le commandement du tout à l'adjudant-commandant Baguéris, qu'il chargea de faire suivre le mouvement de l'armée à la troisième division et à la cavalerie en les dirigeant sur Abrantès par Salvatierra, Indanha-a-Nova et Castel-Branco, d'où les troupes devaient marcher sur deux colonnes, l'une par Sobreira-Formosa, l'autre par Perdigao.

Un commissaire des guerres resta avec cet officier supérieur, pour presser sous ses ordres la fabrication et le transport des subsistances, et pour régulariser tout ce qui pouvait tenir aux besoins des troupes.

Malgré les assurances d'amitié adressées au gouvernement portugais, celui-ci avait protesté contre l'invasion de son territoire. Et il avait donné l'ordre à un corps de troupes de ligne de se réunir à Thomar en travers de la route de Lisbonne, aux milices de se rassembler et aux autorités locales de disposer le peuple à combattre les Français par tous les moyens possibles, pour leur fermer le passage des montagnes.

Fort heureusement ces instructions n'étaient pas encore parvenues aux autorités de Beira qui ne les connurent qu'au moment où l'armée de Junot traversait la province, et lorsqu'il n'était déjà plus temps de les mettre à exécution.

Quant aux troupes espagnoles du général Caraffa, il ne fallait pas fonder grand espoir sur elles; outre qu'elles étaient loin d'atteindre le contingent promis, elles étaient, pour la plupart, animées de si mauvais sentiments à l'égard des Français qu'il fallut en renvoyer une partie dans leurs cantonnements.

C'est le 18 que les premières troupes de Junot franchirent la frontière du Portugal.

Le général en chef fit partir ce jour-là d'Alcantara une compagnie de voltigeurs du 70ᵉ, qui s'établit ce même jour à Segura, premier village portugais au-delà du pont.

Cette compagnie avait pour mission de recueillir des renseignements, de les transmettre aussitôt et de se laisser rejoindre par l'avant-garde.

Segura avait autrefois une importance comme ville frontière par son château-fort, mais il n'en restait alors qu'une tour à moitié détruite.

Le 19, l'avant-garde, composée du 70ᵉ régiment d'infanterie, de deux compagnies de sapeurs-mineurs catalans et du régiment de hussards espagnols de Marie-Louise, sous les ordres du général de brigade Maurin, commença le mouvement. Elle rejoignit la compagnie de voltigeurs à Segura, la fit rentrer à son corps, et se porta à Indanha-a-Nova, d'où elle se rendit le lendemain à Castel-Branco.

Le 20 novembre, les première et deuxième divisions de l'armée, six pièces d'artillerie légère espagnole, une compagnie de mineurs et une de sapeurs catalans, ainsi que deux bataillons du régiment de Majorque, quittèrent Alcantara sans recevoir de vivres, repassèrent le Tage et rétrogradèrent jusqu'à Piedras-Alvas.

Par les efforts surnaturels du capitaine Hulot et de ses officiers, l'artillerie de la première division venait d'y arriver ; de suite elle fut partagée entre la première et la deuxième divisions de l'armée.

A Piedras-Alvas, ces deux divisions se séparèrent pour entrer en Portugal.

La première, renforcée des troupes espagnoles ci-dessus désignées, et avec laquelle marchait le quartier général de l'armée, se dirigea sur Rosmaninal.

La seconde division, dont la première brigade fut commandée par le colonel de Grandseigne, premier aide-de-camp du général en chef, se porta à Idanha-a-Nova.

Les Espagnols du corps du général Caraffa, à l'exception de ceux renvoyés d'Alcantara, et de ceux attachés à la première division et à l'avant-garde de l'armée française, reçurent l'ordre de la flanquer.

La route que prit la première division, déserte, montueuse, sans être très difficile, était de douze lieues à peu près depuis Alcantara. Cette division passa l'Erjas sur le pont de Segura.

Avant Rosmaninal, à deux lieues à peu près de ce village, la route se trouva coupée par un torrent large et profond. Le général Delaborde s'aperçut que les soldats de sa division commençaient à murmurer ; à l'instant il s'arrête, descend de cheval, marche au milieu de l'eau, et se retournant vers les soldats, leur dit : « Apprenez, mes enfants, comment on passe les rivières sans ponts ».

Cet exemple électrise les officiers, les troupes, et chacun à l'envi se précipite dans le torrent, pour le passer le premier devant un aussi digne chef.

On arriva à Rosmaninal à 6 heures du soir. Ce village était à peu près sans ressources ; pour y distribuer une once de viande par homme, il fallut que les aides-de-camp du général en chef courussent la campagne pour rassembler quelques chèvres, et qu'à leur arrivée le général en chef lui-même en réglât la répartition. Quant au pain, quelque chose qu'on pût faire pour en ramasser et pour en faire pendant la nuit, on ne put en donner qu'un quart de livre par homme.

La route de la deuxième division était plus longue et plus difficile. Le passage de la Sierra de Miras retarda encore sa marche, de sorte qu'elle n'arriva qu'après sept heures du soir à Idanha-a-Nova. Ce village n'offrait pas non plus de ressources, et les troupes n'y recurent qu'un peu de viande.

La troisième division et la cavalerie devaient suivre le mouvement. Elles ne partirent que les jours suivants de Zarzala-Mayor et passèrent l'Erjas à gué au pied de la montagne où étaient les débris de la forteresse démantelée de Salvaterra do Estremo.

En somme, d'une armée qui avait été à Bayonne de 23.000 hommes présents sous les armes, Junot en emmenait 15.000 au plus avec lui ; non pas que les autres fussent tous morts ou perdus, mais parce qu'ils étaient incapables de continuer cette marche précipitée.

On marchait le long du Tage par des sentiers taillés au flanc des montagnes. On était réduit sans cesse à monter ou à descendre, tantôt en s'élevant sur la croupe des contreforts qui se détachent du Beira, tantôt en s'enfonçant dans les ravins profonds qui les séparent, par d'affreux chemins en corniche avec la muraille surplombante des rochers à droite et le gouffre du fleuve à gauche.

Le temps était toujours horrible, la pluie continuelle, les chemins presque impraticables; c'était une marche lugubre et pleine de périls.

Le 21, l'avant-garde se porta de Castel-Branco à Perdigao et les deux divisions se rendirent à Castel-Branco. La première arriva vers neuf heures du soir ; la deuxième, à onze heures. La première bivouaqua ; la deuxième exténuée par les horribles privations, par les fatigues accablantes qu'elle avait éprouvées depuis Ciudad-Rodrigo, abimée par la marche qu'elle venait de faire, ayant passé dans la journée des ravins presque impraticables et des torrents au milieu desquels plusieurs hommes avaient péri, en ayant perdu d'autres tombés morts d'épuisement pendant la même route, fut logée chez les habitants.

La difficulté des chemins, jointe au mauvais état des attelages, à l'escarpement des montagnes, firent rester, à dater de ce jour, toute notre artillerie en arrière; l'artillerie légère espagnole arriva seule à Castel-Branco.

Cette ville, bâtie sur le penchant d'une colline et dominée par un vieux château eût offert quelques ressources pour une seule division; mais 15.000 hommes pour qui, malgré les ordres du général Maurin, on n'avait rien préparé, affamés, arrivant en partie de nuit, exaspérés par tout ce qu'ils avaient déjà souffert et ne pouvant recevoir ce qui leur était dû, écrasèrent la ville.

Il existait cependant onze fours à Castel-Branco, et tous avaient été utilisés : des sentinelles avaient été placées à chacun d'eux; de fortes patrouilles allaient continuellement de l'un à l'autre; des officiers d'état-major surveillaient ce double service, et le général chef d'état-major lui-même passa la nuit entière à courir d'un de ces fours à l'autre pour rétablir l'ordre partout où l'on forçait les consignes.

Malgré tant de soins, les troupes ne reçurent que deux onces de pain par homme ; on y ajouta des légumes secs et du riz; il fut impossible de se procurer de la viande, mais on donna un peu de vin.

La pluie, qui depuis deux jours avait été moins abondante, recommença dans la nuit avec une nouvelle violence.

« L'aspect des troupes était hideux : pâles, défigurés, se traînant avec peine, tous les soldats demandaient du pain avec le ton de la douleur et du désespoir; leurs vêtements n'avaient plus ni forme, ni couleur; pour comble de maux, les trois quarts d'entre eux manquaient de capotes, étaient pieds nus et pouvaient à peine marcher. De son côté, le pays devenait toujours plus aride, plus montueux, plus désert, plus difficile.

» Cette situation était horrible, mais ne pouvant trouver aucune ressource autour de soi, il fallait en chercher ailleurs, c'est-à-dire, continuer cette terrible marche. Enfin, la discipline que l'on s'était efforcé de rétablir depuis le départ d'Alcantara la détruisait de nouveau, et le pillage avait lieu sous les yeux des chefs. Le général Junot arrêta lui-même deux maraudeurs, un français et un espagnol, et ayant fait prendre les armes aux troupes, à la pointe du jour, il les fit fusiller. » (Général Thiébault).

De telles épreuves auraient pu rebuter un général qui se serait laissé aller à des considérations d'humanité. Mais Junot, outre qu'il se piquait de ne point connaître d'impossibilité, comprit bien que c'eût été une humanité mal entendue de s'arrêter à Castel-Branco; c'eût été s'exposer à mourir de faim, sans compter l'inconvénient de perdre un temps précieux.

On repartit donc dans l'espoir d'atteindre Abrantès, ville riche et peuplée, située hors de la région des montagnes, dans un pays ouvert et fertile.

Cependant quelques chefs de détachement prétextèrent la fatigue de leur troupe pour y séjourner. De ce nombre fut le capitaine de la compagnie du parc d'artillerie. Il voulait rester à Castel-Branco. Le lieutenant Boilleau lui observe que son devoir est de marcher; ce capitaine refuse de délivrer les ordres de départ; Boilleau les donne, fait rappeler à la pointe du jour, puis il part sans son capitaine, qui, éveillé par un planton, se lève à la hâte et court après la compagnie qu'il rejoint sans rien dire.

L'état-major général, la première division, la plus grande partie des colonnes d'arrière-garde, et ce qu'on put mener de voitures d'artillerie suivirent donc le chemin d'en haut, plus large que l'autre, mais hérissé de blocs de quartz et d'aspérités rocailleuses.

« A chaque pas, les rivières gonflées et rapides mettaient à l'épreuve la patience des soldats et en emportaient quelques-uns. Outre plusieurs torrents moins considérables, ils durent passer successivement à gué la Liria, l'Ocreza qui avait alors plus de quatre pieds d'eau, l'Alvito, plus large et presque aussi profond; la Troya, dont le passage eût été regardé comme très dangereux, si l'on n'eût pas traversé auparavant l'Alvito et l'Ocreza. Sur la rive droite de l'Alvito s'élève à pic la chaîne qui vient du Morandal. Le col par lequel la route la franchit s'appelle Portella das Tailladas. » (Général Foy).

Les montées ou les descentes à pic, les chemins, ou plutôt les sentiers sinueux, étroits et pierreux, obligèrent presque toujours à marcher sur un rang.

« A chaque torrent l'eau devenait plus profonde ; ceux qui dans cette marche présentèrent le plus de difficultés, de dangers, furent l'Ocreza, la Veraza, la Grasa, l'Almanda. Les soldats ne parvinrent à les traverser qu'obliquement, et en formant une chaîne à l'aide de leurs fusils : malgré ces précautions, plusieurs furent entraînés et périrent ; d'autres, n'ayant plus la force de lutter contre les courants, étaient réduits à s'arrêter sur le bord de ces torrents. Au milieu de cette détresse, des officiers, des sous-officiers eurent le courage d'en passer à trois, quatre et cinq reprises, pour porter sur leurs épaules plusieurs de ces malheureux ; les chevaux disponibles des généraux, officiers supérieurs et d'état-major, en étaient chargés ; mais quels que furent leurs efforts, pour encourager les troupes ou pour les faire aider, un grand nombre de soldats resta dans ces hideux déserts, image du chaos, en proie à la faim dévorante, à l'intempérie de la saison, au fer des assassins. Ce tableau était horrible, et se renouvelait à chaque pas. » (Général Thiébault).

Dans le trajet de la première division, évaluée à quatorze lieues de France, on ne traversa qu'un seul village, Sarsedas. Les ordres les plus sévères portaient qu'aucun soldat n'entrât dans aucune maison, mais presque tous s'y précipitèrent, et en un instant ce village fut saccagé de fond en comble. Les officiers eurent beau faire, la colonne y laissa beaucoup de monde ; en effet, les soldats que l'on chassait d'une maison se réfugiaient dans une autre, et se cachaient dans tous les trous comme dans tous les coins.

« La nuit survint, et la tête de colonne était encore à plusieurs lieues de Sobreira ; la pluie tombait à flots, et l'obscurité était telle, que rien au monde ne pouvait faire apercevoir le chemin, qui de plus était inégal, tortueux, difficile. Dans cette situation, aussi triste qu'embarrassante, le général Delaborde fit battre la caisse : il chercha à ranimer les troupes par ses discours, par son exemple ; mais son exemple n'était aperçu que sur un point, et le découragement était partout. Quelque chose qu'il pût faire, beaucoup de soldats restèrent en arrière et s'égarèrent ; d'autres se noyèrent, d'autres se précipitèrent du haut des rochers. De tous côtés, et au milieu des ténèbres les plus épaisses, des cris prolongés, de lugubres gémissements se mêlaient au bruit de la pluie, au sifflement des vents, au fracas des torrents. » (Général Thiébault).

La tête de la colonne arriva à Sobreira entre onze heures
et minuit. Exténuée après quinze heures de marche à travers
tant de difficultés, elle était réduite au sixième de son monde,
et le peu d'hommes qui la composaient encore, se suivant à
quarante, à cinquante pas de distance l'un de l'autre, pouvaient à peine se soutenir. Dans un semblable état, d'autres
continuèrent à arriver toute la nuit, et un à un. Ce qui acheva
de rendre cette position affreuse, c'est que la terre était tellement imbibée d'eau qu'il fut impossible à ces malheureux
de se coucher ou même de s'asseoir, et que, malgré l'affai-
blissement qui résultait pour eux de l'excès des fatigues et
du besoin, ils furent obligés de passer cette nuit sur leurs
pieds, dans la boue jusqu'aux genoux, et sans même pouvoir
allumer du feu. Plusieurs expirèrent dans ce bivouac.

Le général Thiébault cite à ce propos, un exemple de ce
que peut l'ascendant d'un chef sur ses soldats, lorsqu'il leur a
prouvé son énergie et sa sollicitude.

« Sobreira était encombrée par un bataillon catalan lorsque le lieutenant
Boilleau y arrive ; il arrête en conséquence sa troupe à l'entrée du hameau
et s'étant rendu chez le commandant du bataillon, lui signifie qu'il faut
laisser la place libre. Le commandant refuse. « Si vous ne décampez pas à
l'instant, lui dit Boilleau, je tire le canon sur vous ». L'autre promet. « Ce
n'est pas tout ajoute Boilleau, il faut que vous m'abandonniez cinquante de
vos hommes ». Les hommes sont laissés, et ils s'attachent tellement à ce
jeune officier qu'ils ne le quittent plus, et, lorsque les trois corps espagnols
furent faits prisonniers par nous ou nous abandonnèrent au moment de
l'insurrection de toute l'Espagne, ces cinquante hommes restèrent attachés
à l'artillerie et, jusqu'à notre embarquement, nous servirent avec le même
dévouement.

» Mais il y a plus, en quelque que maison que Boilleau passât ses soirées, il
trouvait à la porte lorsqu'il en sortait, à une ou deux heures du matin, deux
de ces catalans qui, avec leurs manteaux et leurs poignards l'attendaient
pour l'escorter. Lorsqu'il leur demanda la raison de cette conduite : « Vous
êtes trop confiant, lui dirent-ils, et vous ne connaissez pas les Portugais ».

Si les troupes de la première division n'avaient trouvé, pendant cette marche, du gland dans les forêts de chênes qu'elles
traversèrent, et si elles ne s'en étaient un peu nourries, elles
ne seraient pas arrivées à Sobreira. Ceux qui en mangèrent

sans les faire griller, eurent des indigestions, dont ils eurent la plus grande peine à se remettre.

Le miel, que les soldats trouvèrent malheureusement en abondance dans ces montagnes, fit encore plus de mal que les glands; il leur causa une diarrhée à laquelle un grand nombre succomba.

A Sobreira, dans deux maisons, on avait eu le bonheur de découvrir une assez grande quantité de châtaignes, pour en faire une espèce de distribution.

La première division avait traversé dans cette journée, la formidable position de las Tailladas et chacun fut frappé de l'idée que si deux mille hommes nous y avaient attendus, nous ne l'eussions point passée, et l'armée eût été perdue.

C'est en arrière de cette position que bivouaquèrent les troupes espagnoles qui marchaient avec le général Caraffa; et l'on doit regretter que toute la division n'eût pas été arrêtée sur le plateau de las Tailladas. En prenant ce parti, on épargnait aux troupes une marche de nuit qui les avait écrasées, sans aucun avantage de temps; on évitait une grande dispersion; on sauvait beaucoup d'hommes, et on rassemblait les corps sur un terrain ferme, qui, couvert de broussailles, leur eût offert les moyens de se reposer et de faire du feu.

Le général Delaborde et le chef d'état-major, cumulant des souffrances graves à tant de fatigues, en étaient accablés. Le général Brennier, l'œil hagard, et presque sans mouvement, ne pouvait plus proférer une parole en entrant à Sobreira. Le général en chef, lui-même, ajoutant à ces maux si difficiles à supporter les réflexions terrifiantes que cette situation faisait faire, était tellement anéanti, qu'il eut besoin d'être aidé pour monter l'escalier de la cabane dans laquelle il acheva de passer cette nuit si désastreuse.

« Le courage moral, à Sobreira Formosa, abandonna le général Junot lui-même à ce point que, n'ayant plus la force d'aller jusqu'à la masure qui lui était destinée, il se jeta dans celle où se trouvait marqué mon gîte, ne parvint qu'à en monter l'escalier moitié porté par moi, et, arrivé dans l'espèce de chambre à laquelle aboutissait l'escalier, se jeta sur un grabat et y passa le reste d'une terrible nuit, tandis que le général Delaborde et moi, en dépit de notre accablement, nous nous remettions à faire battre la caisse, à allumer des feux et à faire pousser des cris pour tâcher de rallier les malheureux qui, au milieu des ténèbres, à travers la tempête, s'étaient égarés dans la montagne et dont de tous côtés on entendait les gémissements.» (Général Thiébault).

La deuxième division, en marchant sur Perdigao avait, elle aussi, éprouvé de cruelles souffrances bien que le chemin fût praticable pour les hommes et pour les chevaux, et les torrents qu'il rencontre en petit nombre. Elle franchit à la Portella da Milharica les montagnes escarpées qui courent perpendiculairement au Tage, depuis le sommet du Moradal jusque derrière Villa-Velha, et qui, après avoir resserré le fleuve entre deux rochers, se prolongent vers Niza dans l'Alemtejo.

Partie de Castel-Branco le 22, à la pointe du jour, la deuxième division n'était arrivée à Perdigao qu'à neuf heures du soir, et ne put rien y recevoir, les habitants ayant fui avec tout ce qu'ils possédaient.

Tous ces soldats français, si gais au départ de Bayonne, si pleins d'ardeur durant les premières étapes, si frondeurs, si méprisants pour la fatigue, avaient maintenant un aspect lamentable. Et c'étaient là ces conquérants qui prétendaient s'emparer du Portugal, occuper victorieusement Lisbonne, une ville de 350.000 habitants sans compter une garnison de plus de 15.000 hommes appuyée par la flotte anglaise tenant la ville sous ses canons.

C'était cette armée déjà à moitié fondue, harassée sans avoir eu à livrer un seul combat, puisqu'elle venait à peine d'entrer en pays ennemi sans d'ailleurs rencontrer un adversaire, c'était cette armée-là qui avait la prétention d'en imposer lorsqu'elle ne faisait que pitié.

C'étaient là ces fameux soldats de Napoléon qui avaient battu toutes les armées d'Europe les unes après les autres et quelquefois en même temps?

Voilà ce qui se lisait clairement dans les yeux de ceux qui

regardaient passer ce troupeau de Français se traînant en misérable cohue.

Nos soldats ne pouvaient se dissimuler cette mauvaise impression et s'ils en ressentaient intimement l'insulte, s'ils en éprouvaient la honte, la force physique leur faisait défaut pour reprendre cette allure martiale, cette allure française, cette effronterie dont ils avaient nargué les Espagnols.

Et c'était ainsi qu'ils entraient en Portugal, à peine soutenus par un reste de courage et d'orgueil.

Que devaient penser les Portugais que Napoléon avait si hautement menacés de l'invasion de ses troupes? Un sol sans défenseurs avait suffi à les vaincre dès la première étape dans leur patrie.

Si les premières troupes étaient en proie à ces horreurs, que chaque instant augmentait, par des désordres qu'on ne pouvait plus empêcher, quel devait être le sort des autres colonnes? personne n'osait le prévoir. L'armée pouvait toucher à sa dissolution, elle pouvait se débander en totalité, le général en chef était au moment de n'avoir plus d'armée. Cependant il était impossible de songer à s'arrêter. Il fallait achever de tout risquer; réussir, ou s'ensevelir dans ces montagnes avec l'armée entière.

Le lendemain 23, la première division se remit en marche bien avant le jour, le tiers des hommes n'était pas arrivé, mais il fallait sortir de ce désert, et il n'y avait pas un moment à perdre pour que l'armée entière n'y fût pas ensevelie.

Le nombre d'hommes restés en arrière détermina le général en chef à laisser à Sobreira un commandant de place avec quelques éclopés, pour les attendre, faire préparer pour eux, pour la première brigade de la deuxième division, pour la cavalerie, ce que l'on pourrait rassembler de nourriture; faire travailler aux routes, pour essayer de rendre le passage de l'artillerie possible; Préparer une petite ambulance, etc. Bientôt cette mesure fut prise pour la plupart des gîtes de la route; un commandant de place fut renvoyé à cet effet à

Castel-Branco, de même qu'il en fut laissé dans les lieux
d'étapes jusqu'à Lisbonne.

« Après Sobreira, la route offrit quelques ressources : le général en chef,
précédant la colonne, fit rassembler dans les villages que nous traversâmes
des pois, des châtaignes, un peu de farine, quelques chèvres, un ou deux
bœufs, un peu de vin, et lui-même en régla la répartition. »

Ces secours ne pouvaient changer la situation des troupes,
mais ils prolongeaient la vie.

Le bataillon du 15ᵉ ne reçut ce jour-là que des châtaignes, à
raison de dix par homme. Il lui manquait par la marche de
la veille 150 hommes.

Cependant les chemins étaient loin de s'améliorer : les
torrents étaient toujours aussi nombreux, aussi profonds ; les
montagnes s'élevaient encore plutôt qu'elles ne s'abaissaient,
la pluie ne discontinuait pas. D'autres torrents, d'autres
montagnes attendaient nos troupes jusque près d'Abrantès.
Les vieux soldats, qui avaient guerroyé dans les Alpes de la
Suisse et du Tyrol, furent étonnés quand il fallut descendre
presque verticalement dans le lit du Codes, et escalader
ensuite le mur de rochers de la rive gauche de cet affluent
du Zezere.

C'est dans cette marche que le général Delaborde, par un
beau mouvement, paraissant oublier tout ce que sa santé
réclamait, voyant ses troupes se décourager à la vue d'un
nouveau torrent, s'arrêta au milieu, y mit pied à terre, et y
resta jusqu'à ce que toute la division, ou plutôt les hommes
présents, l'eussent passé.

Bien qu'il fût abîmé de rhumatismes, fruits de ses campagnes et de ses fatigues, ayant à braver au milieu du désert,
dans une nuit orageuse, tous les éléments qui semblaient
unis pour détruire jusqu'au dernier homme des troupes qu'il
commandait, il ne voulut pas laisser paraître qu'il hésitait
devant ce torrent, dont les bords escarpés étaient formés par
des rochers glissants sur lesquels les pieds des malheureux soldats ne pouvaient se fixer. Tous murmuraient. Ils regardaient
en blasphémant ce gouffre où il leur était ordonné d'entrer,

et nul d'entre eux n'avançait d'un seul pas. Le général Delaborde vit d'un coup d'œil le péril de tous, et celui que lui-
même pouvait courir au milieu de ces hommes que rien ne
pouvait contenir, car ils souffraient et rien ne pouvait les
soulager. Dans ce moment critique, le général comprit qu'il
ne fallait pas dire, mais agir.

Un pareil exemple releva les courages, mais il ne pouvait
faire oublier la faim. Le soir, les soldats ne vécurent qu'avec
de la viande de chèvre, des glands et une once de pain.

La 1re division ne fit ce jour-là que six lieues de France,
et ce trajet était énorme, relativement à la nature des chemins, à l'état d'épuisement dans lequel étaient les hommes,
au nombre des torrents qu'ils furent encore obligés de traverser.

Elle s'arrêta à Cortisada; quant au général en chef,
il se rendit à Santo-Domingo, où il rejoignit l'avant-garde.

Le 23, la deuxième division devait aller à Penascoso; mais
le passage de l'Ocreza, torrent large, profond et très rapide
retarda la marche. La rivière de l'Ocreza, traverse, ou plutôt
déchire une chaîne ardue. L'Ocreza n'est jamais guéable près
de son embouchure dans le Tage. Les troupes passèrent
devant Vendas-Novas, sur un bac qu'il fallut aller chercher
à la nage et qu'elles durent desservir elles-mêmes. Ce bac ne
pouvait contenir que douze hommes ou quatre chevaux à la
fois. Le transport de huit à dix mille hommes et de huit à
neuf cents chevaux d'une rive à l'autre ne put s'effectuer
qu'avec une extrême lenteur et en perdant des soldats. La
division mit deux jours à passer, de sorte que la première
brigade même ne put se rendre le 23 qu'à Vendas-Novas,
misérable hameau où l'on ne trouva rien.

« Les pluies de la fin d'automne sont, en Portugal, un véritable déluge qui
rappelle l'hivernage des Antilles. Dans ce pays de hautes montagnes, le soleil
restait alors à peine huit heures sur l'horizon. On n'arrivait au gîte que très
avant dans la nuit. Et quel gîte! presque toujours le roc nu. Pendant les
guerres d'Allemagne, un poêle enfumé et des hôtes bienveillants faisaient
oublier aux Français les peines d'une marche forcée. En Portugal c'était

beaucoup quand, après des fatigues plus grandes, ils trouvaient à se recueillir sous l'abri d'un chêne vert, quand de chétifs oliviers leur procuraient de quoi allumer un feu qui n'avait pas assez de force pour sécher leurs corps et leurs habits imbibés des eaux du ciel et des torrents.

» Les soldats, poussés par le besoin, se jetèrent dans les landes et mangèrent le miel des ruches qui y sont éparses; les uns découvrirent et dévorèrent la frugale provision de maïs, d'olives et de châtaignes que le pauvre avait réservée pour nourrir sa famille pendant l'hiver. Les autres vécurent de glands de chêne, bellotas, avec lesquels on engraisse les bestiaux dans la Pénisule. Malheur à l'humble chaumière qui se trouva à portée de ces bandes affamées ! Les familles effrayées prirent la fuite. Beaucoup de soldats d'infanterie furent tués par les paysans réduits au désespoir. La cavalerie perdit un plus grand nombre de chevaux; les plus vigoureux étaient déferrés, maigris, exténués. L'artillerie était restée en arrière dès la première journée après le passage de l'Erjas, bien qu'on attelât douze bœufs ou chevaux aux pièces de bataille, et qu'on leur fit gravir les montagnes, portées plutôt que trainées par les canonniers et par les soldats attachés au service du parc. » (Général Foy).

Le général Delaborde, obligé de bivouaquer le 23 à Santo-Domingo, à cause de l'épuisement de ses troupes, n'arriva à Abrantès que le 24, avec la tête de sa colonne.

La première brigade de la deuxième division ne put s'avancer, par Macao, que jusqu'à Penascoso, le 24. Elle n'atteignit Abrantès que le 25, suivie à une journée de distance par le reste de la division.

C'est donc du 22 au 26 que les troupes de Junot arrivèrent à Abrantès au nombre de 4 à 5.000 hommes, pâles, défaits, les pieds en sang, les vêtements déchirés, et avec des fusils hors de service, car les soldats en avaient fait des bâtons pour s'aider à passer les torrents, ou gravir les montagnes.

Il fallut tout le dévouement des troupes, l'énergie et l'exemple des généraux, pour parvenir à surmonter ces difficultés.

D'Alcantara à Abrantès, les troupes avaient eu à traverser un pays sans ressources, coupé de ravins épouvantables : « marche de famine, d'épuisement et de déluge — dit le général Thiébault, — marche exécutée sans route et sans abri, au milieu des roches les plus escarpées, marche dont les deux derniers jours avaient coûté à une seule de ces divisions, à la division espagnole du général Carraffa, 1.700 ou 1.800 hommes morts de faim ou de fatigue, noyés dans des torrents ou écrasés au fond des abîmes ».

Une fois dans l'Estramadure portugaise, tous les habitants étaient autant d'ennemis. En Espagne, on pouvait encore espérer au moins une neutralité passive ; mais, en Portugal, chaque regard cherchait une victime, et chaque parole était une trahison. Sans cesse, les guides étaient surpris conduisant par de fausses routes. Chaque paysan pouvait devenir un assassin et égorger son hôte dans son sommeil.

« Le pays que nous venions de traverser n'était comparable qu'au chaos, dont l'image se trouvait complétée par le temps qui nous avait accompagnés. Non seulement nos équipages, mais nos chevaux de main n'avaient pu nous suivre ; nous étions donc réduits aux hardes déchirées que nous avions sur le dos et au cheval qui, en arrivant à Abrantès, ne pouvait plus nous porter. » (Général Thiébault).

Junot se présentait devant Abrantès plutôt comme un fugitif que comme un homme qui vient dire à tout un peuple : je prends possession du pays !

Arriver dans cet état au milieu d'une ville très peuplée, c'eût été lui donner la tentation de fermer ses portes à de tels assaillants et de se défendre contre eux rien qu'en les laissant mourir de faim. Mais heureusement la renommée des immortelles victoires remportées dans toutes les parties du monde par les vieux soldats de France avait précédé nos jeunes troupes et les protégeait. Les soldats de l'armée du Portugal ont eu pour sauvegarde le prestige de gloire de leurs aînés qui était leur patrimoine.

Le général en chef avait devancé son armée dans la ville pour préparer, avec l'avant-garde, les secours que réclamait son triste état. Les habitants se prêtèrent à tout ce qu'il voulut. On réunit du bétail, du pain en abondance, et, pour la première fois depuis leur départ de Salamanque, c'est-à-dire depuis douze jours, les soldats reçurent la ration complète.

La troisième division devait marcher immédiatement après

la deuxième ; mais les efforts au moyen desquels les deux
premières avaient surmonté tous les obstacles depuis Salamanque, étaient inouïs. Malgré les huit lieues, inutilement
faites par elles pour aller de Piedras-Alvas à Alcantara, et
pour en revenir, ces deux divisions avaient gagné trois jours sur
la troisième, qui ne devait arriver à Abrantès que du 28 au 29.
Il est vrai que, par la faute de ses guides, la première brigade s'égara en partant de Castel-Branco : elle devait aller à
Sobreira-Formosa et fût conduite à Perdigao, où la deuxième
brigade devait seule passer, où toute la division se trouva
réunie, ce qui, pour passer le bac, lui fit perdre deux jours.

Dans un état difficile à décrire, affaiblie des deux tiers,
n'ayant pas un cheval en état de continuer la route, la cavalerie marchant par régiment n'allait arriver à Abrantès que
les 29 et 30 novembre, 1er et 2 décembre, ayant couché à
Zibreira, Castel-Branco, Sobreira et Villado-Re.

En passant les torrents, plusieurs cavaliers avaient été
entraînés avec leurs chevaux et noyés avec eux. Un grand
nombre de ces cavaliers s'évanouirent en arrivant sur la place
d'Abrantès. La plupart n'avaient plus aux jambes que la tige
de leurs bottes.

Il y en eut qui, le lendemain, n'avaient pas encore débridé
leurs chevaux, faute d'en avoir eu la force.

Le vivandier du 26e de chasseurs, à la vue de sa femme
et de ses trois enfants, fut englouti dans un de ces torrents,
sans qu'on pût lui porter aucun secours. Quant à l'artillerie,
en entrant en Portugal, les pièces et caissons n'étaient presque plus attelées que par des bœufs, dont l'attirail ne convenait nullement à la forme des trains. La plupart de ces
bœufs avaient été abandonnés par les paysans, auxquels ils
appartenaient, de sorte que ces animaux, ne pouvant être
guidés, ni retenus par des canonniers qui n'avaient aucune
habitude de les conduire, reculaient ou se jetaient de côté,
brisaient les timons, les flèches, et à chaque instant versaient
les pièces et les caissons au milieu des chemins les plus dan-

gereux et aux bords des précipices. Grâce aux plus grands efforts, il n'y eut cependant qu'un seul caisson et une voiture qui roulèrent avec leurs attelages du haut d'une montagne dans le fond des abîmes et furent irrémissiblement perdus.

« Vingt fois, il fallut faire descendre toute l'artillerie par des chemins à pic, ou la monter sur des rochers escarpés.

» Dans le premier cas, on déployait des câbles ; on enrayait fortement les roues, et l'on garnissait les voitures d'amarres de retenue. Pour rendre les chemins un peu plus praticables, pour donner un peu de prise, au petit nombre de chevaux qui restaient, on piochait les sentiers, qui presque tous étaient en escalier, on déblayait d'un côté et on remblayait de l'autre, on mettait, et seulement pour la guider, deux chevaux à une voiture, pendant que cinquante ou soixante hommes, placés par derrière ou sur les flancs, la retenaient, la soutenaient ou la tiraient à bras ou à l'aide de cordes.

» Dans le second cas, on employait des bœufs, on triplait ou quadruplait les attelages, on tâchait d'égaliser un peu les chemins, on suivait chaque pièce pour la soutenir, la relever, la pousser ou la soulever; et lorsque de cette manière, une pièce, un caisson ou toute autre voiture était descendue d'une montagne, ou était parvenue à son sommet, on allait en chercher une autre.

» Les passages des torrents offrirent d'autres inconvénients; les caissons furent couverts d'eau à plusieurs reprises, et toutes les munitions furent avariées.

» Il y a des villages, où pour faire passer les pièces, il fallut abattre des pans de murailles et des maisons.

» Pour comble d'embarras, les guides qui conduisaient l'artillerie s'échappèrent, et tous les villages situés à portée de la route étant déserts, on ne put les remplacer. Cette circonstance força toute l'artillerie de s'arrêter un demi-jour et toute une nuit sur le haut d'une des montagnes les plus élevées. Bientôt, cependant, cet inconvénient cessa d'en être un : le nombre de morts dont l'armée jonchait sa route, servit à la jalonner et à indiquer la direction à suivre.

» La totalité du matériel fut bientôt dans un état affreux: les voitures disloquées par les secousses qu'elles éprouvaient à chaque pas, ne tenaient plus ensemble qu'au moyen de mauvais liens d'un bois pliant; les roues et autres pièces de rechange étaient devenues insuffisantes, et l'on ne continuait à avancer qu'à force de réparations, pour lesquelles on coupa de jeunes pins, et l'on arracha le fer des maisons, des portes et même des armoires.

» La pluie qui tomba par torrents, pendant toute cette marche, contribua encore à la rendre plus horrible; et, pour mettre le comble à ce qu'elle eut de plus désastreux, des paysans armés suivirent constamment l'artillerie, assassinant tout ce qui s'écartait de la route et tuant souvent des hommes sur la route même.

» Le nombre des chevaux et des bœufs crevés, et l'épuisement de ceux qui restaient, forcèrent à partager l'artillerie à Cardiga. Avec ce qui existait encore d'attelages, on en conduisit d'abord une moitié à Abrantès, et on vint ensuite chercher l'autre.

» En travaillant nuit et jour, l'artillerie mit douze jours du pont de Segura à Abrantès : les canonniers et les hommes du train ne vécurent pendant ce temps que de glands et de miel, et, en arrivant à Abrantès, il y avait quinze jours qu'ils n'avaient mangé ni pain ni viande.

» Les travaux qu'ils exécutèrent pendant cette marche sont aussi extraordinaires que l'ardeur avec laquelle ils travaillaient est digne d'éloge.

» M. le colonel Prost et le capitaine Hulot, la compteront toujours comme l'opération la plus difficile et la plus pénible de leur vie. » (Général Thiébault).

*
* *

Le corps de Dupont continuait de s'organiser à Bayonne ; il devait avoir 24.000 hommes d'infanterie, 3.500 chevaux et 38 pièces d'artillerie, répartis en trois divisions d'infanterie et une de cavalerie. L'infanterie presque entière consistait en légions de réserve formées avec la conscription anticipée de l'année 1808.

Les détachements qui devaient le constituer, n'étaient pas encore au complet, mais Dupont ayant reçu l'ordre d'envoyer au plus tôt une division à Vitoria, il la fit partir le 22.

Une lettre du général Dupont au ministre de la guerre, en date du 23 novembre, fait savoir que la 1re division est partie la veille et qu'elle arrivera à Vitoria, le 28.

« L'habillement est en bon état, écrit le général, mais beaucoup d'hommes sont en veste ; dans la 3e légion, il lui manque 1.300 habits. Dans tous les corps, le défaut de souliers se fait sentir, et j'ai donné l'ordre aux commandants de s'en procurer sur-le-champ une paire par homme ».

Néanmoins, on organisait encore de nouveaux renforts pour les armées destinées à opérer en Espagne.

Un ordre du 24 novembre fit former à Avignon la division italienne Lecchi, composées de deux bataillons du 1er léger napolitain, d'un bataillon de vélites et d'un bataillon de chacun des 2e, 4e et 5e de ligne italiens.

En Espagne, la conspiration de l'Escurial et la concentration des troupes françaises sur les Pyrénées mettaient tous les esprits dans la plus grande perplexité, comme le prouvent les deux lettres qui suivent :

Michel Jeune à Murat.

A l'Escurial, le 24 novembre 1807.

« Mon Prince,

« D'après la longue conférence que j'ai eu l'honneur d'avoir avec Votre Altesse Impériale et Royale la veille de mon départ de Paris, je me suis rendu en diligence auprès du Sérénissime Prince de la Paix. Je crois être parvenu à lui rendre un compte exact de tout ce que vous m'aviez communiqué et lui avoir fidèlement exprimé tous les sentiments d'affection et d'estime que vous m'avez ordonné de lui témoigner.

» Je ne me permettrai pas de vous entretenir de ce qui est relatif au Prince des Asturies, le Sérénissime Amiral vous instruit lui-même fort exactement, m'a-t-il dit, de tout ce qui s'est passé jusqu'ici, et se propose de continuer à le faire. Je vous dirai seulement que le Duc de l'Infantado et quelques autres sont encore arrêtés et qu'on donne suite à l'instruction de la procédure dirigée contre eux. Le Prince ne m'a pas paru satisfait entièrement de la réserve que Sa Majesté Impériale et Royale garde sur une partie de son projet. Cette réticence le jette dans une sorte de perplexité qui, j'ose le dire, est partagée par la majorité de l'Espagne. La quantité des troupes françaises qui occupent maintenant le territoire espagnol, inspire des doutes des incertitudes. On sait bien que pour marcher vers le Portugal, une armée de 40.000 Français n'était pas nécessaire et cependant les Espagnols voient encore chaque jour arriver sur leurs frontières et en franchir les limites, de nouveaux régiments qui doivent renforcer cette armée déjà formidable, tandis que 16.000 hommes de troupes espagnoles qui auraient pu être employées à l'expédition contre le Portugal, sont éloignées de plusieurs centaines de lieues. Le Prince de la Paix connaissant la parfaite confiance que l'Empereur accorde à Votre Altesse, sent bien que ce mystère encore caché à tous les yeux sera dévoilé à Votre Altesse avant de l'être à tout autre ; il sollicite de votre amitié quelques communications à cet égard. Son inviolable attachement à Votre personne Impériale lui donne quelque droit à cet épanchement, et c'est réellement l'instant de lui prouver votre véritable estime en lui ouvrant votre cœur et le retirant de l'incertitude dans laquelle il se trouve.

» Conformément à ce que vous m'aviez prescrit, j'ai représenté au Prince de la Paix qu'il était dans les convenances que Sa Majesté le Roi de Westphalie reçût l'hommage de la Toison d'Or, puisque cette décoration était déjà conférée au Prince Eugène. Le Grand Amiral m'a observé que l'intention première de leurs Majestés Catholiques avait été d'offrir le dernier cordon au Roi de Westphalie, mais que sa destination avait été changée à la sollicitation de M. de Beauharnais, qui dirige autant qu'il peut les honneurs vers sa famille, et qui ne sent pas assez que la priorité doit être accordée à celle du Grand Napoléon. Pour remplir cependant l'intention de Votre Altesse Impériale et Royale, le Prince de la Paix a disposé sur-le-champ d'un nouveau cordon que vous trouverez renfermé dans la boîte ci-jointe, qu'il désire que vous remettiez au pouvoir de l'Empereur, afin que de ses mains impériales, il en décore le Roi son frère.

»La rapidité avec laquelle je suis parti, ne m'a pas permis de m'occuper de ce dont vous m'aviez fait l'honneur de m'entretenir touchant Sa Majesté le Roi de Westphalie; cependant, mon Prince, soyez intimement convaincu qu'un désir exprimé par vous sera toujours pour moi une loi sacrée, et recevez l'assurance que je cherche moi-même en ce moment, les moyens de satisfaire à votre demande. Croyez qu'il me sera bien doux de donner à la fois à Sa Majesté et à Vous, mon Prince, une preuve de plus de mon fidèle attachement et de ma soumission à vos volontés.

» M. de Beauharnais suit un projet qui paraît être formé dès longtemps et qui, sans doute, vous est connu, mon Prince : c'est l'alliance de l'héritier du trône espagnol avec une nièce de Sa Majesté l'Impératrice (Marie-Rose-Françoise-Stéphanie Tascher de la Pagerie, cousine germaine de l'Impératrice, née à Fort-de-France, en 1788). Ce projet, goûté et nourri par l'ambassadeur a déjà été discuté auprès de Leurs Majestés Catholiques qui, absolument parlant, n'en sont point fort éloignés, mais il serait une alliance vers laquelle ils pencheraient plus volontiers, ce serait celle qui les rapprocherait davantage de vous, mon Prince, ce serait dans votre propre famille et d'après le choix de Vos Altesses Impériales et Royales, que l'on trouverait avec plus de plaisir la compagne que l'on veut donner au Prince des Asturies. »

Quelques jours auparavant, nous l'avons dit, le 8 novembre 1807, le Régent de Portugal avait envoyé à Paris le marquis de Marialva pour proposer le mariage du Prince de Beïra, son fils, avec l'une des filles du Grand-Duc de Berg.

» Tous les vœux seraient comblés — continue Michel — si l'on voyait briller en elle, les vertus qui vous distinguent, et par cela même qu'elle vous appartiendrait, elle en deviendrait plus chère à tous les Espagnols qui vous portent dans leur cœur. Vous jugez, mon Prince, que je ne me permets point une ouverture aussi délicate sans y être autorisé suffisamment. Prononcez-vous donc et en manifestant votre opinion sur cette idée de haute importance, mettez-vous à même de la développer plus amplement.

» Le même courrier est porteur de la provision de quinquina que Son Altesse la Grande Duchesse avait paru désirer. Son Altesse Sérénissime a prélevé cette portion sur sa propre provision, parce que, depuis longtemps il n'en est point venu des colonies. Il assure être trop heureux d'offrir à la Grande Duchesse quelque chose qui était destiné pour lui-même. Ce Prince a eu la bonté de me témoigner l'intérêt qu'il daigne mettre à mes affaires; il m'a promis qu'il donnerait les ordres nécessaires afin qu'on prît des mesures pour qu'une portion au moins fût mise à ma disposition; l'état actuel de l'Espagne ne permettant guère de remplir la totalité. Aussitôt que ces promesses s'effectueront, j'aurai l'honneur d'en donner avis sur-le-champ à Votre Altesse à laquelle j'offre très humblement l'hommage du respectueux attachement avec lequel j'ai l'honneur d'être de Votre Altesse Impériale et Royale le très obéissant et dévoué serviteur.

» Michel jeune. »

»Le cordon de la Toison d'Or ne part pas par le courrier par suite d'une formalité à remplir par la secrétairerie de la Toison d'Or; elle sera rapportée par le premier extraordinaire, qui ne sera retardé que de deux jours, du cabinet du prince du même jour ».

(Archives du prince Murat. II 554, I.)

Cette lettre nous montre en même temps que le correspondant de Murat n'oubliait ni les arrangements de mariage, ni les fournitures de cordon de la Toison d'Or, ni la provision de quinquina, le Prince de la Paix se chargeant d'ailleurs de pourvoir à tout.

L'autre lettre est de Godoï à Izquierdo, datée du même jour, 24 novembre; elle exprime des craintes plus positives :

« Le mouvement de Madrid, excité par des bruits sortis de l'ambassade de France, n'est pas entièrement calmé. Tout est bouleversé et je ne sais si ma constance pourra supporter tant de maux. Mille fois j'ai pensé à quitter mes emplois, et je le ferai, ne me réservant que les affaires relatives à la guerre, puisque cela a été convenu ainsi entre notre Roi et l'Empereur. Je me propose de mettre l'infant don Francisco à la tête de l'amirauté. Etant élevé dans ce travail, il pourra quand ses parents viendront à manquer, se soutenir contre les attaques qu'on intenterait à l'établissement. Parlez au Grand-duc de Berg de cette affaire et dans le sens de ma lettre; car son opinion est pour moi d'une grande importance. Vous savez que l'affection d'un peuple est passagère, et qu'il est enclin à distribuer le blâme avec autant de facilité que la louange. Vous voyez de combien de désastres je suis menacé; je ne suis pas content ».

*
* *

Pendant ce temps, Napoléon poursuivait son voyage en Italie.

Il avait marché avec une vitesse extrême jusqu'au Mont-Cenis; mais, arrivé à ce passage, il fallut bien ralentir la rapidité de la course, le temps était affreux depuis plusieurs jours, et la route dégradée par la pluie qui tombait encore par torrents.

Après avoir déjà visité plusieurs points intéressants, l'Empereur entra à Milan le 22 à midi. Malgré son retard au Mont-Cenis, le reste du voyage avait été si prompt que personne ne l'attendait encore.

Le vice-roi Eugène de Beauharnais n'apprit l'arrivée de son beau-père que lorsque celui-ci n'était plus qu'à une petite demi-lieue de la ville. On le vit arriver à toute bride, suivi d'un très petit nombre de personnes. L'Empereur ordonna que l'on arrêtât; et aussitôt que la portière fut ouverte, il tendit la main au prince Eugène, en lui disant du ton le plus affectueux : « Allons montez avec nous, beau prince, nous entrerons ensemble ».

Malgré la surprise qu'avait causée l'arrivée encore inattendue de l'Empereur dans la ville, le soir, toutes les maisons étaient illuminées; les beaux palais Litta, Casani, Melzi et beaucoup d'autres brillaient de mille feux. La magnifique coupole du dôme de la cathédrale était couverte de pots à feu et de verres de couleur; au milieu du Forum-Bonaparte, dont les allées étaient aussi illuminées, on voyait la statue équestre et colossale de l'Empereur; des deux côtés, on avait disposé des transparents en forme d'étoiles, portant les lettres initiales de S. M. I. et R.

A huit heures, tout le peuple était en mouvement à l'entour du château, où un superbe feu d'artifice fut tiré, tandis qu'une excellente musique exécutait des airs guerriers. Toutes les autorités de la ville furent admises auprès de l'Empereur.

Le lendemain 23, il y eut au château conseil des ministres, que Napoléon présida. A midi, il monta à cheval pour aller assister dans la cathédrale à la messe célébrée par le grand aumônier du royaume. La place du dôme était couverte d'une foule immense, au travers de laquelle l'Empereur s'avançait au pas ayant auprès de lui le vice-roi et son état-major. Le visage du prince Eugène exprimait toute la joie qu'il ressentait en revoyant son beau-père, pour lequel il eut toujours tant de respect et d'affection filiale, et en entendant les acclamations du peuple, qui ne lui manquaient jamais, mais qui redoublaient encore en ce moment.

Après le Te Deum, l'Empereur passa sur la place la revue des troupes, et partit aussitôt avec le vice-roi pour Monza, palais qu'habitait la vice-reine. Il n'y avait aucune femme pour laquelle l'Empereur eût un ton plus affable, et en même temps plus respectueux que pour la princesse Amélie; mais aussi nulle princesse et même nulle femme ne fut plus belle et plus vertueuse. Il était impossible devant l'Empereur de parler de beauté et de vertu sans qu'il citât aussitôt pour exemple la vice-reine. Le prince Eugène était bien digne d'une épouse aussi accomplie et il l'appréciait à sa valeur.

L'Empereur resta fort longtemps avec la vice-reine, dont l'esprit égalait la bienveillance et la beauté. Il revint à Milan pour dîner. Immédiatement après, les dames reçues à la cour lui furent présentées. Le soir, il se rendit au théâtre de la Scala pour s'y faire voir aux Italiens mais il n'assista pas à toute la représentation. Il se retira de bonne heure dans ses appartements et travailla une grande partie de la nuit; ce qui ne l'empêcha pas de rouler sur la route de Vérone avant huit heures du matin.

Il n'en avait pas moins trouvé le temps, dans les intervalles d'entretenir les fonctionnaires chargés des services les plus importants, d'expédier un grand nombre d'affaires et de donner une foule d'ordres.

Les affaires d'Italie n'absorbaient pas cependant tout son esprit; il était surtout impatient d'apprendre le succès de Junot en Portugal et, depuis le 12, celui-ci n'avait plus donné aucune nouvelle. On conçoit qu'au milieu de toutes les difficultés matérielles qu'il avait eu à surmonter, il n'ait pu trouver le moyen de correspondre avec Paris, puisqu'il ne pouvait même pas communiquer avec ses différentes colonnes.

L'Empereur ignorait donc l'état lamentable des troupes françaises en Portugal. Il ignorait aussi l'état d'esprit et les dispositions prises par le gouvernement de ce pays, qui en était encore à hésiter entre la France et l'Angleterre, mais qui néanmoins avait donné des ordres pour la défense de son territoire. Aussi était-il inquiet de la tournure des choses.

Napoléon était également inquiet de la tournure de l'opinion publique en France, à l'égard de son entreprise dans ce pays. Ses projets sur l'Espagne étaient restés le secret de quelques intimes, mais il en avait percé quelques indiscrétions, qu'on attribuait, peut-être pas sans raison, à M. de Talleyrand, et on les commentait de toutes manières à Paris. On y avait appris les scandales de l'Escurial, on parlait d'une révolution sur le point d'éclater en Espagne. On savait que des corps français étaient rassemblés à Bayonne, à Avignon, à Bordeaux avec ordre de s'acheminer sur ce pays et l'on pressentait l'ouverture d'une grande guerre dont l'issue était incertaine, mais dont les difficultés apparaissaient à la majorité beaucoup plus considérables que sur les autres champs de bataille d'Europe où Napoléon avait accoutumé de vaincre.

Il n'était pas jusqu'à l'éloignement de l'Empereur en ces circonstances difficiles qui ne préoccupât les esprits.

Napoléon se rendait compte de ces dispositions d'esprit de l'opinion publique et c'était la raison qui lui avait fait cacher ses projets réels sur l'Espagne, lorsque, dans d'autres temps, il eût usé franchement d'intimidation vis-à-vis de l'Escurial, comme il l'avait fait vis-à-vis de toutes les cours européennes.

Il comptait que la rentrée en France de la Garde impériale calmerait ce penchant excessif pour la paix à tout prix qui s'était emparé soudain de l'opinion générale; que l'auréole de victoire rapportée par ces vieilles troupes réveillerait l'amour de la gloire militaire et que les fêtes de réception qu'il avait ordonnées opèreraient, à Paris surtout, la diversion nécessaire en ce moment, d'autant qu'en étant absent, tous les honneurs, toutes les félicitations s'adresseraient plus directement à l'armée, aux soldats de la France, qui apparaîtraient ainsi plus nettement les glorieux fondateurs de son prestige.

Ce fut le 25 novembre que la Garde impériale rentra à Paris.

Le préfet de la Seine et les maires de Paris se rendirent à la barrière de la Villette, suivis d'une immense affluence de peuple, pour recevoir les héros d'Austerlitz, d'Iéna, de Friedland. Le maréchal Bessières était à leur tête.

Près de la barrière de la route du nord, par où s'avançaient les 10.000 soldats de la Garde, la ville de Paris avait fait élever un arc de triomphe colossal. Cet arc n'avait qu'une seule porte ou arcade, mais vingt hommes pouvaient y passer de front. A la naissance de la voûte, on voyait à l'extérieur de grandes renommées présentant des couronnes de lauriers. Tout le monument était surmonté par un quadrige doré. Sur chacune des faces, on lisait « des inscriptions nobles et simples, composées par la troisième classe de l'Institut académique et belles lettres ». Cet édifice, quoiqu'on n'y eût employé ni colonne, ni aucun de ces ornements dont les architectes sont trop souvent prodigues, offrait un caractère de grandeur véritable et de simplicité.

Ce monument avait été construit en moins de quinze jours sur les dessins et par les soins de M. Chalgrin, membre de l'Institut, et l'un des architectes français les plus distingués.

Dès 9 heures du matin, une foule immense de peuple entourait l'arc de triomphe ; les plus curieux étaient montés sur une rotonde voisine servant de barrière, et offrant elle-même un aspect monumental. Des cris d'enthousiasme annoncèrent, vers le milieu du jour, l'approche des braves ; ils parurent, et bientôt leurs aigles réunies ne formèrent qu'un seul groupe qui précéda la colonne.

Le corps municipal de Paris, précédé par le préfet du département de la Seine, Frochot, s'avança alors au-devant du maréchal Bessières ; les troupes s'arrêtèrent ; un roulement général des tambours commanda le silence, et le préfet prononça le discours suivant :

« Monsieur le maréchal, généraux, soldats, qui composez cette Garde fidèle dont les rangs impénétrables environnent le trône, vous tous guerriers, l'honneur de la France et l'admiration de l'Europe, suspendez un moment votre marche, et avant que vous ne courriez vous jeter dans les bras de vos mères, de vos épouses, de vos parents, recevez s'il se peut dire ainsi l'embrassement de la cité.

» Combien elle aime à vous revoir après tout ce que la renommée a publié de vous ! Avec quel orgueil elle se plaît à rechercher dans vos rangs ceux de ses propres fils qui ont été dignes d'elle, et avec quel enthousiasme elle contemple en vous cette grande armée dont vous fûtes une si grande part.

» Cependant sont-ce les braves de Wertingen, les héros d'Austerlitz qui s'avancent vers nous? Depuis vingt mois, la cité se voit enrichie des trophées conquis par eux; depuis vingt mois, mais elle leur tient prêtes les couronnes de la reconnaissance : ces braves nous sont-ils enfin rendus? O Patrie! ce sont eux, mais à peine s'ils se ressouviennent ou de Wertingen, ou d'Austerlitz : ce sont eux; mais tandis que nous les avons attendus, guidés par le génie tutélaire de l'empire, ils retournaient plus impétueux à de nouveaux combats et dans les champs d'Iéna, dans les plaines d'Eylau, de Friedland, ils ont conquis de nouveaux titres, ils ont ajouté, s'il était possible, à leur gloire par des prodiges de valeur presque inconnus jusqu'alors aux Français eux-mêmes.

» Héros d'Iéna, d'Eylau, de Friedland, conquérants de la paix, grâces immortelles vous soient rendues!

» C'est pour la patrie que vous avez vaincu, la patrie éternise le souvenir de vos triomphes; vos noms seront légués par elle, sur le bronze et sur le marbre, à la postérité la plus reculée et le récit de vos exploits, enflammant le courage de nos derniers descendants longtemps encore, après vous-mêmes, vous protègerez par vos exemples ce vaste empire si glorieusement défendu par votre valeur.

» Braves guerriers, ici même un arc triomphal dédié à la grande armée s'élève sur votre passage; il vous attend : venez recevoir sous ses voûtes la part qui vous est due des lauriers votés par la capitale à cette invincible armée; qu'ainsi commence la fête de votre retour; venez, et que ces lauriers tressés en couronnes par la reconnaissance publique demeurent appendus désormais aux aigles impériales qui planent sur vos têtes victorieuses.

» Salut, aigles belliqueuses, symbole de la puissance de notre magnanime Empereur ; portez dans toute la terre son grand nom, la gloire du nom français; et que les couronnes dont il a été permis à la ville de Paris de vous orner, soient en tous lieux un témoignage auguste à la fois et redoutable de l'union du monarque, du peuple et de l'armée.

» Mais c'est trop, généreux guerriers, c'est trop retenir vos pas, quand tous les cœurs vous appellent. Entrez dans nos remparts enorgueillis de vous recevoir, entrez-y au milieu des chants d'allégresse et de triomphe, et que la mémoire de ce beau jour vive à jamais avec vos exploits dans les annales de la cité et dans les fastes de l'empire ».

Le maréchal Bessières répond au nom de la Garde :

« M. le Préfet et MM. les membres du corps municipal de la ville de Paris.

» Ces couronnes dont vous décorez nos aigles, ces arcs de triomphe, toute cette pompe brillante pour célébrer le retour de la Garde impériale, sont une nouvelle preuve de votre affection pour l'Empereur, et un hommage éclatant rendu à la grande armée.

» Les aînés de cette grande famille militaire vont se retrouver avec plaisir dans le sein d'une ville dont les habitants ont constamment rivalisé avec eux d'amour, de dévouement et de fidélité pour notre auguste monarque. Animés des mêmes sentiments, la plus parfaite harmonie existera toujours entre les habitants de la grande ville et les soldats de la Garde impériale. Si nos aigles marchaient encore, en nous rappelant le serment que nous avons fait de les défendre jusqu'à la mort, nous nous rappellerons aussi que les couronnes qui les décorent leur en imposent doublement l'obligation ».

Après ces deux discours, les porte-drapeaux sortirent des rangs inclinèrent leurs étendards, sur lesquels les magistrats posèrent des couronnes d'or portant cette inscription : « *La Ville de Paris à la Grande Armée.*

Le corps municipal vint se placer ensuite dans une des deux tribunes qui avaient été aménagées dans l'intérieur de l'arc de triomphe, la seconde était occupée par un nombreux orchestre qui exécuta aussitôt le chant du retour, paroles de M. Arnault, membre de l'Institut, musique de M. Méhul.

Voici les paroles de ce chant de triomphe.

Chœur :

Les voici ! réjouissez-vous,
Heureuses femmes, tendres mères;
Ces vainqueurs, ce sont vos époux,
Ce sont vos enfants et vos frères.

. . . .

Couplets :

Quand ces intrépides soldats,
Triomphant d'abord de vos larmes,
Au premier signal des combats,
Se sont élancés sur leurs armes,
Vous leur disiez, dans un transport,
Que la valeur n'a pas dû croire,
Français, vous courez à la mort !
Français ils volaient à la gloire !

Les voici, etc.

Du nord les éternels frimas,
Du midi les feux implacables,
N'ont pu fermer leurs durs climats
A ces vainqueurs infatigables.
Le globe retentit encore
De leur marche et de leurs conquêtes,
Non moins rapides que l'essor
De l'aigle planant sur leurs têtes.

Les voici, etc.

A l'avare Anglais rallié,
Cinq fois vainqueur en espérance,
Cinq fois le monde soudoyé
S'est précipité sur la France.
Surprenant un peuple pervers
Dans sa trame, à lui seul funeste,
Quels vengeurs au delà des mers
Joindront l'ennemi qui nous reste?

Les voici, etc.

Voyez-vous ce peuple empressé,
Dont la foule les environne?
Sa reconnaissance a tressé
Le rameau d'or qui les couronne,
Ah! qu'on suspende à leurs drapeaux
Ce prix de leurs nobles services;
Placés sur le front des héros,
Ils cacheront leurs cicatrices.

Les voici, etc.

C'est au rythme de ce chant que les vieux soldats de la
Garde impériale, hâlés, mutilés, quelques-uns à la barbe déjà
grise, défilèrent dans l'ordre suivant : les fusiliers de la Garde,
les chasseurs à pied, les grenadiers à pied, les chasseurs à
cheval, les mamelucks, les dragons, les grenadiers à cheval, la gendarmerie d'élite.

Chaque régiment était précédé des officiers généraux et
supérieurs chargés de son commandement.

A la suite de la Garde impériale marchait, accompagné de
l'état-major de Paris, le général Hullin, commandant d'armes,
suivi du corps municipal et de son cortège.

C'est dans cet ordre, et en traversant les haies formées par une innombrable populace que la Garde parvint au palais des Tuileries, en passant sous le grand arc de la porte triomphale qui sert d'entrée principale au palais, où elle déposa ses aigles. De là, traversant le jardin des Tuileries, où elle posa ses armes, elle se rendit aux Champs-Elysées où tous les corps qui la composaient et un détachement de la garde de Paris prirent place à un immense banquet qui leur était préparé et dont le corps municipal fit les honneurs.

La ville de Paris, dans cette solennité fraternelle et nationale, représentait la France aussi bien que la Garde représentait l'armée. Le ciel ne favorisa pas la fin de cette journée souvent attristée par la pluie; car il semblait que cette armée, qui dans nos grandeurs et nos fautes, n'eut jamais d'autre part que son héroïsme, ne fût pas heureuse. Du milliard décrété pour récompense à l'armée par la Convention, il n'était resté qu'une fête promise en 1806 à toute l'armée d'Austerlitz; de cette fête, il restait une fête à la Garde, contrariée par le ciel et privée de la présence de Napoléon. Mais la gloire de l'armée française pouvait se passer de ces pompes frivoles.

Le lendemain de l'entrée de la Garde impériale, tous les théâtres de la capitale donnèrent une représentation gratuite. Le parterre, l'orchestre, les premiers rangs de loges furent réservés aux guerriers.

L'académie de musique (l'Opéra) leur offrit le spectacle de leur propre gloire, de leur triomphe : c'était la belle tragédie lyrique, le *Triomphe de Trajan.*

Cette élite des braves de la Grande Armée, qui, dans ses conquêtes si rapides, dans ses courses si lointaines, avait visité tant de climats et côtoyé tant de rivages, qui avait vu dans un si petit nombre de mois les sources et les bouches de tant de fleuves, connaissait aussi les rives du Tibre. Ainsi, dans la décoration qui fixait ses regards, elle reconnaissait Rome; dans la marche triomphale, dans cette population immense, dans cette foule empressée se précipitant à travers les rangs des soldats romains et sous les pieds de leurs chevaux, elle reconnaissait le tableau touchant de la réception qui lui avait été faite la veille, au sein de la capitale de l'empire français; son émotion était impossible à décrire. Pour l'homme dont l'âme n'est point étrangère aux sentiments qu'inspire la valeur honorée et récompensée dans ses plus nobles affections, la Garde impériale, assistant au triomphe de Trajan, était sans doute elle-même un spectacle admirable.

Les autres théâtres, qui donnaient aussi des représentations populaires, furent également pris d'assaut.

La foule se rua sur le théâtre des Variétés, parce que c'est là que jouait l'acteur Brunet, populaire au delà de tout ce qu'on peut dire. Pour le peuple parisien, Brunet, le créateur des types inoubliables de Jocrisse et de Cadet-Roussel, était plus qu'un comédien, c'était un fétiche. Ses jeux de mots et ses calembours se répétaient à l'envie — le calembour était alors fort à la mode, c'était l'esprit facile et bon enfant de l'époque — et les miséreux qui n'avaient pu le voir faute d'écus, passèrent une nuit et un jour à faire queue devant le petit péristyle grec des Variétés, trompant leur faim avec un quignon de pain et des saucisses pour être les premiers à pénétrer dans le temple.

La représentation fut, paraît-il, tout à fait extraordinaire. La salle était bondée à craquer.

On était douze dans les loges de six places; aux galeries, le public s'étageait en grappes, et il y avait des spectateurs assis jusque sur les corniches presque suspendus dans les airs. Cette salle houleuse, bruyante, où les cris, les disputes, les conversations s'entre-croisaient dans un effroyable vacarme devenait silencieuse et immobile dès que se levait le rideau, riant follement aux plaisanteries comiques de Brunet, applaudissant à tout rompre, puis reprenant son silence attentif pour mieux entendre la suite.

— Quel beau silence! dit Brunet, qui volontiers causait avec la salle — on entendrait voler... un foulard !

Une gazette du temps, rendant compte de cette représentation curieuse, retrace quelques incidents amusants :

« Une malheureuse femme s'étant un peu trop penchée, tomba de la troisième galerie dans l'orchestre. On la crut broyée. Point! Elle se trouva simplement un peu étourdie, assise à l'orchestre entre deux spectateurs qui s'étaient levés pour ne pas recevoir sur leur tête ce fardeau humain. Quand elle eut repris ses sens, la bonne dame s'écria : « On est bien mieux ici que là-haut, ma foi j'y reste ».

On jouait à cette représentation, entre autres, — les spectacles étaient coupés et comprenaient plusieurs pièces, — on jouait un à-propos de circonstance intitulé *Les Bateliers du Niemen*, où l'acteur Lefebvre, qui avait une très jolie voix, chantait un couplet patriotique en l'honneur de la Grande Armée. L'effet fut prodigieux; on hurla, on bissa, puis ce fut un silence ému!...

Une autre fête fut donnée, le 28 novembre par le Sénat dans son propre palais, à la Garde impériale.

En face du palais s'élevait un temple à la Victoire, au centre duquel était la statue de l'Empereur. Dans toutes les parties de ce même palais, des trophées militaires disposés avec art, et liés par des couronnes de laurier, offraient des inscriptions commémoratives des batailles, sièges et actions qui ont rendu si mémorables les campagnes que la fête avait pour objet de célébrer. A 2 heures après midi, les officiers furent reçus par les sénateurs réunis : les premières autorités civiles et militaires avaient été invitées également à cette solennité ; le sénateur Lacépède, en recevant le maréchal Bessières et le corps des officiers de la Garde, prononça le discours suivant :

» Monsieur le Maréchal, invincible Garde impériale,

» Le Sénat vient au-devant de vous : il aime à voir les représentants de la Grande Armée remplir ses portiques; il se plaît à se voir entouré de ces braves qui ont combattu à Austerlitz, à Iéna, à Eylau, à Friedland, de ces favoris de la victoire, de ces enfants chéris du génie qui préside aux batailles.

» Cette enceinte doit vous plaire, invincible Garde impériale!

» Ces voûtes ont tant de fois retenti des acclamations qui ont célébré vos immortels faits d'armes et tous les triomphes de la Grande Armée: vos trophées décorent nos murailles, les paroles sacrées, que le plus grand des monarques daigna nous adresser du haut de son char de victoire et au nom des braves, sont gravées dans ce palais par la reconnaissance, et vous trouverez parmi nous plusieurs de ceux qui ont porté la foudre de notre Empereur et dirigé les hardis mouvements de ses phalanges redoutables.

» Représentants de la première armée du monde, recevez, par notre organe, pour vous et pour vos frères d'armes, les vœux du grand et bon peuple, dont l'amour et l'admiration vous présagent ceux de la postérité ».

Un repas, des jeux scéniques, une brillante illumination et un feu d'artifice complétèrent cette fête donnée par le Sénat à des guerriers, « dont le dévouement pour celui qui récompensait leur valeur servait du moins à l'illustration de la patrie ».

En arrivant à Abrantès, le général Junot adressa aux troupes une proclamation, dans laquelle il leur annonça, avec la fin de leurs maux, la récompense de leur constance : cette proclamation portait, en outre, que son cœur avait partagé leurs horribles souffrances de la manière la plus vive, et qu'il ne négligerait rien pour en effacer les traces.

La place d'Abrantès pouvait exercer la plus haute influence sur les opérations de la guerre. Il ne lui manquait que d'être mieux fortifiée pour être appelée la clef du Portugal. On avait redouté de la trouver garnie de troupes portugaises, et il n'y en avait pas. L'incertitude où l'on était resté jusqu'alors sur le parti que prendrait la cour de Lisbonne, et la juste crainte qu'on avait d'un débarquement anglais à l'embouchure du Tage, disparurent devant un espoir consolateur.

Si les troupes de ligne et les miliciens n'avaient rempli Abrantès, du moins on les aurait vus derrière les retranchements qui existaient encore sur la rive droite du Zezere devant Punhete. Au contraire, l'aspect moral du pays était calme et pacifique. Dès lors, le succès de l'expédition parut moins problématique. En effet, on pensait, avec raison, que les Portugais n'ayant pas défendu les formidables positions du Beira, nous ouvrant les portes d'Abrantès, n'ayant pas un homme sur la rive droite du Zezère, nous serions reçus en amis dans tout le pays.

Cependant des ordres avaient été donnés au peuple de se soulever, de nous combattre par tous les moyens possibles, et de nous fermer le passage des montagnes. Cet ordre portait de plus, que l'armée portugaise se rassemblait pour soutenir les habitants, que les milices allaient se joindre à eux, et qu'une armée anglaise arrivait à leur secours.

Junot n'eut connaissance de cet ordre qu'en arrivant à Abrantès et il ne parvint aux autorités du Beira qu'au moment où les dernières colonnes françaises traversaient cette province.

Le corrégidor Mor, de Sobriera-Formosa, ne reçut ce

ordre qu'au moment où le général Margaron occupait ce village avec une partie de la cavalerie, et ce fut en sa présence que cette dépêche fut lue. Cet officier général, s'apercevant de l'effet que la lecture de cette pièce produisait sur le corrégidor Mor, s'empara de l'ordre, l'envoya au général en chef, et retint près de lui ce magistrat, de peur qu'il ne cherchât à l'appliquer, ou seulement qu'il ne le fît connaître.

Presque personne n'avait donc osé l'exécuter; ceux qui s'y conformèrent furent trop peu nombreux pour nous faire beaucoup de mal, et surtout pour s'opposer à notre passage, de sorte que leur rôle se borna à des assassinats.

Mais un corps portugais était rassemblé à Thomar. Junot envoya un de ses aides de camp au général qui le commandait avec une lettre, dans laquelle il présentait l'entrée d'une armée franco-espagnole en Portugal comme tellement nécessaire aux plus grands intérêts de ce royaume, que le général portugais se détermina non seulement à quitter Thomar, mais à se rendre sur les côtes pour les défendre au besoin contre les Anglais eux-mêmes. Ses troupes rétrogradèrent le 25 sur Lisbonne, et, le même jour, le général Caraffa occupa Thomar avec toute la division espagnole.

Le général français, avec une espèce d'abandon qui n'était pas dépourvu de calcul, annonça lui-même au premier ministre de Portugal son arrivée à Abrantès. « Je serai dans quatre jours à Lisbonne, lui disait-il. Mes soldats sont désolés de n'avoir pas encore tiré un coup de fusil. Ne les y forcez pas. Je crois que vous auriez tort ».

Junot envoya le capitaine de génie Mescur, les sapeursmineurs catalans, et un détachement d'infanterie française à Punhete pour établir, avec l'assistance des habitants du pays, un pont formé de bateaux qui, après avoir été employés à cet usage en 1801, étaient restés abandonnés en divers endroits de la rivière. Ce détachement devait préparer le passage de l'avant-garde, qui avait ordre de passer le plus promptement possible sur l'autre rive pour assurer le débouché des autres troupes.

Abrantès était une ville riche, peuplée, située sur la rive droite du Tage, au-dessus du confluent du Zezère, et offrant par elle-même, autant que par ses alentours, des ressources qui sauvèrent l'armée.

Mais, à cet égard, si le contraste fut frappant, il le fut de même, sous le rapport du climat. L'âpre température de ces éternelles montagnes, dans lesquelles, depuis Rodrigo, on avait erré d'une manière si horrible, était remplacée par une atmosphère douce : la pluie continuait, mais elle n'était plus froide. Embaumé par le parfum des orangers, l'air avait une suavité qui ravissait les soldats, semblait les ranimer et avoir fait sur eux une impression vraiment heureuse, au moment où, quittant les arides crêtes de la Beira-Alta, ils étaient descendus dans la riante vallée du Zezère. Enfin, si les troupes avaient encore de longues et pénibles marches à faire, ce ne pouvait plus être que sur des routes connues. D'ailleurs elles étaient maintenant assurées d'être nourries; elles n'avaient plus devant elles ni rochers, ni abîmes, ni déserts ; elles laisseraient derrière une ville pourvue des objets les plus nécessaires, et elles avaient la consolante certitude que rien d'essentiel ne leur manquerait.

Le chef d'état-major faisait prendre aux autorités locales les mesures nécessaires pour faire face à leurs besoins nombreux et si pressants.

Les subsistances furent le premier objet dont il s'occupa. La ville fournit à cet égard tout ce qu'elle put : le reste, demandé aux villes et aux villages voisins, fut promptement obtenu. On se trouva donc en mesure de faire des distributions complètes, pour la première fois depuis Salamanque, c'est-à-dire, depuis le 12 novembre, de donner le pain pour un jour d'avance, d'envoyer des vivres, de l'eau-de-vie au-devant des colonnes attendues et de les faire porter sur des voitures qui ramenèrent les hommes malades ou éclopés qui ne pouvaient plus marcher.

Le second objet fut la chaussure : toute l'armée, les officiers compris, étaient pieds nus. Un grand nombre de soldats ne marchaient plus que les pieds enveloppés de loques et de morceaux de peaux de chèvres qu'ils avaient mangées.

Le chef d'état-major frappa, sur la ville d'Abrantès et sur la province, une réquisition de 10.000 paires de souliers neufs, en même temps qu'il envoya, de maisons en maisons, prendre tout ce qui existait de souliers et de bottes ; près de 4.000 paires furent ainsi rassemblées dans la journée, réparties entre les corps et distribuées aux hommes qui en avaient le besoin le plus urgent ; les 10.000 paires se confectionnèrent rapidement et furent réservées pour les troupes attendues ; cette mesure répétée dans toutes les villes que l'armée allait traverser après Abrantès devait la faire arriver à Lisbonne.

Aucun fusil ne pouvait servir en arrivant à Abrantès ; le repos que les troupes purent avoir dans cette ville fut consacré à remettre les armes en état.

Les chevaux des officiers montés étaient en si piteux état qu'il fallait aviser à leur procurer d'autres montures. Junot requit tous les chevaux de selle disponibles.

Le général Thiébault, qui avait montré tant de zèle à réapprovisionner les troupes se plaint, dans ses mémoires, d'avoir été oublié par le général en chef :

« Après de telles souffrances, supportées en commun, je croyais que tout ce qui pouvait en adoucir le souvenir, devait être également commun ; aussi, lorsque le lendemain de notre arrivée à Abrantès, j'appris que le général en chef avait requis tous les chevaux de selles disponibles et en avait donné à chacun de ses aides de camp, après en avoir réservé trois pour lui, fus-je convaincu que dans cette répartition, moi qui me trouvais totalement démonté, je n'avais pu être oublié, et de même pour les dix officiers d'état-major qui avaient pu me suivre et dont je n'avais pas épargné la peine. Je me rendis donc chez le général en chef, et je lui dis :

» — J'ai sans doute à vous remercier d'avoir pensé à mes aides de camp et à moi dans la répartition de chevaux que vous venez de faire.

» — Mais non, reprit-il, vous êtes assez grand pour y penser vous-même.

» — Jusqu'à présent, répliquai-je, stupéfait de cette réponse, je me suis occupé d'autre chose que de moi. D'ailleurs, tous les chevaux ayant été requis par vous, je ne sais pas trop où j'en aurais pris.

» — Prenez-en où vous voudrez, ajouta-t-il ; quant à moi, je n'ai pas un chien à vous donner.

» Et je le quittai, piqué au dernier point, mais en prenant acte de la latitude et en promettant d'en user. Rentré chez moi, je fis appeler le capitaine d'état-major Vallabrègue, et, après l'avoir informé du soin que l'on avait de nous, je lui demandai s'il était homme à se charger d'une mission, non pas périlleuse mais qui pouvait faire courir quelques risques ; et, comme il ne bronchait pas, je lui donnai l'ordre de passer le Zezère avec vingt-cinq hommes de la cavalerie, de se rendre à Santarem, d'y mettre en réquisition les quinze plus beaux chevaux qui s'y trouveraient, de les rassembler dans une écurie et de les faire garder par une sentinelle à ma seule et unique disposition. »

Depuis le 12, il avait été impossible d'adresser aucun rapport au Ministre de la guerre, le temps, les moyens et les occasions avaient manqué à la fois. Le chef de l'état-major lui rendit compte d'Abrantès des motifs d'un si long silence, des fatigues et des privations que l'armée venait d'éprouver, des obstacles qu'elle avait vaincus, de sa situation, de ce que l'on savait de celle du Portugal, et des projets du général en chef, mais il ne put envoyer aucune situation.

On conçoit facilement qu'il fût impossible, pendant toute cette marche, de communiquer même d'une colonne à l'autre, et d'envoyer une ordonnance sur quelque point que ce fût. Les corps n'avaient pas le tiers de leurs hommes présents, et les colonels furent réellement dans l'impossibilité d'en fournir aucune.

La dépêche adressée au ministre de la guerre fut portée par un des courriers du général en chef, qui ne prit pas la route qu'on avait suivie, mais passa par Badajos et Madrid, après avoir traversé le Tage.

La rapidité avec laquelle Junot s'était avancé, avait déjoué une résistance qui, dans les montagnes du Beira, aurait pu devenir invincible ; c'était un premier prix de ses efforts. Mais il aurait voulu arriver à Lisbonne, de manière à saisir tout ce qui allait s'en échapper. Ce second succès était presque impossible à obtenir.

La situation du gouvernement portugais était assez singulière.

L'Angleterre avait fait savoir qu'elle était prête à rendre son amitié au Prince Régent, s'il consentait à partir pour le Brésil, mais qu'elle ne souffrirait jamais que la flotte du Portugal tombât entre les mains de la France.

Le plus sûr pour cela était de s'en emparer. Mais il fallait prendre les forts du Tage, et les troupes des généraux Moore et Spencer n'étaient pas encore arrivées.

Conformément aux instructions données par le ministère, le contre-amiral sir Sidney Smith déclara l'embouchure du Tage et les côtes du Portugal en état de blocus.

Des fenêtres de son palais de Mafra, le Prince Régent vit les vaisseaux de la Grande-Bretagne courir sus aux navires de ses sujets. Sur mer, comme sur terre, tout était hostile autour de lui. Pour avoir voulu ménager deux puissances rivales, on allait tout perdre à la fois et l'on n'emporterait même pas la consolation de sauver l'honneur.

Sir Sidney Smith envoya un message à terre et l'appuya par des lettres pressantes. Lord Strangford débarqua. On assembla un Conseil d'État extraordinaire, on y discuta devant le Prince la situation de la maison de Bragance et de la monarchie. L'Angleterre garantissait les possessions coloniales.

Le public ne savait comment expliquer ce qui se passait. D'un côté, un décret avait ordonné de se saisir des membres de la factorerie anglaise et de leurs propriétés, et les membres, qui la composaient, réalisaient leur fortune et partaient en l'emportant. De l'autre, on voyait l'ambassadeur anglais descendre tous les jours à terre, et faire sa cour au Prince comme à l'ordinaire, alors que toutes les démonstrations du Gouvernement annonçaient des dispositions de guerre contre l'Angleterre. Le fait est, que le Prince ne pouvait se déterminer à abandonner le Portugal, et tout porte à croire que l'armée française l'aurait trouvé à Lisbonne, sans le *Moniteur* que lui remit l'ambassadeur anglais, et qui portait que la Maison de Bragance avait cessé de régner en Europe.

Lord Strangford, en effet, sachant ce qui se passait, s'était empressé de reparaître à Lisbonne pour reprendre son influence sur la cour. Il apportait insidieusement des nouvelles de Paris qui avaient passé par Londres et qui annonçaient la résolution prise par Napoléon de détrôner la maison de Bragance.

C'était un extrait du *Moniteur* du 13 novembre qui contenait sous la rubrique de Paris, à la date du 12, un article sur les diverses expéditions des Anglais contre Copenhague, Alexandrie, Constantinople et Buenos-Ayres. Dans cet article, dicté évidemment par Napoléon, et tendant à montrer les conséquences auxquelles s'exposaient tous les gouvernements qui se sacrifiaient à la politique anglaise, on lisait le passage suivant :

« Après ces quatre expéditions qui déterminent si bien la décadence morale et militaire de l'Angleterre, nous parlerons de la situation où elles laissent aujourd'hui le Portugal. Le prince régent du Portugal perd son trône; il le perd, influencé par les intrigues des Anglais; il le perd pour n'avoir pas voulu saisir les marchandises anglaises qui sont à Lisbonne. Que fait donc l'Angleterre, cette alliée si puissante? Elle regarde avec indifférence ce qui se passe en Portugal. Que fera-t-elle quand le Portugal sera pris? Ira-t-elle s'emparer du Brésil? Non : si les Anglais font cette tentative, les catholiques les chasseront. La chute de la maison de Bragance restera une nouvelle preuve que la perte de quiconque s'attache aux Anglais est inévitable. »

La marche si rapide du bâtiment qui apporta à Lisbonne le numéro du *Moniteur* du 13 novembre en neuf jours de traversée, quelque extraordinaire qu'elle paraisse, n'en est pas moins un fait avéré.

De cette nouvelle, il ressortait que, du côté de la France, il n'y avait à attendre que la sentence prononcée par le terrible *Moniteur*. Après tout, mieux valait régner en Amérique qu'être prisonnier en Europe. Pour rendre sensible aux yeux des moins éclairés un point de fait si évident, les commentaires de sir Sidney Smith et de lord Strangford étaient même superflus. Un conseiller plus éloquent que les deux Anglais, la peur, vainquit enfin les perpétuelles irrésolutions du Prince Régent.

L'apparition imprévue de l'armée française à Abrantès, sans qu'aucun des émissaires envoyé eût ralenti sa marche, fit naître une indicible terreur dans l'âme du Régent, terreur partagée par tous ses parents et conseillers. L'idée de fuir prit alors le dessus sur toutes les autres.

A l'issue du Conseil, la famille royale vint au château de Quélus, à deux lieues de Lisbonne afin d'être plus rapprochée de la cale de Belem, où allaient se faire les préparatifs du départ.

Le résultat des délibérations fut communiqué aux principaux personnages du gouvernement et de la cour, et à ceux que le Prince Régent désigna nominativement pour l'accompagner au Brésil. La brigade de marine monta à bord des vaisseaux. Les capitaines des bâtiments de guerre et de commerce furent autorisés à recevoir, dans les emplacements dont l'autorité n'avait pas disposé, les sujets fidèles qui voudraient courir la chance de l'émigration, et de préférence parmi eux les officiers de l'armée de terre et de mer. On défendit aux douanes de percevoir les droits du fisc sur les hardes et les meubles des émigrants.

La plupart des employés du gouvernement demandèrent à suivre le prince, et beaucoup furent refusés. Il n'y avait pas sur les vaisseaux assez de place pour tous ceux que la crainte des troupes étrangères portait à partager la destinée de leur souverain. L'embarquement du mobilier de la cour et des particuliers se fit avec confusion. Pendant trois jours, le quai de Belem fut obstrué de voitures, d'effets précieux et de caisses pesantes, abandonnés pour ainsi dire à la merci du premier occupant. On porte à quinze mille âmes l'émigration qui eut lieu dans cette circonstance, tant sur la flotte que sur les bâtiments de commerce nationaux et étrangers.

La journée du 25 fut employée par le gouvernement à aviser aux moyens de diminuer le désordre et les froissements auxquels la marche imprévue des armées étrangères ne pouvait manquer de donner lieu. L'ordre fut expédié aux magistrats civils et aux gouverneurs des places et des provinces de recevoir les troupes françaises et espagnoles. Cependant le chevalier d'Araujo envoya le négociant portugais José Oliveira de Barreto, qui avait une partie de sa famille établie en France, au devant du général Junot, afin d'entrer en pourparlers et gagner du temps.

Le 26, un décret publié et affiché dans les rues de Lisbonne annonça au peuple portugais la résolution prise par le Prince de transporter dans les Etats d'Amérique la reine, sa famille et la cour, et de fixer sa résidence à Rio-de-Janeiro jusqu'à la conclusion de la paix générale.

A l'imitation de ce qui fut fait en l'année 1574, quand le roi Sébastien partit pour l'expédition d'Afrique, le Prince Régent remit les rênes du gouvernement pendant son absence à un conseil de cinq membres choisis parmi les hommes les plus éminents de la monarchie. Le marquis d'Abrantès, allié à la maison régnante comme descendant d'un fils naturel du roi Jean II, en fut le président.

On recommanda aux gouverneurs du royaume de faire en sorte que l'armée française n'eût aucun sujet de plainte contre les habitants, et de maintenir la bonne harmonie entre les deux nations qui, quoique l'une traversât en armes le territoire de l'autre, ne cessaient pas pour cela d'être alliées sur le continent d'Europe.

DÉCRET DU PRINCE RÉGENT DE PORTUGAL PAR LEQUEL IL DÉCLARE SON INTENTION DE TRANSPORTER SA COUR AU BRÉSIL ET CONSTITUE UN CONSEIL POUR GOUVERNER PENDANT SON ABSENCE.

« Après avoir inutilement fait tous mes efforts pour conserver la neutralité à l'avantage de mes vassaux fidèles et chéris; après avoir fait, pour obtenir ce but, le sacrifice de tous mes trésors, m'être même porté, au grand préjudice de mes sujets, à fermer mes ports à mon ancien et loyal allié le roi de la Grande Bretagne, je vois s'avancer vers l'intérieur de mes Etats les troupes de Sa Majesté l'Empereur des Français, dont le territoire ne m'étant pas contigu, je croyais être à l'abri de toute attaque de sa part. Ces troupes se dirigent sur ma capitale. Considérant l'inutilité d'une défense, et voulant éviter une effusion de sang sans probabilité d'aucun résultat utile, et présumant que mes fidèles vassaux souffriront moins dans ces circonstances si je m'absente de ce royaume, je me suis déterminé, pour leur avantage, à passer avec la reine et toute ma famille dans mes Etats d'Amérique, et à m'établir dans la ville de Rio-de-Janeiro, jusqu'à la paix générale. Considérant combien il est de mon devoir comme de l'intérêt de mes sujets, de laisser à ce pays un gouvernement qui veille à leur bien-être, j'ai nommé pour gouverneurs du royaume, tant que durera mon absence, mon bien-aimé cousin le marquis d'Abrantès, le lieutenant-général de mes armées François de Gunha de Menezes, le principal Castro de mon conseil, qui sera chef de la justice, Pedro de Mello Brayner de mon conseil, qui sera président du trésor royal, D. Francisco de Noronha, lieutenant-général de mes armées qui sera président du tribunal des ordres et de la conscience. Dans le cas où l'un des sus-nommés viendrait à manquer, il sera remplacé par le grand veneur du royaume, que j'ai nommé gouverneur du Sénat de Lisbonne. Le conseil sera assisté par le comte de Sampaio et par le procureur de la couronne Jean-Antoine Salter de Mendonça, que je nomme secrétaires. L'un des deux secrétaires venant à manquer, sera remplacé par D. Miguel Perceria Forjaz. D'après la confiance que j'ai en eux tous, et la longue expérience qu'ils ont des affaires, je tiens pour certain qu'ils rempliront leur devoir avec exactitude, qu'ils administreront la justice avec impartialité ; qu'ils distribueront les récompenses et les châtiments suivant les mérites de chacun et que mes peuples seront gouvernés d'une manière qui décharge ma conscience.

Les gouverneurs le tiendront pour dit. Ils se conformeront au présent décret et ils feront les participations nécessaires aux autorités compétentes.

Donné au palais de Notre-Dame d'Ajuda, le 26 novembre 1807.

Le Prince.

INSTRUCTIONS AUXQUELLES SE RAPPORTE LE DÉCRET ROYAL DU 26 NOVEMBRE 1807.

Les gouverneurs du royaume, nommés par mon décret de ce jour, prêteront le serment d'usage entre les mains du cardinal patriarche.

Ils maintiendront la rigoureuse observation des lois du royaume.

Ils garderont aux nationaux tous les privilèges qui leur ont été accordés par moi et mes ancêtres.

Ils décideront à la pluralité des voix les questions qui leur seront soumises par les tribunaux respectifs.

Ils pourvoiront aux emplois d'administration et de finance et aux offices de justice, dans la forme pratiquée par moi jusqu'à ce jour.

Ils défendront les personnes et les biens de mes fidèles sujets.

Ils feront choix, pour les emplois militaires, de personnes dont ils connaîtront les bons services.

Ils auront soin de conserver, autant que possible, la paix dans le pays ; que les troupes de l'Empereur des Français aient de bons logements; qu'elles soient pourvues de tout ce qui leur sera nécessaire pendant leur séjour dans ce royaume; qu'il ne leur soit fait aucune insulte, et ce sous les peines les plus rigoureuses, conservant toujours la bonne harmonie qui doit exister entre nous et les armées de nations avec lesquelles nous nous trouvons unis sur le continent.

En cas de vacance par mort ou autrement d'une des charges de gouverneurs du royaume, il sera pourvu au remplacement à la pluralité des voix. Je me confie en leurs sentiments d'honneur et de vertu. J'espère que mes peuples ne souffriront pas de mon absence; et que, revenant bientôt parmi eux avec la permission de Dieu, je les trouverai contents, satisfaits et animés du même esprit qui les rend si dignes de mes soins paternels.

Donné au palais de Notre-Dame d'Ajuda, le 26 novembre 1807.

Le Prince.

*
* *

C'est le 26 que la tête de colonne de Junot déboucha d'Abrantès. Ce jour-là, l'avant-garde formée des compagnies d'élite des deux premières divisions, réunies, organisées en quatre bataillons, et mises sous les ordres du colonel de Grandseigne, premier aide de camp du général en chef se rendit à Punhette, où le 70e, qui depuis Alcantara avait formé l'avant-garde, était arrivé le 24, pour préparer le passage avec l'aide du détachement du génie et des habitants. Le colonel Vincent, commandant le génie, s'y était rendu également pour diriger la construction du pont de bateaux.

Comme la route qui restait à parcourir était encore très mauvaise, surtout pour l'artillerie, le général Junot ordonna que tout le matériel de cette arme serait embarqué sur le Tage à Abrantès et conduit à Santarem pour y être débarqué au besoin et continuer jusqu'à Lisbonne. On embarqua aussi sur des bateaux légers 400 hommes d'infanterie, chargés de flanquer l'armée en se tenant toujours à sa hauteur, afin de s'assurer du Tage, et d'agir selon les circonstances sur les deux rives.

Tous les chevaux de train, conduits en main, suivraient ce mouvement par terre. La même mesure fut prise pour les malades et pour les cavaliers démontés.

Le 27, les deux régiments d'infanterie légère de la deuxième division, furent momentanément réunis à la première, de manière que la deuxième ne forma plus qu'une brigade, qui resta sous les ordres du général Charlot, le général de division Loison n'ayant pas encore rejoint l'armée. Quant au général Charlot, il reçut l'ordre de suivre, à un jour de distance, le mouvement de la division Delaborde, et, vers midi, toute cette division, ainsi que le quartier général de l'armée partirent d'Abrantès et arrivèrent à Punhette.

Des ordres et des instructions furent laissés à Abrantès, pour tous les corps qui étaient encore en arrière.

Il y avait deux jours que l'on travaillait à construire un pont à Punhette, et il n'existait pas : le nombre des bateaux conduits d'Abrantès avait été insuffisant, et le Zezère remarquable par sa largeur, sa profondeur, sa rapidité, la force de ses crues — qui parfois le font monter de trente pieds en peu d'heures — ayant grossi de onze ou douze pieds pendant la nuit du 26 au 27, avait détruit tout le travail de la veille et ne permettait pas de le recommencer. L'avant-garde, qui aurait dû passer sur le pont, était donc encore à Punhette.

Cherchant à presser sa marche, le général en chef fit de suite rassembler les bateliers et tous les bateaux que l'on put trouver; mais la nuit était venue, et sur les observations de tous les gens du pays, il ordonna que le colonel de Grandseigne, qui voulait de suite effectuer son passage, attendît le jour.

Il commençait à peine, que déjà l'avant-garde était placée dans des bateaux, et dès qu'il le permit, elle partit.

Le point de l'embarquement était à plus de quatre cents mètres de l'embouchure du Zezère; malgré cette distance, il fut impossible à aucun de ces bateaux de traverser le torrent. A peine détachés du rivage, le courant les entraînait avec la plus grande violence, les portait dans le Tage et leur faisait presque toucher la rive opposée. Ce ne fut qu'en descendant ce fleuve, que les bateliers purent agir, et à un grand quart de lieue au-dessous de l'embouchure du torrent, qu'ils parvinrent à faire aborder les bateaux.

Le débarquement effectué, on les hâlait et, à l'aide des plus grands efforts, on parvenait, au bout de deux heures d'un travail extrêmement pénible, à les faire rentrer dans le torrent, après quoi, on les remontait assez haut pour pouvoir les faire jeter par le courant même, sur l'espèce de plage d'où ils étaient partis.

« Intéressé à traverser le torrent, le général en chef fit remonter un petit bateau beaucoup au-dessus du point d'embarquement, choisit les rameurs, et s'y plaça avec le chef de l'état-major et quelques officiers ; après une très grande déviation, et moyennant des efforts inouïs, ce bateau parvint, en effet, à l'autre rive ; mais il n'aborda pas, il échoua par la force avec laquelle il fut jeté dans des broussailles, auxquelles chacun se raccrocha pour gagner la terre ».

Le zèle avec lequel les bateliers de Punhette travaillèrent à passer l'armée, détermina le général Junot à leur donner 2.000 francs de gratification.

Le passage des troupes dura une grande partie de la journée et retarda leur marche ; de sorte que l'avant-garde ne put coucher ce même jour qu'à Gollegao, et la première division à Cardiga. Le premier de ces villages n'est qu'à deux lieues, et le second à une lieue seulement de Punhette. Les Français trouvèrent la rive droite du Zezère garnie de redoutes et de batteries que fort heureusement les Portugais avaient abandonnées.

Ce même jour, Junot eut un entretien avec le négociant de Lisbonne du nom de Barreto que lui avait dépêché le ministre Araujo. Celui-ci lui apprit que le Prince Régent, informé qu'un corps d'armée français se disposait à entrer en Portugal, avait ordonné effectivement que les habitants du Haut-Beira en défendissent le passage, mais qu'il venait tout récemment de révoquer cette mesure ; que tout se préparait pour le départ de la cour de Lisbonne, sans que ce départ fût cependant arrêté officiellement ; que le peuple était inquiet, le gouvernement irrésolu ; qu'il était difficile de prévoir le résultat d'un pareil ordre de choses; que cependant le motif principal de l'agitation générale était l'incertitude où l'on était sur le but de l'expédition. Junot déclara que l'objet de l'entrée des troupes françaises et espagnoles était dans les vrais intérêts du Portugal; qu'elles venaient fermer les portes du royaume aux Anglais, et même au besoin défendre le pays; il ajouta relativement au Prince Régent, que celui-ci devait connaître son respect pour lui et tous les sentiments qu'il professait pour un souverain auprès duquel il avait été ambassadeur; qu'il priait Son Altesse Royale de suspendre son départ, afin qu'il pût lui-même l'éclairer sur le parti le plus propre à concilier ses désirs et ses intérêts. Barreto retourna sur-le-champ à Lisbonne, pour rendre compte au Prince Régent de ce que venait de lui dire le général en chef français et essayer d'empêcher le départ de la cour pour le Brésil.

Quoique les troupes n'eussent plus de prétextes pour commettre de nouveaux désordres, quelques soldats pill èrent dans cette journée.

Dans aucun cas, le général en chef ne l'eût toléré; mais la position de l'armée, l'importance d'achever cette conquête sans coup férir, rendaient le moindre délit de cette nature également coupable, sous les rapports militaires comme sous les rapports politiques. Il ne fallait pas en effet, dans des circonstances aussi sérieuses, effaroucher par des craintes que la malveillance eût exagérée, une ville aussi imposante que Lisbonne; et il fallait indépendamment de toute autre considération, resserrer les liens de la discipline, dont on n'avait pu s'occuper depuis dix-huit jours : les prévenus furent donc arrêtés, jugés, condamnés et fusillés à Gollegao.

A Lisbonne, c'était une véritable panique. Dans la supposition qu'il faudrait peut-être fermer le Tage aux Anglais, les Portugais avaient armé, tant bien que de mal, ce qui restait de leur flotte, c'est-à-dire un vaisseau de quatre-vingts, sept de soixante-quatorze, trois frégates et trois bricks.

Les huits vaisseaux étaient les suivants :

Le Prince Royal, la Reine de Portugal, le Prince du Brésil, la Méduse, don Juan de Castro, Alphonse d'Albuquerque, le Comte don Henri, Martin de Freitas.

La nouvelle de l'entrée de Junot à Abrantès, auquel il suffisait de trois marches pour arriver à la capitale, avait décidé la famille royale et une partie de l'aristocratie à s'embarquer pour fuir.

On avait commencé dès la veille à charrier des effets et meubles, en partie assez inutiles, et qui ne firent qu'embarrasser les bâtiments.

Le 27 au matin, les rues et les places publiques se remplirent de citoyens éplorés. La famille royale partit de Quélus plutôt qu'on ne l'avait cru, pour venir au lieu de l'embarquement.

Le Régent arriva à Belem sur les neuf heures du matin, dans une voiture à quatre roues. Il n'avait auprès de lui que le Prince d'Espagne son neveu, et derrière sa voiture qu'un seul valet.

Les quais étaient couverts de boue : deux caporaux de la légion de police l'apercevant, cherchèrent des planches et pratiquèrent un chemin de la voiture à la cale. Le Prince et son neveu descendirent alors, et, soutenus par ces deux caporaux, ils parvinrent à la cale qui était encombrée de caisses, de ballots et d'une populace immense. Un sergent de cette même légion fut obligé de mettre le sabre à la main, pour leur ouvrir un passage jusqu'à un des canots de la flotte.

Le Prince Régent pouvait à peine marcher; ses jambes tremblaient sous lui. Il écartait avec la main le peuple qui embrassait ses genoux. Des pleurs coulaient de ses yeux; sa contenance disait assez combien il avait l'âme contristée et inquiète.

On avait négligé de placer des gardes sur le rivage de

Belem. La multitude se pressa autour des carrosses. La voiture de la vieille reine marchait en tête du cortège lugubre. Il y avait seize ans qu'elle ne s'était montrée au peuple. Condamnée depuis longtemps à se survivre à elle-même, elle avait retrouvé récemment, avec une lueur de raison assez vive pour entrevoir les calamités de son pays, les nobles sentiments d'une Portugaise et d'une reine. On l'avait entendue s'écrier à plusieurs reprises : « Eh quoi ! nous quitterions le royaume sans avoir combattu !... » Comme son cocher hâtait les pas des chevaux afin d'éviter l'encombrement de la foule : « Pas si vite, lui-dit-elle; on croirait que nous fuyons ». La princesse du Brésil opposait une fermeté semblable aux coups de la mauvaise fortune. Ses nombreux enfants, naguère l'espoir de la nation, fondaient en larmes à côté de leur mère.

La famille royale monta silencieusement à bord des navires à l'exception de la Reine, qui ne voulant pas s'embarquer, jetait des cris affreux, mais dont on ne tint pas compte.

La Reine, le Régent, son fils aîné et le Prince d'Espagne, montèrent sur le vaisseau le *Prince Royal* de 80 canons, le même qui avait transporté, en l'an VII, le roi de Naples en Sicile.

La Princesse, ses filles et son second fils, montèrent sur un autre bâtiment.

Un troisième bâtiment fut affecté aux Princesses sœurs de la Reine.

Tout le Conseil d'État, les ministres Araujo et Anadia, les chambellans de Vayos, de Torres-Novas, Bellemonte, Lavradio, Caprarica, etc., leurs familles, le duc de Cadaval, la duchesse et ses enfants, eurent ordre de suivre la cour.

Les nobles les plus distingués parmi ceux qui s'embarquèrent, furent MM. Allegreto, Avito, Anjeja, Belas, Cavalleros, Pombal, Redondo, Jeoa de Almeida, Rodrigo de Souza.

Du reste, jamais embarquement ne se fit avec plus de

désordre ; des gens de la première distinction se trouvèrent
pêle-mêle avec des soldats, des valets, des personnes de tout
âge, de tout sexe, que la crainte, le besoin ou des intérêts
étrangers à ceux du Prince avaient conduits en foule sur les
bâtiments.

Le régiment n° 13 avait reçu ordre d'embarquer l'encombrement était tel à bord des vaisseaux, qu'il ne se trouva de
place sur aucun pour le recevoir ; le colonel seul partit.

Le mobilier des palais royaux et des plus riches maisons
de Lisbonne, les fonds des caisses publiques, l'argent que le
Régent avait pris soin d'amasser depuis quelque temps, celui
que les familles fugitives avaient pu se procurer, tout gisait
sur les quais du Tage, à moitié enfoui dans la boue, aux yeux
d'un peuple consterné, tour à tour attendri de ce spectacle
douloureux, ou irrité de cette fuite si lâche, qui le laissait
sans gouvernement et sans moyens de défense.

La précipitation était si grande que sur quelques-uns de
ces bâtiments qu'on chargeait de richesses, on avait oublié
de placer les vivres les plus indispensables. Dans la journée
du 27, tout fut embarqué et 36 bâtiments de guerre ou de
commerce, rangés autour du vaisseau-amiral au milieu du
Tage, large devant Lisbonne comme un bras de mer, atten-
dirent le vent favorable pour s'éloigner, tandis qu'une population de 300.000 âmes les regardait tristement, partagée entre
la douleur, la colère, la curiosité, la terreur.

A l'embouchure du Tage, la flotte anglaise croisait pour
recevoir les émigrants et les protéger au besoin de son
artillerie.

La journée du 27 se passa ainsi, les vents ne permettant
pas la sortie du Tage, et l'anxiété régnait sur la flotte
portugaise, car si un détachement français parvenu à temps
à Lisbonne eût couru à la tour de Belem, le Tage se serait
trouvé fermé.

Les heures de cette attente parurent des siècles à la cour
embarquée. Les Français, qui étaient comme tombés du ciel,

à Abrantès, pouvaient sans miracle avoir quitté cette ville après deux jours de repos et apparaître tout à coup au milieu de Lisbonne. Dans l'appréhension des suites d'un retard prolongé, le Prince Régent ordonna de dégarnir de leur artillerie quelques forts qui menaçaient de foudroyer la flotte, et l'on commença à enclouer les canons des batteries.

Cependant le peuple était d'une stupeur morne, et d'un silence inquiétant. La malveillance chercha à aigrir les esprits et à les disposer à l'insurrection. La régence en fut informée et envoya chercher le comte de Novion émigré français, colonel commandant la légion de police. Elle lui fit connaître l'acte du Prince, qui lui confiait les rênes du Gouvernement pendant le temps que durerait son absence; elle lui fit part ensuite des avis qu'elle avait reçus, et lui recommanda de prendre les mesures qu'il jugerait propres à assurer la tranquillité publique.

Ce chef, à la fois ferme, capable et plein de zèle, fit sur-le-champ doubler les postes, multiplia les patrouilles à pied et à cheval, ordonna de dissiper les attroupements et se fit rendre compte d'heure en heure de ce qui se passait dans la capitale, qui, au moyen de ces précautions, continua à jouir du calme.

Pendant la journée du 28, des groupes du peuple de la ville et des paysans des environs couronnèrent continuellement les sommités des collines qui avoisinent l'embouchure du Tage. Tous les regards étaient fixés sur l'escadre. Mais déjà la douleur publique avait pris un autre caractère.

« Elle n'était si expansive la veille que parce que la perspective effrayante de l'avenir avait disposé à la mélancolie les esprits de la multitude. Chacun, en versant des larmes sur la famille royale, avait d'abord pleuré sa propre fortune. Maintenant d'autres réflexions se présentaient : le prince ne faisait plus cause commune avec son peuple; la nation était conquise sans avoir été vaincue. Prêtres, nobles, soldats, plébéiens, tous firent un cruel retour sur eux-mêmes : tous pensèrent à leur sûreté personnelle. Plusieurs s'enfuirent de cette capitale, qui bientôt allait être souillée par la présence des troupes étrangères. » (Général Foy).

Le 28, l'avant-garde de Junot ayant marché longtemps, et à plusieurs reprises, à travers de grandes inondations, arriva, vers midi, à Santarem, par une pluie presque continue. Elle fit une halte, reçut des vivres et en repartit pour se rendre à Cartao, où elle bivouaqua.

La première division devait ce jour-là coucher à Santarem ; mais les inondations avaient continué à augmenter ; entre Collegao et Ausniaga, elle marcha dans près de deux pieds d'eau, pendant plus d'une heure.

« Cherchant notre route entre Gollega et Ausniaga, nous aperçûmes en avant de nous une troupe en mouvement qui semblait nous faire face, qui par conséquent devait venir à nous et cependant conservait sa distance. Nous accélérâmes le pas et nous crûmes distinguer des visages ; mais au-dessus de ces visages s'élevaient des paquets énormes et au-dessous n'apparaissaient que des jambes, pas de corps. Intrigués, nous fîmes trotter nos chevaux, et nous découvrîmes un de nos bataillons, dont les soldats marchaient dans une inondation de plus d'une lieue, ayant par moments un pouce d'eau, par moments plus de deux pieds ; ils avaient ôté bas, souliers et pantalons, relevé leur chemise sous leur gilet, de sorte que ce que nous avions pris pour leurs figures étaient en réalité tout l'opposé. Cette découverte nous divertit d'autant plus que nous pûmes nous livrer à toute notre hilarité, sans rire au nez du bataillon ». (Général Thiébault)

Du village d'Ausniaga à Santarem, la route que l'avant-garde avait encore pu suivre quelques heures plutôt, était devenue impraticable ; la première division fut donc dans la nécessité d'appuyer sur sa droite, pour gagner le pont de l'Alocilla, près de Pernès, où elle bivouaqua, après avoir été obligée de marcher pendant deux heures dans des bois difficiles, de passer des ravins profonds, de franchir des fossés, et de suivre des défilés où l'on ne pouvait aller qu'un à un.

Le général Thiébault avait eu — nous l'avons rapporté — une discussion avec le général en chef au sujet d'une réquisition de chevaux dont il n'avait pu avoir sa part, malgré la nécessité où il se trouvait de remplacer sa monture et celles de ses aides de camp. Aussi avait-il pris sur lui d'envoyer l'un d'eux chercher des chevaux à Santarem, ce qui souleva la colère de Junot. Le général Thiébault nous a laissé un récit très pittoresque de cette équipée dans ses mémoires.

« En approchant de Santarem, le général en chef, monté ainsi que ses aides de camp sur des chevaux frais et charmants, me rejoignit au petit galop, me dépassa de même, et arriva une heure avant moi. Or je n'étais pas encore aux premières maisons de Santarem que j'aperçus Vidal courant à moi, et les premiers mots qu'il me jeta furent :

« Mon général, je suis perdu. » Il m'expliqua que le général en chef ayant appris la réquisition de chevaux faite d'après mes ordres était furieux contre lui et l'envoyait commander la place de Castel-Branco, avec ordre de partir seul. « Et, lorsque j'ai observé, ajouta ce pauvre Vidal, que partir seul équivalait à risquer dix fois pour une d'être assassiné en route, il m'a fait dire que si je n'étais pas parti dans une heure, il me ferait fusiller ».

« J'envoyai Vidal m'attendre à mon logement, et je me rendis chez le général en chef qui était à table avec toute sa suite; il m'invita; je refusai. Il ne me dit pas un mot de Vidal, mais me fit quelques questions auxquelles je répondis de la manière la plus laconique. Il était évident que je venais pour une explication sérieuse, et qu'il n'y avait pas de moyen de l'éviter. Après un silence et le repas terminé, j'obtins donc du général Junot quelques moments d'entretien, et sitôt que la porte du salon fut refermée :

« Vous voulez me parler de Vidal, dit-il d'un ton brusque.

— Certainement.

— Je lui ai donné des ordres.

— Impossible à exécuter, alors même qu'il serait coupable.

— Et vous croyez que je lui pardonnerai d'avoir frappé une réquisition?

— Il n'y a eu ici de réquisition frappée que par mes ordres écrits, c'est-à-dire par moi.

— Aucun officier ne doit exécuter de tels ordres que sur mon visa.

— En matière de service, ma signature est la vôtre, et, du moment où elle ne le sera plus, vous n'aurez plus de chef d'état-major. Et d'ailleurs, continuai-je, quand malgré l'urgence, vous m'avez laissé démonté à Abrantès, quand vous m'avez dit de prendre des chevaux où je voudrais, quand depuis deux jours mes officiers et moi nous cheminions sur d'atroces criquets, changés de gîte en gîte, qui nous rendent la risée des troupes et qui, si vous aviez besoin de nous, nous mettraient hors d'état de vous suivre, n'avez-vous pas autorisé de droit ce que de fait vous avez rendu inévitable?

— Allons, répliqua-t-il, qu'il n'en soit plus question; faites de ces chevaux ce que vous voudrez.

» Je courus mettre un terme à la perplexité de Vidal, qui de suite, me conduisit à l'écurie où se trouvaient les chevaux, objet de tant de vacarme. Il les avait choisis comme pour lui, c'est-à-dire magnifiques. L'un deux surtout, d'une beauté rare, fut conduit immédiatement au général en chef, qui l'accepta sans mot dire. Des quatorze restants je pris les trois plus beaux; les trois suivants je les donnai au payeur général qui marchait avec moi et qui, depuis notre entrée en Espagne, ne m'avait pas quitté. Vidal en eut deux; deux autres officiers d'état-major présents, chacun un; quant aux cinq restants, je les renvoyai à leur maître »

* *

Si Junot était impatient d'arriver à Lisbonne, la famille royale et l'aristocratie portugaise embarquée avec elle étaient encore plus impatientes d'en partir. En comptant les officiers, les serviteurs, les femmes et les enfants, on estimait à plus de 1.500 personnes les émigrants montés à bord des navires en partance qui attendaient anxieusement une saute de vent pour sortir du Tage.

Les provisions nécessaires à la traversée avaient été embarquées avec tant de précipitation, qu'on ne s'aperçut que fort tard qu'il manquait plusieurs denrées de première nécessité, et le 28 à minuit, on en cherchait encore de tous côtés.

Dans la capitale, les bruits les plus alarmants circulaient.

M. de Novion dut monter à cheval et parcourir les quartiers les plus habités, pour détruire ainsi le bruit de son départ, que les malveillants avaient répandu à dessein. Enfin, le 29 au matin, un vent favorable souffla de la terre. La flotte portugaise leva l'ancre. Elle était composée de huit vaisseaux de guerre, trois frégates et trois bricks, et d'un nombre considérable de vaisseaux marchands. A la sortie de la barre, elle passa au milieu de l'escadre anglaise sous voile qui l'accueillit avec les honneurs d'usages. Singulière coïncidence, au moment où les vingt et un coups de canon du salut royal furent entendus à Lisbonne, le soleil eut une éclipse.

L'amiral Sidney Smith détacha une forte division pour accompagner cette royauté en Amérique, où elle allait commencer par le Brésil l'affranchissement de toutes les colonies portugaises et espagnoles.

L'escadre resta en vue de Lisbonne presque toute la journée du 29. Quand elle fut partie, la crainte et le désespoir produisirent la confusion. Le 13e régiment d'infanterie était tout entier accouru de Péniche. La ville était pleine de soldats qui désertaient leurs drapeaux par bandes. On voyait les Anglais à la barre, car le contre-amiral Sir Sidney Smith, en partant avec quatre vaisseaux pour convoyer la flotte portugaise jusqu'au Brésil, avait laissé devant Cascaès le reste de son escadre pour continuer le blocus du Tage. Le bruit se répandit d'un prochain débarquement des troupes anglaises. On assura ensuite qu'elles étaient déjà maîtresses de Péniche. Bientôt sortaient de leurs repaires des essains de voleurs et de gens sans aveu, tels que les capitales en renforment un grand nombre. La garde royale de police n'était pas assez nombreuse pour dissiper les rassemblements causés par la curiosité des uns et par la malveillance des autres. L'agitation et la turbulence du peuple croissaient d'heure en heure. Les propriétaires, les commerçants, ceux mêmes qui avaient le plus d'aversion pour les Français, souhaitèrent que la prompte arrivée de leur armée mit un terme à cet état d'incertitude et de trouble.

Le 29 novembre, en se rendant avec l'avant-garde de Cartaxo à Saccavem, qui n'est qu'à une lieue de Lisbonne, le général Junot reçut plusieurs députations venant de la capitale. La première, composée d'officiers généraux portugais, le lieutenant-général Martinho de Souza e Albuquerque, et le brigadier Franciso de Borja Garças Stockler, envoyés par le conseil du gouvernement pour le complimenter. Ils lui apprirent que le numéro du journal officiel, *Le Moniteur*, du 13 novembre, avait été apporté à Lisbonne, le 25, par un bâtiment de commerce extraordinaire, expédié de Londres à l'ambassadeur lord Strangford ; que l'article de cette feuille où il était dit, que par suite du parti-pris par le Prince Régent, la Maison de Bragance avait cessé de régner en Europe, avait tranché toutes les incertitudes ; que le Prince, ainsi que sa famille, ses ministres et presque tout ce qui tenait à la .cour, s'était embarqué, le 27, sur la flotte portugaise, et avait mis à la voile le 29 au matin. Les députés ajoutèrent que le prince avait, en partant, nommé un conseil de régence chargé de maintenir l'ordre et la tranquillité dans le royaume; que Lisbonne était dans la stupeur; qu'une flotte anglaise était à la barre du Tage avec ses troupes de débarquement, et qu'elle semblait manœuvrer pour entrer dans le port.

Junot renvoya cette députation dans la capitale, en lui donnant la mission de calmer les esprits; de signifier au gouvernement provisoire qu'il était responsable de la tranquillité publique; d'informer le peuple que, pour la seconde fois, le Portugal allait devoir aux Français son indépendance, et d'annoncer que, le lendemain 30, à la pointe du jour, le général en chef français entrerait dans Lisbonne avec son armée.

Le seconde députation était composée de négociants et autres habitants de la capitale, parmi lesquels se trouvait le vic-consul de France, M. Mure; elle ajouta quelques détails aux faits déjà rapportés, et fut de même renvoyée à Lisbonne avec une proclamation qui devait, dans la soirée même, être traduite en portugais, imprimée dans les deux langues, publiée et affichée dans la ville.

Proclamation du général Junot.

Le gouverneur de Paris, premier aide-de-camp de S. M. l'Empereur et Roi, grand'croix de l'ordre du Christ de Portugal, général en chef.

Habitants de Lisbonne.

Mon armée va entrer dans vos murs. Elle y venait pour sauver votre port et votre prince de l'influence de l'Angleterre.

Mais ce prince, si respectable par ses vertus, s'est laissé entraîner aux conseils de quelques méchants qui l'entouraient, et il est allé se jeter dans les bras de ses ennemis.

On l'a fait trembler pour sa propre personne: ses sujets n'ont été comptés pour rien, et vos intérêts ont été sacrifiés à la lâcheté de quelques courtisans.

Habitants de Lisbonne, soyez tranquilles dans vos maisons; ne craignez ni mon armée, ni moi; nous ne sommes à craindre que pour nos ennemis et pour les méchants.

Le Grand Napoléon, mon maître, m'envoie pour vous protéger; je vous protègerai.

Au quartier général, à Sacavem, le 29 novembre 1807.

JUNOT.

Sacavem se lie à Lisbonne par une suite non interrompue de maisons de campagne. C'était un poste important à occuper à cause des facilités que présente, pour la défense, une baie allongée que l'on traverse sur un pont volant. L'avant-garde française y arriva le 29, à dix heures du soir.

Junot y passa la nuit du 29, non sans éprouver de grandes inquiétudes.

Il n'avait donc pas pu arriver à temps; mais il fallait prévenir un soulèvement, qu'il aurait été impossible de comprimer avec quelques mille hommes épuisés n'ayant pas un canon, et il n'avait aucune nouvelle, ni de sa troisième division, ni de sa cavalerie, ni de son artillerie.

Il avait avec lui le chef d'état-major, le commandant du génie, le colonel d'artillerie Douence, l'ordonnateur en chef, le payeur général ; mais presque tous les officiers d'état-major, les commissaires des guerres, les officiers d'artillerie, du génie, les employés, étaient en arrière, sans qu'on pût savoir où ils se trouvaient. De nouvelles inondations le séparaient de la première et de la deuxième divisions, et on pouvait d'autant moins prévoir combien elles les retarderaient, que la pluie continuait à tomber avec force ; il savait seulement que ces deux divisions n'avaient pu exécuter les ordres qu'il leur avait donnés, et qu'elles n'étaient plus en mesure de le soutenir, de l'appuyer ou même de communiquer avec lui.

Sans s'arrêter à l'agitation du peuple et à la présence devant le Tage de la flotte anglaise, qu'un bon vent pouvait amener en moins d'une heure jusqu'à Lisbonne, on devait toutefois considérer que cette ville renfermait 14.000 hommes de troupes régulières et une population de 300.000 âmes, dont on ignorait les dispositions. Des exprès furent envoyés pendant la nuit aux généraux commandant les colonnes qui se trouvaient en arrière.

Que faire dans cette situation, avec une poignée d'hommes exténués? Fallait-il s'engouffrer dans Lisbonne et se mettre à la discrétion des Portugais? Fallait-il attendre l'armée, c'est-à-dire, courir la chance de laisser échapper le seul moment, peut-être, de prévenir une explosion dont les résultats pouvaient être si fâcheux, et s'exposer à perdre presque tous les avantages de la marche extraordinaire que l'armée venait de faire?

Au milieu de tant de considérations si importantes, l'hésitation fut regardée comme devant cumuler les chances les plus fâcheuses; et l'ordre qu'il avait donné, d'annoncer pour le lendemain son arrivée, acheva de décider le général en chef à ne pas la retarder.

Le parti de l'audace se trouva donc d'accord avec celui de la politique, et fut adopté.

« J'ai gardé — dit Mme d'Abrantès — un souvenir très remarquable de ce que Junot m'a souvent raconté de tout ce qu'il eut à souffrir dans la nuit qu'il passa à Sacavem. Il avait annoncé son entrée pour le lendemain au point du jour dans Lisbonne et avec lui il avait annoncé *son armée*.

» Avant le jour il partit de Sacavem. Il était entouré de quatorze cents hommes, seul reste d'un régiment et de quatre bataillons composant l'avant-garde. Les malheureux avaient les pieds tellement déchirés par les pierres saillantes des torrents et par les épines, qu'ils pouvaient à peine marcher, *même au son de la caisse*, me disait Junot!... En sortant de Sacavem, le hasard lui fait rencontrer une troupe de cavalerie portugaise, composée d'une trentaine d'hommes.

» — Suivez-moi!..... leur dit-il d'une voix impérieuse. Ces hommes étonnés le suivirent en effet sans oser répliquer et il marcha sur Lisbonne entouré de soldats portugais formant sa garde!... »

Junot, dans cette circonstance, fit preuve d'une rare énergie; il voulut malgré tout faire son entrée dans la capitale bien que n'ayant avec lui pas plus de 1.400 soldats français brisés de fatigue, sans un canon, sans un cavalier et presque sans une cartouche en état de faire feu. Il y arriva à 8 heures du matin.

Un détachement de la légion de police de Lisbonne, commandée par le comte de Novion, attendait le général Junot à l'entrée de la ville et l'accompagna jusqu'au logement qui lui avait été préparé.

C'est du comte de Novion que le général français reçut l'assurance que la capitale du Portugal était et demeurerait tranquille; un pareil ordre de choses était dû aux efforts de ce colonel. Avec les 1.200 hommes qui composaient la légion, il avait contenu depuis deux jours toute la population. Non seulement la ville était gardée par des postes, mais les gardes étaient doublées; des piquets étaient établis sur les points qui pouvaient donner des craintes; des patrouilles circulaient incessamment; tous les officiers étaient de ronde, et tous les hommes de service.

Le comte de Novion lui-même, occupé nuit et jour à parcourir la ville, n'était rentré chez lui, depuis le départ du Prince que pour prendre quelque nourriture, expédier des ordres et changer de chevaux.

Junot, pour donner le change sur le petit nombre de troupes qu'il avait avec lui, voulut les montrer dans tous les quatiers de la ville; malgré la pluie qui tombait par torrents, et l'extrême fatigue des soldats, il se rendit avec sa colonne de 1.400 hommes, de la porte de Sacavem, par laquelle il était entré, d'abord à Belem. Là il fit tirer le canon par les canonniers du Prince Régent sur quelques bâtiments de la flotte royale qui, restés en arrière, cherchaient à joindre le convoi, et les força à rentrer dans le port.

« En arrivant à Belem, Junot aperçut un bâtiment qui sortait à pleines voiles; il courut aussitôt à la tour, suivi de quelques officiers, y trouva une gargousse, et aida à charger une pièce de canon, que M. de Tacher, son aide de camp, pointa et tira avec tant de justesse que le boulet passa dans les agrès du bâtiment, et le fit amener. » (Général Thiébault)

Les vents étant tournés au Sud-Ouest, l'escadre portugaise était hors de vue, mais si, elle échappait au péril d'être arrêtée, elle tombait dans un autre, le temps affreux qui régna les jours suivants l'incommoda beaucoup.

De Belem, Junot revint, par les places du commerce et du

Rocio à la maison Quintella, qui lui était assignée comme logement.

« Les grenadiers et les voltigeurs étaient tellement fatigués de leurs marches précédentes, dit le général Thiébault, que le son des tambours ne pouvait pas même régler leurs pas, en s'avançant dans les rues de l'immense cité dont ils prenaient possession. »

Des piquets de la garde royale portugaise de police servirent de guides aux troupes françaises, et les conduisirent aux casernes préparées pour elles.

« L'état dans lequel nous entrâmes dans Lisbonne — dit le général Thiébault — et j'arrivais chez mon hôte, M. Ratton, originaire de Bourgogne, l'un des plus riches négociants du Portugal, n'est pas croyable; nos vêtements n'avaient plus ni couleur, ni forme; je n'avais pas changé de linge depuis Abrantès, mes pieds passaient à travers mes bottes, et c'est ainsi que je pris possession d'un des plus beaux et des plus élégants appartements de cette capitale. Mon hôte m'offrit du linge que j'acceptai; on me trouva immédiatement des bottes neuves à acheter; on me rasa et me nettoya; enfin, lorsqu'au bout d'une demi-heure je ne fis plus horreur et aux autres et à moi-même, une des voitures de M. Ratton me conduisit chez le général en chef, auprès duquel et sans discontinuer, je travaillai pendant sept heures d'horloge ».

En descendant de cheval, Junot fut complimenté par les membres du nouveau gouvernement, présidé par le marquis d'Abrantès et par ce qui restait de plus distingué dans la ville.

Il profita de cette réunion des autorités, pour prescrire les dispositions les plus urgentes.

Celles qui, dans ces premiers moments, concernèrent l'armée furent :

1º De distribuer les vivres pour les troupes arrivées, et d'en préparer pour celles attendues.

2º De disposer des quartiers pour une garnison de 12.000 hommes, et d'y réunir de suite les effets de casernement voulus par nos règlements, ordre difficile à exécuter dans ce pays, où les troupes, misérables sous tous les rapports, couchaient sur la terre, et où il n'existait aucun mobilier de caserne;

3° De régler le logement des chefs, des officiers, et des employés de l'armée.

4° D'ouvrir et d'organiser les hôpitaux nécessaires pour le traitement de 3.000 malades ou blessés, hôpitaux qui furent mis et entretenus dans le plus bel état possible.

M. de Beaumarchef, chirurgien en chef de l'armée, contribua éminemment à ce résultat.

5° Et de faire travailler de suite à la confection de 25.000 paires de souliers.

Afin de procéder avec ordre et célérité, le chef d'état-major fit à l'instant même nommer par la Commission du gouvernement, et pour chacun de ces objets, un commissaire spécial ; réunit ces commissaires, et leur donna de vive voix, et par écrit, les instructions les plus détaillées sur ce qui concernait chacun des objets demandés.

Un officier et deux sous-officiers français furent placés au bureau du logement ; et pour éviter toute contestation, toute erreur, les personnes à loger, ainsi que les maisons, furent classées.

D'un autre côté, des officiers portugais et des interprètes furent attachés au quartier général et à l'état-major général.

Aucune nouvelle de la division Delaborde, ni du reste du corps d'armée, ne parvint ce jour-là à Lisbonne.

Le 70° régiment, qui avait devancé la 1ʳᵉ division, arriva seul vers trois heures du soir ; et le général en chef, voulant afficher la plus grande confiance dans sa position, envoya de suite le premier bataillon de ce régiment à Belem, et le second à Saint-Julien, pour tenir garnison dans les batteries des deux rives du Tage.

Ainsi une armée française, composée en grande partie de recrues, presque d'enfants, lancée à travers l'Espagne et le Portugal avait réussi, au prix de quels efforts, à atteindre Lisbonne. Rien ne témoigne plus de la terreur qu'inspirait alors le nom de Napoléon et des armées françaises que cette marche extraordinaire, sans qu'on ait eu à brûler une cartouche à travers un pays toujours frémissant à la vue de l'étranger.

Cette nation d'imagination vive s'était attendue à voir des héros d'une espèce supérieure, des colosses, des demi-dieux, et ce n'était qu'une troupe misérable qui leur était apparue, dont les marches forcées, la famine, les torrents, les vallons inondés, la pluie battante avaient ruiné les vêtements. Une longue file de soldats maigres, éclopés, et la plupart imberbes qui suivait à pas lents les officiers eux-mêmes délabrés et comme défigurés par de longues et excessives fatigues. D'artillerie, cet épouvantail des peuples, pas une pièce avec la colonne d'infanterie. Ces troupes n'avaient pour attaquer et pour se défendre, que des fusils rouillés et des cartouches imprégnées d'eau. Les Portugais étaient préparés à la terreur ; ils n'éprouvèrent que le dépit de s'être mis sous le joug d'une poignée d'étrangers. Cette dépréciation des forces françaises, dans laquelle chacun se complut, en raison directe de la peur qu'il avait ressentie, laissa dans l'esprit du peuple, un germe de révolte que les événements ne devaient pas tarder à développer.

« Le général en chef — dit le général Thiébault — avait pensé qu'une armée, se présentant en un tel état de faiblesse, devait au plus tôt se parer de tout le prestige possible et en effet rentrant de chez lui le soir même de notre arrivée, je trouvai dans ma cour huit cochers, postillons ou valets de pied, en grande livrée de la cour et à la tête desquels mon valet de chambre m'attendait. Il m'apprit que ces hommes étaient mis par le général en chef à mon service et qu'avec eux m'avaient été envoyés deux belles voitures, deux chaises, onze mulets, et quatre chevaux de trait, y compris sept mules grises pommelées, de la plus grande beauté, ayant formé l'attelage de la régente, toutes ces bêtes harnachées ; enfin dix chevaux de selle dont cinq de race arabe et magnifique. C'était un envoi quasi royal et qui réparait singulièrement la manière toute différente dont j'avais été traité à Abrantès ; j'allai de suite visiter mes écuries et je fus surtout frappé de la beauté d'un des chevaux de selle. Il était blanc argenté avec la crinière et la queue étincelantes ; à son œil de feu, à ses naseaux ouverts et fumants, à sa bouche écumante, on eût dit qu'il allait tout renverser, mais un enfant l'aurait conduit. C'était le cheval de parade du régent, et c'était aussi par terreur qu'il m'avait été envoyé par le marquis de Cambis-Villeron, dont le général en chef fit son écuyer et qui avait été chargé de la répartition de tous les chevaux de la cour; toutefois, il me resta. Il se nommait « le Printemps »; c'était un si bel animal que j'eusse rapporté un tableau d'après lui, s'il se fut trouvé à Lisbonne un artiste capable de le peindre »...

Junot jugea convenable de paraître au spectacle, dès le soir de son arrivée; il s'y rendit avec tout son état-major, et ils y furent reçus avec de vifs applaudissements. Ce ne fut pas la moindre preuve de courage que donnèrent ces hommes en allant au plaisir, lorsqu'ils n'aspiraient qu'au repos.

« Le général Junot avait donc vu lui échapper une partie des résultats qu'il poursuivait avec tant d'ardeur. Mais quelques carcasses de vaisseaux tellement usées que les fugitifs qui s'y étaient embarqués craignaient de ne pas arriver au Brésil, quelques pierreries, quelques métaux monnayés, et enfin une famille dont la prise eût été un grand embarras, ne valaient pas l'avantage de devenir maître sans coup férir des plus importantes positions du littoral européen, et d'avoir prévenu une résistance qu'on n'aurait pas pu vaincre, si elle avait été tant soit peu énergique. Le général Junot et ses soldats avaient donc recueilli le prix de leur constance.

» Mais il restait à s'établir à Lisbonne, à rallier l'armée, à la faire pourvoir du nécessaire, et à lui rendre l'aspect qu'elle avait perdu pendant cette marche mémorable. »(Thiers)

C'est peut-être pour la première fois que l'histoire eut à enregistrer ce fait inouï d'une ville de 300.000 habitants renfermant une garnison de 14.000 hommes, une immense artillerie, une flotte alliée mouillée dans son port, se livrant, sans essayer la moindre défense, à une poignée d'hommes. Il est vrai que jusqu'au dernier moment, elle n'avait pas su si elle devait les traiter en amis ou en ennemis.

DÉCEMBRE. — Junot à Lisbonne. — Situation précaire. — Premières mesures de protection. — Arrivée de la division Delaborde réduite à 1.500 hommes sur 9.000. — Tremblement de terre. — Les traînards. — Prophétie portugaise. — Les corps espagnols des généraux Solano et Taranco devant Elvas et Valença. — Inquiétudes et folles espérances — Irritation à la cour d'Espagne. — Projets de fuite. — Résistance du roi. — Lettres à Napoléon. — Ordre du jour du général Solano. — Le mandement du patriarche de Lisbonne. — Tous les évêques, y compris don José de Mello, recommandent aux Portugais de bien accueillir les Français. — Junot donne des fêtes. — Il refuse de correspondre avec le ministre de la guerre. — De Venise, l'Empereur envoie des ordres pour les armées d'Espagne. — Mouvements de troupes françaises en Allemagne. — Retour des prisonniers russes. — Constitution d'une division de cavalerie pour le corps de Dupont. — Lettres de l'évêque de Bayonne au général Dupont. — Les troupes espagnoles en Portugal. — Proclamation du général Taranco. — L'érection du drapeau français sur les monuments de Lisbonne soulève une insurrection excitée par de prétendus miracles. — Proclamation de Junot. — Napoléon dans le Frioul et à Mantoue. — Entrevue avec Lucien dont il projette de donner la fille en mariage au Prince des Asturies. Réponses à Charles IV. — Le décret de Milan en réponse aux ordonnances anglaises. — Inquiétudes des Espagnols en voyant de nouvelles troupes françaises envahir leur pays. — La première division de Dupont à Vitoria. — Lettre de Napoléon à Junot. — Répartition des troupes françaises en Portugal. — Licenciement partiel des soldats portugais par congés. — Décrets de Junot. — Le marquis d'Alorna est nommé commandant du corps portugais. — Les généraux espagnols divulguent le traité de Fontainebleau. — Junot en garde le secret et maintient le conseil de régence. — Il respecte les coutumes. — La solde de Saint-Antoine. — **Pas d'argent** pour faire face à l'arriéré et aux nombreuses dépenses qui s'imposent. — Avance de 5 millions par le commerce. — Réorganisation militaire du Portugal. — Lettre de Napoléon à Junot. — Décret impérial. — Gratification de l'armée de Portugal. — Le luxe de Junot et de son entourage. — Ordre à Dupont de s'établir à Valladolid. — Formation d'une division des Pyrénées Orientales. — Dissolution des gardes nationales. — Déceptions au sujet de l'avancement. — Napoléon veut s'assurer de Pampelune et de Barcelone pour en faire les bases de ses opérations militaires. — Le Prince de la Paix s'efforce de gagner l'appui de Murat. — Lettres de Godoï et de

Michel à Murat. — Napoléon à Marengo, Alexandrie, Turin. — Rentrée en France. — L'expédition du Portugal fut le prologue des guerres d'Espagne.

Junot consacra la journée du 1ᵉʳ décembre, à des dispositions administratives, à prendre des renseignements sur l'état de la marine et sur celui de l'arsenal de terre, à faire fermer le port et les douanes. Des ordres furent donnés pour confectionner des cartouches et pour qu'on mit quelques pièces en état de servir au besoin.

La police de Lisbonne méritait la plus sérieuse attention, et le général en chef l'organisa de suite, sous le rapport de l'espionnage, en ajoutant tous les moyens qui existaient. Il régla de même la question importante des passeports, sans lesquels, il fut défendu de sortir de Lisbonne et du Tage. Quant au service de la place, il fut réglé par le chef d'état-major.

Le service du jour fut fait par des postes militairement placés, et communiquant par des patrouillles guidées par des Portugais. Mais pour le service de nuit, les patrouilles furent remplacées par quatre à cinq colonnes mobiles, de cent hommes d'infanterie et vingt-cinq chevaux chacune, pouvant, en cas de besoin, disposer d'une des deux pièces de canon qui furent placées devant chacune des casernes.

Ces colonnes, dont la marche combinée variait tous les soirs, et à chacune desquelles un officier portugais était attaché, arrivaient sur les points qui, heure par heure, étaient déterminés dans leur ordre de marche, s'y arrêtaient, détachaient des patrouilles de tous côtés, éclairaient ainsi tout un quartier et ensuite, lorsque toutes les patrouilles étaient rentrées, se portaient dans un autre.

Cinq cents hommes, ainsi employés, firent plus d'effet que n'en eussent fait deux mille suivant le mode ordinaire.

La situation des Français à Lisbonne était précaire :

« Il fallut pourvoir au logement et au besoin des troupes arrivées et des troupes attendues, tant françaises qu'espagnoles ; il fallut régler le service du jour, celui de la nuit; il fallut trouver des prétextes pour faire sortir de Lisbonne et pour disperser 15.000 hommes des troupes portugaises, et cela, dès le premier jour, au milieu d'une population de près de 400.000 âmes, alors que nous n'avions pas 1.500 hommes avec nous et que nous n'avions encore aucune nouvelle du restant de l'armée dont nous étions séparés par des inondations augmentant sans cesse; il fallait créer une police civile et militaire, en imposer à des masses qui n'avaient qu'à se serrer pour nous étouffer tous, et qui étaient d'autant plus redoutables que les Portugais sont fins, dissimulés et braves; enfin il fallait occuper et garder une foule de forts et de batteries, un arsenal de terre et de mer, des poudrières et faire face aux dépenses continuelles et si considérables d'un gouvernement, de deux armées, d'une grande capitale; tout cela sans découvrir ni indécision, ni crainte, et dans une ville abandonnée, où les caisses étaient vides, et qui, sans approvisionnements d'aucune espèce, n'avaient pas pour trois jours de subsistances. » (Général Thiébault)

L'état-major était sur les dents pour toute cette organisation, et l'on ne s'étonne pas que le général Thiébault dise avoir travaillé onze heures durant.

La première division, qui avait fait tous ses efforts pour suivre Junot, le 1er décembre couchait à Sacavem. Le 2, elle entra à Lisbonne, mais combien réduite!

Cette division, forte de 9.000 hommes en quittant la France, avait cependant moins souffert et perdu que les autres, parce qu'elle était composée des plus anciennes troupes et des plus beaux bataillons, parce qu'il était impossible d'être conduite avec plus de talents et de soins qu'elle ne le fut, notamment par les généraux Delaborde et Brenier; parce qu'enfin elle avait passé la première partout, et que, depuis Sobreira-Formosa, elle n'avait fait que de petites journées; pourtant, elle n'avait pas 1.500 hommes présents en entrant dans la capitale du Portugal.

La brigade du général Brenier, qui était forte de 3.600 hommes en quittant Bayonne, n'en avait plus que 300.

La première compagnie de voltigeurs du 70e régiment présenta, à cet égard, un véritable phénomène : elle arriva, n'ayant perdu qu'un homme depuis son départ de Brest.

Ce même jour, 2 décembre, on éprouva dans Lisbonne une légère secousse de tremblement de terre, qui fit monter la mer sur les quais. Le général en chef rendait compte en ce moment de son expédition au ministre de la guerre Clarke : « Les Dieux sont pour nous, écrivit-il, j'en tire l'augure de ce » que le tremblement de terre ne nous a annoncé que leur » puissance, sans nous faire de mal ».

C'était la joie du succès qui dictait ces paroles, et cette joie était d'autant plus exaltée chez Junot, qu'il avait été plus près de ne pas réussir.

« Le surlendemain de notre arrivée, raconte Thiébault nous avons travaillé à la même table depuis quatre heures du matin, avec le payeur général qui faisait fonction de secrétaire, dans une pièce d'un appartement supérieur; il était cinq heures du soir et nous venions de descendre pour nous mettre à table; nous n'avions pas déployé nos serviettes, lorsque mon valet de chambre accourut pour nous dire que toutes les corniches de la chambre que nous quittions venaient de s'effondrer et avaient écrasé et notre table et les deux chaises que nous avions occupées onze heures durant. Nous allâmes vérifier les dégâts; tous nos papiers étaient déchirés et maculés d'encre, les rideaux en étaient tachés à dix pieds de haut, et ce bouleversement était le résultat d'un tremblement de terre dont, en descendant l'escalier, nous ne nous étions pas aperçus. » (Général Tniébault)

Si les Français prenaient la chose avec insouciance, en gens qui avaient traversé bien d'autres périls, il n'en était pas de même des Portugais superstitieux qui étaient frappés de ces deux étranges coïncidences : une éclipse de soleil le jour du départ du roi, un tremblement de terre le jour de l'entrée des Français. L'on ne prêta pas assez d'attention aux interprétations qui en furent données par ceux qui étaient hostiles à la France.

Le général Delaborde, commandant de la 1re division, fut nommé gouverneur de Lisbonne. Les deux autres divisions arrivèrent l'une après l'autre, à un ou deux jours d'intervalle, dans un état affreux.

Après avoir solidement établi les premiers détachements arrivés, Junot s'occupa de rallier les autres. Beaucoup de soldats avaient été noyés ou assassinés; quelques-uns étaient morts de fatigue. Cependant, quoique très regrettable, ces pertes n'étaient pas aussi grandes qu'on aurait pu le craindre. Il y avait surtout beaucoup de traînards.

Les différents corps de l'armée, ou plutôt des lambeaux de ces corps, se suivirent et toujours dans un plus misérable état. On vit des compagnies d'élite, auxquelles, de 140 hommes, il n'en restait pas 15, et des officiers qui, par l'effet des fatigues, étaient dans un état de stupeur tel qu'ils ne pouvaient plus parler. Les aigles arrivaient avec 200 à 250 hommes, au lieu de 2.500 : la moitié des soldats paraissaient des cadavres ambulants ; toute la journée, et sans compter tous ceux qui sans cesse descendaient le Tage sur les bateaux préparés à cet effet à Abrantès et à Santarem, les paysans amenaient à Lisbonne des soldats ,transportés sur des ânes, n'ayant plus ni armes, ni vêtements, ni chaussures, méconnaissables et presque moribonds : plusieurs expirèrent aux portes de Lisbonne, ou en arrivant.

Les autres soldats, sans armes, sans chaussures, sans vêtements, erraient encore sur les routes de l'arrière, se regroupant peu à peu dans les petits dépôts laissés pour les recueillir.

Par trente et quarante hommes, la moitié de l'armée s'était répartie dans toutes les habitations qui se trouvaient à deux et trois lieues de la route qu'elle avait suivie, et excédés de fatigues, ils y restèrent tant qu'ils purent y vivre.

Les officiers étaient logés chez les riches et les soldats partageaient, dans les villages, le réduit du paysan aisé. Les Français sont, de tous les étrangers, ceux avec lesquels les Portugais ont le plus de sympathie. Après les légendes des saints, leurs livres les plus populaires sont ceux qui retracent les prouesses de Charlemagne et de ses paladins. D'ailleurs, les changements survenus étaient conformes à la volonté de Dieu. Bandarra, le Nostradamus des Portugais, les avait prédits. Ne lisait-on pas, dans ses quatrains prophétiques, le triomphe de l'aigle impériale et l'exaltation de Napoléon.

Gonçalo-Annes Bandarra était un pauvre savetier de la petite ville de Trancozo, dans l'évêché de Guarda, en Portugal. Il composa, vers l'année 1540, des prophéties qui avaient eu et qui conservaient encore alors une grande vogue dans le pays, aussi bien parmi les lettrés que parmi ceux qui ne l'étaient pas.

Les quatrains rimés (*trovas*) de Bandarra ont été imprimés

plusieurs fois, et en dernier lieu, à Barcelone, en 1809. On
y trouve à peu près tout ce qu'on veut, comme dans les
autres écrits de cette espèce. Quand les Français furent entrés
dans Lisbonne, en 1807, des hommes crédules dirent que cet
événement avait été prédit; même ils trouvèrent l'indication
précise de la puissance impériale et de la première lettre N, du
nom de Napoléon, dans les deux quatrains suivants, qui sont
le dix-septième et le dix-huitième du troisième songe prophétique :

> Ergue se a Aguia imperial
> Com os sens filhos ao rabo,
> E com as unhas no cabo
> Faz o ninho em Portugal.

> Poe um A pernos acima,
> Tira lhe a risca do meio,
> E por detraz lha arrima,
> Saberas quem te nomeio.

« L'aigle impériale s'élève, suivie de ses enfants, et elle vient à bout avec
ses ongles, de faire son nid en Portugal.

» Mets un A les jambes en l'air; retire-lui la barre du milieu; applique
lui cette barre par derrière; tu sauras qui je veux te nommer ».

Les corps espagnols, qui devaient seconder la marche de
Junot en envahissant les autres provinces du Portugal, avaient
marché fort lentement, et, sans le désarroi des Portugais,
auraient certainement échoué et fait échouer les Français.

Don Francisco Maria Solano, marquis del Socorro, se présenta, le 2 décembre, devant Elvas. Cette place, le boulevard
de l'Alemtejo, était en état de soutenir un long siège. Le lieutenant-général portugais, marquis d'Alorna, s'y était enfermé,
après y avoir fait entrer des vivres, et avoir renforcé la garnison par 3.000 volontaires tirés de la milice. Il avait appris
l'entrée des Français dans la Beira des premiers, et avant que
Solano eût rassemblé ses troupes, il s'était empressé d'adresser au Prince Régent, qui n'avait pas encore quitté Lisbonne,
des renseignements utiles et des conseils honorables. L'aide-
de-camp Lecor, chargé de porter ce dernier hommage de la

fidélité, revint avec l'ordre d'ouvrir les portes des forteresses
aux soldats étrangers. Le général espagnol mit trois bataillons dans Elvas et dans les forts qui en dépendent. Il établit
son quartier général à Setubal, port de mer à cinq lieues au
Sud de Lisbonne, et de là, il envoya des détachements occuper
les places et les châteaux de l'Alemtejo et des Algarves.

Les Espagnols procédèrent avec encore plus de lenteur
à l'envahissement des provinces du Nord. Ils passèrent le
Minho pacifiquement dans des bateaux, sous le canon de Valença. Cette forteresse, quoique délabrée et mal pourvue d'artillerie, était importante à cause de sa position, et le corps de
Galice aurait été forcé de choisir un autre débouché pour peu
que les dispositions du gouvernement portugais eussent été
hostiles. Valença avait pour gouverneur le maréchal de camp
Miron, vieillard âgé de quatre-vingts ans, réputé jadis un des
plus habiles parmi les aventuriers militaires qui vinrent, au
temps de Pombal et de Lippe, chercher fortune en Portugal.
Afin de rester maître des passages sur le Minho et sur la
Lima, le général Taranco mit garnison dans la place de
Valença et dans le château-fort de Sant-Iago, qui domine le
port de Vianna.

Junot et son état-major travaillaient ardemment à la réorganisation civile et militaire du Portugal, dont toute direction
avait été abandonnée et désemparée par la fuite des membres
du gouvernement. Le Conseil de régence, constitué à la hâte,
était aussi embarrassé que les Français devant la situation
présente où tout était à refaire. A côté de désillusions inquié-
tantes, naquirent de folles espérances. On dit que Junot rêva
dès lors de la royauté à laquelle il venait de se substituer.
D'autres firent des plans de fortune. Le général Thiébault en
cite un exemple.

« C'est à M. Jacques Ratton que je faillis devoir une très belle fortune. Le
quatrième jour de notre entrée à Lisbonne, le payeur général, en arrivant
le matin chez moi, m'annonça qu'il avait conçu une idée qui nous ferait dia-
blement riches, le général en chef, lui et moi, s'il plaisait toutefois au général en chef de l'adopter : « Mais il faudrait être fou, ajouta-t-il, pour hésiter à

s'enrichir par une seule opération, et pour ne pas se mettre en état d'éviter les spéculations petites et mesquines qui salissent les mains sans créer une fortune. » Il m'exposa son plan; j'ai su depuis, qu'il n'en était que l'avocat; M. Jacques Ratton en avait eu la pensée, et, comme auteur, devait être chargé de toute l'opération. En voici les dispositions. Il existait en Portugal 200 millions de papier monnaie; ce papier-monnaie perdait déjà par la crainte que nous ne le reconnussions pas; il suffisait que le général en chef fît un arrêté, basé sur ce fait que la conservation du papier ne pouvait occasionner que des pertes au gouvernement et rendre ses recouvrements illusoires, qu'il défendit en conséquence de le recevoir dans les caisses publiques, et le papier tombait à rien; or le payeur, ou mieux M. Jacques Ratton, se trouvait à portée d'en faire acheter pour 100 millions, et ces achats réalisés, on suscitait cent pétitions, l'une plus forte que l'autre, pour prouver que cet arrêté ruinait le pays; on les faisait présenter par des députations de Lisbonne et des principales villes du royaume, et le général en chef se faisait bénir par tous les Portugais en rapportant son arrêté. A dater de ce moment le papier remontait au pair, on gagnait plus de 60 millions « et ce serait bien le diable, ajouta le payeur, s'il n'en revenait pas quinze à vingt au général en chef et sept à huit à chacun de nous deux. « Vaya usted con Dios », lui répondis-je, et nous nous quittâmes, lui tout occupé de la manière dont il emploierait jusqu'au dernier sou de ses millions et l'intérêt de son dernier sou pour en faire de nouveaux, et moi enchanté et heureux de pouvoir écrire à mon digne père : « Quittez toute espèce de fonctions, vous avez à dater de ce moment, cinquante mille livres de rente dont vingt-cinq reversibles à ma sœur », puis à ma femme : « Je porte ta pension de 20.000 francs à 10.000 francs pour commencer. » Mais nous vendions la peau de l'ours... Le général en chef reçut très mal et le projet et son avocat. A quoi tint ce refus? Était-ce mépris des richesses ou délicatesse quant au moyen? On a rançonné et pris à Lisbonne tout ce qui a pu l'être, et, fort peu de temps après, le général en chef allait au devant d'opérations du genre de celle qu'il repoussait. Toujours est-il que, faite de suite, cette opération était indubitable et colossale; que différée elle était impossible, et que, manquée, elle devint le sujet d'intarissables regrets ». (Général Thiébault).

*
* *

Napoléon avait bien signé le traité de Fontainebleau, et, par ce traité, reconnu Emmanuel Godoï, prince souverain des Algarves, mais Junot venait de s'emparer de l'administration entière du Portugal, sans en excepter les provinces occupées par les troupes espagnoles. De plus, Napoléon avait voulu que le traité de Fontainebleau continuât à rester secret.

Pourquoi ce secret? Le Prince de la Paix questionnait vainement Izquierdo à ce sujet, aussi était-il fort inquiet de ce mystère.

Izquierdo était toujours à Paris, employant son activité et son adresse à se procurer, sur les dispositions de l'Empereur, des informations impossibles à obtenir, et s'inquiétant autant de la réserve des ministres à son égard que des mouvements de l'armée française.

« Tout le monde parle ici — mandait-il au Prince de la Paix le 8 décembre 1807 —, d'un projet de l'Empereur d'aller en Espagne. Ses équipages, sa garde, ses domestiques sont partis et se dirigent vers les Pyrénées. Plus de cent mille hommes s'en approchent avec plusieurs généraux; on ne sait rien de positif... Les craintes et les méfiances m'assiègent, et mon existence est amère ». (Nellerto, Mémoires pour servir à l'histoire de la Révolution d'Espagne. (Paris, 1814, T. III)

La reine, qui partageait l'agitation de Godoï, remplissait le palais de ses emportements, demandait le sacrifice de tous ceux qu'elle croyait ses ennemis, exprimant follement la volonté de faire tomber la tête du chanoine Escoïquiz et du duc de l'Infantado.

La cour était déserte. Tout ce qu'il y avait d'honnête l'avait abandonnée. Quand la famille royale paraissait hors des jardins de l'Escurial, le peuple restait silencieux, excepté pour le prince des Asturies, qu'il poursuivait de ses acclamations et ce n'était pas fait pour calmer l'irritation de la reine.

Les récits fabuleux, concordant avec la fuite de la maison de Bragance, avaient fait naître de toute part la supposition que le Prince de la Paix voulait entraîner la famille royale au Mexique. Propagée avec une incroyable rapidité, cette supposition avait indigné tous les Espagnols.

Ces bruits, d'ailleurs, n'étaient pas sans fondement. Bien avant la fuite de la maison de Bragance, le projet de cette fuite avait été communiqué à la cour de Madrid, soumis à son jugement, discuté avec elle, à ce point qu'il en avait été parlé à l'ambassadeur de France.

« Ces idées étaient de nature à bouleverser Charles IV. Se défendre par les armes, il n'y songeait certainement pas. S'en aller de l'Escurial à Cadix s'embarquer, à travers les mers, se priver pour jamais des chasses du Prado l'épouvantait presque autant qu'une bataille. Il aimait mieux repousser loin de lui ses sinistres prévisions et se jeter, disait-il, dans les bras de son magnanime ami Napoléon. Aussi répondait-il à ceux qui lui parlaient de retraite lointaine, qu'il fallait chercher à deviner les intentions de Napoléon et s'y conformer, car au fond, elles ne pouvaient pas être mauvaises; que le prince des Asturies, après tout, n'avait pas été si mal inspiré en demandant pour épouse une princesse de la famille Bonaparte; que c'était un moyen de resserrer l'alliance des deux pays, de faire cesser la haine des deux races ». (Thiers)

Charles IV voulait donc que la demande faite par Ferdinand, d'une manière irrégulière, fût renouvelée régulièrement au nom de la couronne d'Espagne.

En conséquence, il écrivit une lettre des plus affectueuses, pour prier Napoléon d'unir l'héritier de la couronne d'Espagne à une princesse de la maison Bonaparte. Il ne se borna pas à cette demande. Il réclama, dans une seconde lettre jointe à la première, l'exécution immédiate du traité de Fontainebleau et la publication de ce traité. Cette réclamation, inspirée par le Prince de la Paix, lui tenait fort au cœur à lui-même, car il était impatient de se voir proclamer prince souverain.

Les lettres de Charles IV, les dépêches de M. de Beauharnais, avaient un long trajet à parcourir pour rejoindre Napoléon alors en Italie. Dans l'état des communications à cette époque, il ne fallait pas moins de sept jours pour aller de Madrid à Paris, pas moins de cinq jours pour aller de Paris à Milan; et, si Napoléon était en ce moment en course, soit à Venise soit à Palma-Nova, les dépêches d'Espagne lui arrivaient quelquefois 14 ou 15 jours après leur départ. Il en fallait autant pour l'envoi des réponses.

＊
＊ ＊

Les deux corps espagnols des généraux Solano et Taranco étaient fort en retard. Le général Solano, de Badajoz, son quartier général, avait rédigé, le 30 novembre, le jour même de l'entrée des Français à Lisbonne, une proclamation qu'il fit lire à ses troupes le 8 décembre.

Ordre du jour de l'armée espagnole d'Estramadure
pour le 8 décembre 1807.

« La férocité n'a rien de commun avec la valeur ; elle est toujours une preuve de barbarie, et le plus souvent de lâcheté.

» La plus grande confiance et le plus grand honneur que le Roi puisse accorder à un sujet, c'est de lui confier ses armes toujours consacrées à la conservation de la monarchie, au soutien de la religion et des lois, à la défense du peuple et à la protection des alliés. Quand le gouvernement portugais nous donne des preuves de son amitié en nous recevant sur son territoire, nous manquerions indignement au caractère espagnol et à toutes les lois, si nous nous présentions comme des ennemis. La guerre a ses droits et sa législation ; elle ne peut être déclarée que par les chefs des gouvernements. Nous gouvernés, nous ne sommes autorisés à combattre qu'à la voix des supérieurs. Tout ce qui se fait au-delà est un assassinat, dont le châtiment appartient à la justice universelle, comme d'une lâcheté odieuse à l'humanité entière.

» Chargés d'une expédition importante, nous avons à cœur de remplir l'espoir de notre souverain. Nous nous glorifions de sa confiance, nous désavouons ceux dont la mauvaise conduite tendrait à souiller la réputation de l'armée, je ne les souffrirai pas dans nos rangs. Les injures de paroles ou de fait, les railleries, les provocations à renouveler des rixes barbares et des préjugés populaires, seront irrémissiblement et sévèrement punis par moi, non seulement d'après les règles positives indiquées dans la loi, mais encore par l'application des peines arbitraires dont je réglerai la rigueur suivant l'importance des faits, leurs conséquences, la bassesse du procédé, la désobéissance au Roi et la considération qui pourra en résulter pour le nom espagnol. Le soldat recevra tout ce qui lui est nécessaire quand il y aura manque de quelque chose, nous saurons supporter des privations momentanées, qui seront allégées par l'avantage de conserver un bon renom, et par l'honneur d'accomplir une grande entreprise. Je connais personnellement mes soldats, ils ne s'aviliront pas, ils ne sont pas venus d'Andalousie avec moi pour désobéir au Roi, ni pour déshonorer la nation.

» Au quartier général de Badajoz, le 30 novembre 1807.

« Le marquis del SOCORRO ».

De son côté, Junot recherchait tous les moyens de capter l'esprit du peuple portugais dont la révolte était à redouter. Il fut très heureusement secondé dans cette voie par le patriarche de Lisbonne, vieillard de 82 ans dont la parole avait la plus grande influence. Le cardinal Don José Francisco

de Mendoça, patriarche de Lisbonne, célébra le premier
« l'homme que les siècles passés n'avaient pu deviner, le
grand Empereur que Dieu appelait à fonder la félicité des
nations » :

« Joseph II, cardinal patriarche de Lisbonne, à tous les fidèles ecclésiastiques et séculiers de notre patriachat, salut et bénédiction.

» Très chers fils en Jésus-Christ, quoique notre âge avancé et le poids des infirmités qu'il a plu à la miséricorde divine de nous infliger, ne nous permettent point de vous parler de vive voix, au moins pouvons-nous nous adresser à vous comme votre père et votre pasteur, ainsi que nous l'avons déjà fait par l'intermédiaire de nos curés et de nos prédicateurs, et vous faire connaître nos sentiments et nos exhortations, afin qu'au jour fatal nous ne soyons pas accusés *d'omission dans un devoir essentiel et important de* notre ministère sacré, dont l'objet est de vous maintenir unis dans la charité chrétienne, afin d'obtenir le repos et la paix dont nous avons tous besoin dans les circonstances présentes.

» Oui, très-chers fils, vous connaissez par votre propre expérience la situation dans laquelle nous nous trouvons ; mais vous n'ignorez pas non plus les faveurs que nous a accordées la clémence divine au milieu de si grandes tribulations. Bénis soient les jugements du Très-Haut ! Il est donc nécessaire que nous nous conformions aux immuables décrets de sa divine Providence, et pour cela nous devons avant tout le remercier avec un cœur contrit et humilié des bienfaits que nous recevons continuellement de sa main libérale. Ce n'est pas un des moindres que le calme et le bon ordre avec lesquels a été reçue dans ce royaume une grande armée, qui, venant pour nous secourir, nous donne des espérances bien fondées de bonheur. Nous devons pour cela notre reconnaissance à l'activité et à la bonne direction du général en chef, dont les vertus nous étaient connues depuis longtemps.

» Ne craignez rien, très-chers fils ; vivez en paix dans vos maisons et au dehors ; rappelez-vous que cette armée qui vous environne est celle de Sa *Majesté l'Empereur des Français et Roi d'Italie, Napoléon-le-Grand, que Dieu* a destiné à protéger les nations et à faire leur félicité. Vous le savez, le monde entier le sait ; mettez une confiance inaltérable dans cet homme prodigieux, inconnu à tous les siècles. Il répandra sur nous la félicité de la paix, si vous respectez ses déterminations, si vous vous aimez tous mutuellement, nationaux et étrangers avec une charité fraternelle. De cette manière, la religion et ses ministres seront toujours respectés ; les cloîtres où sont enfermées les épouses du Seigneur ne seront pas violés, le peuple sera heureux. Agissez ainsi, très-chers fils, pour exécuter ce que Jésus-Christ, Notre-Seigneur, nous a tant recommandé, savoir : de vivre soumis à ceux qui gouvernent, non seulement à cause du respect que nous leur devons, mais encore pour l'acquit des devoirs que nous impose notre conscience.

« Nous recommandons aux curés et au reste du clergé de ce patriarchat, et nous les supplions par les entrailles de Jésus-Christ, d'employer toute leur influence à procurer et conserver cette union et de donner aux fidèles des instructions propres à leur bien faire connaître les avantages qui en résulteront pour eux.

» Et pour que personne n'en ignore, nous ordonnons que le présent mandement sera lu aux prônes dans toutes les églises, et qu'il sera affiché dans les lieux accoutumés.

» Donné à la Junqueira, dans le palais de notre résidence, sous notre seing, et scellé du sceau de nos armes le 8 décembre 1807.

J. Cardinal-patriarche,

Pour Son Éminence :

Thomas-Antonio CARNEIRO. »

A la voix révérée de ce prince de l'Eglise, les évêques, dans leurs mandements, et les magistrats dans leurs édits, recommandèrent à l'envi, comme une obligation civile et religieuse, de bien accueillir les Français et d'obéir à leur général.

« Don José Maria de Mello, ancien évêque des Algarves et inquisiteur général du royaume, fit en cette dernière qualité un mandement rédigé dans le même esprit que celui du patriarche. Ce langage était d'autant plus remarquable dans sa bouche, qu'on l'avait toujours entendu professer des principes diamétralement opposés. Le public accusait cet évêque d'avoir contribué à troubler la raison de la Reine, dont il était le confesseur, en lui remplissant la tête de terreurs et de superstitions. Il n'avait pas tenu à lui qu'on renouvelât, sous le règne de son auguste pénitente, le régime des autodafés. Au commencement de la Révolution, il proposait sérieusement de faire excommunier la nation française en masse par le haut clergé de Portugal. » (Général Foy)

Junot avait plus de confiance dans une bonne répartition de ses troupes pour l'occupation militaire que dans ces paroles de paix; aussi attendait-il avec impatience le ralliement des traînards attardés en si grand nombre en arrière.

Malgré cela, il affichait le plus grand calme et, cédant à ses goûts de parade qu'il pouvait satisfaire avec le luxe dans lequel il venait de s'installer aux lieu et place de la cour de Portugal, il se montrait à l'Opéra presque chaque soir ou bien offrait des réceptions aux notabilités. C'était une sorte de devoir pour les officiers de son entourage de se rendre à ces réceptions et ils n'y manquaient guère.

Junot, avec son insouciance habituelle, oubliait le péril qu'il courait lui et ses faibles troupes au milieu de cette grande ville, où il était entré par surprise, péril d'autant plus grand que l'armée portugaise était encore tout entière sous les armes, attendant dans Lisbonne même ou à ses portes qu'il soit statué sur son sort et s'en montrant d'autant plus inquiète qu'il lui était dû un fort arriéré de solde.

Mais le général français, tout fier et tout gonflé du pouvoir qu'il avait alors, sans se préoccuper du peu de moyens qu'il avait de l'exercer, oubliait bien d'autres choses.

Des lettres de la marquise de Layas, brûlantes comme le sentiment qui les avait dictées, avaient couru après lui. Si les premières l'avaient trouvé en proie aux angoisses horribles que lui fit éprouver sa traversée du Haut-Beira, les suivantes le rejoignirent à Lisbonne, au milieu des délices débordantes du présent qui ne laissaient plus de place aux illusions du passé. Aucun mot de souvenir ne parvint donc à la marquise.

« Ne pouvant croire à un tel oubli pour prix de tant de sacrifices, — raconte Thiébault — elle céda à l'inconcevable idée de me rendre le confident de son désespoir, en me demandant de lui obtenir une réponse à ses lettres ; elle terminait par cette phrase sans laquelle l'aventure se serait dix fois pour une effacée de ma mémoire : « Songez, général, que j'attends votre réponse avec l'impatience d'une Française et le sentiment d'une Espagnole ».

» Le lendemain du jour où cette lettre m'était parvenue, mon travail des vingt-quatre heures terminé avec le général en chef, je tirai de mon portefeuille la lettre de la marquise. Le général Junot, qui avait pour le travail autant d'aversion que de facilité, s'écria avec impatience : « Encore une lettre ». Et comme je la lui présentais sans rien dire, il ajouta : « Eh bien, dites donc ce qu'elle contient. — Comme elle est, Dieu merci, répliquai-je en souriant, étrangère aux attributions d'un chef d'état-major, il faut bien que Votre Excellence en prenne elle-même connaissance. « A la vue de la signature, il partit d'un éclat de rire ; à chaque ligne, il répétait : « La folle… la folle », et après avoir lu avec beaucoup d'hilarité cette lettre qui attestait tant de désolation, il me la rendit : « Ne daignerez-vous pas y répondre ? lui dis-je. — Moi, j'ai bien autre chose à faire. — Vous devez un peu de baume à de si cruelles blessures. L'encre ne vous manque pas plus que le

papier, les plumes et les idées. — Comme tout cela ne vous manque pas
davantage, vous vous chargerez de la réponse pour laquelle je vous donne
« carte blanche », ajouta-il en riant aux éclats. Ne pouvant donc éviter ce
rôle de donneur d'antidote, n'ayant aucun moyen de dorer la pilule, je la
composai la moins amère qu'il me fut possible. »

Junot, par répugnance pour la plume et par esprit d'indépendance, refusait aussi bien de répondre aux lettres du
Ministre de la guerre, lui transmettant les ordres de l'Empereur. C'est encore Thiébault qui nous le dit, et, comme chef
d'état-major, il était bien placé pour le savoir.

« Votre Clarke, répliqua Junot, est un j..... f.....! Je le déteste et le
méprise. Vous pouvez le lui dire, le lui écrire de ma part, et surtout ajouter
qu'il me fasse grâce de ses lettres, attendu que je ne lui ferai jamais l'honneur de lui répondre ». Et en effet, toutes les lettres qu'il en recevait, il me
les remettait ou plutôt me les jetait avec dédain.« Quant aux faits importants
que j'ai à communiquer, continua-t-il, je les réserve pour ma correspondance privée avec l'Empereur; mais quand je n'aurais d'autre motif que de
vexer le sieur Clarke, je n'épargnerai rien pour que vous-même ne sachiez
ces nouvelles qu'après que l'Empereur en a été informé par moi.... »

Et le général Thiébault d'ajouter :

« Sans doute, et en sa qualité de vice-connétable, le prince de Neufchâtel
se réservait tout ce qui tenait au personnel; il y avait un ministre de l'administration de la guerre; tout ce qui tenait aux opérations militaires se réglait
dans le cabinet de l'Empereur et par lui; pourtant ce Clarke n'en était pas
moins un homme important par sa position; il était dangereux par son caractère; une brouille avec lui était grave. »

Si Napoléon eût été à Paris au lieu de se trouver alors en
Italie, il aurait mis ordre à cette velléité d'insubordination.
Il ne ménageait pas Junot dans les lettres qu'il lui écrivait,
comme on pourra le voir, et encore moins Junot que d'autres,
parce qu'il avait plus d'un grief contre lui. On se rappelle
d'ailleurs que s'il lui avait donné le commandement de l'expédition de Portugal, c'était surtout pour l'éloigner de Paris
où il avait fait scandale dans son poste de gouverneur.

*
* *

Napoléon était parti de Milan le 25 novembre pour se rendre
à Venise. Il n'avait fait que traverser Brescia, préférant s'ar-

rêter à Peschiera pour rectifier, en passant, le tracé des fortifications de cette place.

A Vérone, il avait trouvé le roi et la reine de Bavière dont
Eugène avait épousé la fille. Il avait recueilli sur sa route
une partie de sa parenté : sa sœur Elisa, son frère Joseph,
qu'il n'avait pas vu depuis qu'il l'avait nommé roi de Naples.
Traversant à toute bride les fêtes et les acclamations, il était
arrivé à Venise où il avait à traiter de graves intérêts. Mais la
multiplicité des réceptions et des occupations de toutes sortes
ne l'empêchaient pas de songer aux affaires de l'Espagne.

De Venise, le 6 décembre, il écrivait au général Clarke :

Au général Clarke, ministre de la guerre.

Venise, 6 décembre 1807.

« Je reçois votre lettre et l'état de répartition des cantonnements que
vous avez donné aux régiments provisoires qui composent le corps d'observation des côtes de l'Océan. Mon intention est que la brigade de chasseurs se réunisse à Bayonne et y soit le 25 décembre; que la brigade de
grosse cavalerie se rende également à Bayonne, de manière à y être réunie
le 20 décembre. Ces deux brigades qui font plus de 2.000 hommes de cavalerie, feront partie du 2e corps de la Gironde, suivront son mouvement et
seront sous les ordres du général Dupont. La brigade de dragons et la brigade de hussards feront partie du corps d'observation des côtes de l'Océan.
Ainsi le général Dupont aura deux régiments provisoires de grosse cavalerie, deux régiments de chasseurs et un détachement du 10e régiment de
dragons.

» Donnez l'ordre au général Dupont d'avoir le 20 décembre son quartier
général à Vitoria et de faire entrer le 16 sa 2e et sa 3e divisions de manière à
avoir, du 20 au 25 décembre, tout son corps d'armée entre Vitoria et Burgos,
en le plaçant suivant les circonstances. Je compte qu'il aura à cette époque
22.000 hommes d'infanterie, 2.500 hommes de cavalerie et, avec l'artillerie,
passé 25.000 hommes. Vous lui enjoindrez de ne point quitter son armée
pour aller à aucune conférence, ni aucune cour et de veiller sur les opérations des Espagnols, mais sans témoigner aucune méfiance. Son langage
doit être qu'il est destiné à soutenir le général Junot, et que l'on sait que
les Anglais méditent une grande expédition contre Lisbonne.

» Ainsi, au 10 décembre, aucun corps du 1er et du 2e corps d'observation
de la Gironde ne sera en France. Vous ferez donc en sorte de rapprocher de
Bayonne les 3 divisions d'infanterie, les 2 brigades de cavalerie et l'artillerie
du corps d'observation des côtes de l'Océan, de manière que du 20 au
30 décembre, ces divisions puissent, s'il est nécessaire, entrer en campagne
pour soutenir le général Dupont.

» Vous donnerez l'ordre que tous les détachements qui sont en marche pour rejoindre le corps du général Junot soient placés à Salamanque sous les ordres du général Dupont; cela doit faire un corps de 3.000 hommes. Si le général Junot en a besoin, le général Dupont les lui fera passer. S'il n'en a pas besoin, le général Dupont les gardera à Salamanque pour en renforcer au besoin son corps d'armée.

» Les différents détachements de la Garde impériale qui sont en marche pour Bordeaux, se réuniront dans cette ville.

» Le maréchal Moncey aura le commandement en chef du corps d'observation des côtes de l'Océan; cela sera tenu secret aussi longtemps que possible. Vous vous entendrez avec ce maréchal pour nommer son chef d'état-major. Il fera en sorte d'être rendu le 22 décembre, à Bordeaux ».

Un autre ordre de l'Empereur daté également de Venise, 6 décembre 1807, prescrivait « de former, à Saint-Jean-Pied-de-Port, la division d'observation des Pyrénées-Orientales. Il serait attaché à cette division 12 pièces d'artillerie ».

L'armée du général Junot, composée des anciens camps de la Bretagne, avait laissé quelques bataillons de dépôt, dont on pouvait former cette division de 3 ou 4.000 hommes, très suffisante pour occuper Pampelune et contenir la Navarre. Ces bataillons, au nombre de cinq, appartenaient aux 15e, 47e, 86e et 70e de ligne. Un bataillon suisse, cantonné dans le voisinage, offrait le moyen de les porter à six. Napoléon ordonna de les réunir immédiatement, sous le commandement du général Mouton à Saint-Jean-Pied-de-Port, et d'y ajouter une compagnie d'artillerie à pied. La division Mouton fut formée à Bayonne avec 2 bataillons du 47e et un de chacun des 15e, 70e, 86e et 3e suisse.

Le 6 décembre, le corps de Moncey fut augmenté d'un bataillon de chacun des régiments irlandais, de Prusse et de Westphalie. Et, ce même jour, de Bayonne, le maréchal Moncey annonçait au ministre de la guerre qu'il commencerait son mouvement le 8 prochain, de manière à entrer en Espagne le 9.

Par ordre du 1er décembre les 4e légers et 15e de ligne (division Dupas) le 43e (4e corps), le 44e (garnison de Hameln), le 51e (3e corps), le 72e (4e corps) rentraient en France.

L'armée westphalienne devait se former par enrôlements

volontaires et conscription, mais les cadres manquaient :
l'Empereur fit passer à la solde du roi Jérôme, par décret du
11 décembre, les deux régiments de Hesse-Cassel, qui n'avaient
pu organiser qu'un bataillon chacun Le roi de Hollande céda
aussi ce qui avait été rassemblé d'officiers et de soldats à
Münster pour former les 2ᵉ et 3ᵉ régiments de chasseurs,
organisation qui n'avait pu se terminer.

Des mouvements de troupes françaises sillonnaient donc
l'Allemagne.

D'autre part, les prisonniers russes furent mis en route au
mois de décembre pour regagner leur pays.

« Pendant notre séjour à Posen, — écrit un officier de la Grande Armée
— il passa dans cette ville une colonne de prisonniers russes que Napoléon
renvoyait à l'Empereur Alexandre, armés, habillés, équipés à neuf et organisés en régiments. Bonaparte, quelques années avant, avait fait une semblable galanterie à Paul Iᵉʳ, en lui rendant ainsi les prisonniers faits par
Masséna dans la campagne de Suisse. Nos soldats étaient furieux de leur
voir des habits neufs de très beau drap, tandis qu'eux n'en avaient que de
vieux qu'on ne songeait point à renouveler. On voulait faire la cour à
l'impératrice de Russie, et nos prisonniers rentrant de la Sibérie, dégue-
nillés, le bâton à la main, se croisaient avec ces superbes colonnes armées
de fusils français. »

En exécution des ordres de l'Empereur contenus dans sa
lettre du 6 décembre, le ministre de la guerre constitua, le 14,
la cavalerie du 2ᵉ corps de la Gironde, en ajoutant au 4ᵉ escadron du 10ᵉ dragons, seule cavalerie alors sous les ordres du
général Boussart, la brigade de grosse cavalerie du général
Rivaud et la brigade de chasseurs de général Dupré, enlevées
au général Grouchy et au corps d'observation des côtes de
l'Océan. L'ensemble de ces brigades forma une division dont le
général Fresia reçut le commandement : toutes les troupes la
composant furent dirigées sur Bayonne où elles devaient être
rendues le 25 décembre, pour de là continuer leur route sur
l'Espagne.

En principe, la division Fresia était ainsi composée :
1ʳᵉ brigade, général Rivaud, 1ᵉʳ et 3ᵉ provisoires, grosse cavalerie,
2ᵉ brigade, général Dupré, 1ᵉʳ et 2ᵉ provisoires, chasseurs,
3ᵉ brigade, général Boussart, 6ᵉ provisoire dragons.

Les deux régiments provisoires de cuirassiers, formés à Tours, étaient le 1er sous les ordres du major Daigremont, composé de détachements des 1er et 2e carabiniers, des 1er, 2e et 3e cuirassiers. Les 5e, 9e, 10e, 12e, cuirassiers avaient concouru à la formation du 2e régiment provisoire de cuirassiers dont le major Christophe reçut le commandement.

Le général Dupont était toujours à Bayonne, présidant à la formation de son corps d'armée.

Pendant son séjour dans cette ville, il reçut la curieuse lettre suivante que nous transcrivons comme une anecdote pittoresque :

« Général, vous ne vous seriez pas attendu que le temps des miracles était revenu. Eh bien ! comme autrefois dans le désert, il a plu des cailles, pour les Israélites, il vient de pleuvoir chez moi, non de ces animaux, mais des ortolans, des bécasses, des bécassines et des foies de canard. En bon Israélite du Nouveau Testament, je vous serai obligé, si vous voulez bien venir demain à cinq heures avec Madame et vos deux aides de camp vous rafraîchir, et comme vous l'aimerez mieux vous nourrir de quelques gouttes de cette pluie. Je recommanderai à ma cuisinière de mieux les préparer que ne le firent les Hébreux, qui probablement, vu leur gourmandise, ne se donnèrent pas la peine de les faire cuire, et comme on croit, les mangèrent toutes crues.

» J'ai l'honneur, Général, d'être avec respect et considération, votre très humble serviteur.

« L'Evêque de Bayonne — 14 décembre 1807 ».

En ce qui concerne l'armée de Portugal, le général Loison était parti le 10 décembre de Salamanque avec les trois régiments provisoires et les conduisait à Lisbonne où ils devaient être incorporés à leur arrivée.

*
* *

Tandis que les Français occupaient Lisbonne, le général espagnol Solano, marquis del Socorro, avait envahi l'Alemtejo et les Algarves, et le général Taranco avait marché sur Oporto, la seconde ville du royaume, où il entrait le 13 décembre.

Les deux corps espagnols n'avaient rien éprouvé qui fût comparable aux fatigues et aux privations des troupes françaises.

Dès son arrivée à Oporto, le général Taranco publia la proclamation suivante :

Proclamation du général Taranco.

« Don Francisco de Taranco et Llano, décoré par l'Empereur de toutes les Russies, de l'ordre militaire de Saint-Georges, patron de Zaratano en Biscaye, lieutenant-général des armées de Sa Majesté catholique, gouverneur et capitaine-général du royaume de Galice, président de son audience royale, subdélégué de la surintendance générale des postes et grands chemins, actuellement général de l'armée d'opération en Portugal, etc. :

» Habitants des provinces d'Entre-Douro-et-Minho, et de Tras-los-Montes, ne vous inquiétez point, vivez tranquillement; l'armée espagnole que je commande ne vous troublera point dans vos lois et dans vos usages; traitez-la avec la bienveillance que méritent sa valeur et son caractère humain, et vous trouverez en elle une exacte réciprocité. Je vous le promets et j'en prends l'engagement au nom du Roi mon seigneur, monarque aussi juste que bienfaisant. Général de ses armées, ministre de sa justice et de sa clémence, je serai le fidèle exécuteur de ses intentions souveraines; elles ont pour objet de vous protéger dans la situation déplorable où vous a mis l'absence de votre souverain, et de vous délivrer de la perfide domination et de la politique ambitieuse des Anglais, qui ont su masquer, sous l'apparence de l'amitié, leurs projets destructeurs. Tenez-vous pour assurés que toutes les mesures que l'on prend tendent à améliorer votre sort, à vous tirer de la honteuse tutelle du gouvernement anglais et à organiser le système politique.

» Le temps est arrivé où vous devez connaître les véritables intérêts de votre patrie; vous unirez vos volontés et vos forces aux nôtres; tous ensemble, nous vengerons les outrages que la férocité traîtresse des Anglais a faits à toutes les nations de l'Europe; nous nous mettrons à l'abri de toutes ces machinations, et vous jouirez de la protection que le Roi catholique mon maître vous accorde.

» Tout ce que je vous promets sera religieusement observé; je vous donne ma parole que tout soldat espagnol, coupable de pillage ou d'un autre délit, sera puni suivant toute la rigueur de la loi, et que tout naturel ou habitant de Portugal, qui prendra part à une conjuration ou à un tumulte contre l'armée espagnole, sera fusillé. La ville, le bourg, le village, où l'on tirera un coup de fusil sur la troupe espagnole, remettra le coupable ou demeurera responsable de l'attentat. La même obligation est imposée à la justice de la juridiction ou de la paroisse sur le territoire de laquelle un soldat espagnol aura été tué, et en outre cette juridiction ou paroisse paiera le triple de la contribution annuelle et ses quatre principaux habitants seront pris en otage pour l'acquittement de cette amende.

» S'il n'y a pas lieu à infliger les peines ci-dessus énoncées, j'éprouverai une satisfaction particulière qui sera encore plus grande en voyant que les Portugais et les Espagnols sont attachés les uns aux autres, et que, loin de mériter des châtiments, leur conduite est digne de récompense.

» A Porto, le 13 décembre 1807. »

Francisco de TARANCO.

Ce même jour, 13 décembre, Junot faisait arborer le drapeau français sur les forts, les châteaux, les principales batteries de la côte, à la place du drapeau portugais. Cet événement auquel le peuple de Lisbonne était encore loin de s'attendre, causa une sensation d'autant plus vive qu'un préjugé populaire faisait regarder le drapeau portugais comme un don du fils de Dieu rédempteur des hommes.

Le général en chef avait ordonné à cette occasion une grande parade de toutes les troupes qu'on pourrait rassembler à Lisbonne. C'était un dimanche; 6.000 hommes de toutes armes se réunirent en grande tenue sur la place du Rocio pour être passés en revue.

L'occasion était favorable pour substituer des sentiments de terreur aux impressions qu'avait données d'abord aux habitants de Lisbonne le pitoyable état de l'armée française. L'infanterie fut formée en masse de bataillons, dans les espaces du Quartier-Neuf. La cavalerie parcourut au trot la suite des quais qui bordent le Tage. Les trains d'artillerie en marche effrayèrent les habitants du retentissement de leurs attirails. On peut dire que le 13 décembre fut le jour de la véritable prise de possession du pays.

Le peuple se pressait autour des soldats et s'étonnait de les voir si transformés après un si court repos. Junot arriva escorté de tout son état-major, caracolant sur des chevaux richement harnachés, dans lesquels on pouvait reconnaître les chevaux des écuries royales, voire même leurs équipages habituels.

« Je montais mon cheval Printemps — dit Thiébault — sa belle crinière tressée en écarlate, une rosette écarlate à la naissance de la queue, achevaient d'attirer vers lui tous les regards ».

Midi sonne, une salve d'artillerie part du château des Maures; les regards se tournent vers les vieilles murailles qui plongent sur le Rocio et dominent la ville. Tout à coup, on voit tomber l'étendard aux armes de Portugal qui flottait sur la plus haute des tours et s'élever à sa place des couleurs étrangères surmontées de l'aigle impériale.

« Un torrent d'amertume inonda l'âme des Portugais. L'étendard renversé était consacré par tous les souvenirs de la religion et de la gloire. Jésus-Christ, dans sa prédilection constante pour les Portugais, l'avait donné à Alphonse-Henriquez leur premier roi, y avait empreint les marques de sa Passion, et avait dit au nouveau Constantin, en lui confiant cet autre labarum : « Voilà le signe avec lequel tu vaincras. »

Voici comment l'historien Laclède raconte les circonstances merveilleuses de cet événement, qu'il avait puisées dans les anciennes chroniques :

« La veille de la bataille d'Ourique, en 1139, don Alphonse-Henriquez, alors prince du Portugal, qui avait à combattre cinq rois maures, était dans sa tente occupé à lire la Bible, et il en était au passage de Gédéon, du livre des Juges, lorsqu'il s'endormit. A peine eut-il fermé les yeux, qu'il crut voir un vieillard vénérable qui lui promit la victoire. Dans cet instant, don Ferdinand de Souza, son grand camérier, entra dans sa tente, pour lui dire qu'un homme extrêmement vieux demandait à lui parler. Alphonse dit qu'on le fît entrer, et à sa vue, il parut saisi d'étonnement. Cet homme ressemblait au vieillard qui lui était apparu dans son sommeil. « Je suis un pêcheur, lui dit-il, en l'abordant, qui depuis soixante ans fais pénitence sur la montagne voisine. Dieu m'a chargé de vous annoncer la victoire qui vous attend demain. Mettez toute votre confiance en lui. Lorsque vous entendrez une cloche, sortez de votre tente ; vous verrez tout ce que le ciel fait pour vous. » Il parla ainsi s'en alla, et laissa Alphonse dans le trouble et dans l'étonnement.

» A minuit, l'airain sonne ; Alphonse sort de sa tente, se met à genoux du côté de l'Orient, aperçoit, au milieu d'une clarté rayonnante, une grande croix avec ces mots : In hoc signo vinces, et entend une voix prophétique qui lui promet la durée de son empire jusqu'à la seizième génération, à la fin de laquelle sa race serait presque anéantie.

» Le lendemain, les troupes d'Alphonse, encouragées par ce signe miraculeux, combattirent avec tant de courage dans les plaines d'Ourique qu'elles défirent les cinq rois maures. Le prince, en reconnaissance de ce succès, prit pour armes les cinq boucliers de ces princes dont il composa son écusson, en les mettant en croix, et au centre de chaque écu il plaça cinq bezans d'agent. »

Le peuple voyait d'autres rapports mystérieux dans ces armoiries. Les cinq écussons étaient un emblème des cinq plaies de Jésus-Christ, et les vingt-cinq bezans, ajoutés aux cinq écus, faisaient allusion aux trente deniers, au prix desquels le traître Judas vendit le Christ à ses ennemis.

Les sept tours figurées autour de l'écusson représentaient les sept forteresses du royaume des Algarves, quand cet État fut réuni à la couronne de Portugal par le mariage de Béatrix, fille du roi d'Espagne, avec don Alphonse III, en 1253.

Après la revue, les troupes rentrèrent dans leurs casernes; le peuple resta sur la place publique. A la douloureuse stupeur que l'apparition du drapeau étranger avait jetée dans les esprits succédèrent d'abord des murmures confus sur l'injure faite à l'honneur national, et ensuite des imprécations contre les Français.

Le marquis d'Alorna, qui arrivait d'Elvas, et qui, seul peut-être parmi les gens de cour, était cher à la nation, peut-être parce qu'il avait été tenu à l'écart de Lisbonne, vint à passer sur le Rocio; on le salue; on répète son nom; on se précipite sur ses pas. Il échappe avec peine aux vives démonstrations d'une popularité qui n'était pas sans danger.

Les places, les quais, les rues se remplissaient de monde, au point d'en être encombrés; les clameurs devenaient plus vives; la rumeur était générale, et les prêtres y prenaient une part active; les églises étaient assiégées par une foule de suppliants.

Bientôt le bruit fut répandu que le fameux roi Don Sébastien, mort depuis cinq cents ans à la bataille d'Alcazarquivir au Maroc, et toujours attendu, comme le Messie, par les Portugais, allait enfin reparaître pour exterminer les Français. Le peuple se porta aux points les plus élevés de la ville pour le voir arriver de plus loin.

Les Portugais ont cru longtemps que ce prince, tué le 4 octobre 1578, vivait toujours; ils l'ont attendu pendant plus de soixante ans, et quelques-uns l'attendaient encore. Cette opinion bizarre a sa source dans l'obscurité des circonstances qui ont accompagné la mort du roi, et surtout dans les malheurs qui ont accablé le pays par suite du désastre d'Alcazar. Les partisans de l'indépendance étaient intéressés à faire regarder la domination espagnole comme un état provisoire, et à montrer dans l'avenir un vengeur de la nation outragée. Ils y réussirent si bien, qu'on vit souvent dans les premières années du xviie siècle des sébastianistes prêter des sommes d'argent sous la condition qu'on leur paierait le double ou le triple, quand le roi Sébastien viendrait à reparaître.

Des fanatiques assurèrent qu'ils venaient de voir la statue équestre du roi Joseph Ier qui était sur la place du Commerce, se mettre en mouvement, et tourner deux fois sur elle-même. Enfin, rien de ce qui pouvait exaspérer un peuple crédule, superstitieux ne fut négligé par les agents secrets de l'ancien gouvernement et des Anglais. Le résultat fut que des Français isolés furent insultés, d'autres maltraités, quelques-uns assassinés. Les gardes prirent les armes et tirèrent quelques coups de fusil. On entendit dans la foule les cris de : Vive le Portugal! Mort aux Français! mais la populace fut dispersée.

Le général en chef voulut que les spectacles eussent lieu comme de coutume. Il fit plus, comme il avait réuni à dîner toutes les autorités portugaises, il ne permit à personne de quitter la table, si ce n'est au général Margaron, qui avait été chargé de rétablir l'ordre. Junot se rendit lui-même à l'Opéra avec tous ses convives.

La nuit fut assez tranquille, mais le désordre recommença le lendemain, à midi, sur la place du Rocio, où deux Français furent massacrés. Les coupables furent arrêtés presque immédiatement.

Junot fit aussitôt paraître une proclamation aux habitants de Lisbonne.

Proclamation du général Junot.

« Le gouverneur de Paris, premier aide de camp de Sa Majesté l'Empereur et Roi, général en chef :

« Habitants de Lisbonne,

« La révolte est le plus grand de tous les crimes.

» Vous vous êtes laissés entraîner hier par quelques mal intentionnés, qui, pour vous compromettre, ont fait feu sur mes troupes, étant au milieu de vous. Je les connais ; ils paieront de leurs têtes l'insulte qu'ils ont osé faire au drapeau français. Je ne confonds pas avec eux les honnêtes gens de Lisbonne et c'est pour la sûreté des bons citoyens que j'ordonne ce qui suit :

» Tout attroupement, de quelque nature que ce soit, est défendu. Tout individu, rencontré armé dans un rassemblement, sera traduit à la commission militaire créée par mon décret de ce jour, pour être jugé et condamné à trois mois de prison, s'il ne s'est pas servi de ses armes, et à la mort, dans le cas où il en aurait fait usage.

» Tout individu arrêté dans un attroupement, et convaincu d'être un des chefs de la révolte, sera puni de mort.

» Donné au palais du quartier général à Lisbonne, le 14 décembre 1807.»

JUNOT

Le calme se rétablit dans la capitale et ne fut plus troublé.

*
* *

Pendant ce temps, Napoléon visitait le Frioul, pour voir les fortifications de Palma-Nova et d'Osoppo, qu'il regardait avec Mantoue et Alexandrie comme les gages de la possession de l'Italie.

Il se rendit par Porto-Legnago à Mantoue, où il devait revoir son frère Lucien, pour essayer un rapprochement dont il avait le plus vif désir, mais qu'il ne voulait accorder qu'à certaines conditions. M. de Meneval alla pendant la nuit chercher Lucien dans une hôtellerie, et le conduisit au palais qu'occupait l'Empereur. Lucien, au lieu de se jeter dans les bras de son frère, l'aborda avec fierté.

L'entrevue fut donc pénible et orageuse, mais non sans résultat utile. Napoléon, au nombre des combinaisons possibles en Espagne rangeait encore l'union d'une princesse française avec Ferdinand. Dans le moment, en effet, il venait de recevoir la lettre du roi Charles IV, renouvelant la demande d'un mariage ; et, bien qu'il inclinât vers une solution plus radicale, il n'excluait pas cependant de ses projets cette espèce de moyen terme. Il voulait donc que Lucien Bonaparte lui donnât une fille qui était issue d'un premier mariage pour

23

la faire élever près de l'impératrice mère, la pénétrer de ses vues et l'envoyer ensuite en Espagne régénérer la race des Bourbons. S'il ne se décidait pas à lui confier ce rôle, il ne manquait pas d'autres trônes plus ou moins élevés, sur lesquels il pouvait la faire monter par le moyen d'une alliance. Quant à Lucien lui-même, il était disposé à lui conférer la qualité de prince français, et le faire même roi de Portugal, à condition de casser son second mariage en dédommageant l'épouse répudiée par un titre et une riche dotation. Ces arrangements étaient possibles, mais ils furent demandés avec autorité, refusés avec dédain, et les deux frères se séparèrent émus, irrités, point brouillés toutefois, puisqu'une partie de ce que désirait Napoléon, l'envoi à Paris de la fille de Lucien Bonaparte se réalisa quelques jours après.

Napoléon repartit le lendemain même pour Milan, où il fut de retour le 15 décembre.

Des dépèches venues d'Espagne et de toutes les parties de l'empire l'attendaient dans cette ville, et il avait plus d'une résolution à prendre. Les lettres de ses agents relatives à la Péninsule, les lettres de Charles IV demandant une princesse française et la publication du traité de Fontainebleau, lui avaient été remises en route.

Il fit écrire par M. de Champagny à Madrid, qu'il avait reçu les lettres du roi Charles IV, qu'il en appréciait l'importance, mais qu'absorbé exclusivement par les affaires d'Italie, où il n'avait plus que quelques jours à passer, il ne pouvait s'occuper de celles d'Espagne avec l'attention dont elles étaient dignes, et que, de retour à Paris, il ferait aux lettres du roi les réponses que ces lettres méritaient. Il insista de nouveau pour que le traité de Fontainebleau restât secret quelque temps encore, et quant à M. de Beauharnais il lui adressa la défense d'afficher aucune préférence pour les partis qui divisaient la cour d'Espagne, et de laisser entrevoir de quel côté penchait le cabinet français.

Ayant reçu également les ordonnances anglaises du

11 novembre, Napoléon rendit, le 17 décembre, un décret connu sous le titre de décret de Milan, plus rigoureux encore que les précédents; il déclara dénaturalisé, partant de bonne prise, tout bâtiment qui aurait abordé en Angleterre ou dans ses colonies, et qui se serait soumis à l'obligation d'y payer un droit.

La formation rapide du 2ᵉ corps d'observation de la Gironde et l'arrivée inattendue de la 1ʳᵉ division à Vitoria avaient fait beaucoup de sensation à Madrid. Les Espagnols s'étonnaient et à juste raison de l'introduction à travers leurs provinces de toutes ces troupes étrangères qui pénétraient sur leur territoire comme en pays conquis, et contrairement aux stipulations formelles du traité de Fontainebleau. Pourtant, l'espoir qu'ils avaient mis en Napoléon était si grand qu'ils voulaient encore considérer les Français comme des alliés et que toutes les mesures étaient prises pour fournir des vivres à nos soldats, opération souvent difficile dans un pays où il n'existait pas de grands magasins.

Le 17 décembre, en effet, le général Dupont informait de Bayonne le ministre de la guerre que le service des vivres de sa 1ʳᵉ division, stationnée à Vitoria, était assuré, par suite des démarches qu'il avait faites auprès du ministère espagnol. Comme il avait paru préférable de tenir cette division réunie dans la ville, on l'avait logée dans les couvents, et son installation ne laissait rien à désirer; les troupes observaient une exacte discipline.

Rassuré par les lettres de Napoléon à Charles IV, ou par d'autres correspondances, Godoï répondait le 18 décembre en marge de la lettre d'Izquierdo.

« Si l'Empereur vient, ce sera avec des dispositions pacifiques. Le Roi lui écrit pour lui demander s'il est temps de publier le traité de Portugal. Tout dépend d'un point, d'un moment, c'est-à-dire de l'exécution du traité... J'ordonnerai ensuite les mesures convenables... Personne n'est au-dessus de moi. Je connais maintenant le terrain. Mon âme a repris sa tranquillité, car elle reconnaît avoir moins d'obligation aux hommes.... ». (Nellerto)

Le 17 décembre, le général Dupont attirait l'attention du général Clarke sur ce fait que ses troupes « *n'ont pas encore fait l'exercice à feu* » (!) et il demande l'autorisation de leur donner cette instruction indispensable.

Cette remarque ne manque pas d'être surprenante quand on songe que ces conscrits, en réalité, entraient en campagne et pouvaient dès les premiers jours avoir à faire usage de leurs armes contre les malveillants qui allaient bientôt les entourer; quand on pense surtout aux combats disproportionnés qu'ils eurent à livrer par la suite.

Napoléon, d'ailleurs, le pressentait. L'occupation du Portugal ne pouvait se faire sans complications. Il comprenait que les Portugais se révolteraient dès qu'ils connaîtraient ses projets d'absorption; que les Espagnols ne seraient pas moins mécontents de se voir frustrés dans le partage promis. Il ne se faisait pas non plus d'illusion sur la possibilité d'une intervention des Anglais; c'était même dans cette prévision qu'il avait pressé l'organisation et la marche de Dupont pour servir de renfort à Junot. Et ces soldats de Dupont en étaient encore à apprendre le tir!

Napoléon avait hâte surtout de savoir l'armée portugaise dissoute, parce qu'elle offrait un noyau à l'insurrection et pouvait même en prendre l'initiative pour sauvegarder son honneur militaire. Ce n'était encore que subsidiairement qu'il songeait à s'en faire un corps auxiliaire, surtout pour avoir un prétexte de l'éloigner du Portugal. Il accepta donc la proposition de Junot de lui envoyer un contingent de cette armée qu'il trierait parmi les meilleurs soldats.

A la date du 20 décembre, il lui écrit de Milan :

« Ne perdez pas un moment à vous défaire de l'armée portugaise. Ce qui est facile dans le premier mois, devient très difficile par la suite. Qu'elle parte sur-le-champ après lui avoir fait prêter serment. Faites-la diriger par bataillons sur Bayonne; donnez la retraite à tout ce qui la veut; après avoir pris des fusils, donné des congés à tous ceux qui le veulent, sans cependant inonder le pays d'hommes sans aveu, et envoyez-moi, comme vous le proposez quatre bons régiments. Il n'y a pas d'inconvénient à garder quelques compagnies d'artillerie portugaise; encore faut-il les entremêler d'officiers français. Désarmez le plus possible la ville. Etablissez un commandant d'armes et une sévère police, et surtout désarmez tout le monde, et soyez certain que si vous ne remplissez pas avec la plus grande vigueur les instructions que je vous donne, vous aurez sujet de vous en repentir.

» Faites partir sans délai les deux parents du roi, et dirigez-les sur Bordeaux. Il est bien important, dans ces premiers moments, de ne garder à Lisbonne aucun prince de la famille. Faites-en partir aussi une soixantaine de personnes les plus attachées au Prince régent et aux Anglais, que l'on peut soupçonner les plus contraires, et envoyez-les à Bordeaux. L'espoir que vous concevez du commerce et de la prospérité est une chimère avec laquelle on s'endort. Voyez la misère, la famine, les Anglais débarquant, toutes les intrigues agitant le pays, le fantôme même du Prince régent jeté sur vos côtes.

» Quel commerce faire dans un pays qui est bloqué et dans des circonstances de guerre aussi incertaines que celles où se trouve le Portugal?

» Que devez-vous donc sagement faire?

» 1º Eloigner du pays les princes de la Maison, les généraux de terre ou de mer portugais, les personnages ayant été ministres ou ayant assez de considération pour pouvoir servir de point de ralliement;

« 2º Désarmer le pays entièrement et n'y laisser aucune troupe de ligne;

» 3º Camper vos troupes dans de bonnes positions et réunies; santé et sûreté en seront le résultat. C'est le moyen d'être maître du Portugal...

» Je suppose que vous m'enverrez la cavalerie portugaise à pied et que vous équiperez et monterez votre cavalerie avec ses chevaux et ses harnais. Aidez-en aussi la cavalerie du général Dupont..... »

Napoléon était en cela conséquent avec lui-même et voyait juste. Il n'avait pas la confiance de Junot qui se leurrait des flatteries dont il était entouré et se grisait de son rôle important.

Cependant Junot n'attendit pas ces conseils pour prendre la plupart de ces mesures parce que les circonstances les lui imposaient.

Des 24.180 hommes qu'il avait avec lui au départ de Bayonne, il n'avait pas encore plus de 10.000 hommes à Lisbonne. C'est pendant tout le mois de décembre qu'on vit arriver les traînards, par groupes embarqués sur des bateaux du Tage. C'est aussi de cette manière qu'arriva l'artillerie qui avait été fort retardée.

L'armée portugaise, forte de 25.000 hommes, était, pour la plus grande partie, rassemblée à Lisbonne attendant qu'on prononçât sur son sort. Junot l'éloigna pour faire place aux troupes françaises.

La première division d'infanterie fut casernée à Lisbonne, non dans les chétives baraques où étaient logés les soldats portugais, mais dans les couvents de religieux. Le général de division Delaborde fut nommé gouverneur de cette capitale.

La deuxième division, aux ordres du général Loison, occupa Cintra, Mafra et le littoral jusqu'à l'embouchure du Mondégo.

La brigade du général Thomières fut établie dans la place et la presqu'île de Peniche, qui ne tient au continent que par une langue de terre, couverte d'eau par les hautes marées.

La troisième division fut chargée de garder l'entrée du Tage. Le général Travot eut son quartier général à Oeyras : il mit des garnisons dans les forts de Saint-Julien et de Cascaès sur la rive droite, et il s'étendit de ce côté jusqu'au cap de Roca, la pointe la plus occidentale de l'Europe. Deux bataillons campèrent sur la rive gauche, sur les hauteurs de Morfacem, qui dominent le fort de Trafaria et la tour de Bugio. Cette tour, bâtie dans la mer, fut l'objet d'une surveillance active, parce que ses feux croisés avec ceux du fort Saint-Julien, opposaient le principal obstacle aux escadres qui entreprendraient de forcer la barre de Lisbonne.

La cavalerie et l'artillerie restèrent à Lisbonne. On occupa Santarem et Abrantès comme des points propres à assurer les arrivages de l'intérieur par la rivière.

Un bataillon suisse, à la solde de la France, partit pour Elvas, où il devait tenir garnison, et un autre fut envoyé à Alméida pour le même objet. Junot avait fait expédier, par le Conseil de gouvernement, l'ordre au gouverneur de ces deux places de les remettre entre les mains des commandants français qu'il désigna lui-même.

Le général Maurin fut envoyé dans la province des Algarves

avec la légion du Midi, commandée par le colonel Maransin, et le 26ᵉ de ligne.

Le général Quesnel fut nommé gouverneur de la ville de Porto et de la province d'Entre-Duero-et-Minho, avec le commandement sur toutes les troupes espagnoles qui s'y trouvaient.

Le général Kellermann commanda le pays situé sur la rive du Tage, où l'on cantonna la cavalerie. Kellermann était envoyé dans la plaine de l'Alemtejo pour y faire reconnaître partout l'autorité française.

Les troupes espagnoles, sous les ordres du général Taranco, continuèrent à occuper la province d'Entre-Duero-et-Minho; celles que commandait le général Caraffa, à l'exception d'un régiment de grenadiers, de l'artillerie légère et des sapeurs de la même nation, qui restèrent à Lisbonne, furent réparties à Cascaès, Mafra, Peniche, Santarem, Setubal, Alcazer-de-Sal, Sinès, etc.

On établit une route d'étapes bien gardée et bien approvisionnée par Leiria, Coimbre, Alméida, Salamanque et Bayonne.

Ces précautions n'étaient pas vaines.

La première brigade de la troisième division occupait Belem. Pendant son séjour en cet endroit, le major Dulong échappa au fer d'un assassin par une circonstance qui vaut d'être rapportée.

Pour la faire comprendre, il faut observer que les soldats portugais ne vivaient, pour ainsi dire, que d'accessoires, c'est-à-dire de raisins, de mauvais poissons, d'oranges, de figues de Barbarie, qui dans tout le pays se mêlent à l'aloès. Nos soldats recevant des rations, un commerce ne tarda pas à s'établir pour les mettre à prix. De misérables femmes parvinrent bientôt à se faire payer leurs dangereuses faveurs en rations, qu'elles vendaient ou donnaient ensuite à des soldats de leur nation. Il est cependant nécessaire d'ajouter que, de leur côté, les soldats piémontais, dont se composait le régiment du major Dulong, au lieu de livrer de la bonne viande à ces malheureuses, finirent par leur donner du cheval mort, qu'ils allaient prendre à la voirie. Le major Dulong découvrit ces désordres, fit punir les soldats qui y prenaient part, et, ayant fait arrêter une de ces créatures, la fit fouetter devant son quartier.

Le lendemain soir, rentrant chez lui accompagné d'un de ses sergents de voltigeurs, il fut attaqué par un homme qui, trompé par la nuit, et prenant le sergent pour son chef, l'étendit par terre d'un coup de poignard et disparut.

Junot ne se contenta pas d'éloigner les soldats portugais de leur capitale; il leur fit proposer des congés, qu'ils étaient très disposés à accepter, de manière qu'il n'en restât que 6.000 dans les cadres.

Le Gouverneur de Paris, etc.

« Considérant combien il est essentiel de protéger l'agriculture dans toutes les provinces du Portugal, et combien il est nécessaire de ne la priver de ses ressources qu'à moins d'y être forcé par la plus urgente nécessité;

» Considérant, d'autre part, qu'il est juste d'exécuter envers l'armée portugaise, les conditions réglées par la loi elle-même, relativement au temps de service de chaque individu,

» Décrète ce qui suit :

» Tout sous-officier et soldat portugais, ayant huit ans de service accomplis, recevra son congé.

» Celui qui aurait droit à une solde de retraite, conformément aux lois militaires portugaises, recevra le montant de cette retraite dans son lieu de naissance;

» Tout militaire congédié devra résider dans sa province; tout soldat qui, à dater de ce jour, n'a pas six mois de service sera congédié; il lui sera délivré une feuille de route pour retourner dans son pays avec une indemnité d'un vingtain par lieue;

» Tout sous-officier ou soldat, congédié après huit ans de service complet, emportera avec lui l'habillement qu'il aura au moment de son congé, mais laissera ses armes et sa capote;

» Tout soldat congédié, comme n'ayant pas six mois de service, laissera au dépôt de son régiment : son schako ; son habit; ses armes et sa capote. Et, s'il est dans la cavalerie : son manteau et son porte-manteau.

» M. le lieutenant-général marquis d'Alorna, inspecteur général et commandant les troupes portugaises dans les provinces de Tras-los-Montes, Beyra et Estramadure, est chargé de la prompte exécution du présent ordre.

» Il m'adressera la liste, par régiment, des hommes congédiés, ainsi que celle des individus qui, par leurs longs services ou des blessures, ont droit à la solde de retraite ».

Donné au palais du quartier général, à Lisbonne, le 22 décembre 1807.

JUNOT.

La cavalerie fut licenciée et on garda ses chevaux. Il en fut de même de l'artillerie.

Junot avait choisi pour organiser les troupes qu'il devait former des éléments de l'armée portugaise, le lieutenant-général don Pedro d'Almeida, marquis d'Alorna.

A la date de 22 décembre, il prit le décret suivant :

Le Gouverneur de Paris, premier aide de camp de Sa Majesté l'Empereur et Roi, général en chef.

« Au nom de Sa Majesté l'Empereur des Français, Roi d'Italie.

» Considérant combien il est nécessaire de régulariser d'une manière précise les rapports de service entre les troupes portugaises, et voulant donner à M. le marquis d'Alorna une marque éclatante de son estime particulière;

» Considérant qu'il est indispensable qu'il y ait un centre de commandement auquel puissent se diriger tous les ordres du général en chef,

» Décrète ce qui suit :

» M. le général, marquis d'Alorna, ci-devant gouverneur de la province de l'Alemtejo, est nommé inspecteur général et commandant des troupes portugaises de toutes armes stationnées dans les provinces de Tras-los-Montes, Beyra et Estramadure.

» Il présentera au général en chef la formation d'un état-major capable de le seconder dans les importantes fonctions qui lui sont confiées par le présent décret, qui sera mis à l'ordre des deux armées française et portugaise. »

Donné au palais du quartier général, à Lisbonne, le 22 décembre 1807.

JUNOT.

Le nom du marquis d'Alorna était, nous l'avons vu à propos de l'échauffourée qui se produisit lorsque Junot fit arborer à Lisbonne le drapeau tricolore, très populaire en Portugal, et le choix de ce très galant homme, pour commander la légion en formation, était on ne peut plus judicieux. Il entraîna certainement l'adhésion de personnages considérables du pays qui n'hésitèrent pas à accepter des grades dans l'état-major ou dans les régiments, et même à témoigner hautement leur désir d'y prendre un service effectif.

Le choix d'un homme aussi considérable que le lieutenant-général marquis d'Alorna, pour organiser et commander les troupes portugaises, était donc très heureux.

L'extrait suivant d'une lettre du marquis d'Alorna, citée *in extenso* par la duchesse d'Abrantès, dans ses *Mémoires*, montre bien la bonne foi, avec laquelle il s'était rangé dans le parti opposé à l'Angleterre et les idées qu'il se faisait de l'avenir du Portugal; cette lettre adressée au lieutenant-colonel Cailhé de Geisma, officier supérieur portugais, et datée de Villaviciosa, le 18 novembre 1807, débute ainsi :

« Mon cher Cailhé,

» Vous me parlez, dans votre dernière lettre, de la perte du Portugal, comme si un volcan était prêt à éclater et à bouleverser la nature de ce pays; mais, même si cela devait être, je n'émigrerais pas. Au surplus, je crois que le mot « perte » a une autre signification; je ne l'atteins pas, car je me suis fait le principe d'avoir la vue basse en politique.

» Nous avons fermé nos ports aux Anglais; Dieu soit loué! Nous mangeons du beurre frais tiré du lait de nos vaches. La laine de nos moutons nous couvrira du moins, sans avoir besoin de voyager comme auparavant sur mer. Croyez-vous que les Français achèteront nos fabriques pour les brûler, comme ont fait les Anglais? Non, non. Si nous devenons non seulement les alliés de la France, mais fédérés avec elle, soyez assuré qu'elle pensera à nous comme l'Angleterre le fit à Utrecht et dernièrement. Et puis quel mal peut-il y avoir à ce que nous nous rapprochions des Français? Si nous avions embrassé leur cause pour la succession d'Espagne, au commencement du xviiie siècle, nous serions maintenant et plus longs et plus larges... Je me trouve sur les frontières commandant une armée de 600 fantassins et 500 chevaux! Tout le reste m'a été arraché pour garder les côtes. Au reste, Léonidas n'avait que 300 hommes, par conséquent, j'aurais tort si je disais que je ne veux pas me battre, faute d'armée. Aussi je ne dis pas cela. Mais je crois que je ne me battrai pas faute d'ennemis. Des proclamations furent faites dernièrement. Les ennemis sont les Anglais, nos amis sont les Français et les Espagnols. Or, comme les insulaires ne viendront pas par terre, je me trouve ici comme un patriarche. Je ne serais pas fâché, par contre, d'aller à Lisbonne, et d'être chargé de la défense du port. Mais, comme je suis exilé, il n'y faut pas penser... »

Comme le nombre de congés fut dépassé, les régiments portugais s'affaiblirent au point qu'on put en amalgamer et en supprimer un grand nombre.

Les commandants en chef français et espagnols avaient

l'ordre de leur gouvernement de ne pas divulguer le traité de Fontainebleau. Cependant don Francisco Taranco insinua aux magistrats d'Oporto que leur province devait se regarder, dès à présent, comme faisant partie de la monarchie espagnole. A Sétubal, Solano alla plus avant; il substitua, dans les actes publics, le nom du roi d'Espagne à celui du Prince régent; il créa un grand juge et un surintendant des finances, et les deux emplois furent conférés à des sujets castillans. Solano était dans la confiance intime du Prince de la Paix; on a pensé qu'il n'avait pas essayé sans ordre supérieur ces hâtives innovations.

« Le souverain désigné des Algarves était si impatient de régner pour son compte, que, si l'on en croit les bruits du temps, des piastres fortes (pesos duros) furent frappées à l'hôtel des Monnaies de Madrid, qui portaient d'un côté l'effigie de Godoï avec la légende : Emmanuel primus Algarviorum dux, et de l'autre les armes du royaume des Algarves. » (Foy)

A Lisbonne, au contraire, le général Junot laissa subsister le Conseil des gouverneurs du royaume, tel que le Prince l'avait institué; mais il adjoignit à ses délibérations, avec le titre de commissaire impérial et administrateur-général des finances, l'ancien consul Hermann, dont les Portugais estimaient l'esprit d'ordre et de probité. Les caisses publiques ne furent pas saisies; on paya les intérêts de la dette et les salaires courants; cela fut cause que la valeur du papier monnaie remonta de douze pour cent. Il n'y eut pas d'abord de variation remarquable dans les prix des denrées ; les actes relatifs à la haute police du pays, à la confiscation des propriétés anglaises et à l'administration financière de l'armée, étaient les seuls qui émanassent directement de l'autorité militaire, tout le reste se faisait par les magistrats civils.

Le tumulte du 13 décembre n'avait été qu'un nuage passager, et l'on ne regardait le drapeau français arboré dans les forteresses, que comme un signe de convention destiné à constater l'occupation militaire. Le régime intérieur du pays n'avait éprouvé aucun changement; et parce que les gouverneurs du royaume exerçaient une autorité déléguée par le

Prince naturel, il semblait que l'édifice de la monarchie portugaise était encore debout.

Junot affirma son respect pour les traditions les plus superstitieuses. C'est ainsi que malgré la pénurie d'argent il fit payer, suivant la coutume, la solde militaire de Saint-Antoine de Padoue inscrite par les Portugais sur les contrôles de leur armée.

L'enrôlement de Saint-Antoine après sa mort et son avancement jusqu'au grade de général valent d'être rapportés. Ils feront comprendre la tradition qui subsistait et le respect qui s'imposait à Junot vis-à-vis d'une croyance religieuse.

« L'armée portugaise reconnaissait pour son généralissime et patron le grand Saint-Antoine de Lisbonne, appelé faussement et abusivement, hors du Portugal, Saint-Antoine de Padoue. Il n'avait pas fait la guerre de son vivant; on voulut qu'il portât les armes après sa mort. En conséquence, le 24 janvier 1668 don Pèdre II, alors régent du royaume, ordonna que Saint-Antoine fût enrôlé comme simple soldat dans le régiment de Lagos (deuxième d'infanterie). En Portugal, chaque homme entrant au service a un répondant qui s'engage à faire remplacer le soldat sous les drapeaux s'il venait à déserter. La Sainte-Vierge fut portée pour caution de Saint-Antoine. Le nouvel enrôlé ne mérita jamais d'être fustigé, ni même emprisonné; tout au contraire il donna des preuves continuelles de sagesse et de sainteté, si bien que, le 12 septembre 1683, il fut promu au grade de capitaine, toujours dans le même régiment.

» Pendant la guerre de la succession d'Espagne, Saint-Antoine prouva par maints miracles qu'il méritait l'avancement qu'on lui avait donné. Un jour, entre autres, le régiment de Lagos devait aller d'Olivença à Jerumenha. Les Espagnols de la garnison de Badajoz en furent informés et ils s'embusquèrent près de Merinillas pour attaquer les Portugais pendant la marche. Cependant ceux-ci arrivèrent à Jerumenha sans coup férir. Ce qui au reste n'étonna personne, lorsqu'on sut que Saint-Antoine avait été vu pendant la route marchant à pied en tête du premier peloton.

» Le fait passa pour certain pendant le règne de Jean V. Sous l'administration de Pombal, on commença à en douter. Toutefois le Saint conserva son emploi. A l'avènement de la reine Marie, le colonel du régiment de Lagos exposa, dans un mémoire appuyé de pièces justificatives, que Saint-Antoine était le plus ancien capitaine, non seulement du corps, mais même de toute l'armée, et en effet il avait alors quatre vingt-dix ans de grade. Après de si longs services, le moins qu'on pût lui accorder était de le nommer major; on fit mieux : par décret royal du mois de janvier 1780, Saint-Antoine de Padoue eut la patente d'officier général.

» Cette promotion avait été purement honorifique. Le général était demeuré inscrit sur les contrôles du régiment de Lagos comme capitaine, et on avait continué à recevoir en son nom la solde annuelle de trois cent mille reis (environ dix-neuf cents francs), telle que l'avait fixée le roi don Pèdre II. Cette somme était employée à parer sa chapelle et à défrayer sa fête.

» Le général Junot s'était fait présenter les brevets, commissions et états de service de Saint-Antoine. Il ne voulut pas être moins généreux envers lui que ne l'avaient été les rois de Portugal; la solde du vieux capitaine de Lagos fut payée exactement entre les mains du colonel jusqu'au moment où, par la nouvelle organisation de l'armée portugaise, le régiment cessa d'exister. »

La solde de l'armée portugaise était très en retard; il y avait trois mois que les officiers n'en avaient pas reçu. Le paiement de la dette publique était arriéré d'un semestre. L'on devait le traitement de plus d'une année aux administrateurs, aux employés et aux juges.

Il fallait se fortifier dans Lisbonne et pour cela refaire et même créer des fortifications ; refaire l'armement, surtout l'artillerie, armer les côtes et reconstituer une marine.

Pour faire face à ces dépenses, il n'y avait aucun fonds dans les caisses.

La cour et les 15.000 émigrés qui l'avaient suivie, emportaient plus de la moitié du numéraire en circulation dans le royaume; car chacun, en partant pour ne plus revenir, avait réalisé autant de valeurs qu'il avait pu. C'était un bruit populaire que les conseillers du gouvernement, prévoyant la catastrophe, avaient entassé, depuis plusieurs mois, la monnaie d'or dans les coffres particuliers du régent. Au jour de son départ il ne restait pas 10.000 cruzales dans le trésor public.

Le ministère portugais, pour se procurer de l'argent monnayé avait vidé toutes les caisses, même celle des orphelins et des veuves ; différents agents de l'autorité avaient vendu les grâces, les faveurs, les places, la justice, et jusqu'aux décorations de l'ordre du Christ, que des juifs même avaient, dit-on, achetées; les membres de la factorerie anglaise (la plus opulente de Lisbonne) avaient vendu, argent comptant et à tout prix, les maisons et autres propriétés foncières qu'ils possédaient.

Il existait cependant encore des moyens de rappeler, assez promptement, une partie du numéraire que le pays avait perdu; et l'un des principaux consistait à laisser une entière liberté à la sortie des vins d'Oporto; mais un ordre supérieur le défendit, et une des plus grandes ressources existantes se trouva paralysée, pour les caisses publiques du moins, car la contrebande changea en profits illicites cette branche réelle de rentrée, en même temps que cette circonstance n'ôta rien à l'odieux de cette mesure, et prouva combien il était difficile de gouverner le Portugal en envoyant les ordres de Paris ou de Milan.

Bien qu'à ce moment tout parût tranquille et presque rassurant, il y avait une difficulté très embarrassante dès le début, c'était d'approvisionner, malgré les Anglais, une capitale de 300.000 habitants, habituée à recevoir par la mer les blés et les bestiaux de la côte d'Afrique. Le général en chef traita avec plusieurs commerçants, et donna des commissions de tous les côtés pour amener des vivres de l'intérieur. Il fut habilement secondé par son chef d'état-major Thiébault et par M. Hermann.

En attendant la rentrée des impôts, le commerce gagné par le langage et les actes du général Junot, lui fit une avance de 5 millions afin de pourvoir aux besoins les plus pressants, et on put ainsi payer les consommations de l'armée.

Il fallait procéder promptement à la réorganisation des troupes et du matériel; celui-ci réclamait de nombreuses réfections.

Le Portugal allait fournir à l'armée tout ce qui lui manquait. Il y avait à Lisbonne un arsenal magnifique, servant également aux armées de terre et de mer, peuplé de 3.000 ouvriers très habiles et ne demandant pas mieux que de continuer à gagner leur vie, même en travaillant pour les Français. Junot les employa à réparer ou à refaire tout le matériel de l'armée, et à fabriquer des affûts pour la nombreuse artillerie qui existait à Lisbonne, et qu'il fallait mettre en batterie contre les Anglais.

Le colonel d'artillerie Foy fut chargé, par le général en chef, de l'inspection générale des forts et des places de guerre du royaume. Il apporta dans cette mission le zèle et la capacité dont il avait déjà donné des preuves en d'autres circonstances.

Le matériel de l'artillerie fut refait ou réparé avec une grande promptitude, et en meilleur état qu'avant le départ de France, par les soins et l'activité du général Taviel. Le colonel du génie Vincent, de son côté, ne négligea rien de ce qui pouvait tenir à la défense des places de guerre et des forts; de nouvelles constructions furent projetées, entreprises et faites; les plans de tous les points importants levés, et une carte routière de tout le Portugal fut confectionnée.

Un des objets importants, et qui des premiers fixa l'attention du général en chef, fut l'état dans lequel se trouvaient les batteries des deux rives du Tage et des côtes; par les soins du général Taviel, du colonel Vincent, ces dernières furent rapidement rétablies, réarmées, et augmentées en nombre et en force. De suite, on travailla à fortifier le château de Lisbonne, qui reçut le bataillon du 15e ligne pour garnison. Cascaës et Saint-Julien furent également les objets de leurs premiers soins, ainsi que la tour de Bugio et celle de Belem, qu'on projeta de réunir à la batterie de Bon-Secours. Le plan était d'en faire un fort qui pût renfermer 2.000 hommes, qui fût blindé et casematé, et défendu du côté de terre par un ouvrage à corne, de toute l'étendue qui se trouve depuis la tour à la batterie.

A des attirails vermoulus qui duraient depuis plus d'un siècle, on substitua des plates-formes et des affûts solides. On y plaça des mortiers à longue portée que le général en chef fit couler dans la Fundicao. On les pourvut de fourneaux à réverbères, pour servir à rougir les boulets. Avec les boulets rouges on pouvait embraser les vaisseaux, avec les bombes, inquiéter leur embossage. Ces instruments de destruction des forces navales étaient inusités chez un peuple accoutumé à vivre sous la protection de l'Angleterre.

Le général en chef porta ensuite ses regards sur la marine. Cinq vaisseaux condamnés, cinq frégates hors de service, quelques corvettes et autres petits bâtiments de guerre avaient été laissés par le Prince régent dans le port de Lisbonne; tout fut mis en usage pour réparer ces bâtiments. Le capitaine de vaisseau français Magendie, envoyé par le ministre de la marine Decrès pour commander celle de Portugal, et l'ordonnateur de la marine Badeight-Laborde, mirent dans cette opération autant de zèle que de talents; on vit successivement 2 vaisseaux de haut-bord, le *Vasco de Gama* et la *Maria Prima*, 3 frégates, 7 bâtiments légers, remis à neuf, armés, équipés et approvisionnés, mouiller à l'entrée du port, et concourir à sa défense pour que le reste de la flotte pût entrer successivement en rade.

L'armée française avait trouvé à son arrivée à Lisbonne 8 vaisseaux russes et une frégate commandés par l'amiral Siniavine. Cette escadre, qui, par l'alliance de la France et de la Russie, et la guerre de cette dernière puissance avec l'Angleterre, devait être pour Junot une nouvelle garantie de la sûreté du port, lui donna par la suite plus de crainte que de sécurité.

Le 23 décembre, Napoléon écrivait de Milan à Junot:

« Je vois avec plaisir que mes troupes ont occupé Peniche; mais vous ne me faites pas connaître si la place d'Almeida et les autres places du royaume sont occupées par mes troupes. Je n'ai pas besoin de vous réitérer de quelle urgence il est que vous vous en empariez et qu'il y ait commandant et garnison française dans toutes ces places.

» Je trouve que la marche que vous suivez n'est pas bonne, parce qu'elle n'est pas prévoyante. Vous faites comme les hommes qui n'ont pas l'expérience des conquêtes; vous vous bercez de vaines illusions : tout le peuple qui est devant vous est votre ennemi. Vous aurez du moment que la mer sera tenable, des Anglais sur vos côtes et des intrigues dans vos provinces. Alors tous les moyens que vous aurez laissés aux Portugais tourneront contre vous; car, la nation portugaise est brave.

» Je vous réitère donc que mon intention positive est que : 1° le pays soit occupé par mes troupes ; 2° que le pays soit désarmé ; 3° que toutes les troupes portugaises soient dirigées sur la France, par colonnes de huit cents hommes, en ôtant tout ce qui est hors de service ; ce n'est pas que je désire avoir beaucoup de ces hommes, mais je désire en débarrasser le pays ; 4° que tous les princes, ministres, et autres hommes qui peuvent servir de point de ralliement soient envoyés en France.....

» Dans le projet de nouvelle organisation que vous formez des troupes portugaises, je trouve que vos compagnies ne sont bonnes à rien. Qu'est-ce que quatre-vingts hommes ? En arrivant en France, ces compagnies seront réduites à cinquante hommes et n'auront que des officiers. Il est préférable d'envoyer de grosses compagnies à l'effectif de cent quarante hommes...

» Je vous le répète, ne gardez point de troupes portugaises. La légion de police pour la police de la ville est beaucoup trop forte ; mais vous pouvez y entremêler quelques Français, pour être instruit de ce qui se passe. Il faut retirer tous les canons et fusils, soit des arsenaux, soit d'ailleurs, où ils seraient à la disposition du peuple...

» Je vous le répète, il faut renvoyer les troupes portugaises et désarmer le pays. »   NAPOLÉON.

Le même jour, l'Empereur faisait paraître le décret suivant, réglant de sa haute autorité les affaires de Portugal :

Décret impérial.

« Napoléon, empereur des Français, roi d'Italie, protecteur de la Confédération du Rhin, nous avons décrété et décrétons ce qui suit :

» Art. 1ᵉʳ. Une contribution extraordinaire de guerre de cent millions de francs sera mise sur le royaume de Portugal pour servir de rachat aux propriétés des particuliers, sous quelque dénomination que ce puisse être.

» Art. 2. Cette contribution sera répartie par provinces et par villes, suivant les facultés de chacune, par les soins du général en chef de notre armée, qui prendra les mesures nécessaires pour la faire rentrer promptement.

» Art. 3. Tous les biens appartenant à la Reine de Portugal, au Prince régent et aux princes apanagés, seront séquestrés.

» Tous les biens appartenant à ceux qui ont accompagné le Prince régent, quand il a abandonné le pays, et qui ne seront pas rentrés dans le royaume au 15 février 1808, seront également mis sous le séquestre.

» Fait au palais royal de Milan, le 23 décembre 1807.

                                            NAPOLÉON »

Ce décret portait en outre que la solde et les masses de l'armée de Portugal et du corps de la Gironde seraient payées par la caisse de l'armée de Portugal ; qu'il serait donné à chaque homme de cette armée une bouteille de vin par jour, indépendamment des vivres de campagne spécifiés par les ordonnances. Les généraux et officiers de tous grades jouiraient, en sus de leurs appointements d'une gratification de la moitié de ces appointements qui leur serait payée tous les mois.

Par ce même décret le corps de Junot prenait le titre d'armée de Portugal.

Junot aimait le luxe et la représentation. Tout en pourvoyant aux besoins de son armée, il ne s'oublia pas et donna carrière à ses goûts fastueux. Du reste, le général Thiébault, son chef d'état-major, malgré le dédain qu'il affiche pour la parade, ne se laissa pas oublier non plus, d'après son propre aveu :

« Quand mes équipages furent arrivés, mes écuries se trouvèrent garnies de trente-six chevaux ou mulets; celles du général en chef le furent de cent cinquante chevaux superbes, y compris huit attelages de huit chevaux dont un, couleur de plume de paon, avait au soleil l'air d'être tout en or, et les huit chevaux composant cet attelage sont les seuls que j'ai jamais rencontrés sous ce poil digne de figurer dans un conte de fées. Quant à mes douze serviteurs français et portugais, à mes trente-six chevaux, etc., on comprend que mon traitement n'aurait pu suffire à les nourrir, et le général en chef y pourvut encore; car, avec ma solde et ma rétribution comme chef d'état-major, je me trouvai disposer de 12.500 francs par mois.

» Ainsi selon la destinée du soldat, aux plus cruelles souffrances succédaient pour nous les plus doux agréments. » (Général Thiébault)

*
* *

Au moment où il se prépare à quitter Milan pour rentrer à Paris, l'Empereur invite le ministre de la guerre, le 23 décembre, à donner des ordres pour que le général Dupont établisse son quartier général à Valladolid où tout son corps d'armée devra être réuni pour le 10 janvier 1808. Ce général devra surveiller le pont d'Aranda sur le Duero, mais discrètement, tout en envoyant des détachements vers Salamanque, comme si le corps d'armée allait marcher sur le Portugal.

Clarke informa aussitôt le général Dupont de ces dispositions (lettre du 29 décembre).

Le décret du 23 décembre, ayant donné au 1er corps d'observation de la Gironde (Junot) le titre d'armée de Portugal, le corps du général Dupont, conservant son titre, n'eut plus de numéro et s'appela corps d'observation de la Gironde.

L'Empereur ordonnait, également le 23 décembre, de former à Perpignan une division d'observation des Pyrénées-Orientales, avec la division du général Lecchi, composée d'Italiens et de Napolitains, la brigade du général Bessières et les régiments suisses et français qui se trouvaient à Perpignan. La division Chabran s'y ajouta plus tard, et le général Duhesme eut le commandement de ce corps d'armée, qui s'appela corps d'observation des Pyrénées-Orientales, d'une force d'environ 10.000 hommes.

La division italienne Lecchi arrivée le 23 décembre à Perpignan fut augmentée d'un bataillon du 16e de ligne et d'un du 2e suisse.

Pour cette division des Pyrénées-Orientales, formée à Perpignan, Napoléon en avait cherché les éléments en Italie même. Il avait là des régiments lombards et napolitains, bons à employer sous le climat de l'Espagne, mais ayant besoin d'apprendre la guerre à l'école des Français. La rentrée des troupes auxiliaires dans leur pays permettait de disposer sur-le-champ d'une partie des régiments italiens placés le plus près de France. Il avait déjà prescrit à quatre bataillons italiens, trois résidant à Turin et un à Gênes, de s'acheminer sur Avignon. Un beau régiment napolitain, que son frère Joseph lui avait déjà envoyé pour l'aguerrir, se trouvait près de Grenoble. Même ordre lui avait été adressé pour Avignon. Quatre escadrons lombards et napolitains, formant 6 ou 700 chevaux, avec plusieurs compagnies d'artillerie, furent dirigés sur le même point. Le régiment français qui sortait de la place de Braunau restituée aux Autrichiens, traversant les Alpes pour rentrer en Italie, sa route fut tracée de manière à l'envoyer dans le Midi de la France. Enfin, les cinq régiments de chasseurs et les quatre régiments de cuirassiers, transportés l'hiver dernier d'Italie en Pologne, avaient leurs dépôts en Piémont, dépôts bien fournis d'hommes et de chevaux comme tous ceux de l'armée; Napoléon en tira encore deux belles brigades de cavalerie qui pouvaient former sous le général Bessières une division de 1.200 chevaux. En joignant à ces troupes quelques bataillons français ou suisses résidant en Provence, il était possible de réunir à Perpignan un corps d'une dizaine de mille hommes pour la Catalogne.

L'ordre de l'Empereur, du 23 décembre 1807, porte que cette division sera ainsi composée.

« La 1re brigade : des bataillons des 2e, 4e et 5e régiments d'infanterie italienne et du bataillon des vélites royaux italiens. La 2e brigade : du bataillon du 2e suisse, du bataillon français du 16e de ligne et du 1er régiment d'infanterie napolitain. La cavalerie sera composée d'un régiment provisoire de chasseurs qui se réunira à Milan, d'un régiment provisoire de cavalerie italienne, auxquels sera joint un escadron napolitain, et de la brigade de chasseurs et cuirassiers commandée par le général Bessières. Le général de division Duhesme commandera la division, le général de division Lecchi commandera les troupes italiennes. Quartier général à Perpignan. Effectif total : 7.576 hommes et 1.757 chevaux ».

La cavalerie du corps des Pyrénées-Orientales fut donc constituée en deux brigades :

La première, sous les ordres du général Bessières, se composait d'un régiment de chasseurs et du 3e régiment provisoire de cuirassiers, formé de compagnies des 4e, 6e, 7e et 8e cuirassiers, et commandée par le major Guéry, du 8e cuirassiers.

La 2e brigade, sous les ordres du général Schwartz, était formée de troupes italiennes et napolitaines.

Ces différentes mesures d'organisation permettaient de dissoudre les groupements de gardes nationales formés en France pendant la campagne de 1806-1807.

Un décret du 22 décembre renvoya dans leurs foyers les gardes nationales rassemblées à Saint-Omer et au Havre; il fut exécuté le 10 janvier 1808.

Toutes les formations nouvelles avaient fait espérer aux officiers de la grande armée un avancement qu'ils attendaient comme récompense de leurs services; ils furent déçus en voyant l'Empereur donner le commandement des régiments provisoires à des majors, celui des divisions à des généraux de brigade, celui des corps à des généraux de division sans leur accorder le grade supérieur.

On s'était attendu à voir nommer maréchal le général Dupont qui était le plus brillant divisionnaire de l'armée, et qui avait eu quelque temps le commandement du 1er corps d'armée en Pologne après la blessure du maréchal Bernadotte. Il n'en fut rien, bien qu'en nommant alors le maréchal Victor à sa place, Napoléon lui eût fait des excuses très élogieuses de ce passe-droit. Et, de fait, c'était Dupont qui, à Friedland, avait eu personnellement le rôle décisif dans la manœuvre brillante du 1er corps.

Dans ce même 1er corps, le général de brigade Pacthod était depuis longtemps proposé pour général de division.

A la meurtrière bataille d'Eylau et à celle de Friedland, Pacthod avait combattu avec sa vigueur accoutumée et contribué fortement au succès de cette journée; aussi le maréchal Victor crut devoir insister de nouveau pour la promotion « depuis longtemps méritée par ce brave général ». Napoléon ajourna encore cette récompense en annonçant qu'il envoyait Pacthod et sa brigade à l'armée d'Espagne et qu'il le nommerait divisionnaire à la première affaire où il se distinguerait de nouveau.

*
* *

Tout ce que Napoléon apprenait de l'état de l'Espagne contribuait à lui persuader que le moment d'une crise était prochain. Il avait donc voulu être prêt à profiter d'une occasion et avoir pour cela dans la Péninsule des forces considérables, sans diminuer ni la grande armée, ni l'armée d'Italie, qui servaient l'une et l'autre à maintenir l'Europe dans son alliance ou dans sa soumission. Il avait voulu avoir deux divisions préparées, l'une placée près de Saint-Jean-Pied-de-Port, qui pourrait, sous un prétexte quelconque, se jeter sur

Pampelune; l'autre, réunie à Perpignan, qui pourrait également entrer à Barcelone, et s'emparer de cette ville ainsi que des forts qui la dominent. Maître de Pampelune et des forts de Barcelone, Napoléon avait deux bases solides pour les armées qui auraient à s'avancer sur Madrid.

La réunion probable des troupes anglaises sur les côtes de la Péninsule ne pouvait manquer de lui fournir plus tard des motifs spéciaux d'introduire de nouvelles forces dans l'intérieur de l'Espagne. En attendant, il lui suffisait de les tenir réunies sur la frontière.

Cependant le bruit courait à Madrid que Napoléon arriverait dans cette ville le 24 décembre; de grands préparatifs faits à l'hôtel de l'Amirauté, précédemment occupé par le Prince de la Paix, semblaient rendre cette nouvelle vraisemblable. Il régnait en Espagne une grande impatience de connaître les desseins de l'Empereur sur ce royaume et sur le Portugal, ainsi que sa réponse à la demande que lui avait faite Charles IV de donner une princesse française à son fils. L'opinion était jusqu'alors favorable aux Français et la 1re division du 2e corps de la Gironde avait été très bien accueillie à Vitoria où la ville avait donné une fête à nos officiers.

L'Empereur fit adresser par M. de Beauharnais au ministère espagnol les avis les plus alarmants sur une agglomération de force anglaise à Gibraltar, agglomération très réelle d'ailleurs et nullement supposée, car on venait d'apprendre que le gouvernement britannique faisait évacuer la Sicile presque entièrement et se disposait à envoyer en Portugal les troupes revenues de Copenhague. Il pressa vivement le cabinet espagnol de pourvoir à la garde de Ceuta, de Cadix, du camp de Saint-Roch, des Baléares, et, tout en lui donnant des avis utiles, il ajouta ainsi à la vraisemblance des prétextes allégués pour l'introduction de nouvelles troupes françaises en Espagne.

Le roi, et plus particulièrement la reine et son favori, demeuraient très inquiets de l'inexécution du traité de Fontainebleau. Aussi le Prince de la Paix étendait-il ses intrigues fort au-delà de la cour d'Espagne. Quoiqu'il détestât la France, pour les conseils importuns et sévères qu'il en recevait, il savait que toute force était en elle, et que les projets auxquels il attachait son salut seraient chimériques, s'ils n'avaient l'appui de Napoléon. Il cherchait donc à se l'assurer par mille bassesses, surtout depuis la fameuse proclamation dont le souvenir troublait son sommeil. Ayant appris que Napoléon, qui aimait à monter des chevaux espagnols, venait de perdre à la guerre un de ceux que le roi d'Espagne lui avait donnés, il lui en avait offert quatre, choisis parmi les plus beaux du royaume. Se faisant de la cour impériale une idée fausse, empruntée à la cour de Madrid, il s'était imaginé que les influences secondaires valaient la peine d'y être conquises ; que Murat était le premier homme de l'armée ; qu'il jouissait de beaucoup d'ascendant sur Napoléon, et il essayait par tous les moyens de se l'acquérir. Il avait par ce motif entamé, avec lui une correspondance secrète, appuyée par des présents, et notamment par l'envoi de chevaux superbes. L'imprudent Murat, de son côté, croyant utile de nouer des relations partout où des couronnes pouvaient venir à vaquer, avait mis de l'empressement à se ménager dans la Péninsule un aussi puissant ami que le Prince de la Paix. La couronne du Portugal, qui paraissait devoir être bientôt vacante, n'était pas étrangère à ce calcul.

Une lettre de Godoï au grand-duc de Berg, datée du 26 décembre, donnera un nouvel aperçu de cette correspondance et fera mieux connaître le personnage, son caractère et ses vues. Il est piquant de la reproduire avec toutes les fautes de langage qu'elle contient.

« A Son Altesse Impériale et Royale le GRAND DUC DE BERG.

» La lettre de Votre Altesse Impériale datée du 7 décembre, à Venise, est pour moi la preuve la plus haute du caractère éminent qui constitue le cœur d'un grand prince comme Votre Altesse Impériale. Je n'ai jamais douté des vertus qui la caractérisent et jamais mon âme sentit la basse idée de la médisance. Oui, prince, j'ai juré à Votre Altesse fidélité dans l'amitié dont elle m'honore, et ma correspondance durera autant que mon existence.

» J'avais le plus grand regret à garder avec Votre Altesse Impériale un secret auquel je m'ai vu forcé par la parole de mon souverain, signée dans un traité avec Sa Majesté Impériale et Royale. Ma reconnaissance à Votre Altesse Impériale me l'aurait fait déceler si l'Empereur ne l'avait pas exigé. Mais puisque je dois croire que Votre Altesse Impériale en est informée maintenant, je ne puis que lui dévoiler mes sentiments. C'est à présent que je commence à jouir de la tranquilité que me présente un traité qui me met sous la protection de l'Empereur. Rien ne me saurait être nécessaire du vivant de mon roi, puisque Sa Majesté m'honore de sa plus singulière estime; mais si malheureusement elle venait à décéder, ce serait alors que mes ennemis tâcheraient de flétrir mes services et de détruire ma réputation. Je n'ai au monde d'autre ami que dans Votre Altesse Impériale, et quoique je sois persuadé que son pouvoir m'aurait sauvé de l'affliction, je considérais toutefois que ses efforts n'auraient été assez puissants pour éviter le premier coup de l'infamie. Que Votre Altesse Impériale voie donc si ce qui a été convenu dans le traité me doit être d'un prix inestimable? C'est pour ça que j'ose prendre la liberté d'exprimer à Sa Majesté Impériale et Royale ma reconnaissance dans la lettre ci-jointe. Je me serais empressé de m'acquitter auparavant de ce respectable devoir, si l'expression du traité lui-même ne s'y aurait pas opposé.

» J'attends avec la plus grande impatience les explications que Votre Altesse Impériale veut bien m'offrir aussitôt après son arrivée à Paris, et puisque Sa Majesté Impériale et Royale a démontré qu'il verrait avec plaisir que le roi, mon maître, distingue avec la Toison d'Or le maréchal Duroc, j'ai l'honneur de l'accompagner à cette lettre; et en même temps Votre Altesse Impériale en trouvera une autre ci-jointe pour que l'Empereur veuille bien la donner au roi de Westphalie, en démonstration de l'alliance qui existe de fait entre Sa Majesté et tous les souverains de la maison de Sa Majesté Impériale et Royale.

» Le procès contre les criminels séducteurs du prince des Asturies est poursuivi d'après les dispositions de nos lois, parce que le roi a bien voulu se démettre de son autorité souveraine par laquelle elle pouvait les juger par lui-même, et laissant aux juges la liberté de consulter à Sa Majesté leur sentence. Ils ont tous encouru la peine d'être dépouillés de leurs dignités, et les deux plus inculpés ont mérité la peine capitale; mais la reine a disposé la volonté du roi à la clémence, et le dernier supplice sera commuté dans une prison perpétuelle, et, pour les autres, ils seront déportés hors du royaume. On a eu le soin de ne faire la moindre mention d'aucun des sujets de Sa Majesté Impériale et Royale par égard à ce qu'elle a fait signifier.

» Il m'est fort sensible de ne pouvoir écrire à Votre Altesse Impériale dans sa langue; mais je ne veux pas me priver de la satisfaction de lui adresser ma lettre originelle avec cette traduction littérale. Il n'est pas possible de transcrire la langage du cœur, mais dans le mien se trouvent empreintes la reconnaissance et l'admiration avec lesquelles aura toujours pour Votre Altesse Impériale la plus haute considération.

« Votre invariable serviteur »

MANUEL

« A San Lorenzo, ce 26 décembre 1807 »

Cette autre lettre du fidèle correspondant de Murat à Madrid achèvera de montrer l'intrigue.

Michel Jeune à Murat.

L'Escurial, le 26 décembre 1807.

« Mon Prince,

» Souffrez que j'aie l'honneur de vous rappeler dans son entier contenu la lettre que je vous adressai de ce lieu, le 24 du mois dernier, l'objet en était assez important par lui-même pour attirer toute votre attention. Celle que son Altesse Sérénissime vient de recevoir de votre main et dont ce même courrier doit porter la réponse, lui a procuré le calme dont il avait besoin et versé un baume salutaire sur les maux que lui causait son incertitude. Ce Prince a eu la bonté de me communiquer vos dépêches dont il a été infiniment reconnaissant. Il m'a confirmé dans un entretien fort intéressant, ce que j'ai déjà eu l'honneur de vous dire que toute la famille royale paraît disposée à recevoir avec affection, empressement, et de préférence à toute autre, une Princesse désignée par Vos Altesses dans votre propre famille.

» L'envoi de la boîte contenant le cordon de la Toison d'Or destiné à Sa Majesté le roi de Westphalie avait été retardé par la nouvelle que Votre Altesse venait de quitter Paris; aujourd'hui ce cordon va partir ainsi que celui que vous avez paru désirer pour le Grand-Maréchal du Palais. Son Altesse Sérénissime s'est fait un vrai plaisir d'en disposer sur votre indication.

» Je suis arrivé ici au moment où le Prince de la Paix venait d'achever ses dépêches pour vous; dans le même instant Son Altesse reçoit un courrier du général commandant les troupes espagnoles en Portugal, celui-ci s'y plaint que le général Junot semble conserver contre le Prince des dispositions peu amicales. Voici, m'a dit le Prince, le sujet de la froideur du général français.

» Au retour de son ambassade à Lisbonne, le général Junot demanda à Son Altesse le grand cordon de l'ordre de Charles III. Le Prince lui répondit qu'il n'en pouvait disposer que sur la demande de l'Empereur. Cette espèce de refus jeta dès lors dans l'âme du général une semence d'inimitié contre le Prince Grand-Amiral, et il paraît que ce germe, loin de s'éteindre avec le temps, n'a fait que se développer. Si quelques insinuations désavantageuses au Prince de la Paix, parties de cette source, atteignaient jusqu'au trône de Son Altesse, Impériale et Royale, vous, mon Prince, qui connaîtriez d'avance la cause du mécontentement du général, vous opposeriez au mauvais effet qu'elles pourraient produire. Ceux qui ont le bonheur de connaître le Prince de la Paix, ceux qu'il a daigné honorer de quelque confiance, et admettre à lire son âme avec une sorte d'intimité, rendront tous de lui ce témoignage juste : il n'est point de Prince plus attaché à l'Empereur que lui; il n'en est point aux cours étrangères sur le dévouement desquels il puisse davantage compter; son caractère personnel doit encore ajouter à cette confiance, laborieux, actif, pénétrant, tout son temps est employé aux augustes fonctions qui le réclament; jamais un moment de plaisir, de distraction, ne le détourne de ses importantes occupations; il est enfin de ce petit nombre d'hommes que l'Empereur doit estimer parce qu'il sait que lui, qui tient le timon de l'État, doit se sacrifier entièrement au bonheur des autres.

» Pardon, mon Prince, de m'être livré à un mouvement d'effusion; ce que je viens de vous dire part du cœur, et le dernier entretien que vous m'avez accordé m'a appris que je pouvais sans crainte vous ouvrir le mien. Je me flatte que depuis longtemps vous y avez lu tout mon dévouement et tout l'attachement respectueux que vous a consacré pour la vie, mon Prince, de Votre Altesse Impériale et Royale, le très humble et très obéissant serviteur.

MICHEL JEUNE.

» Si Votre Altesse ne croit pas convenable de remettre la lettre du Prince de la Paix à Sa Majesté Impériale et Royale, il vous prie de la garder. »

(Archives du Prince Murat D. 554. 2).

*
* *

Napoléon était encore occupé à Milan à modifier la constitution du royaume d'Italie. Ces opérations terminées, il partit pour le Piémont, passa par le champ de bataille de Marengo, où la fortune avait hésité à lui laisser la victoire dont il avait recueilli tant de fruits, visita la place d'Alexandrie, se rendit à Turin pour accorder de nouveaux avantages aux provinces devenues françaises et, le 30 décembre, gravissait le Mont Cenis, pour rentrer à Paris où il arriva le 1er janvier.

Pendant les six derniers mois de 1807, Napoléon avait été absorbé par la consolidation du traité de Tilsit, par le regroupement de l'armée répandue au travers de toute l'Europe, par la réorganisation administrative de la France et de l'Italie et par les négociations de politique extérieure.

L'expédition de Portugal et la concentration de troupes sur les Pyrénées n'étaient que le prologue de la regrettable aventure dans laquelle il allait se lancer si obstinément dès le commencement de 1808.

TABLE DES MATIÈRES

Imprimerie Jouve et Cie 15, Rue Racine, Paris.

A LA MÊME LIBRAIRIE

A l'Assaut du Pôle Sud, par l'abbé MOREUX, 1 vol. in-18, 200 p. illustré. 1 50

La Transformation du Salariat et du Capitalisme. L'accession à la propriété, par F. CZULOWSKI, avec préface de M. Laroche-Joubert, ancien député, 1 vol. in-18. . . . . 3 fr.

E. Frémiet. Son Œuvre, par Jacques DE BIEZ, avec préface de Frédéric MASSON, *de l'Académie française*, et catalogue de l'œuvre de Frémiet; 43 planches hors texte, édition d'amateur. 1 vol. broché. . . . . 20 fr.

La Séparation de l'Épargne et de l'État, par Georges MANCHEZ. 1 vol. broché 3 50

Le Chef-d'Œuvre humain, par le Dr J. GUILLEMIN, 1 vol. 3 50

Comment on apprend à parler en public, par Émile AMET; vingt et unième édition. 1 vol. in-8° de 664 p. cartonné. . . . . 10 fr.

La Revue des Poètes, paraissant le 1er de chaque mois, t. XIV, quatorzième année. — Directeur, Eugène DE RIBIER. — Prix de l'abonnement annuel :

> Édition bleue (ordinaire). . . . . 6 fr.   Étranger   7 fr.
> Édition blanche (luxe). . . . . 10 fr.   —   12 fr.

Pour l'Art, Contre les Vandales, par Georges GROSJEAN, ancien député. 1 vol. . . . . 2 fr.

La Défense du Paysage français, par Maurice GRIVEAU, bibliothécaire à la bibliothèque Sainte-Geneviève, avec préface de Marcel BOULENGER. 1 vol. avec illustrations hors texte. 2 fr.

La Vie Ardente, poésies, par André LAMANDÉ 3 50

Dernières Promenades, poésies nouvelles, par Charles GRANDMOUGIN. 1 vol. in-16. *Ouvrage couronné par l'Académie française* 2 50

Histoire de nos Drapeaux, de 1792 à nos jours, nouvelle édition mise à jour, avec 14 gravures, par Henri LE POINTE. Préface du général PRIOU. *Ouvrage adopté par les Ministères de la Guerre et de l'Instruction publique* 3 50

Gloires et Légendes, histoire militaire de la France racontée par ses drapeaux, de 1792 à nos jours. Préface d'Edouard DETAILLE, *membre de l'Institut*, par Henri LE POINTE. 3 50

La Fiancée du Juif pièce en un acte, par Maurice DE LA PERRIÈRE. . 1 fr.

Une Grande Fête de Charité, par Maurice DE LA PERRIÈRE. 1 vol in-18. 3 50

Contes normands pour les jours de fête, par l'abbé Henri BOURGEOIS. 3 fr.

Hobereaux et Villageois, par Paul HAREL. 1 vol in-18 . . . . 3 fr.

La Première Empreinte, par Georges DENOINVILLE, 1 vol. in-18 . . . 3 50

L'Ermite de Clamart, par NEMOURS-GODRÉ. 1 vol. in-18 . . . . 2 fr.

Les Contes de l'Étape, par Jean DRAULT. 1 vol. in-18. . . . . 2 fr.